U0629720

权威·前沿·原创

皮书系列为
"十二五""十三五""十四五"时期国家重点出版物出版专项规划项目

BLUE BOOK

智库成果出版与传播平台

儿童蓝皮书
BLUE BOOK OF CHILDREN

中国 0~3 岁儿童发展报告
（2024）

CHINA 0-3 YEARS EARLY CHILDHOOD
DEVELOPMENT REPORT (2024)

主　　编／北京师范大学中国公益研究院
执行主编／王振耀

社会科学文献出版社
SOCIAL SCIENCES ACADEMIC PRESS（CHINA）

图书在版编目（CIP）数据

中国 0-3 岁儿童发展报告. 2024 / 北京师范大学中国公益研究院主编. --北京：社会科学文献出版社，2024.12. --（儿童蓝皮书）. --ISBN 978-7-5228-4219-6

Ⅰ. G61

中国国家版本馆 CIP 数据核字第 20243WR745 号

儿童蓝皮书
中国 0~3 岁儿童发展报告（2024）

主　　编／北京师范大学中国公益研究院
执行主编／王振耀

出 版 人／冀祥德
责任编辑／桂　芳
责任印制／王京美

出　　版／社会科学文献出版社·皮书分社（010）59367127
　　　　　地址：北京市北三环中路甲 29 号院华龙大厦　邮编：100029
　　　　　网址：www.ssap.com.cn
发　　行／社会科学文献出版社（010）59367028
印　　装／三河市东方印刷有限公司

规　　格／开 本：787mm×1092mm　1/16
　　　　　印 张：27　字 数：403 千字
版　　次／2024 年 12 月第 1 版　2024 年 12 月第 1 次印刷
书　　号／ISBN 978-7-5228-4219-6
定　　价／168.00 元

读者服务电话：4008918866

△ 版权所有 翻印必究

Tanoto 陈江和
Foundation 基金会

本书研创得到北京陈江和公益基金会的技术支持和资金支持

儿童蓝皮书编委会

顾　问　宋文珍　国务院妇女儿童工作委员会办公室原常务副主任
　　　　朱宗涵　首都儿科研究所原所长，中国医师协会儿科医师分会名誉会长
　　　　陆士桢　中国青年政治学院原党委书记、常务副院长
　　　　佘　宇　国务院发展研究中心社会和文化发展研究部研究员

主　任　王振耀　北京师范大学中国公益研究院理事长

副主任　高华俊　北京师范大学中国公益研究院院长
　　　　徐晓新　北京师范大学中国公益研究院执行院长

成　员　（按姓氏拼音排序）
　　　　白　钰　陈学锋　杜智鑫　黄　建　李淑芳　申平康
　　　　史耀疆　问会芳　伍　伟　赵春霞

《中国0～3岁儿童发展报告（2024）》
课　题　组

执 行 主 编　王振耀

执 行 副 主 编　高华俊　伍　伟

课题组核心成员　赵春霞　申平康　许冰寒　张　柳　张　央

本 书 作 者　（按文序排列）

王振耀　高华俊　申平康　赵春霞　岳　爱

白　钰　马若彤　黄　建　王丽娟　杜　杰

陶　沙　张　寒　张海博　杨　青　马春华

杜智鑫　刘　蓓　刘　鹏　史耀疆　乔　娜

关宏宇　王　瑛　李青颖　李诗雯　李敏谊

崔雨芳　李海澜　赵　颀　陈学锋　刘安南

孙永磊　许冰寒　侯蔚霞　陈　洋　钱一苇

王　蕾　蒋　琪　李珊珊

主要编撰者简介

王振耀 北京师范大学中国公益研究院理事长，民政部社会福利和慈善事业促进司原司长，博士、教授。致力于公益慈善、儿童福利和养老服务研究。联合发起"中国儿童福利示范区项目"，参与筹建中国农村直接选举制度、城乡最低生活保障制度、国家自然灾害应急救助四级响应体系，在汶川地震救灾过程中首创"一省帮一重灾县"对口支援模式，参与了孤儿津贴、老年人高龄津贴等多项国家基本社会福利制度的建立工作。著有《善经济论纲》《重建现代儿童福利制度：中国儿童福利政策报告（2014）》等著作。荣获中共中央、国务院、中央军委授予的"全国抗震救灾模范"称号，被评为"中国改革开放30年30名杰出人物"。

高华俊 北京师范大学中国公益研究院院长，民政部救灾救济司社会救济处原处长，博士、副研究员。参与推动儿童福利、中国城乡低保、五保供养、医疗救助等社会救助制度的建立与发展。发表《中国儿童福利的制度转型与政策设计》《建立保护型现代儿童福利体系的挑战与路径》《中国养老服务发展的国家行动》等多篇论文。参与制定国家标准《养老机构等级划分与评定》。参编《儿童主任上岗教程》等著作，主持"门头沟区'一老一小'整体解决方案""云南省儿童福利事业发展'十四五'规划项目""安徽省'十四五'儿童福利事业发展规划"等部省级研究课题。

伍　伟 北京陈江和公益基金会秘书长，共青团中央国际联络部原副部长，一级巡视员。长期从事儿童早期发展、教育、青少年成长、"一带一路"人才培养和国内外学习交流等研究和实践工作。深入研究教育和青少年发展领域的政策、理论、方法及教育技术等前沿动态，参与或主持青少年教育和儿童早期发展科研项目。指导的儿童早期发展领域的研究与实践项目包括"慧育希望儿童早期发展项目""侨心小学项目""'一带一路'人才发展项目"等。

赵春霞 北京师范大学中国公益研究院儿童福利与保护研究中心执行主任，中国优生优育协会婴幼儿照护与发展专委会副主任，博士，联合国儿童基金会儿童早期发展项目原负责人。主要研究方向为儿童早期发展、3岁以下婴幼儿照护和儿童保健。多年从事0~3岁儿童早期发展领域的政策分析与倡导、现状及影响因素研究，标准、规范及效果评价等。参编《中国妇幼卫生》中英文（报告）、《农村儿童早期发展服务规范（试行）》、北京市地方标准《儿童早期发展健康服务规范》、《关爱儿童发展：学员手册》、《儿童早期综合发展咨询卡》、《儿童发育监测与评估（0~6岁）》。以第一作者名义发表英文SCI文章和国内核心期刊论文多篇。

申平康 北京师范大学中国公益研究院儿童福利与保护研究中心副主任。主要研究方向为儿童福利与保护、乡村儿童发展、婴幼儿照护服务。参与多项国家卫健委、民政部、全国妇联等研究课题，作为主要执笔人参与编写《云南省儿童福利与未成年人保护事业发展课题研究》《安徽省"十四五"儿童福利事业发展规划》《八师石河子市儿童福利与未成年人保护体系建设》《门头沟"一老一小"整体解决方案》《中国儿童福利政策报告2021》《地中海贫血防治进展和问题研究》，参编《中国地中海贫血蓝皮书：中国地中海贫血防治状况调查报告（2020）》，参与多个公益项目监测与评估工作。

序言（一）

谈到0~3岁儿童发展，难忘2013年发生在美国华盛顿中美人文对话期间的一件事情。当时，中方的卢迈先生邀请了好几个从事儿童事业的工作者参加对话，并专门安排中方代表参观美国食品药品监督管理局的幼儿园。我们好不容易找到了建在这个联邦机构旁边的幼儿园，幼儿园园长见到中国代表团，立即激动地说："中国代表团能来让我们太高兴了，我们学中国学习晚了，机关办幼儿园是多么好的事情啊！"她特别指着送孩子的家长们说，"你们看，这些公务员早上上班就顺便把孩子送到幼儿园，下班再接回家，解决了家庭的多大困难啊！"

我们这些中国代表团的成员愣住了：高度市场化的美国，怎么学习中国计划经济时期的做法——在政府机关办幼儿园？简直不可思议！

接着，大家用了两个多小时参观幼儿园，园长的介绍更让我们吃惊："我们的幼儿园重点就是接收机关人员的儿童，基本不对外开放。155个儿童，只有5个来自社区家庭。"由于美国妇女的产假只有6周，所以不少家长就把几个月的婴儿送到幼儿园，这个幼儿园实际上兼有托儿所的性质。据介绍，美国政府鼓励政府机构学习中国的机关办幼儿园的经验，但不在媒体上宣传。

当我们一行人参访之后回到大巴上，大家不约而同地发出感慨：我们的机关和企业单位不能办幼儿园的理念是怎么产生的呢？我们当时怎么会产生这样的想法，认为只有社会办幼儿园才算是符合真正的市场经济要求呢？

确实，20世纪末，在机关和国有企业都要分离社会职能的理念影响下，

这些单位的幼儿园和小学等几乎都剥离单位，实行民办机制并全面进入市场。后来的结果全社会都有所体验！

现在，我国托育事业已被纳入国家议事日程，政策基本导向是鼓励单位举办托育机构。当然，整个布局还是处于试验和逐步推广阶段，还没有发展到20世纪50年代的状况：建立幼儿园是一个单位的标配！

上述这些是我亲身经历的事和正在发生的重大政策变化，确实值得大家思考！

儿童的社会福利与社会服务是经济发展的题中应有之义，也是国家人口长期均衡发展的必然要求。在我国的经济发展水平达到人均GDP 1万美元以后，高质量发展已经成为经济发展的内在需求。而高质量发展需要建立与经济发展水平相适应的儿童公共服务体系。如果在儿童早期发展事业方面缺乏必须由社会承担的公共服务体系，尤其是基本公共服务体系，那就会对经济与社会产生较大的负面影响。我国人口的负增长，客观上是敲响了警钟！

也许，人们会有这样的担心，给社会以较好的福利，会增加政府的负担，需要等待经济更发达以后才可以办社会福利事业。但是，难道现在的经济水平还不如20世纪50年代吗？况且，发达国家的经验早已表明，只有完善社会保障制度，才能够使企业和国家充满内生的活力。德国在19世纪后半期就开始在全世界第一个全面建立起社会保障制度，这使它的经济更有竞争力。

有些人会担心：如果硬性要求企业办幼儿园和学校一类的社会福利事业，会增加企业的成本，从而减少企业活力。这样的担心有一定的道理。确实，宏观政策导向，并不是简单地恢复计划经济时期的办法。不过，在有条件的单位尤其是政府机关和街道与居委会、村委会，应该可以较普遍地举办托儿所或社区育儿支持机构。

最为重要的是，我们一定要充分地拥有自信。我们曾经在经济水平相当低下的阶段建立了较为系统的托儿所制度。在经济取得长足进步以后，我们拥有了更为充足的条件来从事0~3岁儿童托育服务体系建设。特别可贵的是，部分慈善组织和慈善家已经自觉行动起来，发起0~3岁儿童发展的各类公益项目，展开多种类型的社会试验，拥有了一定的社会经验。

纵观我国0~3岁儿童发展事业的历程，不难看到，中国的事情确实有着十分独特的中国逻辑。国际的经验固然需要学习，但从中国实际出发探索各类社会事业发展之道，更会有不少独到之处可供其他国家借鉴。单位与社会合办幼儿园和托儿所，应该属于民生事业的创新之一。当然，家庭作为中国最为重要的生活单位，承担养育子女的职责这点毋庸置疑。

中国的经验证明，发展托育事业，一定要有宏观的政策框架设计，并且要被纳入民生工作的日程之中。只有这样，才能够动员有关的社会力量，汇聚各类社会资源，形成合力，充分展现体制优势。

中国的经验也证明，单位和社区作为人们的基本生活场所，有着不可替代的社会治理与社会服务的枢纽性功能。0~3岁儿童托育事业，必须落实到社区和乡镇，特别是居委会和村委会，才能够使问题得到较为彻底的解决。

中国的经验还表明，0~3岁儿童托育事业的发展，必须要有专业知识体系和专业人才的支撑。从家庭养育到社会托育，客观上是一场重要的社会性变革。这就需要健全各类教育机构，设置相应的专业与学科，开展专业的技能培训，使托育成为重要的专业和职业体系，才能够承担起我国近3千万0~3岁儿童的托育服务职责，才能够为我国人口和社会的可持续发展奠定坚实的专业支持系统。也许，随着数字化的发展，从业人员专业知识的学习与培训可能会转变方式。

在这里，我们要特别致谢的是，北京陈江和公益基金会多年来基于理论与实践的结合支持0~3岁儿童发展项目，并支持本书的撰写和出版。类似这种支持必将对中国儿童发展事业产生深远的影响。我们还要特别感谢来自不同高校、科研院所、企事业单位、社会组织的专家学者、行业代表及北京师范大学中国公益研究院的儿童福利与保护研究中心团队，他们致力于相关专题的研究和蓝皮书的写作，为我国首部0~3岁儿童发展报告的出版作出了重要的贡献。

谨希望本蓝皮书的出版，能够对我国0~3岁儿童发展事业产生积极的影响！

北京师范大学中国公益研究院理事长　王振耀
二〇二四年六月十二日

序言（二）

甲辰龙年，适逢北京师范大学中国公益研究院组织编写的《儿童蓝皮书：中国0～3岁儿童发展报告（2024）》出版。作为我国0～3岁儿童发展事业的参与者和见证者，我怀着激动的心情，仅就四个方面谈谈自己的感想。

第一，《儿童蓝皮书：中国0～3岁儿童发展报告（2024）》是我国首部聚焦0～3岁儿童早期发展的蓝皮书，它的发布恰逢其时。该报告结构严谨、内容充实、观点鲜明，是一份兼具科学性、政策性、实践性和前瞻性的报告。报告较为系统、全面地回顾和分析了我国0～3岁儿童发展涉及的营养与健康、养育与教育情况，对国家相关政策和社会实践作出了翔实介绍。在此基础上，报告提出了对当前及未来一段时间内0～3岁儿童发展政策制定、体系建设、实践推广、行业发展等方面的思路和建议，具有较强的时效性和针对性。此外，报告还强调了0～3岁儿童脑发育的特点，增加了对营养健康、养育照护、家庭支持等影响因素的研究，在一定程度上缓解了我国基层早期干预理论性不足的现实困境。我相信，从事0～3岁儿童发展事业的机构和个人都可以从本报告中获益。

第二，国内外大量研究已充分证明，0～3岁是儿童大脑发育敏感期，基因和环境共同塑造了儿童大脑。贫困、留守、忽视、单亲、残疾、酗酒等不利的家庭环境对儿童的大脑发育会造成负面影响，尤其会影响儿童语言、社会情感和执行功能的发展，将影响其终生发展的高度，后期很难弥补。但这也说明0～3岁是进行社会干预的机遇期。国际上在儿童早期发展，尤其

是早期大脑发育、早期营养和照护等领域的理论和实践研究取得了重要的进展。对比而言，我国在脑科学、认知神经科学等方面的研究正受到多方重视、加快推进，但与国际前沿水平相比还有较大差距，这种差距从本报告更多引用国外研究成果也能反映出来，这方面的追赶恐怕还要持续10年甚至20年。但是我国儿童早期发展社会政策的制定和实施完全可以走在国际前列。政府部门和社会各界应在国内外已有研究的基础上，制定促进0~3岁儿童发展的社会政策，增加对低收入家庭尤其是农村家庭的婴幼儿养育指导和其他公共服务。早在2007年，我国就举行了多部委联合主办的儿童早期发展高层论坛，并形成了《关于加强我国儿童早期发展工作的建议》报送党中央和国务院，应该说是走在国际潮流的前面。不过当时政府在全力推动义务教育"两免一补"等一系列政策实施，没能在儿童早期发展方面果断采取行动。当前，我国脱贫攻坚取得了伟大胜利，在儿童营养、健康、教育和保护等方面都取得了国际瞩目的进步，这个时候补上儿童早期发展事业的短板，将会起到事半功倍的巨大效果。

第三，我国人力资源开发在儿童早期阶段存在短板，对儿童早期发展的投入还比较少。过去几十年来，国内外专家、学者开展了大量社会实践，发现针对贫困、营养缺乏、家庭养育实践欠佳等处境不利的弱势儿童进行干预，干预效果比针对处境较好的儿童更好，且越早开始干预，效果越好，其中看护人养育行为发挥了关键的中介作用。诺贝尔经济学奖获得者詹姆斯·赫克曼教授提出的著名投资回报曲线，也表明儿童发展投入越早，成本越低，回报也越高。近年来，在上述社会实践的基础上，我国逐渐形成了不同层级、不同类型的儿童早期发展服务模式。我高兴地看到，本报告对我国0~3岁儿童发展社会实践进行了系统翔实的回顾和梳理，并分析了不同模式在证据支撑、管理督导、队伍建设、服务供给、课程研发、推广合作方面的进展和特点，对了解和认识我国儿童早期发展多层级、多类型服务模式的现况，推进我国0~3岁儿童发展服务从试点到推广、从实践到政策的转化具有积极的意义。

这里我特别强调，儿童早期发展不等于托育服务，"幼有所育"不等于机构托育。过去几年，在市场需求和政策推动下，我国的托育机构发展迅速，目前一些城市已出现托位空置现象，需要引起重视。

最后，0~3岁儿童发展的政策应该向欠发达地区包括农村倾斜。中国发展研究基金会和中国儿童中心联合开展的调查显示，脱贫地区0~3岁儿童的身心综合发展能力与全国平均水平相比存在明显的差距，中部地区、西部地区农村儿童发展滞后的风险是城市孩子的4~6倍。欠发达地区农村家庭对养育指导服务有着迫切的需求，急需探索新的服务路径。国际上针对弱势群体的儿童早期发展干预一般有家访式和中心式两种形式，它们在我国农村地区也都有试点。中国发展研究基金会于2015年在甘肃省华池县启动了针对农村0~3岁婴幼儿的"慧育中国：山村入户早教计划"项目，取得了良好效果。2004年5月中国发展研究基金会与爱心企业和个人联合发起的"阳光起点：十万农村婴幼儿入户养育指导行动计划"，旨在通过社会多方参与的形式，将"慧育中国——山村入户早教计划"项目的模式规模化推广并推动相关政策的制定。希望能够使更多儿童和家长受益，真正惠及每一名0~3岁儿童。我想，这是我们每一位亲历者和见证者的梦想和愿望！

谨以此序致贺《儿童蓝皮书：中国0~3岁儿童发展报告（2024）》的出版，希望本书对凝聚行业共识、推动政策制定起到积极作用！

中国发展研究基金会原副理事长　卢　迈

二〇二四年六月十七日于北京

摘　要

0～3 岁是儿童早期发展的重要时期。儿童代表着社会的未来、民族的希望，将 0～3 岁儿童发展作为重要的社会课题进行系统性研究，是推动我国儿童早期发展事业高质量发展的需要，也是促进我国人口和经济社会长期均衡发展、实现中华民族伟大复兴的需要。

以家庭为基本单元并孕育出浓郁家国情怀的中华文明高度重视儿童早期发展。从 20 世纪 90 年代开始，我国先后制定实施了 4 个周期的中国儿童发展纲要，从卫生、营养、教育、福利等方面进行部署，取得了积极成效。进入 21 世纪，我国相继提出发展 0～3 岁儿童早期教育、促进 0～3 岁儿童早期综合发展的目标，并将 3 岁以下婴幼儿照护服务纳入国民经济和社会发展规划，在国家、地方层面逐渐推进实施，有力地促进了我国儿童早期发展状况的改善，对全球可持续发展目标的实现起到了不可或缺的推动作用。

随着国家社会经济的发展，我国人均国内生产总值达到 1 万美元以上从而进入高质量发展阶段，这对 0～3 岁儿童发展事业提出了新的要求。因此，理解和认识儿童早期发展的重要性及影响因素，分析和总结我国 0～3 岁儿童发展的政策历程和地方创新，研究 0～3 岁儿童发展过程中的困难与挑战，提出我国当前及未来一段时间内 0～3 岁儿童发展的建议，具有重要的实践意义和理论意义。

本报告由总报告、专题篇和案例篇三部分构成。

第一部分是总报告，对儿童早期发展的有关概念及范畴、重要性和影响因素进行了回顾，并系统地梳理和分析了自新中国成立以来，儿童早期教育

与托育、营养与健康、安全与保障领域的发展历程及成效，政府与社会在0~3岁儿童发展实践中的创新和探索等。报告发现，我国0~3岁儿童发展呈现螺旋式上升趋势，具有阶段性的特点。新中国成立之初到20世纪70、80年代，死亡是儿童发展面临的最大威胁，这一阶段我国儿童早期发展工作紧紧围绕"保生存"这一要务，开展了新法接生、预防接种等系列卫生保健服务，促进了婴儿死亡率的快速下降。在保生存的同时，随着城乡计划经济体制尤其是农村集体经济体制的确立，托儿所建设实现了从无到有的快速发展；进入20世纪90年代，儿童营养不良改善、儿童常见病的防控及儿童保护日益成为儿童发展工作的重点。这一阶段的突出特点是儿童发展的顶层设计和规划。我国发布首个《中国儿童发展纲要》，颁布《中华人民共和国母婴保健法》《中华人民共和国未成年人保护法》《中华人民共和国妇女权益保障法》等系列法律法规文件，为我国促进儿童发展的国家行动提供了法律保障。进入21世纪以来，0~3岁儿童早期教育、0~3岁儿童早期综合发展被正式列入发展议程，3岁以下婴幼儿照护服务上升为我国积极应对人口老龄化、促进人口长期均衡发展的国家战略，每千人口托位数首次被列入国家"十四五"时期经济社会发展目标，标志着我国儿童早期发展事业步入普惠发展新阶段。

报告发现，我国0~3岁儿童发展工作成效显著，相关政策法规体系初步建立，"政府主导、部门合作、社会力量参与"的儿童服务体系逐步完善，营养不足问题基本解决，儿童生长发育水平大幅提升。但与当前我国社会经济发展相比，仍存在儿童福利观念和制度相对滞后、服务供需不平衡、专业人才匮乏等结构性矛盾和挑战。在此基础上，建议把儿童早期发展事业全面纳入中国式现代化建设的战略规划和高质量发展的优先社会政策，建立健全政策体系、多部门协同的工作体系、多元主体参与的合作体系、专业人才培养体系、专业知识体系，并设立中央专项资金，加大对0~3岁儿童发展领域的资金投入。同时，总结推广我国0~3岁儿童发展的成功经验和模式，加大社会宣传倡导力度。

第二部分是专题篇，共9篇报告。专题篇分别对0~3岁儿童发展与社会经济发展的关系、0~3 岁儿童营养健康发展状况、儿童早期脑智发育与干预、农村地区 0~3 岁儿童照护服务发展状况、0~3 岁儿童托育服务体系建设、0~3 岁儿童家庭养育支持模式、人才队伍专业化建设和培养体系、托育机构人员持续专业化发展现状、儿童早期发展与暴力预防的关系方面的进展、现状、实践、不足与挑战等展开专项分析，并对未来发展提出了建议与路径。

第三部分是案例篇，共 6 篇报告。案例篇介绍了我国在 0~3 岁儿童发展领域开展的相关公益项目，分别展示项目目标、项目模式、项目成效及经验等方面。研究结果显示，养育中心、入户指导、小组活动 3 种干预方式是我国目前 0~3 岁儿童发展项目的主要模式，并在不同程度上对受益儿童和家庭产生了积极影响，具有一定的可持续性和可复制性。

关键词： 0~3 岁儿童综合发展　儿童福利　社会参与　公益项目

目 录 ⟩

I 总报告

II 专题篇

Ⅲ　案例篇

皮书数据库阅读**使用指南**

总 报 告

B.1

迎接中国0~3岁儿童发展事业
进入增速提质普惠新阶段

北京师范大学中国公益研究院课题组*

摘　要：　0~3岁儿童发展是人口和经济社会持续均衡发展的基石，对于国家兴旺、社会进步具有极为重要的战略意义。儿童早期发展是一个系统工程，受到遗传、营养与健康、养育照护、家庭环境、社会政策等诸多因素影响。新中国成立以来，我国儿童早期发展事业呈现波浪式发展，在曲折中不

---

*　北京师范大学中国公益研究院课题组组长：王振耀，北京师范大学中国公益研究院理事长、博士，北京师范大学社会学院教授，民政部社会福利和慈善事业促进司原司长，主要研究方向为公益慈善、儿童福利和养老服务。副组长：高华俊，北京师范大学中国公益研究院院长，博士，北京师范大学社会学院副教授，民政部救灾救济司社会救济处原处长，主要研究方向为儿童福利、中国城乡低保、五保供养、医疗救助等社会制度的建立与发展。主要执笔人：赵春霞，博士，北京师范大学中国公益研究院儿童福利与保护研究中心执行主任，中国优生优育协会婴幼儿照护与发展专委会副主任，主要研究方向为儿童早期发展、3岁以下婴幼儿照护和儿童保健。申平康，北京师范大学中国公益研究院儿童福利与保护研究中心副主任，主要研究方向为儿童福利与保护、乡村儿童发展、婴幼儿照护服务。岳爱，博士，陕西师范大学教育实验经济研究所教授，主要研究方向为实验经济学与儿童早期发展。课题组成员：张柳、张央，北京师范大学中国公益研究院儿童福利与保护研究中心研究人员。

断前进，并取得积极成效。儿童早期发展事业被纳入国家战略，相关政策法规体系初步建立，政府主导、部门合作、社会力量参与的儿童服务体系逐步完善，儿童营养不足问题基本解决，儿童生长发育水平大幅提升。但面对新时代、新阶段、新要求，我国儿童早期发展仍面临不少困难和挑战，儿童社会福利观念和制度相对滞后，财政投入力度不够，管理体制尚待完善，服务供需不相适应，专业人才严重缺乏，区域发展不平衡。本报告建议总结近年来全国各地创新实践，借鉴国际成功经验，进一步增强对儿童早期发展的战略意识、生产意识、投资意识，切实把儿童早期发展事业全面纳入中国式现代化建设的战略规划和高质量发展的优先社会政策，同时加强法规制度建设，加大资金投入，健全体制机制，构建以社区为基础、多方参与的服务体系，加强专业人才培养，加大公众宣传和科学研究力度，深化行业交流合作，积极推动儿童早期发展事业迈进高质量、普惠发展新阶段，为实现第二个百年奋斗目标夯实根基。

关键词： 儿童早期发展　普惠服务　生育支持

　　0~3岁是儿童发展的重要时期。儿童代表着社会的未来，将0~3岁儿童发展作为重要的社会课题进行系统性研究，是推动我国0~3岁儿童发展事业高质量发展的需要，也是促进我国人口长期均衡发展、实现中华民族伟大复兴的需要。

　　以家庭为基本单元并孕育出浓郁家国情怀的中华文明高度重视儿童早期发展。我国自古以来就十分重视儿童的养育和早期教育，并有着"三岁看大、七岁看老"的谚语，随着中华民族的发展，有关0~3岁儿童发展的认识和实践也更为丰富和全面。自中华人民共和国成立以来，围绕儿童营养健康、儿童养育教育和儿童安全保护等内容而建立起来的0~3岁儿童发展事业逐渐被提上经济与社会建设的重大议事日程。在计划经济时期，国家就明确对婴幼儿托育、预防接种等服务体系建设作出部署。进入20世纪90年代，我国发布实施第一个儿童发展纲要，明确要求将儿童发展纳入各级政府的议事日程，实施系列儿童健康、营养改善、社区与家庭保障等行动和措施，有力地推进了我国0~3岁儿童发展事业。进入21世纪，我国相继提出发展0~3岁儿童早期教育、促进0~3岁儿童早期综合发展的目标。2016年以来，我国生育率持续下降，处于极低生育水平。在出生人口数量连续下降的大背景下，儿童早期发展事业成为促进人口长期均衡发展的重要内容之一。

随着国家社会经济的发展，人民生活水平日益提高，我国人均国内生产总值达到1万美元以上从而进入高质量发展阶段，这对0~3岁儿童发展事业提出了新的要求。作为社会民生的一项重要内容，0~3岁儿童发展服务亟须推广普及，相关政策法规和制度仍需建立健全，社会公众知识技能有待进一步提升。因此，理解和认识儿童早期发展的重要性及影响因素，分析我国0~3岁儿童发展的政策历程和地方创新，总结优秀做法和实践创新，具有重要的实践意义和理论意义。

一 0~3岁儿童发展的重要性及影响因素

目前，在全球范围内，0~3岁儿童发展已经成为一个重要的社会与公共政策议题。尽管中国古代社会已经对儿童早期的许多养育问题进行了较为深入的研究，但整体而言，社会普遍重视0~3岁儿童发展，这是生产力水平逐步提高以后的必然结果。在生活水平较为低下的时期，由于社会活动的中心是解决温饱问题，0~3岁儿童发展还未能受到社会的普遍重视。随着我国社会经济发展不断取得新进展，人民生活水平日益提高，0~3岁儿童早期营养、育儿支持、托育与教育服务等逐渐成为社会和家庭的迫切需求，0~3岁儿童发展的重要性也不断提升，成为助力实现可持续发展目标的重要战略举措。

（一）中国古代对0~3岁儿童发展的认识

自古以来，中国就重视0~3岁儿童的照护和早期教育。在我国最早的医学典籍、传统医学四大经典著作之一《黄帝内经》中已涉及新生儿生理

特点和生活护理要点、母乳喂养、儿科疾病的预防和治疗措施，以及如何通过观察小儿的异常表现来及时发现并处理潜在的健康问题等内容，探索出了较为完整的理论与实践相结合的知识体系。同时，作为世界上最早提出并实施胎教的国家，我国对儿童的早期教育也格外重视，因此有着"教儿婴孩，教妇初来""三岁看大，七岁看老"等谚语。

这些历史记载表明，0~3岁儿童发展理论并非"舶来品"。在中国古代的家庭教育和传统医学中，已经包含儿童早期发展中爱幼护幼的养育观念和行为方面的丰富内容。其中的许多方面，即使对于现代社会，仍然具有指导意义。

（二）0~3岁儿童发展国际规范的确立

欧美发达国家在现代化进程中，尤其是在第二次世界大战以后，开始建设多领域的社会福利制度，并将福利国家建设作为重要目标。儿童的福利与服务日益受到关注。各国相继制定较为系统的儿童福利法，推行普惠型的儿童福利制度，进而建立起多样化的未成年人保护体系。进入21世纪以来，许多发达国家开始关注0~3岁儿童早期教育，实施相应的政策。学术领域，包括印度在内的许多发展中国家也开始将0~3岁儿童早期教育研究专业化，设立了0~3岁儿童早期教育的博士学位，专业化程度日益提高。

2018年，为推动政府和社会力量的支持与参与，更好地发挥养育照护在促进儿童早期发展中的优势和作用，联合国儿基会、世界卫生组织、世界银行等联合发布《养育照护促进儿童早期发展——助力儿童生存发展、改善健康、发掘潜能的指引框架》，将儿童早期发展定义为孕期至8岁儿童的认知、身体、语言、运动以及社会情感发展等方面，其中特别强调，儿童早期发展要从早抓起，儿童发展的科学和人力资本发展的经济学均强调人生头三年的重要性[①]。0~3岁儿童发展被突出强调，逐步成为国际社会

---

① Black, M. M., Walker, S. P., Fernald, L. C., Andersen, C. T., DiGirolamo, A. M., Lu, C. & Devercelli, A. E. (2017). Early Childhood Development Coming of Age: Science through the Life Course. *The Lancet*, 389 (10064), 77-90.

的共识。

这一框架规范了儿童早期发展的五大领域，涵盖下述内容：（1）健康：包括预防接种与儿童保健、清洁水与环境卫生等；（2）营养：包括母乳喂养、营养素补充、辅食添加以及食物多样性；（3）安全与保障：减少负性经历（虐待与忽视、暴力预防等）、对弱势儿童（残疾、营养不良、孤儿等）的早期支持与干预、支持家庭照料的现金转移支付或其他社会保障措施等；（4）回应性照护：回应性喂养、对照护者的心理支持及持续的培训等；（5）早期学习机会：通过家访提升育儿技能、充足的图书和玩具、家庭为儿童提供探索和学习机会、获得有质量的托育服务、早期学习机会持续至学龄阶段[1]。

在现代科学中，多哈理论（Developmental Origins of Health and Disease, DOHaD）认为，除了遗传和环境因素外，许多疾病可能是在子宫内或儿童时期的暴露（如宫内发育不良、低出生体重等）所造成的，这种影响甚至会持续好几代人[2]。科学研究发现，生命早期1000天（孕期至出生后2岁）是生长发育的关键期，这一时期婴幼儿大脑、身体、认知、情感等功能快速发展，同时也是个体生命全周期中人力资本投入产出比最高的时期。因此，0~3岁也被称为儿童成长与发育的"黄金窗口期"。

0~3岁儿童发展，已经成为国际社会高度关注的领域之一。

（三）0~3岁儿童发展的现代意义

1. 促进0~3岁儿童发展是实现国家可持续发展的重要战略举措

促进0~3岁儿童发展是提升人力资本、推动共同富裕和实现国家可持续发展的重要战略举措。作为世界上最大的发展中国家，中国在消除贫困方面取得了令人瞩目的成就，也为全球减贫事业作出了巨大贡献。按照世界银行每人每天1.9美元的国际贫困标准，改革开放40多年来，中国8亿多贫

---

[1] 崔宇杰、张云婷、赵瑾等：《我国儿童早期发展工作现状分析及策略建议》，《华东师范大学学报》（教育科学版）2019年第3期。

[2] Barker D. J., Fetal Origins of Coronary Heart Disease [J]. *BMJ*, 1995, 311 (6998): 171–174.

困人口脱贫，对世界减贫贡献率超过 70%，是全球最早实现千年发展目标中减贫目标的发展中国家[①]。在减贫成就的基础上，2020 年，党的十九届五中全会提出到 2035 年全体人民共同富裕取得更为明显的实质性进展的目标。

实现共同富裕，需要解决好发展的不平衡不充分问题，以让全体人民公平地获得积累人力资本和参与共创共建的机会、公平地共享发展成果为主要思路[②]。而 0~3 岁儿童发展恰恰为实现这一思路提供了有效的、可持续的路径。许多实证研究显示，人力资本匮乏是制约中国欠发达地区经济增长的关键因素[③]。加大人力资本投资，一方面可为我国带来持续 30 年、每年约 0.6% 的经济总量增长[④]，另一方面可促进人力资本的提升，即人的知识、技能、健康等方面的综合素质改善，从而保证个人和家庭的收入和生活水平不断提高，这也是实现共同富裕的基础条件[⑤]。因此，0~3 岁儿童发展是我国高质量发展阶段持续提升人力资本水平、缩小贫富差距、实现共同富裕和国家可持续发展的题中应有之义。这不仅有利于促进我国人口和经济社会的长期均衡发展，也有利于增强国家综合竞争力、实现中国式现代化。

2. 建立0~3岁儿童发展体系有助于促进社会和谐与稳定

在中国高质量发展的进程中，建立涵盖营养、健康、托育、教育、福利与保护等方面的 0~3 岁儿童发展服务体系，对于实现《中国儿童发展纲要》的目标、促进社会和谐稳定、巩固全面建成小康社会的成果，都具有重要

---

① 《积极参与和推动减贫、国际维和、抗疫合作　中国对世界和平发展贡献巨大》，https：//www.gov.cn/xinwen/2020-09/17/content_ 5544076. htm，2020-09-17。

② 刘培林、钱滔、黄先海等：《共同富裕的内涵、实现路径与测度方法》，《管理世界》2021年第 8 期。

③ 杨立雄：《低收入家户人力资本的反贫困效应——基于 2015 年 CLIFSS 数据的实证研究》，《黑龙江社会科学》2016 年第 3 期。

④ 刘骥、郑磊：《人力资本与全球增长新动能：对我国教育发展的启示》，《教育经济评论》2019 年第 5 期。

⑤ 刘元春：《实现共同富裕的基础是人力资本》，中国人民大学国家发展与战略研究院，（2021），http：//nads. ruc. edu. cn/xzgd/3fcb6beb4d214ef9a87b5d82c626a961. htm。

意义。首先，儿童营养喂养、预防接种与健康管理等服务体系的建立，可减少儿童疾病，预防营养不良和发育迟缓的发生，为儿童健康和全方位发展提供保障，提升儿童和家庭的综合福祉水平。其次，社区育儿支持、托育与早期教育服务则为儿童及其家庭养育提供支持和指导，为儿童成长提供适宜的环境，有助于提高儿童长远的发展能力，预防和减少青少年犯罪等一系列经济与社会问题①。最后，儿童早期发展相关社会支持政策的制定和实施，有助于提升儿童家庭凝聚力，缓解女性育儿负担和家庭压力，促进男性参与育儿，进而有助于提振生育意愿，增强育儿信心，促进人口长期均衡发展。

3. 0~3岁儿童发展对个人短期发展和长期发展结果至关重要

生命的最初几年对个体的短期发展和长期发展结果起着至关重要的作用。儿童早期发展很大程度上影响儿童未来在教育、收入和幸福感方面的成就②。

儿童早期认知水平影响儿童后期的学业表现。认知能力和学业表现是预测未来收入的两大因素。《柳叶刀》发表的《发展中国家的儿童发展》系列报告显示③：在危地马拉，基于学前儿童的认知能力预测了儿童中学的学习情况，并预测了他们在青少年时期的学业表现；在菲律宾和牙买加，基于儿童早期认知发展水平预测了儿童后期的学校学习结果。儿童早期智力或发展商数的增加，都与学校学习结果的明显改善有关。此外，进入学校前进行的干预措施也证实了儿童早期发展的重要性，这些干预措施可为儿童带来持续的认知提升和学业成就。反之，成长在弱势家庭的儿童，例如生活在极度贫困家庭、单亲家庭以及父母的教育水平较低的家庭环境中，更有可能无法完

---

① Britto P. R., Lye S. J., Proulx K., et al. Nurturing Care: Promoting Early Childhood Development [J]. *The Lancet*, 2017, 389 (10064): 91-102.

② Heckman, J., Pinto, R., & Savelyev, P. (2013). Understanding the Mechanisms through Which an Influential Early Childhood Program Boosted Adult Outcomes. *American Economic Review*, 103 (6), 2052-2086. https://doi.org/10.1257/aer.103.6.2052.

③ Grantham-McGregor S., Cheung Y. B., Cueto S., et al. Developmental Potential in the First 5 Years for Children in Developing Countries [J]. *The lancet*, 2007, 369 (9555): 60-70.

成高中学业或报考大学，导致其成年后的教育水平和收入水平很低，甚至会造成贫困的代际传递①。

儿童社会情感发展对个体后期的社会性发展有着不可忽视的影响。社会情感作为个体竞争力的核心因素，是儿童早期发展的重要组成部分②。研究证实，对小学阶段学生的社会情感能力进行干预，可增加学生的亲社会行为，减少其攻击性行为，并提升其社交技能③。我国农村开展的试验研究也发现④，社区育儿支持干预对婴幼儿的非认知能力会产生积极改善效果，主要通过改善照养人的日常养育行为，如为婴幼儿读绘本、唱儿歌和增加玩游戏的次数，来促进婴幼儿非认知能力的发展。从长期来看，社会情感能力的改善还会提升学生的毕业率、就业率，降低其犯罪率⑤，从而促进社会的和谐稳定。

4. 0~3岁儿童发展投资回报率高，早期投入不足会导致未来投入成倍增加

人力资本的形成和积累是一个长期的、渐进的过程，儿童早期作为人力资本的窗口期，是个体人力资本可塑性最强的时期，也是人力资本投资回报率最高的阶段。詹姆斯·赫克曼（James Heckman）的研究表明，人力资本的投资回报率随年龄增长会逐步下降，儿童早期的人力资本投资回报率最高，可高达1∶17⑥。这意味着投资儿童早期发展等预防性的干预措施，远比投资后期

① Heckman J. J., Krueger A. B., Inequality in America: What Role for Human Capital Policies? [J]. *Focus*. MIT Press Books, 2003, 1.
② 李珊珊、王博雅、岳爱等：《贫困农村地区婴幼儿社交情绪发展现状及风险因素分析》，《学前教育研究》2018年第4期。
③ Battistich, V., Schaps, E., & Wilson, N. (2004). Effects of an Elementary School Intervention on Students' "Connectedness" to School and Social Adjustment during Middle School. *Journal of Primary Prevention*, 24, 243-262.
④ 岳爱、郭梓、焦倩等：《农村地区早期养育干预对儿童早期认知和非认知能力的影响研究——基于随机干预实验的证据》，《人口与发展》2023年第6期。
⑤ Singla, D. R., Waqas, A., Hamdani, S. U., Suleman, N., Zafar, S. W., Saeed, K., & Rahman, A. (2020). Implementation and Effectiveness of Adolescent Life Skills Programs in Low- and Middle-Income Countries: A Critical Review and Meta-Analysis. *Behaviour Research and Therapy*, 130, 103402.
⑥ Heckman J. J., Policies to Foster Human Capital [J]. *Research in Economics*, 2000, 54 (1): 3-56.

学校教育和成人教育等补救性的干预措施的收益高。

相反，儿童早期人力资本投入不足的代价较高。我国0~3岁儿童发展状况依然不容乐观。基于《柳叶刀》的相关研究，全球中低收入国家仍有2.49亿（43%）5岁以下儿童面临生长迟缓或极端贫困的风险。其中，2010年我国处于生长迟缓或极端贫困的风险儿童数量有1743万名，位列世界第二[1]。早期不良开端使受影响的个体在成年后的年收入比平均水平低约26%，从而更容易陷入贫困的代际传递，由此造成的国家损失可多达国内生产总值中卫生事业开支的两倍[2]。

（四）0~3岁儿童发展的影响因素

0~3岁是儿童发展的关键时期，这一时期的发展受到遗传与环境的共同影响。一方面，遗传因素在儿童的早期发展中扮演着基础且多维的角色，它不仅决定了儿童的身体测量学特征，还对儿童的智力、性格等发展有着显著影响[3]；另一方面，遗传因素通过基因表现出来，基因携带的特质需要在适宜的环境里发挥和优化。

日益丰富的现代遗传学文献证明了社会环境影响早期儿童发展。儿童发展受环境影响的理论基础是神经元会通过表观遗传修饰的动态变化对各种环境信号作出反应[4]。这些环境信号包括儿童的健康状况、家庭环境、早期经

---

① Lu C., Black M. M., Richter L. M. J. L. G. H., Risk of Poor Development in Young Children in Low-Income and Middle-Income Countries: An Estimation and Analysis at the Global, Regional, and Country Level [J]. *Lancet of Global Health*. 2016, 4 (12): e916-e22.

② Richter L. M., Daelmans B., Lombardi J., et al. Investing in the Foundation of Sustainable Development: Pathways to Scale for Early Childhood Development. *The Lancet*, 2016; published online Oct 4. http://dx.doi.org/10.1016/S0140-6736 (16) 31698-1.

③ Gawande A., The Bell Curve. *Minn Med*. 2005 Oct; 88 (10): 22-5, 58-9. PMID: 16477751.

④ Dennis R. Grayson, Marija Kundakovic, and Rajiv P. Sharma, Is There a Future for Histone Deacetylase Inhibitors in the Pharmacotherapy of Psychiatric Disorders? *Molecular Pharmacology*, 77, No. 2 (February 2010): 126-35, https://doi.org/10.1124/mol.109.061333.

历和照养人的养育方式等①②③。其中，家庭环境和主要照养人是影响儿童发展的两大因素。较低的家庭养育投资会导致儿童大脑前额叶以及海马区的灰质体积减小，进而影响儿童早期发展的表现④。受教育水平越高的主要照养人，会对孩子有更高的教育期望，同时也会更加注意自己的教养方式，增加对儿童的养育投入，进而提升儿童的发展水平⑤。并且，一些由社会环境所导致的表观遗传印记可能会在一生中积累并在代际保存⑥。综上可知，儿童在早期发展的过程中所处的社会环境对其具有决定性的影响。

在进一步探索影响儿童发展的环境因素时，主要基于社会生态环境模型进行分析和研究。

为了研究发展中的人、环境以及二者之间的相互作用，美国发展心理学家布朗芬布伦纳（Urie Bronfenbrenner）提出了生态系统理论。沿着这一理论的逻辑，对儿童早期发展产生直接或间接影响的环境被分为四个层次的系统，分别是微系统、中系统、外系统和宏系统⑦。这四个系统呈同心结构的嵌套排列，前一个系统包含在后一个系统中，如图 1 所示。

① World Health Organization, The World Health Report：Health Systems Financing：The Path to Universal Coverage, Rapport Sur La Santé Dans Le Monde：Le Financement Des Systèmes de Santé：Le Chemin Vers Une Couverture Universelle, 2010, https：//iris. who. int/handle/10665/44371.

② Kathy Sylva et al. , Training Parents to Help Their Children Read：A Randomized Control Trial, *British Journal of Educational Psychology* 78, no. 3（September 2008）：435 – 55, https：//doi. org/10. 1348/000709907X255718.

③ Michael C. Roberts, The Future of Children's Health Care：What Do We Do? *Journal of Pediatric Psychology*, 11, No. 1（1986）：3–14, https：//doi. org/10. 1093/jpepsy/11. 1. 3.

④ Nicole L. Hair et al. , Association of Child Poverty, Brain Development, and Academic Achievement, *JAMA Pediatrics*, 169, No. 9（1 September 2015）：822, https：//doi. org/10. 1001/jamapediatrics. 2015. 1475.

⑤ Kimberly G. Noble et al. , Family Income, Parental Education and Brain Structure in Children and Adolescents, *Nature Neuroscience*, 18, No. 5（May 2015）：773–78, https：//doi. org/10. 1038/nn. 3983.

⑥ Duyilemi C. Ajonijebu et al. , Epigenetics：A Link between Addiction and Social Environment, *Cellular and Molecular Life Sciences*, 74, No. 15（August 2017）：2735–47, https：//doi. org/10. 1007/s00018-017-2493-1.

⑦ Bronfenbrenner U. *The Ecology of Human Development：Experiments by Nature and Design*［M］. Harvard University Press, 1979.

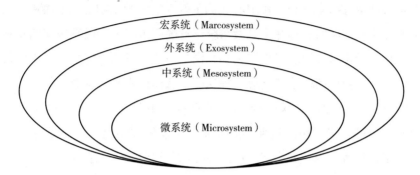

图1 对儿童早期发展产生直接或间接影响的环境系统的四个层次

第一个系统是微系统（Microsystem）。微系统是儿童最直接接触的系统，对儿童早期发展造成直接影响。家庭是儿童早期接触的最主要微系统，家庭中影响儿童早期发展的因素包括营养健康、教养方式、照养人健康以及家庭的社会经济地位等。玩伴、社区和儿童托育中心同样是儿童早期会接触到的微系统。以往研究证明了这些微系统对儿童早期发展的影响[1][2]。此外，在生态系统理论中，儿童和微系统之间的影响被认为是双向的。儿童接触的微系统会影响儿童早期发展，儿童的行为又会反过来对微系统造成影响[3]。比如母亲抑郁对儿童的认知和运动能力发展有负面影响[4]，而儿童的认知滞后和行为问题又会导致母亲抑郁[5]。

第二个是中系统（Mesosystem）。中系统关注的是微系统之间的联系，

① Hatfield B. E., Lower J. K., Cassidy D. J., et al., Inequities in Access to Quality Early Care and Education: Associations with Funding and Community Context [J]. *Early Childhood Research Quarterly*, 2015, 30: 316-326.

② Burchinal M. R., Roberts J. E., Nabors L. A., et al., Quality of Center Child Care and Infant Cognitive and Language Development [J]. *Child Development*, 1996, 67 (2): 606-620.

③ Bronfenbrenner U. Ecology of the Family as a Context for Human Development: Research Perspectives [J]. *Developmental Psychology*, 1986, 22 (6): 723-742.

④ Petterson S. M., Albers A. B., Effects of Poverty and Maternal Depression on Early Child Development [J]. *Child Development*, 2001, 72 (6): 1794-1813.

⑤ Cheng E. R., Palta M., Poehlmann-Tynan J., et al. The Influence of Children's Cognitive Delay and Behavior Problems on Maternal Depression [J]. *The Journal of Pediatrics*, 2015, 167 (3): 679-686.

这些联系可能包括家庭和托育中心之间的联系、家庭和社区之间的联系等。中系统对儿童发展的影响并不是微系统影响的简单相加，微系统间的积极联系会更有利于儿童发展。父母和老师共同参与儿童早期教育是这种积极联系的一个例子，会促使中系统充分发挥功能，从而促进儿童发展。

第三个是外系统（Exosystem）。外系统由不包含儿童的环境组成，但会影响儿童的直接经历，进而影响儿童的早期发展结局。外系统主要包括父母的工作环境、家庭的社交网络和社区邻里环境等。有学者发现母亲良好的社交网络与儿童2岁时的认知发展正相关，这可能是因为母亲得到了更多的社会支持[1]。与之相反的是，在那些受到社会孤立的家庭中，儿童的行为问题会更多[2]。另外，邻里劣势可能会通过父母影响儿童的发展结局[3]。

第四个是宏系统（Macrosystem）。宏系统由文化价值观、社会规范、政策和法律组成，位于生态系统的最外层。宏系统能够影响生态系统的其他层级，会对儿童早期发展产生更大的原则性影响。

综上所述，儿童早期发展受到微系统、中系统、外系统和宏系统的共同影响。由于家庭是0~3岁婴幼儿最主要接触和依赖的微系统，因此中系统、外系统和宏系统主要通过家庭微系统对儿童早期发展产生影响，包括营养与健康因素、养育照护因素和家庭支持因素等。此外，宏系统的社会政策支持也会对儿童早期发展产生影响。以下本报告将重点从这些方面进行阐述。

1. 营养与健康因素

良好的营养是保障儿童早期全面健康发展的基石。营养不仅关乎孩子的

① Shin E. K., LeWinn K., Bush N., et al., Association of Maternal Social Relationships with Cognitive Development in Early Childhood [J]. *JAMA Network Open*, 2019, 2 (1): e186963-e186963.

② Coulton C. J., Crampton D. S., Irwin M., et al., How Neighborhoods Influence Child Maltreatment: A Review of the Literature and Alternative Pathways [J]. *Child Abuse & Neglect*, 2007, 31 (11-12): 1117-1142.

③ Kohen D. E., Leventhal T., Dahinten V. S., et al., Neighborhood Disadvantage: Pathways of Effects for Young Children [J]. *Child Development*, 2008, 79 (1): 156-169.

身体健康，更与认知和非认知发展密切相关。

一是生产方式及母乳喂养。剖宫产会影响儿童早期发展。现有研究认为剖宫产对儿童早期发展的不利影响集中在剖宫产本身的影响和不必要的剖宫产造成胎儿不足月所产生的影响。由于分娩时婴儿未经过宫缩及产道挤压，新生儿易发生窒息、湿肺、肺透明膜病变，剖宫产的婴儿呼吸窘迫并发症比阴道分娩者要高 2~14 倍[1]。另外，研究认为低胎龄分娩率的增加与剖宫产率的增加有关[2]。妊娠 37~41 周是一个重要时期，因为大脑的实质性发育发生在妊娠第 37 周和第 38 周，与这种发育时间一致，胎龄与幼儿期的认知和运动发育呈正相关[3]，而早产则会影响儿童时期的认知发展和学业成绩[4]。

母乳喂养对儿童健康发展至关重要。母乳能够有效预防新生儿感染，并降低新生儿的死亡率[5]。接受过足够母乳喂养的儿童和青少年超重或肥胖的可能性较低，未来患糖尿病的风险也较低[6]。母乳喂养的儿童在智力测试方面表现更好，母乳喂养与更高的入学率及成年后获得更高收入显著正相关[7]。

---

① 王慧、袁新国：《剖宫产与顺产儿童心理健康状况比较研究》，《科技展望》2016 年第 15 期。

② Ananth C. V., Vintzileos A. M., Trends in Cesarean Delivery at Preterm Gestation and Association with Perinatal Mortality. *Am J Obstet Gynecol.* 2011；204：505. e1-8.

③ Espel E. V., Glynn L. M., Sandman C. A., Davis E. P., Longer Gestation among Children Born Full Term Influences Cognitive and Motor Development. *PLoS One.* 2014；9：e113758.

④ Groeschel S., Tournier J. D., Northam G. B., et al. Identification and Interpretation of Microstructural Abnormalities in Motor Pathways in Adolescents Born Preterm. *NeuroImage.* 2014；87：209-19.

⑤ Victora C. G., Bahl R., Barros A. J., França G. V., Horton S., et al. 2016. Breastfeeding in the 21st Century：Epidemiology, Mechanisms, and Lifelong Effect. *The Lancet.* 387：475-90.

⑥ Aune, D., Norat, T., Romundstad, P., & Vatten, L. J. (2014). Breastfeeding and the Maternal Risk of Type 2 Diabetes：A Systematic Review and Dose-Response Meta-Analysis of Cohort Studies. *Nutrition, Metabolism, and Cardiovascular Diseases*, 24 (2), 107-115. https：//doi. org/10. 1016/j. numecd. 2013. 10. 028.

⑦ Horta, B. L., Loret de Mola, C., & Victora, C. G. (2015). Breastfeeding and Intelligence：A Systematic Review and Meta-Analysis. *Acta Paediatrica* (Oslo, Norway：1992), 104 (467), 14-19. https：//doi. org/10. 1111/apa. 13139.

二是生长迟缓。生长迟缓是指低于世界卫生组织年龄别身高参考值两个标准差。持续的生长迟缓会阻碍儿童发挥其认知潜力①。生长迟缓与儿童的认知表现呈负相关，但与社会情感发展无关②。中国一项涵盖8000多名4～7岁儿童的研究发现，年龄别身高的得分与智商呈正相关③。

三是饮食多样性。世界卫生组织建议照顾者为6～24个月儿童提供多样化的饮食，并使用饮食多样性这一指标进行衡量。饮食多样性指在特定时期内摄入的不同食物种类多，包括母乳、谷物、根茎和块茎类、豆类和坚果、乳制品、肉类食物、蛋类、富含维生素A的水果和蔬菜、其他水果和蔬菜。据研究，膳食多样性与认知表现关系密切④，并且膳食多样性得分越高，出现多动/注意力不集中症状、同伴关系问题和亲社会行为问题的可能性越低⑤。

四是微量营养素。营养素的缺乏会对儿童早期发展产生不利影响。例如：缺碘不仅会影响儿童的语言认识和推理⑥，也会导致儿童的粗大运动和

① Alam M. A., Richard S. A., Fahim S. M., et al. Impact of Early-Onset Persistent Stunting on Cognitive Development at 5 Years of Age: Results from a Multi-Country Cohort Study. *PLoS One.* 2020; 15 (1): e0227839.

② Chen, K., Liu, C., Liu, X., Wang, Z., Luo, R., Li, S., Yu, Y., & Alderman, H. (2021). Nutrition, Cognition, and Social Emotion among Preschoolers in Poor, Rural Areas of South Central China: Status and Correlates. *Nutrients*, 13 (4), Article 4. https://doi.org/10.3390/nu13041322.

③ Huang, C., Martorell, R., Ren, A., Li, Z., Cognition and Behavioural Development in Early Childhood: The Role of Birth Weight and Postnatal Growth. *Int. J. Epidemiol.* 2013, 42, 160-171.

④ Li, S., Chen, K., Liu, C., Bi, J., He, Z., Luo, R., Yu, Y., & Wang, Z. (2021). Association of Dietary Diversity and Cognition in Preschoolers in Rural China. *Nutrition*, 91-92, 111470. https://doi.org/10.1016/j.nut.2021.111470.

⑤ Li, S., Chen, K., Liu, C., Bi, J., He, Z., Luo, R., Yu, Y., & Wang, Z. (2021). Dietary Diversity and Mental Health in Preschoolers in Rural China. *Public Health Nutrition*, 24 (7), 1869-1876. https://doi.org/10.1017/S1368980020003237.

⑥ Zimmermann M. B., Connolly K., Bozo M., Bridson J., Rohner F., Grimci L., Iodine Supplementation Improves Cognition in Iodine-Deficient Schoolchildren in Albania: a Randomized, Controlled, Double-blind Study. *Am J Clin Nutr* 2006; 83: 108-14.

精细运动能力受损[1]；缺铁会对儿童的免疫功能和神经发育产生负面影响[2]，而且还会导致儿童语言、记忆力和学习能力损害[3]；缺锌可能降低儿童的信息处理能力[4]。

幼儿期贫血的危害极大，会导致儿童无法发挥其发展潜力，从而使贫困永久化。研究发现，婴儿期贫血会对儿童后期的认知能力、学习成绩和行为产生负面影响[5]。根据 Luo 等人的研究，血红蛋白水平较低的婴儿更有可能在认知和运动发展方面滞后[6]。生命最初几年的贫血也是认知、身体和社会情感发展滞后的主要肇因[7]。从长远来看，贫血会对受教育程度产生负面影响，甚至会降低成年后的收入。即使儿童后期贫血消失，这些影响也可能不可逆转[8]。

五是照养人心理健康。照养人心理健康程度是影响儿童认知和社会情感

① 朱柳燕：《早期缺铁对学龄前儿童认知和发育影响的研究》，浙江大学硕士学位论文，2018，https：//kns.cnki.net/KCMS/detail/detail.aspx? dbcode = CMFD&dbname = CMFD201801&filename = 1017083626. nh&v＝。

② Georgieff M. K. 2007. Nutrition and the Developing Brain：Nutrient Priorities and Measurement. *Am. J. Clin. Nutr.* 85：614S–20S.

③ Sigman M., Neumann C., Baksh M., Bwibo N., McDonald M. A., Relationship between Nutrition and Development in Kenyan Toddlers. *J Pediatr.* 1989；115：357–64.

④ Lind T., Lonnerdal B., Stenlund H., A Community-Based Randomized Controlled Trial of Iron and Zinc Supplementation in Indonesian Infants：Effects on Growth and Development. *Am J Clin Nutr.* 2004；80：729–36.

⑤ Grantham-Mcgregor, S., & Ani, C. (2001). A Review of Studies on the Effect of Iron Deficiency on Cognitive Development in Children. *The Journal of Nutrition*, 131 (2), 649S–668S. Https：//Doi. Org/10. 1093/Jn/131. 2. 649S.

⑥ Luo, R., Shi, Y., Zhou, H., Yue, A., Zhang, L., Sylvia, S., Medina, A., & Rozelle, S. (2015). Micronutrient Deficiencies and Developmental Delays among Infants：Evidence from a Cross-Sectional Survey in Rural China. *BMJ Open*, 5 (10), E008400. Https：//Doi. Org/10. 1136/Bmjopen-2015-008400.

⑦ Luo, R., Yue, A., Zhou, H., Shi, Y., Zhang, L., Martorell, R., Medina, A., Rozelle, S., & Sylvia, S. (2017). The Effect of a Micronutrient Powder Home Fortification Program on Anemia and Cognitive Outcomes among Young Children in Rural China：A Cluster Randomized Trial. *BMC Public Health*, 17 (1), 738. Https：//Doi. Org/10. 1186/S12889-017-4755-0.

⑧ Walker S. P., Wachs T. D., Meeks Gardner J., et al., Child Development：Risk Factors for Adverse Outcomes in Developing Countries. *The Lancet.* 2007；369 (9556)：145–57.

发展的关键因素之一①。在儿童成长的关键时期，主要照养人是在该过程中与儿童联系最紧密和接触时间最多的群体。若主要照养人有着积极健康的心态，则有利于儿童健康发展；反之，则有可能对儿童的发展产生消极影响②。

儿童主要照养人心理上的抑郁是影响儿童早期发展的主要风险因素。若主要照养人存在抑郁风险，则儿童更容易出现认知和情绪等方面的滞后③。且儿童年龄越小，越容易受到外部环境和养育行为的刺激和影响，尤其是2岁以下儿童，因此儿童主要照养人的抑郁对年龄越小的儿童影响越大④。有抑郁风险的照养人，其所照料儿童的语言和社会情感发展水平明显较低⑤。因此，帮助照养人维持良好的心理健康状态，对于促进儿童的健康和早期发展至关重要。

2. 养育照护因素

养育照护在0~3岁儿童成长中具有举足轻重的地位，这一阶段养育照护的质量不仅对儿童身心健康有直接影响，而且还会影响儿童未来的认知与非认知能力发展。养育照护涉及养育行为、管教方式、教养方式、儿童忽视、屏幕暴露、照养人心理健康等多方面。

一是养育行为和管教方式。在儿童成长过程中，养育行为是对其各方面发育水平以及未来发展产生影响的关键因素。积极的养育行为，包括与儿童进行内容丰富的互动，如游戏、读书、讲故事等，不仅可提升儿童的认知能

① Sohr-Preston S. L. , Scaramella L. V. , Implications of Timing of Maternal Depressive Symptoms for Early Cognitive and Language Development ［J］. *Clinical Child and Family Psychology Review* , Springer, 2006, 9（1）: 65-83.

② Cabrera N. J. , Fagan J. , Wight V. , et al. , Influence of Mother, Father, and Child Risk on Parenting and Children's Cognitive and Social Behaviors ［J］. *Child Development* , 2011, 82（6）: 1985-2005.

③ Cummings E. M. , Kouros C. D. , Maternal Depression and Its Relation to Children's Development and Adjustment ［J］. *Encyclopedia on Early Childhood Development* , 2009: 1-6.

④ Goodman S. H. , Rouse M. H. , Connell A. M. , et al. , Maternal Depression and Child Psychopathology: A Meta-Analytic Review ［J］. *Clinical Child and Family Psychology Review* , 2011, 14（1）: 1-27.

⑤ Yue A. , Gao J. , Yang M. , et al. , Caregiver Depression and Early Child Development: A Mixed-Methods Study from Rural China ［J］. *Frontiers in Psychology* , 2018, 9: 2500.

力和语言能力，还对其社会情感发展有积极推动作用。这些活动激发了儿童的学习兴趣，培养了他们的注意力和反应力，为其未来的学习和社交打下了坚实基础。积极的养育行为对儿童长期发展具有重要影响，研究表明，接受积极养育行为的儿童，在小学阶段的行为问题较少，学业成绩较高，成年后的收入也显著增加[1]。

暴力管教是父母针对儿童不当行为而实施的强制性行为或消极的情绪表达，心理攻击和体罚是发生率最高的两种暴力管教形式。体罚或大声呵斥会对儿童的认知能力和大脑发育造成损害，进而影响其未来的教育成就和健康水平。儿童经历严苛管教等痛苦体验会对其大脑中负责情绪处理和威胁识别的部分造成损伤，且伤害程度与威胁的严重性成正比，被体罚过的儿童在面对潜在威胁时，其大脑特定区域的反应更为强烈，而这些区域与经历更严酷管教的儿童脑灰质减少的区域相重叠，并且经历过其他形式身体虐待的幼儿中，这些区域的功能表现异常[2]。体罚等严苛管教方式，不仅影响儿童的认知能力，还对其语言技能和社会情感发展产生负面作用[3]。相反，关爱、积极和互动的管教方式则有助于儿童的认知和非认知功能的发展。

此外，相对于父母采取严厉的管教方式，另一种普遍存在的、对儿童发展产生显著负面影响的方式是儿童忽视。忽视对儿童的日常生活、学习以及情感交流等各个方面都会造成极大的不利影响[4]。儿童忽视是儿童父母或照养人未能给儿童提供充足的照料和监督，或者未能满足儿童的生理、心理、社会和情感方面的需要。对于0~3岁的儿童来说，忽视的负面影响尤为深

① Liu, L., & Wang. M. (2018). Parental Harsh Discipline and Adolescent Problem Behavior in China: Perceived Normativeness as a *Moderator. Child Abuse and Neglect.* 86. 1–9. 2.

② Mclaughlin, K. A., Weissman, D., BitrÁn, D., Childhood Adversity and Neural Development: a Systematic Review. *Annu. Rev. Dev. Psychol.* 2019, 1, 277–312.

③ Berthelon, M., Contreras, D., Kruger, D., Palma, M. I., Violence during Early Childhood and Child Development. *IZA Inst. Labor.* Econ. 2018.

④ 胡春香、孔明：《儿童忽视对其独孤感的影响：自尊的中介作用》，《中国健康心理学杂志》2022年第2期。

远。受忽视儿童在智商测试和学业成绩上往往表现不佳。遭受情感忽视的儿童在贝利量表测试中的得分会大幅下降，这表明他们的认知能力受到了损害[1]。

除了对认知能力的影响外，忽视还会对儿童的非认知能力产生负面影响。受忽视的儿童更容易出现品行问题和反社会行为，在社交中常常陷入孤立状态。且这种孤立状态可能会一直持续到青少年甚至成年时期，导致一系列心理和行为问题[2]。

二是教养方式。教养方式是父母在养育儿童过程中表现出的观念、情感和行为的一种相对稳定的组合方式，是亲子关系内涵的表现形式，教养方式分为专制型、权威型、放任型三种类型[3]。不同类型的教养方式会对儿童产生不同的影响。权威型教养方式，以高要求和强反应性为特征，被证明是有利于儿童发展的方式之一。这种教养方式下的儿童通常表现出更高的成熟度、独立性和社会责任感，可正向预测学前儿童的识字能力、算术能力[4]。

相比之下，放任型教养方式较为消极[5]。而对专制型教养方式的影响则存在争议，许多国内外的研究发现它与儿童的认知水平和社会情感发展负相关[6]，但也有研究指出在中国文化背景下，专制型教养方式可能对学业成绩有积极影响。

三是屏幕暴露。屏幕暴露是现代家庭养育照护中的一个突出问题。屏

① Baskin D. R., Sommers I., Child Maltreatment, Placement Strategies, and Delinquency [J]. *American Journal of Criminal Justice*, 2011, 36: 106-119.
② 杨邦林、黄瑾:《情感忽视与农村留守儿童游戏成瘾:逆境信念的调节作用》,《中国特殊教育》2020年第9期。
③ Baumrind D., Child Care Practices Anteceding Three Patterns of Preschool Behavior [J]. *Genetic Psychology Monographs*, 1967, 75 (1): 43-88.
④ 徐慧、张建新、张梅玲:《家庭教养方式对儿童社会化发展影响的研究综述》,《心理科学》2008年第4期。
⑤ 向蓉、雷万鹏:《家庭教养方式如何影响儿童问题行为?》,《教育与经济》2021年第5期。
⑥ Qin D. B., Doing Well vs. Feeling Well: Understanding Family Dynamics and the Psychological Adjustment of Chinese Immigrant Adolescents [J]. *Journal of Youth and Adolescence*, 2008, 37: 22-35.

幕暴露是儿童使用带有屏幕的设备（如电视、智能手机、平板电脑、计算机、学习机甚至暴露在电视开启但不观看的环境中）。多数研究认为，过度的屏幕暴露对儿童有害，特别是对认知功能有损害。长时间使用屏幕可能导致儿童的注意力分散、语言能力下降，以及视觉空间处理能力受损[1]。此外，屏幕暴露还可能影响儿童的非认知功能，如导致心理问题和行为问题增多[2]。

然而，有一些研究表明，屏幕暴露也可能对儿童产生积极影响，特别是当屏幕内容为教育类节目时，可能促进儿童的知识获取和执行功能的发展[3]。个体和家庭特征在屏幕暴露对儿童发展的影响中起着关键的调节作用。家庭背景、社会经济地位、父母的育儿观念和行为等都会影响儿童屏幕暴露的程度和效果[4]。高质量的电视节目和充实的家庭活动可能有助于减轻电视对儿童的潜在负面影响。而对于生活在资源有限环境中的农村儿童来说，屏幕可能提供了接触和学习新事物的重要机会，对儿童发展产生积极作用。

3. 家庭支持因素

一是家庭社会经济地位。家庭社会经济地位是个人在社会中依据拥有的社会资源而被界定的社会位置，通常使用家庭收入、受教育水平和职业地位综合衡量，反映了个人在资源获取方面的差异[5]。家庭社会经济地位会显著影响儿童大脑神经系统、语言以及执行功能等区域的发育[6]，低社会经济地

① Pagani, L. S., Fitzpatrick, C., & Barnett, T. A. (2013). Early Childhood Television Viewing and Kindergarten Entry Readiness. *Pediatric Research*, 74 (3), 350-355.

② 陆文祥、李晓巍：《屏幕正在养成"问题儿童"吗？——基于屏幕暴露与学前儿童问题行为关系的元分析》，《学前教育研究》2022年第6期。

③ Mares, M. L., & Pan, Z. (2013). Effects of Sesame Street: a Meta-Analysis of Children's Learning in 15 Countries. *Journal of Applied Developmental Psychology*, 34 (3), 140-151.

④ Kühhirt, M., & Klein, M. (2020). Parental Education, Television Exposure, and Children's Early Cognitive, Language and Behavioral Development. *Social Science Research*, 86, 102391.

⑤ Bradley R. H., Corwyn R. F., Socioeconomic Status and Child Development [J]. *Annual Review of Psychology*, 2002, 53 (1): 371-399.

⑥ Noble K. G., Mccandliss B. D., Farah M. J., Socioeconomic Gradients Predict Individual Differences in Neurocognitive Abilities [J]. *Developmental Science*, 2007, 10 (4): 464-480.

位儿童早期认知、接受性语言、表达性语言、社会情感等能力更差[1][2]。而具有较高社会经济地位的家庭一般具有较高的受教育程度，拥有高收入和高职业地位，有能力或意识为儿童早期发展提供良好的养育照护，这些家庭的儿童有更多的机会接触书籍、玩具等早期刺激和学习性材料，并且家庭成员在与儿童开展亲子互动时认知、情感上的支持和卷入度也较高[3]。低社会经济地位家庭的儿童往往缺乏早期刺激和学习性资源，从而面临早期潜力发展受损的风险。

二是其他照养人参与。在儿童养育照护的过程中，母亲往往是第一照养人，但是祖父母和父亲在儿童早期发展中也扮演着重要角色。研究表明，祖父母参与照护会对儿童的情绪、社交和认知发展产生显著影响。当祖父母与母亲共同参与育儿时，可能会形成一种对儿童有利的策略，这种合作方式使得父母能够分配更多时间在儿童的全面发展上，并可能采取更为策略性的育儿方式[4]。然而，祖父母照养也可能存在不利影响。祖父母可能较少参与阅读、游戏等对儿童认知发展至关重要的活动[5]。此外，祖父母在积极管教方式上也与母亲存在差异，可能更倾向于使用非基于沟通的管教策略，从而对儿童的发展产生负面影响。

父亲参与育儿对0~3岁儿童的影响也不容忽视。父亲在育儿活动中的参与及其对儿童发展的刺激具有不可替代性。父亲积极参与回应式的育儿行

① Fernald A. , Marchman V. A. , Weisleder A. , SES Differences in Language Processing Skill and Vocabulary are Evident at 18 Months [J]. *Developmental Science*, 2013, 16（2）：234-248.

② Ronfani L. , Vecchi Brumatti L. , Mariuz M. , et al. , The Complex Interaction between Home Environment, Socioeconomic Status, Maternal IQ and Early Child Neurocognitive Development：A Multivariate Analysis of Data Collected in a Newborn Cohort Study [J]. *Plos One*, 2015, 10（5）：E0127052.

③ Larson K. , Russ S. A. , Nelson B. B. , et al. , Cognitive Ability at Kindergarten Entry and Socioeconomic Status [J]. *Pediatrics*, 2015, 135（2）：E440-E448.

④ Cheng, C. , & Zhao, M. （2023）. Multigenerational Coresidence and Parental Time in Developmental Childcare in China. Research in Social Stratification and Mobility.

⑤ Yue, A. , Shi, Y. , Luo, R. , et al. , （2019）. Stimulation and Early Child Development in China：Caregiving at Arm's Length. *Journal of Developmental & Behavioral Pediatrics*, 40（6），458-467.

为、阅读和写作活动，有助于儿童读写能力和语言能力的发展①。对于儿童的社会情感发展，研究发现，无论父亲是否与婴儿同住，定期与父亲接触有利于0~3岁儿童更有效地调节情绪②。与孩子一起玩耍被视为父亲参与育儿活动的关键行为，它既能促进儿童的运动、认知、社交和情感发展，又能加强亲子关系。

三是父母外出务工。国内外针对劳动力迁移对留守儿童发展的影响进行了大量研究，但由于数据、方法及指标上的差异，尚未形成一致的结论。部分学者认为外出务工缓解了家庭的经济约束，可能增加对子女的教育投入，因而，对留守儿童的发展具有正向影响③；另一部分研究则认为外出务工造成父母缺少对儿童的陪伴、照顾与引导，进而对留守子女的入学时间、升学率、受教育年限以及学业成绩等带来负面效应④，留守儿童更容易出现怨恨、自卑、沮丧等不良情绪或产生暴力行为⑤。侯玉娜发现，无论父母选择何种外出形式及时长，留守子女都会出现非认知发展问题⑥。

4. 社会政策支持因素

社会政策支持对于儿童早期发展具有积极作用，包括有条件和无条件的现金转移支付、产休假等措施。

---

① Varghese, C., & Wachen, J. (2016). The Determinants of Father Involvement and Connections to Children's Literacy and Language Outcomes: Review of the Literature. *Marriage & Family Review*, 52 (4), 331-359.

② Vogel, C. A., Bradley, R. H., Raikes, H. H., Boiler, K., & Shears, J. K. (2019). Relation between Father Connectedness and Child Outcomes. *In Parenting: Science and Practice* (pp. 189-209): Routledge.

③ Kandel, W., & Kao, G., The Impact of Temporary Labor Migration on Mexican Students' Educational Aspirations and Performance [J]. *International Migration Review*, 2001, 35 (4): 1205-1231.

④ Mckenzie, D., & Rapoport, H., Can Migration Reduce Educational Attainment? Evidence from Mexico [J]. *Journal of Population Economics*, 2011, 24 (4): 1331-1358.

⑤ Lahaie, C., Hayes, J. A., Piper, T. M., & Heymann, J., Work and Family Divided across Borders: The Impact of Parental Migration on Mexican Children in Transnational Families [J]. *Community, Work & Family*, 2009, 12 (3): 299-312.

⑥ 侯玉娜：《父母外出务工对农村留守儿童发展的影响：基于倾向得分匹配方法的实证分析》，《教育与经济》2015年第1期。

有条件现金转移支付指的是向贫困家庭提供现金支持，条件是转移支付资金必须用于增加其子女的人力资本，如健康、营养和教育等。以墨西哥Progresa项目为例，研究发现公共转移支付使0~3岁儿童罹患疾病的概率降低了22.3%，发生营养不良的概率降低了8.6%[1]。此外，该计划还显著增加了贫困家庭子代的受教育年限，约为1.3年[2]。

无条件现金转移支付是政府及相关部门参照既定标准向特定人群进行的转移支付，转移支付的接受者可以自主决定如何使用转移支付资金而不受约束。研究发现，对农村居民给予最低生活保障能够显著提高儿童的认知能力，尤其是对极端贫困儿童的作用更加显著[3]。Pedro等人对尼日利亚北部实施的、从孕期到出生后2岁期间发放儿童发展补助金的计划进行研究，发现该计划使极端贫困地区的儿童体格生长指标和健康结果得到了显著的、持续的改善，干预4年后儿童的生长迟缓率降低了8%[4]。

产休假是一项为妇女提供的休假制度，有利于照顾新生儿和促进母婴关系的发展。美国职场母亲的产假长短与亲子互动的质量直接相关，与依恋安全感间接相关[5]。Rossin评估了1993年《家庭和医疗休假法》中的无薪产假对美国儿童出生和婴儿健康结果的影响，发现无薪产假使婴幼儿出生体重小幅增加、早产发生的可能性降低[6]。带薪产假有助于改善儿童的教育结

---

① Gertler, P., Do Conditional Cash Transfers Improve Child Health? Evidence from Progresa's Control Randomized Experiment [J]. *American Economic Review*, 2004, 94 (2): 336-341.

② Parker, S. W., & Vogl, T., Do Conditional Cash Transfers Improve Economic Outcomes in the Next Generation? Evidence from Mexico [J]. *National Bureau of Economic Research*, 2018.

③ 刘德弟、薛增鑫:《农村居民最低生活保障制度的教育溢出效应——基于贫困儿童人力资本的实证分析》,《西北人口》2021年第4期。

④ Carneiro Pedro, Kraftman Lucy, Mason Giacomo, Moore Lucie, Rasul Imran, Scott Molly. The Impacts of a Multifaceted Prenatal Intervention on Human Capital Accumulation in Early Life. *American Economic Review*, 2021, 111 (8): 2506-2549.

⑤ Plotka, R., Busch-Rossnagel, N. A., The Role of Length of Maternity Leave in Supporting Mother-Child Interactions and Attachment Security among American Mothers and Their Infants. ICEP 12, 2 (2018).

⑥ Rossin, M. (2011). The Effects of Maternity Leave on Children's Birth and Infant Health Outcomes in the United States. *Journal of Health Economics*, 30 (2), 221-239.

果，如获得更高的考试成绩和更低的辍学率[1][2]。

综上所述，儿童早期发展受到遗传、营养、健康、养育、家庭支持等多因素的影响，这些因素并非孤立存在，而是相互作用和相互影响的，亟须统筹考虑和推进儿童早期发展事业。

二 0~3岁儿童发展事业的螺旋式上升历程

1949 年以来，我国 0~3 岁儿童发展事业稳步上升，取得了举世瞩目的成就，0~3 岁儿童的发展状况获得了显著改善。我国 0~3 岁儿童发展事业具有阶段性特点。

新中国成立之初到 20 世纪七八十年代，死亡是儿童发展面临的最大威胁，因此降低婴儿死亡率是当时我国儿童健康工作的重点。这一阶段我国儿童早期发展工作紧紧围绕"保生存"这一要务，开展了新法接生、预防接种等系列卫生保健服务，促进了婴儿死亡率的快速下降。在保生存的同时，随着城乡计划经济体制尤其是农村集体经济体制的确立，托儿所建设实现了从无到有的快速发展。

进入 20 世纪 90 年代以来，随着儿童生存状况的极大改善，儿童营养水平提高、儿童常见病得到预防和控制、儿童保护日益成为儿童发展工作的重点。这一阶段的突出特点是出现儿童发展的顶层设计和规划。我国发布了《九十年代中国儿童发展规划纲要》，相继颁布《中华人民共和国母婴保健法》《中华人民共和国未成年人保护法》《中华人民共和国妇女权益保障法》《中华人民共和国收养法》等系列法律法规，为促进儿童发展的国家行动提供了法律保障。

---

[1] Baum II CL (2003). Does Early Maternal Employment Harm Child Development? An Analysis of the Potential Benefits of Leave Taking. *J Labor Econ* 21 (2): 409-448.

[2] Carneiro P., Loken K., Salvanes K. (2010). A Flying Start? Long Term Consequences of Maternal Time Investments in Children during Their First Year of Life. Institute for the Study of Labor (IZA) Discussion Paper 5362.

进入 21 世纪，0~3 岁儿童早期教育与托育被正式列入发展议程，对 0~3 岁儿童早期教育的关注和重视成为该阶段 0~3 岁儿童发展事业的主要特点。这一阶段 0~3 岁儿童早期综合发展被纳入《中国儿童发展纲要（2011—2020 年）》，新生儿出生健康、婴幼儿营养改善、早期教育与保育成为贫困地区儿童发展规划的重要内容。2019 年，国务院办公厅印发《关于促进 3 岁以下婴幼儿照护服务发展的指导意见》，提出要促进婴幼儿照护服务发展。2025 年实现每千人口 4.5 个托位首次被列入国家"十四五"时期经济社会发展目标，标志着我国儿童早期发展事业步入普惠发展的新阶段。

为了更系统、清晰地呈现我国 0~3 岁儿童发展事业的进程，借鉴国际上提出的支持儿童早期发展的营养、健康、回应性照护、早期学习和安全保障五大方面，本报告将儿童早期发展服务划分为早期教育与托育、营养与健康、安全与保障三大领域，分别进行客观的梳理和分析，研究其政策发展历程和发展特点，为当前及未来政策发展提供借鉴。

（一）我国0~3岁儿童早期教育与托育事业的波动发展

1. 从新中国成立至20世纪70年代后期：托儿所的体制化发展与回落

自 1940 年 3 月中共中央在延安创建中央托儿所以来，我国以婴幼儿保育和照顾为主的托儿所建设进入体制化发展阶段。有资料显示，在新中国成立以前，全国共有托儿所 119 个，按类型分为劳工托儿所、职业妇女托儿所、工厂托儿所和农村托儿所，但未形成足够大的规模。

中华人民共和国成立后，在建立计划经济体制的过程中，为发动广大妇女参加生产劳动，以帮助女职工解决育儿困难为主要目的，具有福利性质的公共托育体系得以建立。当时，我国全面借鉴苏联经验，开始大规模配置托儿所。根据 1951 年的统计，各种类型的保育机构已有 18940 处（包括托儿所、幼儿园、保育院、幼稚园等），服务儿童共 578988 人，其中以农忙托儿所和工矿托儿所发展最快。截至 1954 年，全国厂矿企业、医院、学校等系统已建有托儿所 4003 个、哺乳室 2670 个。

随着社会主义建设高潮的兴起，为方便妇女投入生产劳动、解决家庭的后顾之忧，国家发布多项政策要求各级组织积极建设托育机构。1953年实施的《中华人民共和国劳动保险条例实施细则修正草案》第51条规定：若实行劳动保险的企业中的女工人、女职员有四周岁以内的子女20人以上，企业就需要单独或联合其他企业设立托儿所。这一规定，相当具体。

此后，托儿所进入体制化的快速发展阶段。1955年2月，中华全国总工会在北京专题召开"全国工会厂矿企业托儿所工作会议"，确定厂矿企业托儿所工作方针。在计划经济体制下，企事业单位和政府机关建设托儿所、幼儿园均由国家和单位投资。1955年国务院发布的《关于工矿、企业自办中、小学和幼儿园的规定》中要求各工矿、企业单独或联合创办托幼机构，以满足本单位职工子女入托入园的需求，经费则由各单位列入财政预算。

在行政管理方面，也有了各个部门与单位之间的明确分工。1956年，教育部、卫生部、内务部颁发《关于托儿所、幼儿园几个问题的联合通知》，对托儿所、幼儿园的管理和领导等问题作了明确具体的规定，"托儿所和幼儿园应依儿童的年龄来划分，即收三周岁以下的儿童者为托儿所，收三至六周岁的儿童者为幼儿园"。在管理和教育等业务上，规定托幼机构行政上归属单位管理，"在托儿所的方面，则统一由卫生行政部门领导；幼儿园统一由教育行政部门领导"，文件要求：托幼机构，在城市提倡由工矿、企业、机关、团体、群众举办，在农村提倡由农业社举办。

需要注意的是，这个时期举办的托儿所，一般主要是在国有企业和行政单位之内，将托儿所变成了职工福利的有机组成部分。在这种社会福利的背景下，绝大多数国有企业的职工家庭都能享受免费或费用低廉的托育服务，通常只需承担幼儿的饮食费即可。各个政府部门，凡有条件的，也会举办托儿所和幼儿园，如军队的大单位，就相当重视举办这类机构。

在上述政策的推动下，托儿所有了相当快速的发展，到1956年底，基层托儿共有5775个。托儿所几乎成为国有企业的标配。

1958年，托儿所几乎在各地普及。这主要是因为农村开始普及人民公社制度，生产和生活资料都需集体化，即集体劳动、集体吃饭。婴幼儿照护成为家庭中亟待解决的问题，因此只能办托儿所。大食堂没有几年就被全面

解散，乡村托儿所也随之关闭。那期间国民经济受到重创，使得城镇和国有企业的托儿所数量开始缓慢回落。"文化大革命"期间，随着儿童照顾和家庭劳动社会化问题淡出国家议事日程，托育事业不再受到重视。这种局面一直持续到改革开放以前。

2. 改革开放初期至20世纪90年代初：0～3岁儿童早期教育与保育服务的政策规划稳步推进

改革开放以来，托幼工作被重新提上国家议事日程。中央有关部门开始规划有关政策、制定相关标准，使得与托儿所相应的单位福利制度得到一定程度恢复。进入20世纪90年代后，随着单位福利制度的变革，婴幼儿托育制度又一次面临全面转型。

在改革开放之初，国家就把托幼事业提上重要议事日程。

1979年7月，经中共中央和国务院批准，由教育部等5个部门联合召开全国托幼工作会议。同年10月11日，中共中央、国务院转发《全国托幼工作会议纪要》，并以中发〔1979〕73号文件的名义发出通知，其中提出"加强对婴幼儿的保健和教育工作，培养体魄健壮、品德良好和智力发达的下一代，是关系到国家和民族前途的根本大计。各级党委和各级政府应关怀和重视托幼事业，积极抓好这项工作。"为了解决经费问题，这一文件明确规定以下内容。

各级教育、卫生部门举办的幼儿园、托儿所经费和培训各类园、所保教人员、医务人员及开展托幼工作其他活动所需费用，分别从教育事业费和卫生事业费列支。各级财政部门在确定教育、卫生事业费年度指标时，对这些费用要予以安排。

各企业、事业、机关、部队举办园所的经费，由各主办单位自行解决。

对城镇民办园所，根据各地经验，其经费来源可从以下几个方面解决：①孩子家长交保育费；②孩子家长所在单位向送托园所交管理费。管理费的标准，由当地托幼领导机构，参考全民所有制企业单位对其举办的园所补贴的费用和当地实际情况规定；③园所的开办费，添置大型设备及房屋修缮等开支，由地方财政部门以自筹经费（如城市附加收入，区、街企业收入和机动财力等）酌情补贴；④保教人员的退休、退养问题由各园所主办单位根据经济情况适当解决，如有困难，可向地方财政部门申请补助。对长期从事托幼工作并作出贡献的保教人员应优先照顾。

城镇民办园所保教人员的工资、劳动保险、福利待遇，由市、县（区）和街道有关领导部门规定；要创造条件，采取措施，尽快解决。他们的一切待遇应不低于区、街生产人员的一般水平，民办园所医务人员的待遇不低于同级医务人员的水平。

农村社队园所保教人员的待遇，应相当于同等劳力的报酬。经过培训考核或工作成绩突出的保教人员，其报酬可高于同等劳动力。

该文件开始强调坚持"两条腿走路"的方针，认为生活服务事业将逐步向社会化方向发展，托幼事业社会化是必然趋势，要求有条件的省（自治区、直辖市）可以选择一些市、区对托儿所、幼儿园全面规划，合理布局，进行托幼组织社会化试点以取得经验。

该文件的发布，对全国托幼事业发展产生了十分积极的影响。在该文件的推动下，机关、部队、学校、工矿等企事业单位开始积极恢复和建立哺乳室、托儿所、幼儿园。1980年1月，国务院托幼工作领导小组成立，这是中国有史以来最高层次和级别的学前教育领导机构。由于国家重视托幼工作，全国入托幼机构的儿童由1979年的302.7万人增加到了1980年的334.8万人，托儿所的数量也逐渐回升，托儿所的成本费用也大多由国家承担。国家进一步对托育机构给出新的定位，1980年，卫生部颁发的《城市托儿所工作条例（试行草案）》明确指出，托儿所除了解放妇女劳动力以外，还负有教养0~3岁儿童的任务。

1981年6月，卫生部妇幼卫生局颁布《三岁前小儿教养大纲（草案）》，文件指出：三岁前是小儿体格和神经心理生长发育的重要时期；从出生到两岁是小儿脑发育最快时期，其大脑基本生理特点已与成人近似，具备了接受教育的条件；从出生起就不断接受外界刺激，小儿的感知觉、动作、认知能力、语言和思维、想象力不断发展，因此早期教育对小儿的智力发展极为重要。

该文件将托儿所的教养工作的具体任务规定为：要发展小儿的基本动作，进行适当的体格锻炼，增强儿童的抵抗力，提高婴幼儿的健康水平，促进其身心正常发展；要发展小儿模仿、理解和运用语言的能力，通过语言让小儿认识周围环境事物，使其智力得到发展，并获得简单知识；要进行友爱、礼貌、诚实、勇敢等品德教育；要培养小儿的饮食、睡眠、衣着、盥洗、与人交往等各个方面的文明及美的观念。

该文件对于三岁前小儿集体教养原则、小儿神经心理发育的主要标志、通过生活环节进行教育、语言的发展、动作的发展、认知能力的培养、与成人和小朋友相互关系的培养以及作业的要求等，都有相当详细的介绍和规范。在中国0~3岁儿童早期教育与保育的历史上，具有里程碑意义，标志着我国政府和社会对儿童早期教育与保育服务的认识从单纯的"托"转向"教"和"养"，体现了我国对于0~3岁儿童的托育服务的认知和定位已经达到一个较高的发展水平。

此后，中央层面的制度建设日益系统。1985年12月，卫生部颁布《托儿所、幼儿园卫生保健制度》，其内容包括：①生活制度；②婴幼儿的饮食；③体格锻炼制度；④健康检查制度；⑤卫生消毒及隔离制度；⑥预防疾病制度；⑦安全制度；⑧卫生保健登记、统计制度；⑨家长联系制度。

在此阶段，托儿所承担着0~3岁儿童教育与保育的重要功能，为日后0~3岁儿童发展事业奠定了基础。据国家1993年第一次第三产业普查得到的数据，1992年全国托儿所数量为10268所。

3. 20世纪90年代至21世纪初：分离企业社会职能对0~3岁儿童托育服务发展的结构性影响

国有企业改革和单位制解体使得作为职工福利的托幼服务逐渐被剥离出单位。1988年，国家教委等8部门联合制定的《关于加强幼儿教育工作的意见》明确指出："养育子女是儿童家长依照法律规定应尽的社会义务，幼儿教育不属于义务教育，家长送子女入园理应负担一定的保育、教育费用。"强调了家庭的养育责任，这意味着此后家庭需要向市场购买托育服务。

一旦失去了政府的财政支持，企业投入自办托育机构中的经费多少不一，不少企业自办的托儿所倒闭或收归市场。因此，在这一阶段，托儿所数开始回落。

1992 年，国务院颁布实行《九十年代中国儿童发展规划纲要》，重点提出了"社会力量办园方向"。从 90 年代中期起，托育服务从公办占主导，逐渐转向公办和私人市场并举的局面。也正是从这一时期开始，面向 0~3 岁幼儿的托幼机构数量开始下降。

将企业的社会职能剥离导致不少公办托儿所关闭。1995 年印发的《关于若干城市分离企业办社会职能分流富余人员的意见》中指出：企业开设托儿所属于福利型的社会职能，被要求在企业内部分离，待条件具备后逐步推向社会，交由政府管理。客观上，不少企业自办的托儿所在交由地方政府管理后也因为经费投入有限未能维持下去。

从一些数据也可以看出一定的趋势性。1989 年，全国由国家和企业开设的公共托育服务机构占到全部托育机构的 90% 以上。而到了 2010 年，国有和集体办的托儿所大幅度减少。2001 年发布的《国务院关于基础教育改革和发展的决定》强调"大力发展以社区为依托，公办与民办相结合的多种形式的学前教育和多种儿童早期教育服务"。但在实际办学过程中，针对 0~3 岁婴幼儿提供托育服务的社会化办学风险系数更大，难以获得经济回报。托儿所的归口部门不明确，民办托儿所办学时往往会遭遇无法申领牌照、没有安全监管等困难，导致社会化、市场化托儿所办学积极性不高。

在政策方向上，自 20 世纪 80 年代中期以来，在学前教育事业的发展方面，更侧重于发展面向 3~6 岁儿童的幼儿园。1992 年我国出台了首个以儿童为主体、促进儿童发展的国家行动计划《九十年代中国儿童发展规划纲要》，其中设立了 20 世纪 90 年代中国儿童生存、保护和发展的主要目标，包括"3 至 6 岁幼儿入园（班）率达到 35%"，而对 0~3 岁儿童入托方面没有具体的指示和说明。

4. 21世纪的前10年：0~3岁儿童早期教育的正式提出与低位徘徊

随着经济体制改革的深入，尤其是 2001 年中国加入世界贸易组织之后，

经济的高速发展与社会福利领域的发展滞后形成突出的反差。人们日益意识到,"经济腿长,社会腿短"的现象不可持续,国家开始逐步建立最低生活保障制度。2012年之后,0~3岁儿童早期教育开始进入城乡试点推进阶段。

2001年,《中国儿童发展纲要(2001—2010年)》正式提出"发展0~3岁儿童早期教育"的政策目标,并将建立和完善0~3岁儿童教育管理体制作为策略措施提出,这是0~3岁儿童早期教育首次进入《中国儿童发展纲要》,体现了国家和社会对0~3岁儿童早期教育的极大关注和重视。

2003年1月,教育部、中央编办、国家计委、民政部、财政部、劳动保障部、建设部、卫生部、国务院妇儿工委、全国妇联联合发布《关于幼儿教育改革与发展的指导意见》,要求今后5年(2003~2007年)幼儿教育改革的总目标是:形成以公办幼儿园为骨干和示范,以社会力量兴办幼儿园为主体,公办与民办、正规与非正规教育相结合的发展格局。根据城乡的不同特点,逐步建立以社区为基础,以示范性幼儿园为中心,灵活多样的幼儿教育形式相结合的幼儿教育服务网络。为0~6岁儿童和家长提供早期保育和教育服务;可以看出,这个时期的工作重点是举办幼儿园,而在0~3岁儿童早期教育方面,主要强调的是家长及看护人员的科学育儿能力。

2006年,《国务院办公厅关于印发人口发展"十一五"和2020年规划的通知》指出要大力普及婴幼儿抚养和家庭教育的科学知识,开展婴幼儿早期教育,强化独生子女社会行为教育和培养。不难看出,这个文件对0~3岁婴幼儿教育具有明显的倾向性。

2010年7月,中共中央、国务院印发《国家中长期教育改革和发展规划纲要(2010—2020年)》,在学前教育发展任务中明确要求:到2020年,普及学前一年教育,基本普及学前两年教育,有条件的地区普及学前三年教育。重视0至3岁婴幼儿教育。这标志着0~3岁婴幼儿教育正式被纳入国民教育服务体系。这一文件还要求把发展学前教育纳入城镇、社会主义新农村建设规划;建立政府主导、社会参与、公办民办并举的办园体制;大力发展公办幼儿园,积极扶持民办幼儿园。由此可见,当时所强调的重点,还主要是幼儿园。统计数据显示,2010年,全国幼儿园数量150420所,还未恢复到 1999 年的 18 万余所，发展幼儿园成为紧迫的需求。

5. 21世纪的第二个10年：0~3岁儿童早期教育与托育服务进入普惠发展新阶段

2011 年以后，0~3 岁儿童发展被迅速提上政策的议程。《中国儿童发展纲要（2011—2020 年）》明确提出要"促进 0~3 岁儿童早期综合发展""积极开展 0~3 岁儿童科学育儿指导"。这一文件为我国 0~3 岁儿童发展指明了方向，即开展 0~3 岁儿童早期综合发展服务，提升家长和看护人的科学育儿能力。这个时期的突出特点，是城乡早期教育和儿童早期综合发展试点的同步推进。

2012 年 12 月，教育部下发《关于开展 0—3 岁婴幼儿早期教育试点的通知》，决定在上海市、北京市海淀区等 14 个地区开展 0~3 岁婴幼儿早期教育试点，并对试点任务、内容和有关工作提出了明确要求。这一通知提出了 6 个方面的试点内容：一是明确管理体制。要求试点地区建立政府主导、教育部门和卫生部门分工负责、有关部门协调配合的 0~3 岁婴幼儿早期教育管理体制，切实把 0~3 岁婴幼儿早期教育指导纳入公共卫生和教育服务体系。二是合理配置资源。要充分发挥幼儿园和妇幼保健机构的专业资源优势，面向家长开展多种形式的公益性婴幼儿早期教育指导。三是培养培训师资。依托高校的学前教育专业和医学专业，研究探索 0~3 岁婴幼儿早期教育从业人员的培训课程、培养模式、从业资格与专业素质等，建设一支高素质、专业化的师资队伍。四是加强规范管理。探索婴幼儿早期教育服务机构的准入、从业人员管理、质量监管等方面的管理制度和措施。五是合理分担成本。坚持公益性普惠性，探索建立公共财政支持、社会参与、家长合理分担成本的早期教育成本分担机制。六是促进内涵发展。积极开展婴幼儿身心发展规律的研究，研究婴幼儿喂养、生长发育监测、营养指导以及情绪与社会性、语言、智力等方面教育的具体形式和内容。

与此同时，联合国儿童基金会与中国政府多个部门合作，也发起了2013~2016 年贫困地区 0~3 岁儿童早期综合发展试点项目，涵盖山西省临县、汾西县和贵州省松桃县、黎平县。

随着我国脱贫攻坚战开启，2014 年的《国家贫困地区儿童发展规划（2014—2020 年）》中，针对 0~3 岁儿童提出开展婴幼儿早期保教，依托幼儿园和支教点为 3 岁以下儿童及其家庭提供早期保育和教育指导服务，为农村贫困地区儿童提供更好的发展环境。

2017 年，党的十九大报告将"幼有所育"作为发展中补齐民生短板的内在要求，强调要在"幼有所育"方面取得新进展。这些部署为我国 0~3 岁幼儿早期教育与保育事业发展奠定了十分重要的政策基础，对推动我国早期教育与保育事业发展具有极其重要的意义。

2019 年 5 月，《国务院办公厅关于促进 3 岁以下婴幼儿照护服务发展的指导意见》（以下简称《意见》）发布。这是我国首个专门针对 0~3 岁婴幼儿照护服务发展的纲领性文件，明确指出"3 岁以下婴幼儿照护服务是生命全周期管理的重要内容"。《意见》要求规范发展多种形式的婴幼儿照护服务机构，加强对家庭的婴幼儿早期发展指导，加强对农村和贫困地区婴幼儿照护服务的支持，推广婴幼儿早期发展项目。《意见》的出台为我国 0~3 岁婴幼儿照护服务发展勾勒了路线图，弥补了我国 0~3 岁儿童托育服务政策的不足，对加快我国 0~3 岁儿童发展事业进程具有重要的意义。其中明确规定：

到 2020 年，婴幼儿照护服务的政策法规体系和标准规范体系初步建立，建成一批具有示范效应的婴幼儿照护服务机构，婴幼儿照护服务水平有所提升，人民群众的婴幼儿照护服务需求得到初步满足。

到 2025 年，婴幼儿照护服务的政策法规体系和标准规范体系基本健全，多元化、多样化、覆盖城乡的婴幼儿照护服务体系基本形成，婴幼儿照护服务水平明显提升，人民群众的婴幼儿照护服务需求得到进一步满足。

国务院办公厅在这一文件中明确了新的部门分工：婴幼儿照护服务发展工作由卫生健康部门牵头，发改、教育、公安、民政、财政、人力资源和社会保障、自然资源、住房和城乡建设、应急管理、税务、市场监管等部门要按照各自职责，加强对婴幼儿照护服务的指导、监督和管理。这实际上形成了新的协调机制，过去由教育部负责统一协调的托育工作开始转变为由国家卫生健康委员会负责协调的婴幼儿照护服务发展工作，对托育工作的指导发生了体制性的转变。

2021年3月，全国人大通过的《中华人民共和国国民经济和社会发展第十四个五年规划和2035年远景目标纲要》将健全3岁以下婴幼儿发展政策作为积极应对人口老龄化、促进人口长期均衡发展的国家战略内容提出，明确要求"发展普惠托育服务体系，健全支持婴幼儿照护服务和早期发展的政策体系"，并将"每千人口拥有4.5个3岁以下婴幼儿托位数"纳入国家"十四五"时期经济社会发展的主要目标。0~3岁婴幼儿照护服务开始被全面纳入国家的发展规划。

在人员队伍层面，随着0~3岁儿童早期教育被纳入我国教育体系，建设专业化儿童早期发展人才队伍成为推动儿童早期教育发展的重要内容之一。《中国儿童发展纲要（2011—2020年）》提出加快培养0~3岁儿童早期教育专业化人才的要求。在2015年发布的《中华人民共和国职业分类大典》中，设立了婴幼儿发展引导员职业，主要针对0~3岁婴幼儿身心健康发展进行引导，并为婴幼儿看护人提供辅助咨询服务。2021年，国家人力资源和社会保障部公开发布婴幼儿发展引导员、保育师国家职业技能标准，对相关职业的认定和考核标准作出明确规定，旨在为0~3岁儿童发展提供人才保障。

2021年7月，中共中央、国务院发布《关于优化生育政策促进人口长期均衡发展的决定》，明确实施一对夫妻可以生育三个子女政策，这对促进我国人口长期均衡发展具有重要意义，也更加凸显儿童早期发展的重要性，"幼有所育"被提到了新的战略高度。

2021年8月20日，全国人大常委会会议表决通过了关于修改人口与计划生育法的决定，明确实施一对夫妻可以生育三个子女政策的配套支持措施。同年，国务院常务会议审议通过了《中国儿童发展纲要（2021—2030年）》，进一步明确将儿童健康理念融入经济社会发展政策、将儿童健康主要指标纳入政府目标和责任考核的战略措施；强调加快普惠托育服务体系建设。增设"儿童与家庭"新篇章，更加注重对儿童早期发展的家庭指导支

持。同时也明确完善三孩生育政策配套支持措施：一是完善以生育津贴为主的福利体系；二是发展托育、照护、教育"一条龙服务"；三是完善生育休假与生育保险制度，严格落实产假、哺乳假等制度，支持有条件的地方开展父母育儿假试点等。

随着一系列政策文件的出台和体制的调整，0~3岁儿童托育服务步入普惠性发展阶段。据国家卫健委统计，截至2024年7月，全国提供托育服务的机构已近10万个，托位数约480万个，每千人口托位数3.36个，距离2025年每千人口托位数4.5个的目标，已越来越近。

从政策进展来看，我国针对0~3岁儿童早期教育与托育的法律制度逐步健全，政策体系逐步深化，从初期的婴幼儿照顾为主，逐渐转向保育、教育、养育的协同发展，相关策略措施也更加具体、细化，更加注重对监护人、家庭和社区的支持，更加强调机构建设和人才建设一体化发展。中国0~3岁儿童早期教育与托育事业已经成为高质量发展的重要内容。

（二）我国0~3岁儿童营养与健康事业持续稳步发展

1. 从新中国成立至20世纪90年代初：0~3岁儿童健康状况极大改善

婴儿死亡率是国内外公认的反映儿童健康状况的核心指标，以年内婴儿死亡数与活产数之比计算，一般以‰表示。其中，婴儿死亡数指从出生至1岁以内儿童的死亡人数。

新中国成立之前，我国是世界上社会经济发展最落后的国家之一，基层卫生服务能力薄弱，旧法接生普遍，新生儿破伤风高发，传染病肆虐，严重威胁着儿童的生存和健康。有资料显示，1949年前我国城市婴儿死亡率约200‰[1]，平均大约每5名活产婴儿中就有1名婴儿死亡。因此，死亡是这一阶段0~3岁儿童面临的最大威胁，降低婴儿死亡率也就成为中国妇幼卫生事业的首要政策目标。

新中国成立以来，我国始终秉承对儿童健康的高度重视和政治承诺，围

---

[1] 《中国卫生年鉴》编辑委员会编《中国卫生年鉴2004》，人民卫生出版社，2004。

绕"保生存、降死亡"这一重点任务，出台儿童预防保健的政策文件，采取多个专项措施和行动，遏制和降低婴儿死亡率。其中，推广新法接生和实施预防接种是当时涉及范围广泛、影响极为深远、与降低婴儿死亡率关系最为密切的两大全国性专项行动。

1949年9月，《中国人民政治协商会议共同纲领》就明确提出"要注意保护母亲、婴儿和儿童的健康"。

1949年11月，中国卫生部成立，内设妇幼卫生局，全面负责制定出台全国妇幼卫生政策、标准和技术规范，监督管理全国妇幼卫生工作的技术和设施等。随后全国省、地市、县相继成立了各级妇幼卫生机构①。

1950年8月7~19日，卫生部召开第一届全国卫生会议，确立了以"面向工农兵""预防为主""团结中西医"作为新中国卫生工作的基本方针。1952年，周恩来总理提出了将"卫生工作与群众运动相结合"，形成了新中国卫生工作的四项原则，并在全国贯彻实施。至此，"预防为主"的卫生工作方针的正式提出，成为建设有中国特色的卫生健康事业的重要内容，为保证儿童健康发挥了重要作用。

1950年8月17~22日，卫生部召开第一次全国妇幼卫生座谈会，明确指出妇幼卫生的基本任务是推广新法接生，团结、改造接生婆，培训新法接生员，减少新生儿破伤风的发病和死亡。新法接生成为当时妇幼卫生领域控制婴儿高死亡率的首个全国性行动。

1951年，政务院文教委员会批准发布《少数民族地区妇幼卫生工作方案》，将推广新法接生列为首要任务，加强少数民族地区新法接生的推广工作。

在国家政策的推动下，新法接生工作在中国逐步展开。卫生部组织农村妇幼卫生工作队贯彻落实"改造旧法接生、推行新法接生"的任务，内容包括：①调查摸底：上门调查产妇分娩方式、新生儿断脐方法以及新生儿破伤风的发生率和死亡率等，明确儿童死亡的首要原因。②改造接生婆，培训

---

① 张彤主编《中国妇幼卫生》，人民卫生出版社，2020。

接生员：这是推广新法接生的关键。培训内容涉及消毒接生、产后访视、急救等知识和技能。③儿童保健、医疗及支持地方组建妇幼保健机构等①。截至1951年10月底，全国已完成改造旧接生婆约10万人。至次年9月，全国培训改造旧接生婆约127000余人，1959年这一数字上升到800000人②，有效提高了新法接生率。据全国21个省、自治区、直辖市的数据，1957年我国新法接生率为61.1%，部分城市高达98%以上③。

1960年，我国妇幼卫生工作进入调整和动荡阶段。针对当时妇幼保健机构数量减少、新法接生率下降这一状况，卫生部于1964年12月发布《关于加强新法接生工作，消灭新生儿破伤风，降低产妇感染率的通知》，要求继续普及新法接生。

1974年，卫生部进一步发出了《关于认真搞好新法接生的通知》，并于次年11月召开全国新法接生现场座谈会，要求恢复各级妇幼卫生机构、充实妇幼卫生队伍，同时提出了普及新法接生的标准和推广新法接生的要求。

进入20世纪80年代，新法接生被纳入孕产妇保健系统得到进一步推动。1985年6月卫生部发布的《全国城乡孕产期保健质量标准和要求》中规定"农村甲类地区新法接生率达到95%以上、乙类地区新法接生率达到90%以上"，对城市地区不再设定新法接生率的目标。新法接生的持续推广及普及，降低了新生儿破伤风的发病率和死亡率，对这一阶段婴儿死亡率的急速下降起到了推动作用。2021年，《柳叶刀》发表的《中国女性生殖、孕产妇、新生儿、儿童和青少年健康特邀重大报告》在回顾总结新中国成立70年以来在妇幼卫生领域取得的成就时着重提及旧接生婆改造和培训，这间接反映了新法接生对当时控制婴儿高死亡率的积极意义。

我国控制和降低婴儿死亡率的第二项全国性行动是预防接种。预防接种

---

① 罗菲、李剑：《流动的希望：新中国早期的妇幼卫生工作队》，《南京中医药大学学报》（社会科学版）2021年第2期。

② Qiao J., Wang Y., Li X., et al., A Lancet Commission on 70 Years of Women's Reproductive, Maternal, Newborn, Child, and Adolescent Health in China [J]. The Lancet (London, England), 2021, 397 (10293)：2497-536.

③ 王宇、杨功焕主编《中国公共卫生：实践卷》，中国协和医科大学出版社，2013。

是国内外公认的预防、遏制和消灭儿童传染病，减少儿童死亡的最有效措施之一。概括来看，截至20世纪90年代初，我国预防接种服务主要经历了突击接种和计划免疫两个阶段[①]。

突击接种时期，又称计划免疫前期，是指新中国成立后至20世纪70年代后期这一阶段。早在新中国成立之初的50年代实施的突击种痘行动是这一阶段的有代表性的行动。1950年10月，为了消灭天花，中央人民政府政务院发布《关于发动秋季种痘运动的指示》，决定在全国普种痘苗。随后，卫生部发布《种痘暂行办法》，规定婴儿出生后6个月内初种，满6岁、12岁、18岁时复种痘苗。且种痘费用均由各级政府承担。由此，中国发起了全国范围内全民接种痘苗、防治天花的行动，并很快对全国1亿多名儿童实施免费普种。截至1952年，全国累计完成牛痘接种5亿多人次，约占全国总人口的88.9%，大部分地区的种痘率在90%以上。[②] 与此同时，我国还开展了儿童卡介苗、百白破疫苗的预防接种。

1955年7月5日，经国务院批准，卫生部制定了中华人民共和国成立以来首部传染病防治领域的基本法规，即《传染病管理办法》（以下简称"办法"），该办法规定了依法管理18种甲、乙类传染病。对天花等甲类传染病，该办法制定了隔离、护理、救治、消毒、留验接触者、封锁疫区等系列紧急防治管理办法，并逐步建立从中央到地方的防疫网。在全民种痘加紧急防治管理双重措施下，我国天花发病例数从1950年的43286例下降至1954年的847例，有效遏制了天花的传播。1961年，中国消灭了天花，比1978年全球消灭天花早了17年。

在实施痘苗接种的同时，卫生部于1963年印发了《预防接种工作实施办法》，实施白喉、百日咳、伤寒、霍乱、鼠疫等疫苗接种。疫苗研发方面，1960年我国研发生产口服脊髓灰质炎疫苗，1965年和1968年又相继研发成功麻疹减毒活疫苗、乙脑疫苗和流脑疫苗，并在全国推广普及，有效降

---

① 李立明、姜庆五主编《中国公共卫生概述》，人民卫生出版社，2017。

② 合肥市档案馆：《〈档案观止〉"文件中的档案故事"——那一年，轰轰烈烈的"种痘"行动》，《合肥晚报》2020年8月6日。

低了儿童麻疹、脊髓灰质炎、流脑、乙脑等传染病的发病率。

进入 20 世纪 70 年代末，我国正式进入计划免疫时期。这一时期我国计划免疫的法律法规体系不断完善、基础计划免疫工作进一步加强，以省、县为单位的预防接种率达 85% 成为这一时期计划免疫的目标。

1974 年，世界卫生组织组织召开的第 27 届世界卫生大会针对部分国家应用疫苗防控疾病的现状和挑战，结合全球防控天花和发达国家成功控制儿童传染病的经验，通过了"发展和坚持免疫计划与流行病监测，预防天花、白喉、百日咳、破伤风、结核病等传染病"的决议，全球范围内实施扩大免疫规划（Expanded Programme on Immunization，EPI）被正式提上议程。推广应用新疫苗并增加疫苗的使用种类，成为当时各国儿童免疫规划的政策方向。

1978 年，卫生部印发《急性传染病管理条例》，对甲类、乙类共 25 类传染病进行依法管理。1982 年 11 月 29 日卫生部发布了《全国计划免疫工作条例》，规定了"中华人民共和国居民均应按规定接受预防接种……我国实行儿童基础免疫……各地要建立健全预防接种登记卡（簿）和各项规章制度"。同年，卫生部发布了《1982—1990 年全国计划免疫工作规划》，明确提出了 1985 年和 1990 年麻疹疫苗、脊髓灰质炎疫苗、百白破混合制剂、卡介苗 4 种疫苗的接种率指标，对麻疹、白喉、脊髓灰质炎、百日咳、白喉疾病发病率也提出了具体控制目标。

1989 年 2 月第七届全国人民代表大会常务委员会第六次会议通过了《中华人民共和国传染病防治法》。这是我国首部传染病防治法。该法规定了"国家实行有计划的预防接种制度"和"国家对儿童实行预防接种证制度"，标志着儿童的预防接种计划正式被纳入我国医疗卫生服务体系。

这一时期，我国儿童预防接种取得重大进展，1988 年、1990 年、1995 年分别实现以省、县、乡镇为单位的儿童免疫接种率达到 85% 的目标。1994 年后实现本土无脊髓灰质炎病例，比亚太区 2000 年实现这一目标提前了 6 年。2000 年完成消灭脊髓灰质炎的证实工作，2001 年乙肝疫苗被纳入儿童免疫计划。2002 年卡介苗、脊髓灰质炎疫苗、百白破疫苗、麻疹疫苗的接种率分别达 98.0%、98.2%、98.4% 和 97.9%。

随着我国新法接生、预防接种等预防保健服务的推广普及，以及我国以赤脚医生为基础的中国公共卫生体系的建立，我国婴儿死亡率快速下降，由新中国成立前夕的 200‰ 下降至 1990 年的 32.9‰（见图 2），充分显示了我国婴儿生存状况在新中国成立以来的飞跃式改善。其中，1949~1975 年，我国婴儿死亡率的年均下降率在 5% 以上，高于同期发展中国家平均下降率（2.5%），也高于发达国家年均下降率（4.6%）[①]。中国婴儿死亡率的大幅快速下降，显示了婴儿生存和健康状况的极大改善，为实现我国 0~3 岁儿童全面健康发展提供了基础性保障。

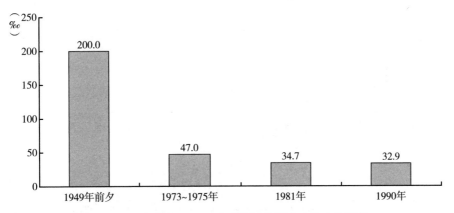

图 2　1949 年前夕至 1990 年我国婴儿死亡率的变化情况

资料来源：1973~1975 年系全国三年肿瘤死亡回顾调查数据，1981 年、1990 年为人口普查数据。

2. 20世纪90年代初至21世纪初：0~3岁儿童健康状况的持续向好与相关法律法规体系的建立

进入 20 世纪 90 年代，随着"母婴安全"（safe motherhood）和"儿童优先"（child first）日益成为全球妇幼卫生和儿童发展领域关注的焦点和重

---

① 米杰、张美仙：《中国儿童生存状况：婴幼儿死亡率变化趋势》，《中国循证儿科杂志》2009 年第 4 期。

点，我国儿童健康事业进入新发展阶段。20世纪90年代，我国发布实施1949年以来首个儿童发展规划纲要，随后颁布《中华人民共和国母婴保健法》等系列法律法规，推进儿童肺炎、腹泻等主要疾病预防管理及母乳喂养等营养健康行动，有力地促进了儿童死亡率的进一步下降。

据全国妇幼卫生监测数据（见图3），我国婴儿死亡率在这一阶段逐渐下降，从1991年的50.2‰下降至2000年的32.3‰，下降幅度为35.7%，年均下降速率为5.0%。5岁以下儿童死亡率也同步下降，从1991年的61.0‰下降至2000年的39.7‰，下降幅度为34.9%，年均下降速率为4.9%。与上个阶段相比，下降幅度减小，但年均下降速率较快，这也客观反映了我国儿童健康状况持续向好的趋势。

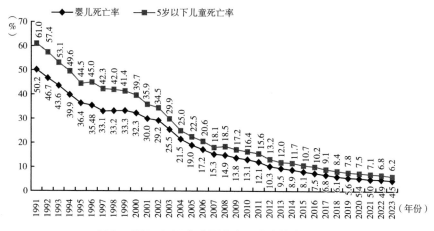

图3　1991~2023年我国儿童死亡率的变化情况

资料来源：全国妇幼卫生监测系统。

20世纪90年代初期至2000年这一阶段的典型特点是妇幼卫生法律法规体系的逐步建立和完善。

1990年9月，世界各国领导人在世界儿童问题首脑会议上签署了《儿童生存、保护和发展世界宣言》（《儿童权利公约》同时生效），郑重承诺贯彻儿童优先的方针，实施保障和促进儿童生存、保护和发展的策略。

1991年12月，我国第七届全国人民代表大会批准了联合国《儿童权利公约》，强调了国家在保障儿童生存权、发展权、保护权、参与权等基本权利方面的责任，标志着我国儿童发展工作正式与国际接轨。

1992年2月，国务院下发《九十年代中国儿童发展规划纲要》（以下简称《纲要》），设立妇幼保健与营养领域，提出了将"婴儿死亡率和五岁以下儿童死亡率分别降低三分之一"的目标，要求"2000年农村新法接生率达到95%，使多数农村产妇住院分娩……保持高水平的计划免疫覆盖率"。同时也提出了儿童肺炎、腹泻两病管理的内容，要求到2000年实现5岁以下儿童因腹泻死亡的人数减少一半、因急性上呼吸道感染死亡的人数减少1/3的目标。不难看出，《纲要》在保持70~80年代新法接生、预防接种重大政策行动持续性的基础上，对降低儿童死亡率提出了更加全面、更为具体和可操作的策略与举措，涵盖新法接生、疾病管理等内容。值得一提的是，这一阶段也加强了对儿童营养不良的关注，设定了"使一九九〇年五岁以下儿童中度和重度营养不良患病率降低一半"的纲要目标。

随后，卫生部出台了"实施《九十年代中国儿童发展规划纲要》方案"，明确要求各级卫生行政部门要以加强预防保健、加强农村卫生工作为战略重点，提升儿童保健服务覆盖率、计划免疫接种率和肺炎、腹泻两病管理率，重点支持老、少、边、穷地区儿童的发展，保障儿童生存和健康，为我国20世纪90年代儿童健康工作指明了任务和方向。

1994年10月27日，全国人民代表大会常务委员会第十次会议审议通过的《中华人民共和国母婴保健法》是我国第一部保护妇女儿童权益的专门法律文件，对我国妇幼保健工作的总则、内容、技术鉴定、行政管理、法律责任等作出了详尽的规定，标志着中国妇幼卫生工作正式进入法制化管理的新阶段。其中第三条和第二十四条分别规定了"母婴保健事业应当纳入国民经济和社会发展规划"，医疗保健机构应当提供消毒接生、孕产妇营养、心理、保健、新生儿生长发育监测、母乳喂养等母婴保健技术服务。据2018年全球发布的养育照护框架，这些服务也构成了0~3岁儿童发展服务的重要内容，《母婴保健法》的出台和实施为我国0~3岁儿童早期发展工作奠定了基础。与《中华人民共和国妇女发展纲要》《九十年代中国儿童发展

规划纲要》等其他政策规划性文件共同形成了"一法两纲"的顶层设计，共同保障我国儿童健康权益。

随后，为了贯彻"一法两纲"，卫生部制定了《母婴保健医学技术鉴定管理办法》（1995 年 8 月）、《母婴保健专项技术服务许可及人员资格管理办法》（1995 年 8 月）、《母婴保健专项技术服务基本标准》（1995 年 8 月）等制度规范性文件，促进母婴保健管理和服务规范化、制度化发展。

从 20 世纪 90 年代至 2000 年初，儿童肺炎、腹泻的疾病管理是影响范围较广、对儿童死亡率下降贡献较大的一项全国性的行动。

为实现《九十年代中国儿童发展规划纲要》中肺炎、腹泻两病管理的目标，针对危害儿童健康的主要疾病肺炎和腹泻，我国启动实施了儿童急性呼吸道感染和腹泻的防治和疾病管理工作。

儿童急性呼吸道感染标准病例管理和临床管理是世界卫生组织推荐的适用于发展中国家的、降低肺炎高死亡率的一项适宜技术。早在 1982 年，卫生部就与联合国儿童基金会等国际机构合作，实施"妇幼卫生示范县"项目。通过培训基层卫生人员，开展儿童肺炎的流行病学研究，倡导口服补液疗法在腹泻管理中的应用及健康教育等，降低儿童早期肺炎和腹泻的死亡率[①]。1984 年，妇幼卫生示范县从最初的 10 个拓展到 30 个，涉及 17 个省份 30 个县的 2200 万人口。

进入 20 世纪 90 年代，卫生部与世界卫生组织等机构合作开展儿童急性呼吸道感染标准病例管理项目，培训基层卫生人员，开展肺炎门诊和住院病例登记、监测和转介服务等。1991 年，卫生部在全国 30 个省、区、市具有代表性的 81 个市县、855 万人口的地区建立中国 5 岁以下儿童死亡监测网。据监测结果，肺炎、腹泻分别为 1991 年 5 岁以下儿童死亡的第一位、第四位死因[②]。针对肺炎、腹泻对 5 岁以下儿童死亡的影响，卫生部相继制定了

---

① 联合国儿童基金会驻华办事处 80 年代项目进展报告。
② 卫生部妇幼司：《1991~1995 年中国 5 岁以下儿童死亡监测》，《中国优生优育》2000 年第 1 期。

《1993—1995 年全国儿童急性呼吸道感染防治规划纲要》和《腹泻病控制规划（1990—1994 年）》，通过推广国际推荐的、本土化的、成本低且有效的适宜技术等措施，如口服补液疗法等降低儿童死亡率。到 1994 年底，急性呼吸道感染防治和管理项目已扩展到全国的 24 个省份的 53 个县，腹泻管理项目扩展到 17 个省份，培训乡村医生近 36 万名[①]。由此，我国 5 岁以下儿童肺炎、腹泻死亡率出现下降，从 1991 年的十万分之 1512.7 和十万分之 443.1，下降到 2000 年的十万分之 773.6 和十万分之 192.8，下降幅度分别为 48.9%和 56.5%，对这一阶段儿童死亡率的持续下降贡献很大。

3. 21世纪的前10年：0~3岁儿童健康水平快速稳步上升与儿童健康管理服务被纳入基本公共卫生服务

进入 21 世纪，我国妇幼卫生事业进入普及发展新阶段。妇幼卫生法律法规体系不断健全，服务能力持续提升，相继开展"降低孕产妇死亡率和消除新生儿破伤风"（以下简称"降消"）、农村孕产妇住院分娩、农村育龄妇女增补叶酸预防神经管缺陷、贫困地区营养改善等一系列重大公共卫生服务项目，促使 5 岁以下儿童死亡率、婴儿死亡率出现 20 世纪 50~70 年代后的再次快速下降，我国 0~3 岁儿童的健康状况继续快速稳步上升。

2001~2010 年，我国 5 岁以下儿童死亡率从 2001 年的 35.9‰下降至 2010 年的 16.4‰，下降幅度为 54.3%，年均下降速度为 8.3%。婴儿死亡率从 30‰下降到 13.1‰，下降幅度达 56.3%，年均下降速度达 8.8%，是近 20 年来婴儿死亡率下降最快的时期（见图 3）。5 岁以下儿童死亡率的大幅下降，使我国于 2008 年提前实现联合国千年发展目标，比全球预计实现目标时间早了 7 年。与此同时，5 岁以下儿童死亡率城乡差异逐渐缩小，由 2000 年的 3.3 倍到缩小到 2010 年的 2.8 倍，儿童健康的公平性进一步提升。

2001~2010 年，这一阶段的特点是法律法规体系的完善与 0~3 岁儿童健康管理服务的普及。

---

① 中华人民共和国国务院新闻办公室：《中国的儿童状况》，1996，https://www.gov.cn/zhengce/2005-05/25/content_2615744.htm。

继 1994 年《母婴保健法》的颁布，2001 年国务院发布了《中华人民共和国母婴保健法实施办法》，指出"国家提倡住院分娩""国家推行母乳喂养""医疗、保健机构应当按照规定进行新生儿访视……定期对其进行健康检查，提供有关预防疾病、合理膳食、促进智力发育等科学知识"，体现了我国儿童保健从以保生存为主的儿童疾病预防，向保障儿童健康，提高出生人口素质，提供营养、心理、生长发育监测及智力发育指导等综合性服务延伸和拓展。

2001 年 5 月，国务院发布《中国儿童发展纲要（2001—2010 年）》，设立儿童与健康领域，提出了"深化医疗卫生改革""发展社区卫生服务，加强农村卫生服务网的建设和规范化服务，提供孕产妇和儿童保健……等基本卫生服务""农村住院分娩率达到 65%，农村消毒接生率达到 95% 以上"的政策目标。

自 2000 年以来，原卫生部、财政部和国务院妇女儿童工作委员会共同实施"降消"项目，提高农村住院分娩率，推广新生儿窒息复苏技术，开展农村贫困孕产妇住院分娩补助、社会动员和健康教育，进行急救能力建设。"降消"项目是当时妇幼卫生领域投入最多、影响较大的项目。截至 2011 年，"降消"项目覆盖中西部 22 个省、区、市的 2297 个县，涉及人口 8.3 亿，中央财政累计投入 21.3 亿元，有力地提升了农村地区的住院分娩率，促进了儿童死亡率快速下降。2010 年，全国农村孕产妇住院分娩率为 96.7%，与 1990 年和 2000 年相比，分别提高了 51.6 个和 31.5 个百分点。

2009 年 3 月，国务院颁发了《中共中央国务院关于深化医药卫生体制改革的意见》（以下简称"意见"），针对城乡和区域医疗卫生事业发展不平衡，资源配置不合理，公共卫生和农村、社区医疗卫生工作比较薄弱的现状，提出了普及基本公共卫生服务的目标，明确要求将"促进基本公共卫生服务逐步均等化"列为深化医药卫生体制改革的重点任务，"从 2009 年起，逐步向城乡居民统一提供疾病预防控制、妇幼保健、健康教育等基本公共卫生服务""实施国家重大公共卫生服务项目，有效预防控制重大疾病及其危险因素"。

2009 年 7 月，卫生部、财政部、人口计生委联合印发了《关于促进基本公共卫生服务逐步均等化的意见》，要求"制定和实施基本公共卫生服务项目"和"实施重大公共卫生服务项目"，推进国务院深化医改文件的落实。明确规定将 0~36 个月儿童健康管理服务纳入国家基本公共卫生服务范畴，从 2009 年开始继续实施农村孕产妇住院分娩、国家免疫规划，新增农村妇女增补叶酸预防神经管缺陷等重大公共卫生项目。至此，0~3 岁儿童健康管理服务被正式纳入国家基本公共卫生服务项目，由国家按照人均基本公共服务经费标准提供经费保障，向所有 0~3 岁儿童免费提供。

2009 年 10 月，卫生部制定了《国家基本公共卫生服务规范（4 年版）》，要求对辖区内居住的所有 0~36 个月儿童提供新生儿家庭访视、新生儿满月健康管理、婴幼儿健康管理服务，服务内容涉及预防接种、体格检查与发育评估、母乳喂养、辅食添加、伤害预防和常见疾病防治等健康指导。

随后，卫生部又相继发布了《全国儿童保健工作规范（试行）》和《托儿所幼儿园卫生保健管理办法》，推进儿童保健的规范化发展，同时加强了对托儿所幼儿园卫生保健工作的管理。

截至 2010 年，我国 3 岁以下儿童系统管理率为 81.5%。比 1990 年提高了 35.2 个百分点，上升幅度为 76.0%，年均上升速度为 2.9%，有效提升了儿童健康服务的公平性与可及性，推动了儿童预防保健服务的全面普及。2022 年我国 3 岁以下儿童系统管理率达 93.3%。我国基本公共卫生服务经费由 2009 年的人均 15 元提高到 2023 年的 89 元，免费向所有 0~6 岁儿童提供预防接种和儿童健康管理服务，促进儿童健康管理服务全面普及。

4. 21世纪第二个10年：0~3岁儿童健康水平飞跃式上升与儿童营养不足问题的基本解决

进入 2011 年，我国妇幼健康事业处于从注重"生存"（survive）到转向"繁荣"（thrive）的新时期。我国覆盖城乡的儿童健康服务体系进一步完善，儿童健康服务能力不断加强，儿童死亡率大幅下降，被世界卫生组织

评为妇幼健康高绩效国家之一。2011~2023年，我国5岁以下儿童死亡率从15.6‰下降至6.2‰，下降幅度为60.3%，年均下降速度为7.4%。婴儿死亡率从2011年的12.1‰下降到4.5‰，下降幅度达62.8%，年均下降速度达7.9%，婴儿死亡率出现大幅下降，表明我国儿童健康水平呈现飞跃式上升。

与此同时，我国儿童生长发育水平不断提升，营养不良状况明显改善。1975~2015年，我国儿童的身高、体重体格生长发育指标显著提高。以5~5.5岁年龄组为例，男童和女童体重分别增长了3.70kg和3.28kg，身高分别增长了8.0cm和8.2cm[①]。据全国营养监测数据，我国2015~2017年6岁以下儿童生长迟缓率为4.8%，已实现《中国儿童发展纲要（2021—2030年）》规定的目标。比2002年数值（16.3%）下降了70.6%，与2010~2013年儿童生长迟缓率（8.1%）相比，则下降了40.7%。2021年我国5岁以下儿童低体重患病率为1.21%[②]，标志着我国儿童营养状况明显改善，营养不足问题得到基本解决。

2011~2023年这一阶段我国儿童营养健康工作的特点是营养包补充在贫困地区/脱贫地区的全面普及以及对0~3岁儿童发展服务的创新探索。

早在1997年12月，为了实现2000年消除饥饿和营养不良的目标，我国发布了《国务院办公厅关于印发中国营养改善行动计划的通知》，正式实施中国营养改善行动。该行动提出"儿童缺铁性贫血患病率较1990年降低1/3""5岁以下儿童中度和重度营养不良患病率较1990年降低50%"的目标。要求"重点解决贫困地区的营养改善问题……在营养改善行动中应特别注重改善儿童……及低收入人群的营养状况"。

2001年5月，国务院印发《中国儿童发展纲要（2001—2010年）》，明确提出了"5岁以下儿童中、重度营养不良患病率以2000年为基数下降1/4"等具体指标。

---

① 张彤主编《中国妇幼卫生》，人民卫生出版社，2020。
② 国家卫生健康委员会：《中国卫生健康统计年鉴（2022）》，中国协和医科大学出版社，2022。

为改善由发展不平衡所导致的城乡儿童营养不良、贫血等问题，卫生部门于 2001 年在甘肃省天祝、定西、景泰、静宁、清水 5 个县首次针对 4~12 个月龄婴幼儿开展"婴幼儿家庭辅食强化效果"研究工作。

2008 年，国家标准化管理委员会和卫生部发布了《辅食营养补充品通用标准》（GB/T 22570-2008）。并根据该标准，研发了适用于 6~36 个月婴幼儿辅食中添加的、含高密度维生素和矿物质的辅食营养素补充食品，即营养包。

随后，中国疾病预防控制中心营养与健康所、中国发展研究基金会、联合国儿基会等机构相继开展 6~24 个月婴幼儿营养包补充干预试点项目。

2011 年 7 月，《中国儿童发展纲要（2011—2020 年）》颁发，要求到 2020 年实现"5 岁以下儿童贫血患病率控制在 12% 以下、5 岁以下儿童生长迟缓率控制在 7%、低体重率降低到 5% 以下"的主要政策目标。

同年，卫生部、全国妇联和中国儿童少年基金会共同开展消除婴幼儿贫血行动，为贫困地区婴幼儿补充营养包和开展婴幼儿家长健康教育，首批试点为 11 个省（区、市）的 35 个国家级贫困县。

2012 年，为了全面缓解贫困地区婴幼儿生长迟缓、贫血等营养问题，中央财政提供项目经费 1 亿元，国家卫计委联合全国妇联共同启动了"贫困地区儿童营养改善项目"。该项目是我国重大公共卫生服务项目，为首批 8 个贫困片区的 10 个省份的 100 个试点地区的 6~24 个月婴幼儿每天提供营养包，同时开展儿童营养知识宣传和健康教育。

此后，儿童营养改善项目作为我国贫困地区儿童发展、打赢脱贫攻坚战、实施健康中国建设和国民营养计划的一项重要内容进入逐步推广阶段。

2014 年 12 月国务院印发的《国家贫困地区儿童发展规划（2014—2020 年）》要求"扩大贫困地区困难家庭婴幼儿营养改善试点范围……逐步覆盖到集中连片特殊困难地区的 680 个县"。2016 年 10 月，中共中央、国务院正式印发《"健康中国 2030"规划纲要》，纲要提出要"继续开展重点地区儿童营养改善等项目"，儿童营养改善正式成为健康中国建设的内容之一。2017 年 6 月，国务院发布《国务院办公厅关于印发国民营养计划

（2017—2030年）的通知》，明确提出要开展"贫困地区营养干预行动……继续推进实施贫困地区儿童营养改善项目"。

截至2021年，重点地区儿童营养改善项目已完成对832个原国家级贫困县的全覆盖，累计受益儿童达到1365万人。监测结果显示，2021年项目持续监测地区6~24月龄婴幼儿贫血率和生长迟缓率与2012年基线调查时相比，分别下降了66.6%和70.3%[1]。项目对提升我国脱贫地区婴幼儿营养及健康水平作出了有益探索。

与此同时，随着婴儿死亡率的下降和营养不足问题的极大缓解，缓解儿童语言、运动、认知、社交情绪发育迟缓问题被提上日程，具有卫生健康特色的儿童早期发展服务，如儿童发育监测与评估、儿童交流玩耍、运动游戏等发育指导，以及对语言、运动等发育困难的早期干预及康复训练等成为国内妇幼卫生领域关注的重点。

2011年7月发布的《中国儿童发展纲要（2011—2020年）》在"儿童与健康"领域提出了"发展0~3岁儿童的早期教育，加强儿童潜能开发"的政策目标，并要求"推进……早期综合发展、心理行为发育评估与指导等服务"。

2016年10月，中共中央、国务院《"健康中国2030"规划纲要》中提出要"加强儿童早期发展"，儿童早期发展被正式纳入健康中国战略推进落实。

2019年7月，健康中国行动推进委员会印发《健康中国行动（2019—2030年）》，提出了推进健康中国战略的十五项重大行动。其中，第七项重大行动"妇幼健康促进行动"指出"加强儿童早期发展服务……推动儿童早期发展均等化……探索适宜农村儿童早期发展的服务内容和模式"，并设定了适龄人群"主动学习掌握……儿童早期发展知识"的倡导性行动指标。不难看出，该行动文件更为详细具体，从机构服务和人群素养等两个方面提

---

① 国家卫生健康委员会2022年6月27日新闻发布会文字实录，http://www.nhc.gov.cn/cms-search/xxgk/getManuscriptXxgk.htm？id=f675fc2d35cd45968b9651a3bbff8950。

出了行动要求，对推进儿童早期发展服务具有极强的指导意义。

2021年9月，《中国儿童发展纲要（2021—2030年）》发布，"儿童与健康"领域专门设立针对"0~3岁儿童发展服务供给"的主要目标，要求"促进城乡儿童早期发展服务供给，普及儿童早期发展的知识、方法和技能"。其策略措施部分的第九条还特别提出要"加强儿童早期发展服务……开展涵盖良好健康、充足营养、回应性照护、早期学习、安全保障等多维度的儿童早期发展综合服务……促进儿童早期发展服务进农村、进社区、进家庭，探索推广入户家庭指导等适合农村边远地区儿童、困境儿童的早期发展服务模式"。该文件对卫生健康部门开展何种儿童早期发展服务、如何开展及重点服务谁的问题给出了方向，具有重要的指导意义。

2021年10月，国家卫生健康委员会制定了《健康儿童行动提升计划（2021—2025年）》，特别提出要开展儿童早期发展服务提升行动，其主要内容包括两个方面：一是加强婴幼儿养育照护指导；二是加强儿童早期发展服务阵地建设……力争每个县域内至少有1家标准化建设和规范化管理的儿童早期发展服务阵地……提高基层人员服务能力和技术水平。

2022年11月28日，国家卫生健康委员会印发《3岁以下婴幼儿健康养育照护指南（试行）》，这个文件具有里程碑意义。它首次提出了健康养育照护的八大基本理念：①重视婴幼儿早期全面发展；②遵循儿童生长发育规律和特点；③给予儿童恰当积极的回应；④培养儿童自主和自我调节能力；⑤注重亲子陪伴和交流玩耍；⑥将早期学习融入养育照护全过程；⑦努力创建良好的家庭环境；⑧认真学习、提高养育素养，养育人要学习婴幼儿生长发育知识，掌握养育照护和健康管理的各种技能和方法，与儿童同步成长。

《指南》还提出了六大方面的重点指导内容，包括：①生长发育监测；②营养与喂养；③交流与玩耍；④生活照护指导；⑤伤害预防；⑥常见健康问题的防控及照护。

在一定程度上，该文件代表着我国社会对于0~3岁儿童发展的最高认知水平和进一步发展的基本方向。

在上述政策的推动下，卫生健康部门也同时启动了基层儿童早期发展的

实践探索。自 2012 年以来，为促进集中连片贫困地区 0~3 岁儿童的早期发展，原国家卫生计生委会同原国务院扶贫办、民政部、全国妇联和联合国儿基会，启动实施"贫困地区儿童早期综合发展项目"。该项目首先在山西省、贵州省的 4 个县 160 个村开展，提供儿童发育监测与养育照护指导、儿童安全保护、家庭亲子活动等系统综合的儿童早期发展服务。在该试点基础上，国家卫生健康委继续实施"母子健康综合项目——儿童早期发展子项目（2016~2020 年）"，并与国务院妇儿工委、国家乡村振兴局共同推进"助力乡村振兴战略——基层儿童早期发展项目（2022~2024 年）"，拓展到全国 30 个省（区、市）84 个项目市（地、州）的 191 个项目区县，成为目前国内覆盖范围最广、涉及人数最多、影响较为重大的儿童早期发展试点项目。

纵观儿童健康事业的发展历程，我国儿童健康工作始终围绕降低儿童死亡率、保障儿童健康发展这一核心主线，经历了四个历史发展阶段，逐渐形成相对健全的法律法规及规范标准体系，相继开展了新法接生、预防接种、降消、儿童营养改善等系列全国性行动，取得了显著成效。综合来看，我国儿童健康事业的发展具有以下特点。

一是强大的政治承诺为实现儿童健康权益提供了政策立法保障。我国政府先后颁布制定了四个周期的中国儿童发展纲要，出台了《中华人民共和国母婴保健法》《中华人民共和国母婴保健法实施办法》《中华人民共和国传染病防治法》等系列政策法律性文件，"儿童优先""母婴安全""将健康融入所有政策"等已成为全社会共识，为实现儿童健康权益提供了坚实的保障。

二是完善的、分层分级的儿童健康服务网络体系及制度建设为儿童健康服务普及和发展提供了基石。新中国成立以来，我国持续加强妇幼健康服务机构建设，相继颁布了《妇幼保健所组织试行简则》《县妇幼卫生机构的建设与管理方案》《妇幼卫生工作条例》《关于优化整合妇幼保健和计划生育技术服务资源的指导意见》《各级妇幼健康服务机构业务部门设置指南》《关于妇幼健康服务机构标准化建设与规范化管理的指导意见》等系列文件，有力地促进了儿童保健管理和服务的发展。据《中国卫生健康统计年鉴（2022）》的数据，全国妇幼保健院（所、站）的数量从1950年的426所上升到2021年的3032所。与此同时，我国基层医疗卫生机构也快速发展，乡镇卫生院从1960年的24849个扩展到2021年的34943个，村卫生室从1985年的77764个发展到2021年的599292个，社区卫生服务中心（站）从2002年的8211个扩充到2021年的36160个，建立了系统完善、以儿童健康为中心的公共卫生服务网络，保证了我国儿童健康的各项政策规划、标准规范实现从国家到地方的高效贯彻和落实。

三是项目形式的国家专项行动的实施有力推动了我国健康服务的公平可及。贫困地区儿童营养改善项目、降消项目、基本公共卫生服务项目以及若干重大公共卫生服务项目等极大地提升了妇幼保健服务的可及性和公平性，缩小了地区差距。

四是社会经济的发展、受教育程度的提高及外部社会环境的改善为儿童健康水平的提升提供了支持性保障。新中国成立以来，我国社会经济快速发展，人均GDP从1952年的119元提高到2023年的89358元。女性受教育程度也大幅提升，15周岁及以上人口中，女性文盲所占的比例从1949年的90%下降到2022年的5.26%，儿童营养健康的支持性环境明显改善，有利于推动儿童死亡率的下降。据联合国计划开发署相关研究，1960~1990年，5岁以下儿童死亡率下降的影响因素中，人均收入增长、女性受教育水平提高的贡献占比分别为17%和38%[1]。

五是开放、持续的国际交流与合作为我国儿童健康事业发展提供了借鉴，也为将中国儿童营养、健康领域的经验探索推广到其他国家乃至全球提供了机会和路径。

（三）我国0~3岁儿童安全与保障持续加强

0~3岁儿童的安全保障旨在为婴幼儿提供一个安全有益的成长环境，

---

① 胡鞍钢：《人类与病毒共存和斗争的历史：我国人民卫生健康基本状况》，《卫生经济研究》2003年第6期。

以保障儿童健康、安全和发展的权利。一直以来，儿童安全在我国各类政策中被反复提及，重视程度逐步提高。重点体现在：一是《中国儿童发展纲要（2021—2030年）》新增"儿童与安全"章节，上升为国家战略规划；二是0~3岁儿童食品用品安全得到标准化、规范化管理；三是托育服务机构设施设备安全与服务质量标准更加健全和细化。这些举措可切实保障婴幼儿生命安全和身心健康，为儿童的健康安全成长提供了良好的社会环境。

1."儿童安全"上升为国家战略规划

自20世纪90年代以来，我国先后颁布并实施了四个周期的中国儿童发展纲要，通过对比分析，可以发现其中关于"儿童安全"的内容呈现三大趋势，一是涉及范围逐渐扩大，从儿童基础生活环境、食品用品，到校园及网络；二是内容逐渐具体化，更加具有可操作性；三是重视程度逐渐加深，增设"儿童与安全"章节。

《九十年代中国儿童发展规划纲要》提出提高生活与环境质量、加强安全饮水和卫生处置排泄物工作，但其中并没有针对"儿童安全"的具体内容。在《中国儿童发展纲要（2001—2010年）》中，涉及"儿童安全"的相关内容有3项，包括安全教育、儿童食品用品质量安全和监督管理。而《中国儿童发展纲要（2011—2020年）》中，涉及"儿童安全"的相关内容明显增多，共5项。其特点体现在：一是内容更加具体化，如制定实施多部门合作的儿童伤害综合干预行动计划，将安全教育纳入学校教育教学计划，建立健全学校和幼儿园的安全、卫生管理制度和校园伤害事件应急管理机制等；二是新增了学校安全相关内容，如校园内和校园周边环境安全，以及对校园周边商业网点和经营场所的监管。

2021年9月，国务院印发《中国儿童发展纲要（2021—2030年）》，作为指导2021~2030年我国儿童事业发展的最新纲领性文件，与以往的儿童发展纲要相比，新增了"儿童与安全"章节，包括创建儿童安全环境，建立健全儿童伤害防控工作体系，预防和控制儿童溺水，预防和控制儿童道路交通伤害，预防和控制儿童跌倒、跌落、烧烫伤、中毒等伤害，加强儿童食品安全监管，预防和减少产品引发的儿童伤害，预防和控制针对儿童的暴力伤害，加强对学生欺凌的综合治理，加强未成年人网络保护，提高对儿童遭受意外和暴力伤害的紧急救援、医疗救治、康复服务水平，完善监测机制，共12个方面。其中儿童安全座椅和安全头盔的内容第一次出现在我国最高级别的儿童保护国家政策中。

新的儿童发展纲要全面提出了新时期儿童安全保护工作的目标要求和具体举措，具有较强的可操作性和指导性。

2. 0~3岁儿童食品用品安全得到标准化、规范化管理

我国高度重视关于婴幼儿食品用品的质量与安全，修订发布了多项规定和标准。这些规定和标准的制定与执行，一是保证婴幼儿能够充足摄取生长发育阶段所需的营养；二是保障婴幼儿食品、用品的安全性，避免危害婴幼儿身体健康；三是为监督管理部门开展监管执法提供了指导性操作和重要依据。

在食品方面，《中共中央国务院关于深化改革加强食品安全工作的意见》《国民营养计划（2017—2030年）》等文件中均明确提出要加强标准引领和创新驱动，加快修订完善婴幼儿配方乳粉食品安全国家标准。2019年12月，新修订的《中华人民共和国食品安全法实施条例》正式施行，针对包含婴幼儿食品在内的特殊食品的监管作出了更严格的规定，将有助于婴幼儿食品的安全保障和市场监管，促进相关行业发展。2021年3月，国家卫生健康委、市场监管总局联合印发2021年第3号公告，发布50项新食品安全国家标准和4项修改，其中针对婴幼儿食品营养与特膳食品的标准进行了制定和修订。

在用品方面，婴幼儿用品质量的规范也日渐完善。市场监管总局陆续发布《婴幼儿用奶瓶和奶嘴》《玩具中塑化材料及可放入口中产品的判定指南》《婴童用品洗浴器具通用技术要求》《婴童用品日常运动防护器具通用技术要求》等与婴幼儿紧密相关的用品的国家标准，进一步健全了国家标准体系。

3. 托育服务机构设施设备安全与服务质量标准更加健全和细化

随着托育服务行业的迅速发展，托育服务标准规范体系也进一步完善。2019年以来，国家卫健委制定印发了《托育机构设置标准（试行）》《托

育机构管理规范（试行）》《托育机构登记和备案办法（试行）》《托育机构保育指导大纲（试行）》《托育机构消防安全指南（试行）》《托育机构婴幼儿伤害预防指南（试行）》《中国婴幼儿喂养指南（2022）》《托育机构消防安全指南（试行）》《托育机构负责人培训大纲（试行）》《托育机构保育人员培训大纲（试行）》《托育机构质量评估标准》等一系列关于托育机构的标准与指南，从托育机构资质、环境空间、设备设施、玩具材料、服务人员资质、服务质量等方面进行了明确，为3岁以下婴幼儿全日托、半日托、计时托、临时托等托育服务机构的管理者和工作人员在安全管理、改善环境、婴幼儿照护等方面开展安全操作、伤害预防等提供技术指导和参考。

三 0～3岁儿童发展事业的实践与创新

0～3岁儿童发展内容广泛，涉及营养健康、托育教育、安全保障等多个领域。自2000年以来，随着我国各界对0～3岁儿童的关注度日益提高，国家、地方政府和社会力量为我国0～3岁儿童发展事业作出了有益的探索和创新，开展了一系列涉及单一领域或多个领域的儿童早期发展实践和探索，有力地促进了我国0～3岁儿童发展状况的改善。

为了更好地梳理、分析我国0～3岁儿童发展实践与创新模式，本部分以影响儿童早期发展的微系统、中系统、外系统和宏系统模型为基础，从个体与家庭支持、社区支持、社会支持三个层面重点对至少包括早期刺激/回应性照护在内的儿童早期发展服务进行分析，尝试呈现我国儿童早期发展服务的多样性及创新性，为政府、机构和社会组织开展类似服务或推动相关政策实施提供参考。

（一）个体和家庭层面的支持

1. 证据支撑：以个体和家庭为基础的家访服务是被不同试验研究证实的、适于贫困地区0～3岁儿童发展的有效干预路径之一

家庭是婴幼儿照护的主要场所，由于0～3岁婴幼儿生理、心理等机能

发育还不成熟，这一阶段儿童早期发展所需要的营养健康、早期刺激、安全保障等养育照护更多依赖于照护人提供，因此通过家访（Home Visiting）对照护人和儿童个体提供直接的、示范性的、反馈性的育儿支持就显得极为重要。

家访干预模式主要通过给看护人提供一对一指导使其具备提供回应性照护和早期学习的技能和机会，并通过直接给予儿童认知和社会心理刺激，实现促进儿童早期发展的目的。随着研究的不断深入，家访服务逐渐被大多数研究证实并成为儿童早期发展干预的有效路径之一。印度、巴基斯坦、牙买加、加拿大等国家开展的试验研究证实，包含早期刺激/营养等内容，具有一定干预强度的家访干预（有的合并小组活动干预）均有效提高了儿童语言和认知得分。为证实家访干预模式对我国儿童早期发展的有效性，国内也开展了家访干预的效果研究。主要通过社区人员对农村地区婴幼儿开展早期刺激、健康教育等干预，研究发现，家访干预显著提高了儿童的认知得分，也降低了儿童腹泻的风险[1]。但值得注意的是，我国目前多数研究在严格试验条件下开展，尚缺乏基于规模推广干预的评价研究，对远期效果的研究不足，有待进一步研究。

我国儿童早期发展状况存在地区差异，欠发达地区 0~3 岁儿童发展状况不容乐观。根据中国儿童中心和中国发展研究基金会 2020 年开展的脱贫地区儿童调查，我国中部、西北、西南脱贫地区 0~3 岁儿童存在发育迟缓的比例分别为 19.8%、25.4%、31.7%[2]，比例仍然较高。由于大多数存在高发育风险的家庭相对贫困、居住偏远、交通不便且服务可及性较差，通过家访的服务方式提供主动服务，克服交通不便给儿童和照护人带来的阻碍，降低服务利用的时间成本和经济成本，为提升早期发展机会对弱势儿童的可

---

① Luo R., Emmers D., Warrinnier N., et al., Using Community Health Workers to Deliver a Scalable Integrated Parenting Program in Rural China: A Cluster-Randomized Controlled Trial [J]. *Soc Sci Med*, 2019, 239: 112545.

② 应用首都儿科研究所和中科院心理所研发的《儿童神经心理行为检查量表（2016）》评价儿童发展状况。

及性、公平性提供了可行的方案。

2.管理督导：建立政府主导、分层分级的组织管理与督导机制

自2000年以来，随着家访干预的重要性逐渐被大家理解和认识，我国部分机构开始实施以家访形式为主的儿童早期发展服务模式。其中，有典型性和代表性的项目包括：中国发展研究基金会的"慧育中国：山村入户早教计划"（以下简称"慧育中国"）和国际救助儿童会开展的"0～3岁儿童发展试点项目"（以下简称"儿早项目"）。

完善且运转好的管理督导机制是保障项目高质量执行的重要基础。因此，各试点均建立了政府主导、分层分级的管理与督导机制。

在县级层面，"慧育中国"建立了由县级分管副县长牵头、县卫健局行政支持、县妇幼保健院技术支持的领导小组，下设县级项目办公室，设立专职"县级总督导"，负责整体协调项目执行，承担对项目聘用的"乡镇督导员""婴幼儿养育指导师"团队的日常管理。在乡镇层面，项目依托各乡镇卫生院，设"乡镇督导员"1～2名，负责管理和培训村级"婴幼儿养育指导师"，确保入户养育指导质量。在村级层面，根据服务儿童数量，按比例聘用"婴幼儿养育指导师"，负责每周为每名儿童提供入户养育指导、玩具制作、信息上报等服务，并维护与参与项目家庭的关系。至此，项目形成了"县级总督导——乡镇督导员——村级婴幼儿养育指导师"的管理机制，并由此而衍生出三级督导和考核机制。该项目还研发"家访App"，对家访活动进行实时监测和管理，记录照护人的活动反馈。

与"慧育中国"不同的是，国际救助儿童会2015年与原国家卫计委干部培训中心合作开展的"儿早项目"注重发挥国家计生系统的功能，依托各级卫生计生部门已有工作管理框架，为一线工作人员（县、乡、村三级）提供专业技能培训，开发0～3岁儿童发展入户服务工具包，支持村级工作人员开展入户养育指导，并构建以县/乡为核心的督导体系，推动项目落实。在人口政策调整的大背景下，该项目探索了以计生系统为平台的儿童早期发展入户服务模式，这也是对计生人员角色转型的一种大胆尝试。项目遴选乡镇基层计生人员、妇女骨干或村医作为入户员进行服务。服务前进行系统培训，强化入户工具的使用和实操培训，示范亲子互动方法，传播科学养育知识，传授入户沟通的方法和技巧，为辖区内所有0~3岁儿童及家长提供每月两次、每次1小时左右的入户服务，提供喂养方式指导、健康知识宣传和亲子互动指导的综合性服务。此外，"儿早项目"还开发了专门监测儿童生长发育的App，在App上为项目乡镇目标婴幼儿建立档案，定期记录及监测0~3岁婴幼儿生长发育状况，并将适用于不同月龄儿童的科学喂养知识传播给家长或儿童照护人。

在筹资机制上，"慧育中国"倡导省、地市、县各级政府在财政允许的情况下，加大对0~3岁儿童发展的资金投入，探索建立政府、社会力量多方参与的筹资机制，为当地0~3岁儿童发展提供资金保障。

3. 队伍建设：构建立足本土实际的人员队伍，开展短期强化培训和定期能力提升培训相结合的培训模式

队伍建设是保证儿童早期发展服务有效传递的关键，涉及人员遴选和能力建设两个阶段。据亚洲、非洲和拉丁美洲等中低收入国家的相关研究，由经过系统培训的半专业人员暨社区卫生志愿者或满足一定条件的社区人员作为儿童早期发展的干预人员是可行的、有效的。可以通过社区卫生志愿者将回应性照护、早期刺激等婴幼儿养育照护的内容纳入国家社区基本公共卫生服务，从而实现干预的可持续[1]。尽管"半专业"卫生人员有时可能会面临本职工作带来的压力，减少其在干预项目中投入的精力，但是由于他们熟悉当地社区以及具备儿童健康知识，他们能够提供具有可持续性的、有效的干预服务，是资源有限环境下相对低成本、高效益的选择。

与此同时，国内也开展了利用半专业人员提供儿童早期发展过程中育儿支持干预的实践和探索。国际救助儿童会的"儿早项目"遴选项目乡镇有意愿的、热爱儿童工作的、善于与群众沟通的基层计生人员作为家访员提供

---

[1] Zhang L., Ssewanyana D., Martin M.C., et al., Supporting Child Development through Parenting Interventions in Low-To Middle-Income Countries: An Updated Systematic Review [J]. *Front Public Health*, 2021.

服务。服务前对其进行系统培训，助力其对入户工具的使用，提升其入户沟通的方法和技巧。"慧育中国"在实施干预的乡镇本地招募具有初中及以上文化程度的已婚女性，并对其进行为期8~11天的系统培训，之后她们才能成为"婴幼儿养育指导师"、提供干预服务。据2019年针对7个试点县的调查，98%以上的婴幼儿养育指导师为女性，平均年龄为34.4岁，初中及以上学历者占比超过92%，90%以上的婴幼儿养育指导师或乡镇督导员至少养育了一个孩子。其中，不少婴幼儿养育指导师也是0~3岁儿童的监护人，具有较强的服务意愿，增强了乡村执行团队的稳定性。

持续的技术支持是国际推荐的确保干预有效的要素之一。"慧育中国"采用督导与培训相结合的持续技术支持方案。通过每周例会、集体备课、巡查随访、上报数据等在督导过程中了解家访服务中出现的问题，提供现场讨论、培训等技术支持。同时，对家访人员进行专题培训、复训，并结合观摩、巡回演练、技术比赛等活动，进一步提升家访人员的能力。国际救助儿童会的"儿早项目"则注重针对计生人员入户指导的具体知识、方法和技能进行培训。

4. 服务供给：以促进家长与婴幼儿亲子互动为核心，普及性服务与针对性服务并存

家访服务的核心目的在于支持父母或其他家长形成积极的、回应性的、利于儿童发展的家庭育儿行为和实践，从而为儿童发展提供必要的机会和环境。各试点项目基于这一理念，开展了以"促进家长与婴幼儿亲子互动"为核心的，涵盖营养、早期刺激等内容的家访服务。

"慧育中国"项目让受过系统培训的婴幼儿养育指导师对辖区内6~36个月儿童家庭提供每周入户1次、每次60分钟的普及性的科学育儿指导服务。严格按照教材制定的流程和内容开展指导，涉及游戏、绘画、阅读、唱歌、婴幼儿喂养等内容，同时发放画册、拼图、分类配对卡片等辅助材料，督促照护人每天练习本周推荐的游戏活动。

国际救助儿童会"儿早项目"则通过家访为辖区内所有3岁以下儿童及家长建立早期发展档案，定期监测儿童发展状况，提供每月1次、每次

40~50分钟的涵盖早期刺激、卫生和健康在内的综合性指导服务。值得一提的是，该项目在普及性服务的基础上，增加了针对明显发育迟缓儿童的转介服务，服务类型呈现多元化。

5. 课程研发：国际课程的本土化改编与创新成为主流

家访课程对儿童早期发展家访项目的成功极为关键。研发符合儿童年龄和发育特点的、本土化的课程或资源包始终是各项目的重要工作内容。"慧育中国"参照牙买加的早期发展课程资源书（The Jamaica Early Childhood Curriculum Resource Book）研发编写了《6~12月龄婴幼儿养育指导课程》《12~24月龄婴幼儿养育指导课程》《24~36月龄婴幼儿养育指导课程》《36~42月龄婴幼儿养育指导课程》及配套的工具包。并在原教材的基础上，增加了母乳喂养、辅食添加、顺应喂养等婴幼儿喂养的内容。该课程针对婴幼儿每个月龄段的发展特点，按周次具体设计游戏活动，并进行了少数民族地区文化适宜性的调整（包括民族语言文字翻译、换图等本地化改编），使其更适合少数民族看护人及儿童的语言文化习惯。国际救助儿童会"儿早项目"则注重地方入户指导工具、活动的研发。

6. 推广合作：农村推广为主，缺乏大规模推广与对长期干预效果的评估研究

我国0~3岁儿童发展家访项目已经实现了不同程度的推广。"慧育中国"项目开始之初，仅在甘肃省华池县的部分试点乡镇开展，2015年拓展到华池县的19个乡镇。截至当前，"慧育中国"项目已在全国10个省份24个县开展试点，覆盖110个乡镇、977个行政村。当前项目累计干预儿童超过4万人。诺贝尔经济学奖获得者詹姆斯·赫克曼（James Heckman）教授对为甘肃省华池县0~3岁儿童提供入户早教的效果进行了评估，发现84%的接受家访干预的儿童在认知、社会情感和语言等领域的表现优于对照组儿童。

尽管如此，我国以早期刺激、回应性照护为核心的家访干预仍以在农村地区推广为主，城市地区家访的适宜性探索比较少见。因此，家访干预的长期持续效应研究，是未来家访干预研究需要加强的地方。

（二）社区层面的支持

1.证据支撑：多项试验研究证实了社区儿童早期发展服务的有效性

参照中国社区儿童早期发展服务的现况，我国社区儿童早期发展服务按照服务场所可概括为：社区各类中心开展的育儿支持（parenting support）服务、托育机构开展的照护服务（childcare service）、幼儿园等托幼机构开展的早期教育（early education）服务、医疗保健机构开展的养育照护（nurturing care）咨询指导类服务①。无论何种服务方式，均以保障儿童语言、运动、认知、社交情绪等各方面的最优发展为主要目标，内容上突出照护人（家长、保育人员、婴幼儿发展引导员、幼儿教师等）为儿童提供探索和发展的机会和环境，是社区儿童早期发展服务的共同特点。

社区儿童早期发展服务的有效性已在全球包括中低收入国家开展的多项研究中得到证实。以社区育儿支持服务为例，哈佛大学学者于2018年和2021年相继发表了对全球包括中低收入国家0~3岁儿童发展育儿支持干预的系统综述，发现育儿支持干预有效改善了儿童的发展结局，干预后儿童认知、语言、动作、社交情绪发展得分提高，行为问题减少，照护人的养育知识、实践及亲子互动水平也得到明显提升②。该研究还发现将早期刺激、回应性照护和早期学习机会作为干预重点的研究对儿童早期认知发育、照护人养育知识以及行为的改善效果显著优于不包括上述内容的研究。根据一项对中低收入国家育儿支持服务的相关研究，发现参与较高频次（每周至少1次，持续≥12个月）的育儿支持活动的儿童语言发展更好，而照护人的回应性照护起到了显著的中介作用③。社区育儿支持服务主要以小组活动的形

① 参照2023年4月1日发布的《托育机构质量评估标准》。

② Jeong J., Franchett E. E., Oliveira C. V. R. D., et al., Parenting Interventions to Promote Early Child Development in the First Three Years of Life: A Global Systematic Review and Meta-Analysis [J]. *Plos Medicine*, 2021, 18 (5): E1003602.

③ Jeong J., Pitchik H. O., Yousafzai A. K. J. P., Stimulation Interventions and Parenting in Low-and Middle-Income Countries: A Meta-Analysis [J]. *Pediatrics*, 2018: E20173510.

式开展。小组活动通过各种活动中心，为照护人和儿童提供符合儿童年龄和发育规律的亲子活动、亲子阅读和自由交流游戏的机会，同时，小组活动还可提供同伴支持和同伴学习的机会，鼓励照护人之间的交流分享，对改善看护人心理健康状况也有一定作用。

不少研究发现托育和早期教育服务对儿童发展产生了积极的影响。据《柳叶刀》2017 年发表的儿童早期发展系列研究成果，包含早期学习机会服务的托育、正式或非正式托幼机构开展的社区儿童早期发展服务的有效性已在中低收入国家得到证实，可以有效促进儿童的认知发展，但对儿童的体格生长效果有限①。美国儿童健康与人类发展局（National Institute of Child Health and Human Development of USA，NICHD）对托育机构的长期追踪研究发现，较高质量的托育服务能够促使儿童产生更好的语言和认知发展结果，服务指标如师生比、班级儿童数、敏感的回应性照护等是决定托育服务有效的主要因素②。但也有研究发现托育服务对儿童健康和发展状况的影响有限③。

在医疗卫生机构养育照护服务的循证研究方面，不同学者探究了营养和早期刺激等综合干预对儿童早期发展结果的影响，发现综合干预一方面可以改善儿童的体格生长情况，同时也对儿童认知、语言、运动等领域的发展状况有促进作用。根据 2000 年以来在发展中国家开展的回应性照护和（或）营养干预研究的系统综述，发现回应性照护对儿童认知、语言发展产生中等程度的积极效应，营养干预对儿童认知发展的影响较小④。国内开展的回应

---

① Pia Rb, et al., "Nurturing Care: Promoting Early Childhood Development," *The Lancet*, 389.10064（2017）：91-102.

② National Institute of Child Health and Human Development. The Nichd Study of Early Child Care and Younth Development: Findings of Children up to Age $4^{1}/_{2}$ Years [R]: National Institutes of Health and Human Development, 2006.

③ Bernal R., Attanasio O., Peña X., et al., The Effects of the Transition from Home-Based Childcare to Childcare Centers on Children's Health and Development in Colombia [J]. *Early Childhood Research Quarterly*, 2019, 47: 418-31.

④ Aboud F. E., Yousafzai A. K., Global Health and Development in Early Childhood [J]. *Annual Review of Psychology*, 2015, 66: 433-57.

性照护的研究也发现，婴儿2个月时回应性照护不足明显增加婴儿2个月、6个月时粗大动作、精细动作、解决问题、个人-社会关系的发育迟缓风险。该研究也从另一方面提示了回应性照护对儿童发展有积极作用。因此，通过社区新建、改扩建活动中心、托育机构或通过现有的幼儿园、医疗机构等提供营养、回应性照护、早期学习机会等儿童早期发展服务对0~3岁儿童发展结果具有积极意义，是家庭育儿的有效补充。而服务质量、干预频次是干预是否有效的决定因素，需要特别关注。

2.管理督导：建立政府主导、分层分级的组织管理与督导机制

不同类型的社区儿童早期发展服务均建立了政府主导的管理与督导机制。从牵头部门来看，社区儿童早期发展服务主要分为以下三种情况。

一是建立由卫生健康部门牵头、多部门参与的管理与督导机制。2012~2016年原国家卫生计生委、原国务院扶贫办、民政部、全国妇联和联合国儿基会共同实施的"贫困地区儿童早期综合发展项目"、2016~2020年国家卫健委和联合国儿童基金会共同开展的"母子健康和发展综合项目"以及2022~2024年国家卫健委、国务院妇儿工委、国家乡村振兴局共同开展的"助力乡村振兴战略——基层儿童早期发展项目"均建立了由卫生健康部门牵头，妇儿工委、乡村振兴、妇联、民政等多部门共同参与的管理与督导机制。还设立了由妇幼保健、幼教、运动发育、语言发育、发育监测与评估等多领域专家组成的国家级、省级和县级技术支持团队，对项目进行督导和技术支持。

社会组织发起的社区育儿支持项目，大多通过与当地政府签订合作协议、设立"项目管理中心"或"项目办公室"等方式对项目进行管理和运营。湖畔魔豆公益基金会的"养育未来"项目以"三年"为一个周期与县政府签署合作协议，通过县政府成立领导小组、县卫健局设立管理中心、下设社区养育中心或服务点的形式建立项目管理、运营与督导的机制。管理中心配备1名主任和3名管理干事，养育中心/服务点配备25~30名养育师，分别作为管理层和服务层促进项目执行。北京陈江和公益基金会的"慧育希望"项目也与当地政府合作，设立由政府部门人员主导的"项目管理中

心"，承担儿童早期发展活动中心的选点、建设、设备配备、人员招聘及管理、日常监督管理、项目宣传等管理运营工作。

二是建立由妇联牵头的管理与督导机制。2013~2018年全国妇联与联合国儿童基金会在6个省份146个村庄合作实施"爱在开端：0~6岁科学育儿社区家庭支持推广"项目，由全国妇联牵头、各地妇联具体实施管理及督导机制。在国家层面，项目成立了以全国妇联、联合国儿基会和中国儿童中心为核心的，集行政管理、项目运营、早期发展三方专业力量于一体的顶层设计团队，为项目规划、设计提供思路和方向。在省、市层面，妇联领导积极协调与儿童早期发展相关的卫生、教育、心理相关领域的专家，成立4~6人的专家团队，每年接受国家级培训并开展逐级督导和通过电话、QQ群、微信群等方式提供实时指导，撰写年度督导报告，为项目有效实施提供保障。千天计划发起的"0~3岁儿童发展服务推广实践与长期追踪"项目依托雅安市妇联部门，以成都儿童早期发展服务中心为模板，在雅安设立6个养育中心、84个村站点，形成三级管理服务体系。项目还搭建党委政府、群团组织、专家学者、社会组织、志愿者的沟通协调平台，建立协同交流机制，实现资源共享，为儿童早期发展公益服务工作提供充分保障。

三是卫生部门与教育部门共同牵头，主要负责托育机构开展的早期教育与保育服务。自教育部于2012年12月发布《关于开展0~3岁婴幼儿早期教育试点的通知》并确定上海市和北京市海淀区等14个试点以后，各地出现了多样化的0~3岁儿童早期教育试点项目，这种格局持续到2019年。上海市由教育部门统一牵头，通过在所辖的17个县区中建立19个早期教育指导中心（15个是独立建制并且多为全额拨款事业单位、2个附设在幼儿园、2个是民办非企业单位），构建了0~3岁儿童早期教育的管理与督导体系。青岛市0~3岁儿童早期教育试点工作是由教育部门和卫生计生部门共同负责的，其中，0~1岁儿童由卫生计生部门负责，2~3岁儿童则由教育部门负责，主要通过附设在各县区公办幼儿园的早教指导中心，为社区早期教育服务提供技术支持。

3.队伍建设：建设专业或半专业服务人员队伍，提升儿童早期发展专业服务能力

人员队伍是社区儿童早期发展服务的重要组成部分。总体来看，社区儿童早期发展服务的人员队伍主要有三种不同的来源：一是利用现有的卫生健康人员、幼教人员、保育人员等专业人员提供儿童早期发展服务，如医疗卫生机构内开展的儿童早期发展服务、托幼机构内开展的早期教育服务、托育机构开展的保育服务等；二是通过对现有的卫生计生人员、妇联人员、社会公益性岗位人员等进行系统培训后提供服务；三是招募并培训符合遴选标准的社会人员提供服务。

队伍建设方面，社区儿童早期发展服务呈现方式多元的特点。第一，在托育机构人员队伍建设方面，2021年国家卫健委印发的《托育机构负责人培训大纲（试行）》和《托育机构保育人员培训大纲（试行）》，对托育机构负责人和保育人员的培训内容、培训时长和培训方式等提出了要求。规定了培训涉及理论培训和实践培训两大模块，对托育机构负责人的培训总时间不少于60学时，其中理论培训不少于20学时。对保育人员的培训总时间不少于120学时，其中理论培训不少于60学时、实践培训不少于60学时。在托育机构保育人员持续能力建设探索方面，各机构几乎都采用了线上、线下相结合的人员队伍建设模式，基于常态化的线上活动、辅以不定期的线下培训以提升人员能力。在培训形式上，以讲座、课程培训、研讨会为主。在培训内容上，涉及儿童早期发展，儿童卫生健康，儿童认知、语言、运动、社交情绪等领域的课程设置和与家长的交流合作等领域[①]。

第二，在社区育儿支持服务的队伍建设方面，大多招募社会人员并对其进行系统的培训，通过培训等形式提升其实操能力。由其作为志愿者提供育儿支持服务。项目还吸纳国内外儿童早期教育专家，通过国家、省（区、市）逐级培训的方式，提升人员能力。

第三，医疗卫生机构开展社区儿童早期发展服务的队伍建设则依托国家

---

① 见本书《托育机构工作人员持续专业发展现状的比较研究》。

级、省级专家团队，通过逐级培训的形式提升人员能力。在培训形式上，采用线下为主、线上补充、理论和实操相结合的形式。

4. 服务供给：以社区为基础、以儿童为中心，综合服务与专项服务并存

（1）社区育儿支持服务

不同场所开展的社区儿童早期发展服务均表现出以社区为基础、以儿童为中心，综合服务与专项服务并存的特点。

社区主要通过设立"中心"（包括养育中心、儿童早期发展活动中心、儿童早期发展服务中心、家庭养护支持中心等）开展育儿支持服务。通过提供符合婴幼儿年龄和发育特点的育儿服务，帮助家长优化育儿观念，掌握育儿技能，学会观察婴幼儿，敏感发现并正确解读婴幼儿发出的信号，运用正确的语言、非语言等形式进行回应，并为婴幼儿提供探索和学习的机会和环境。全国妇联设立了"家庭养护支持中心"，针对家庭照护中存在的"无养育方法""无育儿指导"等问题，为1.5～3岁婴幼儿提供亲子活动服务。该活动从婴幼儿的健康、营养、回应性照护、早期学习和安全保障五个领域出发，贯彻儿童早期综合发展的理念，设计内容丰富的亲子互动课程，通过开展适于该年龄段的亲子活动或育儿课，如小组游戏、一对一指导、讲座、示范课等引导家长科学育儿。

针对社区弱势儿童，全国妇联的"爱在开端：科学育儿社区家庭支持推广"项目在贫困、留守、流动儿童集中的欠发达农村地区和城乡结合部，将儿童早期发展服务中心建在"家门口"，选择面积不低于20平方米的场地，配备适宜的玩具、教具及图书材料，以及科学育儿触摸屏（供家长自主学习和查阅育儿知识），对0～3岁婴幼儿及其家庭提供每周5个半天、每次40分钟、每次8～10对婴幼儿和家长参与的、专业的、有组织的亲子活动。该中心还提供绘本免费借阅、社区宣传、家访（对本月三次未参加中心活动的家庭）等其他服务内容。截至2018年12月，"爱在开端：科学育儿社区家庭支持推广"项目已覆盖湖南、湖北、河北、新疆、山西和贵州6省区146个村的38528名儿童和46063名照护人，是我国目前覆盖范围较广、受益人数较多的基于社区"中心"的育儿支持项目之一。该项目评估

结果显示，80%的项目点活动中心总面积超过 40 平方米，家长对身体护理、预防疾病及计划免疫方面知识的掌握程度均高于非项目点，儿童参与活动的时间越长，对听故事、读绘本的兴趣就越强烈。评估发现，项目结束后，92%的服务中心在当地政府支持下正常运行，8%的中心在原有基础上拓展。

湖畔魔豆公益基金会"养育未来"项目结合当地地理特点和儿童人口密度，采取"养育中心"和"养育服务点"相结合的服务策略，以中心服务为主、家访服务为补充的形式开展活动。该项目根据年均服务目标（800~1000 个家庭），制定具体的服务指标（服务覆盖率达 60%~85%、每月至少参与 2 次活动的家庭数量占比达 60%~80%），选择人口聚集的、儿童人口数量多的乡镇建设"养育中心"，配备玩具教具、绘本、游戏设施和日常物资等。在儿童数量较少、人口居住分散的地区设立"养育服务点"，开展一对一入户指导或一对多的家庭小组活动。服务内容包括亲子课程、亲子阅读、集体游戏、集体故事会四类。其中，亲子课程和亲子阅读活动按月龄以 1 对 1、1 对 2 的形式开展。集体游戏则按照儿童月龄分年龄段进行。截至 2023 年 12 月，"养育未来"已在 6 个原国家级贫困县实施，设立了 42 个养育中心、12 个养育服务点，累计服务 0~3 岁婴幼儿 12967 名、照护人 18654 人，已完成一对一亲子课程 248904 节、亲子集体活动 32641 场。经过首轮为期 3 年的随机干预试验评估，发现项目可显著提高婴幼儿沟通能力、精细运动能力、总体发展水平。目前第二轮调研数据显示，项目对 4~6 岁儿童认知发展有积极影响，对照护人的养育行为产生了显著的正向效应，也显著降低了照护人抑郁、焦虑、压力水平。

北京陈江和公益基金会的"慧育希望"项目则突出了"中心"一对一课程为主、家访为辅，以回应性照护、早期学习机会支持为核心内容的服务。截至 2024 年 5 月，项目已在山东、江西、贵州、江苏和北京等省份建设运营了 125 个"中心"，累计培养 288 位专业养育师，服务农村地区 0~3 岁儿童 8500 余名，免费提供亲子课程超过 24 万节。活力未来"活力亲子园"项目主要通过赋能当地合作伙伴，采用家长活动与亲子活动相结合的方式，提供社区育儿支持服务。到2023年年底，该项目已扩展到24个省份的117个区县，累计提供早期亲子教育服务2532911小时，服务儿童101923人。

北京春晖博爱公益基金会的"春晖守望"项目遵循全人、全程、全纳的融合教育理念，针对0~3岁农村留守儿童和困境儿童特别设计了早期教育干预项目。项目针对儿童家庭普遍存在的营养结构不合理和育儿技能落后问题，开发了儿童营养与健康课程、回应式育儿课程，通过培训当地育儿顾问，依托儿童活动中心开展亲子课堂活动、入户家访、趣味活动等，倡导合理膳食与科学育儿、提升对儿童的养育质量、促进儿童的全面发展。项目针对远离家庭的留守儿童父母，在每个项目点建立家长微信群。育儿顾问定期将儿童活动的照片及视频分享至群里，推送育儿专业知识，帮助家长提升育儿技能，鼓励家长与儿童交流。此外，项目注重社区参与，将社区成员聚集在一起开展与当地文化或政府倡导政策相关的活动，既可以使精力和体力有限的家长们得以相互扶助，又能够使他们与社区联结，建立社区归属感，形成互助网络，为儿童提供一个安全保护的滋养型环境。在专业支持方面，"春晖守望"项目组织国内外专家学者，根据回应式教育抚育的理论和经验开发了"育儿技能培训课程"，分75个部分，包括30个概念、20多个技能方法和16个练习。同时，制定了一套科学的培训管理体系和监测评估体系，为项目的开展和高质量发展提供坚实的专业基础。

（2）社区托育服务

与社区育儿支持服务相比，社区托育服务更加注重提供方便可及的、高质量的、价格可承受的、以儿童为中心的全日托、半日托、计时托、临时托等多样化的照护服务。在《国务院办公厅关于促进3岁以下婴幼儿照护服务发展的指导意见》《中共中央　国务院关于优化生育政策促进人口长期均衡发展的决定》等系列政策文件的推动下，各地根据《托育机构设置标准（试行）》《托育机构消防安全指南（试行）》等标准性文件，通过新建或改扩建现有托育服务设施、支持有条件的用人单位建设、鼓励幼儿园招生年龄下延或整体改扩建、促进医育融合建设等形式发展多元化的普惠托育

服务。

以福建省厦门市为例，持续加大普惠托育服务项目建设力度，扩大机构覆盖面，同时不断完善配套服务。

一是增设、扩建普惠性托育园。2022年，厦门共新增32所普惠性托育园，可提供15000多个托位，每千人口拥有3岁以下婴幼儿照护服务托位数达2.8个，超额完成年度指标，普惠托育机构数量和托育机构备案通过率均排在福建省前列。

二是在新增的普惠性托育园中探索"医育结合"。思明教育与厦门市妇幼保健院、厦门大学附属第一医院、厦门市中医院以及思明区妇幼保健院签署"医育结合"共建合作协议，探索建立"以机构为主体、以医疗为依托、医育相结合"的婴幼儿照护服务体系。引入市妇幼保健院医疗资源，建立新生儿健康档案，同时开展膳食营养分析、心理发育评估、儿童健康体检指导等配套服务，使工作人员提供的照料服务更加专业化、规范化、精细化。

河南省则鼓励支持用人单位为职工提供福利性托育服务。在全省公立医院开展普惠托育服务机构建设试点工作，推动医疗卫生机构为职工提供普惠性福利性托育服务，探索普惠托育服务发展新路径。该省职工人数在2500人以上的公立医院先行试点建设普惠托育机构，以推动医疗卫生机构为职工提供普惠性福利性托育服务，使医疗卫生系统职工享受"身边的托育服务"，探索普惠托育服务发展新路径。

海南省注重探索公办民营的创新。海南省首家社区普惠性托育中心已经在海口龙华区投入使用，通过街道、社区与专业托育机构对接，以公办民营的模式，充分利用社区场地资源建设普惠性托育中心，价格比市场平均水平降低一半。

广东省重视探索整合社区资源，加大托育服务供给。通过整合社区妇女儿童之家、家庭教育指导中心、家政服务站、亲子小屋等公共服务资源，增设社区普惠托育点。同时，搭建政府主导的街（镇）普惠托育服务体系，鼓励街（镇）普惠托育机构带动社区普惠托育点共同发展。

截至2024年2月，全国提供托育服务的机构数量近10万个，提供托位数约480万个[①]。

(3) 社区儿童保健服务

医疗卫生机构开展的社区儿童早期发展服务，概括来讲，包括机构内、机构外两种服务形式。机构内儿童早期发展服务主要在门诊（如生长发育、营养、心理、康复等门诊）和家长学校（或家长课堂）等服务场所提供，包含体格检查，心理行为发育筛查及评估，发育咨询指导，语言、运动等各领域干预及康复等综合内容的儿童早期发展服务。机构外儿童早期发展服务以社区个体或群体健康教育服务为主，以线上、线下形式提供0~3岁儿童卫生健康指导、营养与喂养指导、回应性照护与早期学习机会指导、安全保障指导等内容的服务，咨询指导时多使用与指导内容相一致的视听材料、实物材料、印刷材料等来作辅助，并运用询问、倾听、示范、反馈、确认等咨询方法提升咨询指导的效果。

"贫困地区儿童早期综合发展项目"是医疗卫生机构开展的社区儿童早期发展项目中较有代表性的项目之一，由原国家卫生计生委、原国务院扶贫办、民政部、全国妇联和联合国儿基会于2012~2016年在山西省临县、汾西县，贵州省松桃县、黎平县共同实施。该项目以探索建立欠发达农村地区0~3岁儿童发展的综合模式为目标，推动项目所在地160个村的孕产妇及0~3岁的儿童享有更高水平的基本卫生、营养、早期关爱与发展、儿童福利及转介等综合服务，促进项目村的家庭能够掌握并实施促进儿童早期发展的科学育儿行为。

该项目以多部门合作为基础，对贫困地区0~3岁儿童发展一站式的综合干预模式进行了探索。一是依托各级卫生保健机构，结合国家基本公共卫生服务项目，开展儿童发育筛查、评估及儿童早期综合发展咨询指导，发放营养包等；二是选择0~3岁儿童数量较多的行政村设立儿童早期发展活动中心，配备各类图书、玩具、触摸屏及活动设施，每周开展亲子活动和家长

---

① 《国家卫生健康委员会2024年2月28日新闻发布会文字实录》，国家卫健委，2024，http://www.nhc.gov.cn/xcs/s3574/202402/3d2d2cd7720541c0b7ce712f1a06db27.shtml。

培训；三是通过村志愿者、妇女干部、村妇幼保健员、乡村医生等开展联合家访；四是组织县级外勤人员提供每季度一次的现场技术支持服务，以确保基层服务按照既往项目方案实施。

该项目经国际上认可的多指标集群问卷和年龄与发育进程问卷评估后发现：多部门合作的综合干预模式对儿童的语言能力、大动作能力、精细动作能力、解决问题能力和个人社会能力均有明显的促进作用，儿童罹患发育迟缓风险的比例从2013年的37%下降到2016年的19%，家庭养育环境、养育行为也得到显著改善。

在上述试验的基础上，国家卫生健康委员会与联合国儿基会合作，启动实施了"母子健康和发展综合项目——儿童早期发展子项目（2017～2020）"，与国务院妇儿工委、国家乡村振兴局等共同实施了"助力乡村振兴战略——基层儿童早期发展项目（2022～2024年）"。项目根据家庭和儿童在不同阶段面临的挑战和需求的不同，注重对儿童和家庭的普遍性支持和针对性支持，从而产生协同工作，形成一个无缝衔接的服务流程。尤其在针对性支持方面，项目重点关注存在家庭养育风险的儿童，由经过培训的服务提供者通过家访提供额外的支持服务，以减少发育迟缓带来的风险。

截至2024年初，项目已拓展到全国30个省份84个项目市的191个区县，成为目前国内覆盖范围最广、涉及人数最多的儿童早期发展试点项目。

5. 课程研发：多样化服务于社区儿童早期发展的课程体系初步形成

符合儿童年龄和发育规律的课程对社区儿童早期发展服务开展具有极其重要的意义，是社区0~3岁儿童发展服务科学性和有效性的重要保障。各试点将国际证实有效的课程与我国国情相结合，充分考虑本土育儿文化与传承，针对课程的不同适用对象，研发了涉及亲子游戏、婴幼儿喂养、健康思维、小组活动、项目管理等多领域主题的课程，初步形成了为社区儿童早期发展服务的课程体系。

社区育儿支持项目针对不同使用对象，基本形成了较为完整的课程体系。"爱在开端：科学育儿社区家庭支持推广"项目根据不同阶段项目推进的需求，研发制定了适用于专家队伍、妇联管理人员、志愿者、早期儿童工作者、照护人等使用的材料、工具及资源包，为项目的服务提供者及时提供高质量的"拐棍式"工具。一是供志愿者、妇联管理人员、早期儿童工作者使用的工具和材料；二是供各级项目技术人员进行培训或技术支持时使用的"儿童早期发展科学资源包"（内含自学视频等资料）一套。

"养育未来"项目通过与专业团队合作的方式形成了一套有中国知识产权的、适合我国儿童发展需要的、符合儿童心理发展特点和规律的、经验证有效的亲子活动课程，即"养育未来：婴幼儿早期发展活动指南"。该课程参考国际经验设计，涵盖了适合我国 6~36 月龄婴幼儿的，促进婴幼儿语言、运动、认知、社会情感能力发展的 248 种亲子活动课程。

"慧育希望"项目则通过资助专家团队的方式研发了 10 门培养婴幼儿早期发展从业人员的标准化课程，并基于多年的培训经验，开发了为期 1 周的视频培训课程，从而形成了一套针对儿童早期发展从业人员的标准化培训方案和培训体系，为婴幼儿早期发展从业人员队伍培养和能力持续提升提供了方案。该系列课程包括 10 门教材，内容涵盖 0~3 岁婴幼儿心理发展基础知识、心理发展观察与评估、营养与喂养评估与实操指导、保育、安全照护与伤害预防、早期阅读理论与实践、孕婴营养与健康、早期发展活动等，适合从业人员岗前培训、岗位技能提升、转岗专业培训使用。

活力未来"活力亲子园"项目注重地方合作伙伴赋能，为地方合作伙伴提供用于项目管理和执行的"运营指南"及"活动执行指南"，用于环境创设、宣传招募的材料工具包，适于一线教师使用的 1~3.5 岁年龄段儿童的"亲子课教案"、配套课件、图片、音乐、示范视频工具包和专业知识考题。每套教案以 0.5 岁为一个年龄跨度。该项目还为合作伙伴提供《家长工作手册》，以培养受益家长成为活动引导者。

"春晖守望"项目针对留守儿童家庭普遍存在膳食结构单一和营养不良的问题，开发了儿童营养与健康课程，通过培训当地育儿顾问，倡导合理膳食与科学喂养。在教材方面，"春晖守望"项目还组织国内外专家学者，开发了"育儿技能培训课程"。该课程根据回应式教育抚育的理论和经验编制而成，分 75 个部分，包括 30 个概念、20 多个技能/方法和 16 个练习。

千天计划"0~3岁儿童发展服务推广实践与长期追踪"项目开发制定了健康思维课程,为女性照护者提供心理健康支持。该课程具有活动主题全面、活动对象综合、活动流程易推广三个特点,其有效性尚待进一步验证。

社区托育服务的课程研发则注重职业教育中婴幼儿托育服务与管理专业人才培养教材的建设方面,国家卫健委组织相关部门、院校教师、研究机构、行业协会、托育企业代表等研发职业教育托育专业系列教材。高职专科专业教材共14种,中职托育专业教材包含9种,涵盖理论和实操两类,为培养社区托育服务人才提供了基础保障。

医疗卫生机构开展的社区儿童早期发展服务的课程研发方面,国家卫健委委托全国妇幼健康研究会于2014年组织儿童保健、发育行为儿科、孕产妇保健、营养、心理等多学科专家和学者在以往开展儿童早期发展工作经验的基础上,参考国内外的研究成果,编写了"儿童早期发展系列教材",聚焦胎儿期及0~3岁儿童发展阶段,涉及儿童早期发展总论、孕产期营养、孕产期心理保健、家庭养育与家庭规划、婴幼儿营养与体格生长促进、儿童心理行为发展与评估、促进心理行为发育适宜技术、高危儿管理与干预,共8项内容。该系列教材厘清了从胎儿期到婴幼儿时期儿童早期发展的概念和基本知识,医疗卫生机构儿童早期发展服务的内容,以及营养、心理、家庭养育等相关的适宜技术,为各地妇幼保健机构开展人员培训、提升人员能力提供了课程支撑。与此同时,各试点项目也开发制定了适于基层人员使用的0~3岁儿童发展适宜技术培训课程及工具包。"贫困地区儿童早期综合发展项目"(2012~2016年)、"母子健康和发展综合项目——儿童早期发展子项目"(2017~2020年)借鉴世界卫生组织、联合国儿基会等国际相关指南和材料,相继开发或改编形成了"儿童发育监测与评估(0~6岁)""关爱儿童发展学员手册""儿童早期综合发展咨询卡""儿童早期发展咨询指导手册""家访服务手册"及工具包、"养育照护小组活动手册"及工具包、"国际儿童发育监测指南"工具包,以及系列儿童早期发展社区健康教育的材料,为各级卫生健康人员开展儿童早期发展服务提供了工具。

6. 推广合作：城市、农村地区均有推广，推广策略和方式不同，以政府主导的推广方式为主流

社区儿童早期发展服务在城市、农村地区均有推广，且推广策略和方式不同，以政府主导的推广方式为主。"爱在开端：科学育儿社区家庭支持推广"儿童早期发展项目主要依托妇联系统进行推广，拓展到湖南、湖北、河北、新疆、山西和贵州6个省区的146个村庄。项目的模式、做法及经验还为国家及地方相关政策文件提供了借鉴，如国家卫生健康委员会发布的《托育服务机构质量评估标准研究》《全国妇联关于推进落实〈国务院办公厅关于促进3岁以下婴幼儿照护服务发展的指导意见〉的意见》等。全国妇联基于项目经验和研究发现，分别于2020年和2021年形成两会提案《将3岁以下婴幼儿家庭教育支持服务纳入政府公共服务》和《加强欠发达地区基本公共服务建设促进儿童早期发展》。该项目还促进了地方政策和实务的创新。湖南省将儿童早期发展服务纳入《湖南省关于指导推进家庭教育的五年规划（2016—2020年）》，长沙市芙蓉区将儿童早期发展服务纳入区级财政预算，给予固定的经费保障；湖北省将儿童早期发展服务纳入《湖北省关于指导推进家庭教育的五年规划（2016—2020年）》，并制定《省人民政府办公厅关于促进3岁以下婴幼儿照护服务发展的实施意见》，推动3岁以下儿童早期发展工作；山西省汾西县在2019年拿出40万元财政预算，支持在全县范围内开展儿童早期发展服务，作为教育扶贫的重要内容，服务全县约2000名儿童及家庭。

"养育未来"项目则与国家卫生健康委员会农村婴幼儿照护服务试点项目相结合，采用政府主导、联合管理的工作策略，从项目设计之初就考虑项目的可推广性和可持续性，依托省、县卫生健康部门实现全县域推广。

"慧育希望"项目注重构建政府、研究机构、社会力量三方共同参与的项目合作模式，与中国发展研究基金会、中国乡村发展基金会、盖茨基金会、北京师范大学、陕西师范大学、中国公益研究院等机构合作，建立健全多机构协作的工作机制，交流研究成果和典型经验，整合共享行业资源，推动行业协同规范发展。

活力未来"活力亲子园"项目则注重与当地有合作意愿的社会组织、幼儿园及社会团体合作,通过管理赋能、教师赋能、家长赋能等形式提升当地合作伙伴运营、管理和服务能力,从而实现项目的拓展。截至 2023 年底,活力未来"活力亲子园"项目已扩展到山东、山西、陕西、河北、河南、湖北、湖南、广西、广东、江苏、浙江、内蒙古、宁夏、甘肃、安徽、江西、四川、云南、贵州、西藏、北京、上海、天津、重庆等 24 个省份的 117 个区县。

"贫困地区儿童早期综合发展项目"和"母子健康和发展综合项目——儿童早期发展子项目"则依托现有的卫生健康体系,发挥东部地区地方政府在财政投入方面的优势,联合妇儿工委、乡村振兴局等多部门共同推广。截至 2024 年初,该项目已从最初的 4 个项目县扩展到全国 30 个省份 84 个项目市的 191 个区县。

研究合作层面,社区儿童早期发展干预仍缺乏规模推广的效果研究,缺乏对社区干预远期效果的长期追踪研究,实践性研究不足,需要进一步加强。

(三)社会层面的支持

社会层面的支持涉及国家宏观政策、法律法规、社会环境等内容。新中国成立以来,我国先后制定实施了十四个国民经济和社会发展五年规划(或计划),有效促进了我国经济的快速发展和社会的长期稳定进步,为推动建立与经济社会同步协调发展的 0~3 岁儿童发展体系奠定了基础。与此同时,我国颁布和施行了系列法律文件,通过立法的方式,把现代儿童福利理念上升为法律,为儿童实现自身权益及享有预防接种、食品安全、暴力预防、家庭教育、健康促进等服务提供了法律保障。此外,我国从 20 世纪 90 年代开始,以 10 年为一个周期,先后制定实施了 4 个周期的中国儿童发展纲要,贯彻落实儿童优先、儿童最大利益的原则,从健康、安全、教育、福利、家庭、环境、法律保护等领域分别提出了我国儿童发展的主要目标、关键策略和措施,为儿童早期发展事业擘画了蓝图,并提出了中长期发展的路线图,对推动我国 0~3 岁儿童发展事业发挥了重要的引领性作用。在上述宏观政策、法律文件的指引下,我国陆续开展了普惠性托育制度建设、育儿时间支持政策等方面的实践和创新，对0~3岁儿童发展起到了直接或间接的促进作用。

1. 普惠性托育制度建设的国家部署

为解决0~3岁婴幼儿托育服务供需不平衡问题，自2019年以后，国家宏观政策进一步发展，政策内容更为全面、具体和具有可操作性。

在国家层面，将"每千人口拥有4.5个3岁以下婴幼儿托位数"纳入国家"十四五"时期经济社会发展的主要目标，意味着将政策目标转化为具体的行动。

2019年10月9日，国家发改委、国家卫健委共同下发《支持社会力量发展普惠托育服务专项行动实施方案（试行）》及附件《支持社会力量发展普惠托育服务专项行动项目和资金管理办法（试行）》，要求国家通过中央预算内投资，重点支持两类托育服务设施建设：一是承担一定指导功能的示范性托育服务机构，二是社区托育服务设施。在实施方案中还规定，政府机关、企事业单位利用自有土地或设施新建、改扩建托育服务设施，并对社会开放普惠性托位的，也可纳入以上两类支持范围。

可以看出，国家宏观政策在2019年已经开始做重大调整，由政府牵头，同时鼓励全社会来举办托育设施。

随后，我国陆续出台了一系列支持托育服务的文件，包括《关于促进养老托育服务健康发展的意见》《"十四五"积极应对人口老龄化工程和托育建设实施方案》《关于进一步完善和落实积极生育支持措施的指导意见》等，旨在发展普惠托育体系，重点体现在三个方面：一是增加普惠托育供给，大力发展托育服务设施，支持社会力量、社区、政府机关和企业等办托育服务机构，鼓励采取公建民营、购买服务等方式运营。二是加大资金投入，统筹安排中央预算内投资，对于公办托育服务能力建设项目给予资金补助。政府引导金融机构对普惠养老、普惠托育企业和机构提供金融支持，鼓励银行、保险、基金等各类金融机构参与合作。同时对普惠性托位给予补贴，降低托育机构运营成本。三是提升托育服务质量，提供托育从业人员培训、托育机构管理咨询、托育产品研发和创新设计、家庭养育指导及婴幼儿早期发展等服务，以更好地为有需求的家庭提供服务。

从这些文件可以看出，中央政府已经把托育事业作为扭转人口下降趋势的一项重大举措来开展，许多政策已具体地转化为项目投资和补贴，并提出了在各个地方落实的办法。

宏观政策支持空前地加大了力度。2022年，国务院的《政府工作报告》中提出要完善三孩生育配套措施、发展普惠性服务。

在中央政府的全力推动下，各级政府开始加大政策扶持力度。按照国家部署，各地积极探索建立财税支持机制，通过专项补贴、以奖代补、税费减免、水电民价、融资优惠等形式，加大普惠托育服务供给。

山西省太原市探索实施普惠性托位专项运营补贴方案。《2024年太原市普惠托育补贴全覆盖民生实事工作实施方案》提出对全市普惠托育机构，按照实际入托的3岁以下婴幼儿人数和入托月数（最多不超过10个月）给予运营补贴。独立托育机构、提供托育服务的幼儿园的补贴标准分别为每人每月500元和300元。同时，该文件还明确了补贴资金的分担机制，指出省、市级补贴资金由省、市财政部门按分担比例拨付给各县（市、区），各县（市、区）按对应的补贴标准拨付给普惠托育机构。

北京市推广普惠托育，降低收费标准。北京市于2022年10月起开展试点普惠托育，各区普惠托育价格降至每月1500~3800元不等，平均约为每月3000元，比试点前平均价格下降一半以上。此外，北京市已建成儿童健康友好社区96家，推动儿童早期综合发展服务适宜技术向社区延伸，拓展基层儿童保健服务内涵，提升儿童早期发展服务可及性与便利性。

江西省在全国率先建立婴幼儿入托补贴制度。对计时托、临时托以外的入托服务根据托育机构实际招收的3岁以下婴幼儿数、在托月数进行补助，全日托补助标准为每生每月300元，半日托的补助标准为每生每月150元。浙江省杭州市则对普惠性托育机构按照收托婴幼儿的年龄阶段提供差异化的入托补贴标准。收托12个月龄以下的婴幼儿补助标准为每人每月800~900元；收托12~24月龄婴幼儿，补助标准为每人每月500~600元；收托24个月龄以上婴幼儿，补助标准为每人每月300~400元，收托时间满15天按照1个月计算，不满15天不纳入计算范围。

安徽省芜湖市探索托育机构以奖代补方案。对审核通过的优质托育机构给予奖补资金，一等奖、二等奖、三等奖奖补金额分别为5万元/个、4万元/个和3万元/个。

广东省珠海市探索建立规范化建设奖励补助和运营补助。对符合《珠海市普惠性托育机构评估标准》的托育机构择优确定为政府补助类普惠性托育服务机构，对遴选的政府补助类普惠性托育服务机构提供规范化建设奖励补助和运营补贴。规范化建设奖励补助标准为不超过3000元/托位，每个机构奖励额度不超过20万元。运营补贴则按照每名婴幼儿每月补助600元的标准执行。2023年，广州市已在11个区开展普惠托育试点，全市33家试点机构提供1453个托位，市财政给予资金奖补。

在宏观政策引领下，2020~2022年下达中央预算内投资20亿元，带动地方政府和社会投资超过50亿元，全国累计新增托位20万个。在基本公共服务方面，各地拓展家庭、社区和照护服务机构托育服务功能，并完善婴幼儿照护等基本公共服务设施。据卫健委统计，截至2024年2月底，全国共有托育服务机构近10万家，提供托位480万个。其中，已备案托育机构更是自2020年起受一系列支持社会力量发展普惠托育服务等政策影响，呈现爆发式增长（如图4所示），2021年同比增长290%，2022年同比增长323%，2023年增速逐步放缓，同比增长15%。截至2024年2月，我国备案托育机构数量为37644个。

在每千人口托位数方面，过去三年，全国每千人口托位数逐步增长，如图5所示，由2020年的1.8个增长至2023年的3.38个，依据"十四五"规划纲要提出的到2025年达到4.5个，目标完成率为75%，托育服务供给不足的情况得到缓解。

2. 父母育儿时间支持政策的试点创新

包括父母育儿假、产休假在内的育儿时间支持政策是促进母乳喂养、增进母子情感联结和提升卫生保健服务利用水平等改善儿童健康和发展结局的有效干预之一。

针对父母无时间育儿或家庭育儿时间不足的问题，我国采取措施，推进

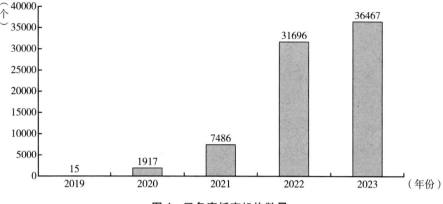

图4 已备案托育机构数量

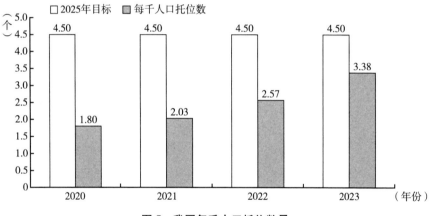

图5 我国每千人口托位数量

落实产休假和探索开展父母育儿假试点。2019年5月，国务院办公厅发布
《关于促进3岁以下婴幼儿照护服务发展的指导意见》，明确提出"鼓励地
方政府探索试行与婴幼儿照护服务配套衔接的育儿假、产休假"。2021年5
月，《国务院未成年人保护工作领导小组关于加强未成年人保护工作的意
见》进一步指出要"完善家庭监护支持政策。全面落实产假等生育类假期
制度和哺乳时间相关规定，鼓励有条件的地区探索开展育儿假试点。"自
此，各地相继出台落实产休假的政策文件，并启动育儿假试点。

北京市出台了有关产休假、生育假、男方陪产假、育儿假等较为综合的家庭育儿时间支持政策。2021年11月，北京市十五届人大常委会第三十五次会议通过了关于修改《北京市人口与计划生育条例》的决定，明确规定女方除享有国家规定的产休假外，享有的延长生育假由30天增加至60天，女方经所在单位同意，可在产休假、延长生育假的基础上再增加1~3个月假期，意味着女方最多可享有248天的生育假，男方享受陪产假15日。并在子女满3周岁前，夫妻双方每人每年可享受5个工作日的育儿假。若女方自愿减少延长生育假，男方享受的陪产假可以增加相应天数。

吉林省、甘肃省等省份在男方护理假、育儿假方面进行了创新。根据2021年6月印发的《关于优化生育政策促进人口长期均衡发展的决定》，吉林省符合法律法规生育的男方享受护理假25天；在子女3周岁前，夫妻每人每年各享受育儿假累计20天。以天数计算，吉林省男方在子女满3周岁前可享有85天的假期，成为我国男方护理假及育儿假最长的省份。甘肃省也出台了男方护理假、育儿假政策。根据2021年11月出台的《甘肃省人口与计划生育条例》，符合法律法规生育子女的，男方享受护理假30日。对子女不满3周岁的夫妻，双方所在单位应当分别给予每年15日的育儿假。以天数计算，甘肃省男方在子女满3周岁前可享有75天的假期，成为我国继吉林省之后男方护理假及育儿假最长的省份之一。

在男、女职工休假的权益保障方面，《关于修改〈四川省人口与计划生育条例〉的决定》第二十四条规定了"符合本条例规定生育子女的夫妻，除法律法规规定外，延长女方生育假六十天，给予男方护理假二十天。生育假、护理假视为出勤，工资福利待遇不变。县级以上地方人民政府及用人单位应当保障生育假、护理假待遇落实"。该文件还规定了"子女三周岁以下的夫妻，每年分别享受累计十天的育儿假，育儿假视为出勤"。该文件的出台，确立了四川省女方生育假、育儿假、男性护理假制度，保障了休假期间的男女职工的权益。

整体来看，在女性产休假方面，一是产假延长已全面普及，具体延长天数因省份不同存在差异。截至2024年4月初，全国31个省份均明确女方产

假在原法定 98 天的基础上均有不同程度的延长。女职工可享有的产假时间为 158~548 天，平均为 186 天。其中，产假最长的省份为西藏自治区。据 2023 年 2 月发布的《西藏自治区贯彻落实〈中共中央、国务院关于优化生育政策促进人口长期均衡发展的决定〉的实施方案》，西藏自治区干部职工生育三孩，可享受带薪产假 1 年，在海拔 4000 米以上地区或边境县工作的干部职工生育三孩可享受带薪产假 1 年半（含国家法定产假假期），配偶享受陪产假 30 天（不包括在年度休假假期中）。二是部分省份产休假与生产方式、胎儿数量、孩次、纯母乳喂养等挂钩。以内蒙古为例，2022 年 1 月印发的《内蒙古自治区人口与计划生育条例》提出，女方除享受国家规定的产假外，生育第一、二个子女的增加产假 60 日，生育第三个子女的增加产假 90 日。浙江省也明确规定了女方在享受国家规定产假的基础上，一孩延长产假 60 天，二孩、三孩延长产假 90 天，意味着生育三孩的女职工享有更长的假期，对三孩生育的女性提供了更多的育儿时间支持。四川省则制定了与纯母乳喂养衔接的女职工产休假制度。北京市则探索建立产休假与生产方式、胎儿数量挂钩的制度，对难产、生育多胞胎的女职工分别延长产休假 15 天，是我国为数不多的将产休假与生产方式和生育胎儿数量挂钩的省份之一。

我国产休假、育儿假制度的落实，为父母育儿提供了时间保障，对改善母乳喂养、母婴情感联结和亲子互动等家庭养育实践、保障儿童实现最优发展具有重要意义。

总的来看，我国 0~3 岁儿童发展的实践具有以下特点：一是政策制度保障。近年来，各地出台了一系列与 0~3 岁儿童服务和管理相关的政策、规划和文件，为儿童早期发展服务的落实提供了有力的保障。二是管理机制创新。从牵头部门来看，各地 0~3 岁儿童发展项目的管理存在差异，初步形成了卫生健康、教育、妇联、发改等部门各有牵头的管理格局。三是服务模式创新。政府、社会组织、政社联合发起的各类 0~3 岁儿童发展项目，尤其是依托家访、社区活动中心的育儿支持项目，依托儿童保健服务体系开展的儿童早期发展服务、托育服务等，为儿童及其家庭提供了方便可及的、多样化的、半专业化或专业化的支持，更好地弥补了现有基本公共服务的缺口，满足了家庭在婴幼儿养育、托育、教育方面的需求，这也是高质量发展阶段人民群众美好生活需要的必然要求。四是课程研发创新。研发制定适用于职业院校学生、托育机构管理人员、各类儿童早期发展服务人员、志愿者、照养人等使用的材料、工具及资源包，并搭建了满足儿童早期发展多样化服务需要的课程体系，为我国儿童早期发展服务人员的专业化培养和能力持续提升提供了基础。

四　0~3岁儿童发展所面临的结构性矛盾

近年来，随着我国现代化战略的深入推进和人口政策的重大调整，在加强实践创新和借鉴国外经验的基础上，我国0~3岁儿童发展政策和制度体系的现代化雏形正在形成。但与发达国家的经验和我国高质量发展阶段的要求相比，我国0~3岁儿童发展事业仍然存在一些结构性的矛盾，面临诸多困难和挑战，因此，仍需要0~3岁儿童发展的理论、制度和实践的深度创新。

（一）我国0~3岁儿童发展事业与新时代人口发展战略不相适应

0~3岁儿童发展事业，需要系统的儿童福利制度和社会服务体系的依托。在我国，恰恰是这个依托还存在一定的缺陷。

我国儿童福利已有较大的进展，虽然现在已有地区开始对生育三孩的家庭发放育儿津贴，但整体上与国际社会相比，还存在较大差距。比如美国、德国、日本等一些发达国家从儿童出生开始就向儿童家庭发放母婴用品和育儿补贴。在高度发达的北欧国家，儿童福利制度更加健全。早在20世纪50年代，瑞典就开始实行儿童津贴制度，规定每个儿童出生后即可按月领取儿童津贴，直至16岁。在挪威，儿童津贴的领取年龄放宽至18岁。此外，挪威还为女性提供一次性生育补助、育儿补助、幼儿教育补助等。

我国孤儿基本生活保障制度在2010年已经系统建立，但覆盖的范围不

到 50 万个儿童，单亲家庭的生活补贴仍未提上日程。儿童的活动设施与场地，在绝大部分新建的小区中也不够健全。

出现这样的现象，与儿童社会福利的理念有着直接联系。大家总认为，社会福利就是包袱，只能是先生产、后生活，担心福利加重会使企业缺乏竞争力。这种在温饱问题尚没有解决时期形成的理念，还在左右着大家的行为。因此，对于高质量发展阶段儿童福利的理念还缺乏深刻的认识，仍需倡导适宜的儿童福利理念，转变传统儿童福利观念，既要认识到儿童早期发展是福利性支出不可或缺的内容，更要认识到儿童早期发展是具有高成本效益的、战略性的人力资本投资，而且是开端性、基础性的投资，对于提高人口素质、推进中国式现代化进程具有重要意义。

（二）我国 0~3 岁儿童发展投入不足

按世界银行最新公布的数据，2019 年人均 GDP 低于 1036 美元为低收入国家，人均 GDP 1036~4045 美元为中等偏下收入国家，人均 GDP 4046~12535 美元为中等偏上收入国家，高于 12535 美元为高收入国家。我国国民经济和社会发展统计公报数据显示，2023 年国内生产总值 1260582 亿元，较上年增长 5.2%。人均 GDP 为 89403 元（约 12700 美元），连续第五年超过 1 万美元，进入高收入水平国家行列。

但与世界上经济较为发达的国家相比，我国 0~3 岁儿童发展体系建设仍存在较大的提升空间。多数国家早在年人均 GDP 5000~6000 美元时期，已系统建设面向 0~6 岁的儿童早期发展服务体系。挪威每年将 GDP 的1.4% 投在儿童早期发展上，巴西、阿根廷每年将 GDP 的 0.5% 用于儿童早期发展。与之相比，我国儿童早期发展方面，年均投入费用仅占 GDP 的0.005%，在所有教育类别中占比最小。

由于财政投入不足，一方面，发放各类生育补贴、婴幼儿补贴等主要是部分地方政府的做法，缺少在全国普遍实施的生育和婴幼儿补贴制度；另一方面，"十四五"时期重点建设的托育机构，按照目前进度，要实现每千人口 4.5 个托位的规划目标仍需加大投入。按国家卫健委在新闻发布会上公布的数据，2024年2月，全国提供托育服务的机构已近10万个，托位480万个，而"十四五"规划的目标是634万个托位，差距是154万个。2020~2022年中央和地方共投入70亿元，新建托位20万个。以此推算，需要在这个基础上增加5~10倍的投入才能实现"十四五"规划中托位建设目标。

（三）我国0~3岁儿童发展工作体制机制和基本公共服务需求不相适应

近年来，我国在儿童早期医疗健康和教育方面做出了巨大努力，各地在国家政策指引下提出了更加细化和具体的工作目标与措施，国家卫健委、民政部、教育部、全国妇联等也纷纷加大对农村贫困地区0~3岁儿童发展的民生保障、医疗救助和教育支持力度。但我国的帮扶和救助能力还不足以满足儿童及其家庭的需求，特别是贫困地区的留守儿童、困境儿童以及单亲家庭的儿童，仍面临着发展欠佳甚至是贫困代际传递的风险。

在体制机制方面，0~3岁儿童发展的基本公共服务涉及健康、营养、照护、教育、安全与保障等多个领域，这些服务职责需要多部门紧密合作履行。目前我国0~3岁儿童发展工作管理体系中，缺乏牵头部门和统筹管理的协调机制，在职责分工方面仍按照服务领域进行分工，在职能履行方面需要进一步完善，多部门联动机制亟待发挥效果。据北京师范大学中国公益研究院课题组2022年在北京门头沟区对"一老一小"的调研中了解到，要实现每千人口4.5个托位数的"十四五"目标，最便利的做法是基于现有幼儿园体系延伸建设，从而提供更多0~3岁婴幼儿托位。但幼儿园由教育部门管理，而托位的落实责任却在卫健部门，目前仅靠支持鼓励民间托育机构的做法难以大力推进托育工作，而这样的问题在全国具有一定普遍性。

在监督管理方面，0~3岁儿童发展的公共管理需要建立起较为完备的监测和评估体系。但我国0~3岁儿童发展大规模人群评估及监测数据较少，已有研究多为区域性调查，并且使用的评估工具也各不一致，目前常使用的

工具是以临床个体发育迟缓筛查或诊断为目的的工具，这类临床工具在0~3岁儿童发展领域的使用主要以疾病筛查或诊断为目的，而非全面的0~3岁儿童发展的评估，因此评估的结果与口径仍存在一定的偏差①。因此，亟待建立基于人群的、有全国或区域代表性的儿童早期发展监测与评估体系。

（四）我国0~3岁儿童发展公共服务存在城乡发展不均衡

我国0~3岁儿童发展的公共服务，尤其是托育服务，整体上还处于恢复时期，这在城市表现得尤为明显。而地区社会经济发展的不平衡，尤其是城乡之间的失衡，使得0~3岁儿童发展公共服务供给与实际需求之间，存在较大缺口。

第七次全国人口普查数据显示，我国3岁以下农村儿童数量为1529万人，我国农村欠发达地区儿童早期发展状况仍然值得关注。有学者对我国过去20年发表的农村儿童早期发展文献进行荟萃分析，发现我国中西部部分农村地区儿童存在认知、语言、社交情绪发育迟缓风险的比例分别为45%、46%和36%，均高于一般人群15%的界定②。可以看出，农村0~3岁儿童发展需求仍未得到基本满足。

与城市地区开始重视0~3岁儿童发展、积极开展0~3岁儿童发展投资不同，农村地区，尤其是发展风险相对较高、发展需求较为迫切的欠发达地区，0~3岁婴幼儿照护服务的投入相对不足，出现了城市、农村投入不均衡的现象。农村对0~3岁儿童发展的重视不够、投资意愿不足，导致托育、早教等机构极少延伸至农村地区。

当前，我国农村0~3岁儿童发展社区育儿支持服务覆盖范围有限，且主要是依靠社会力量在推动。这种现象在发展初期是可以理解的，但由于我

---

① 张云婷、卢春玲、王海娃、赵瑾、江帆：《中国儿童早期发展监测体系建立的必要性》，《中国儿童保健杂志》2023年第8期。

② Emmers D.，Jiang Q.，Xue H.，et al.，Early Childhood Development and Parental Training Interventions in Rural China：A Systematic Review and Meta-Analysis［J］. *BMJ Global Health*，2021，6（8）：E005578.

国社会进入高质量发展阶段，城乡之间的发展开始良性互动，需要特别注重0~3岁儿童发展领域不平衡、不充分发展的问题。

（五）我国从事0~3岁儿童发展服务的专业化人才与快速释放的社会需求不相适应

1. 从事0~3岁儿童发展服务的人员专业化程度不高

随着"三孩政策"及一系列促进生育配套政策的全面实施以及人民生活水平的提高，我国0~3岁儿童及其家庭在婴幼儿保育、早期教育、儿童心理行为发育等方面开始产生强烈的需求。目前，我国从事0~3岁儿童发展的人员偏少，专业服务能力不足，欠缺专业知识、技能和素养，兼具婴幼儿生理和心理发展专业知识和技能的人才稀缺，许多知识还无法有效地传播，因此对儿童及其家庭提供的服务和产品有限。

2. 0~3岁儿童发展服务行业缺乏准入标准

目前，我国幼儿园教师入职有明确的学历与资格证要求。与3~6岁幼儿教育相比，0~3岁婴幼儿在"生理特点、动作、智能、语言、情感发展和社会性行为等身心发展的各个方面均存在较大的差异性"。儿童早期教育的复杂性、专业性更强[1]。儿童早期教育从业人员的培养与准入标准的缺失直接导致社会对行业专业性的认知度低，这是不利于0~3岁儿童发展服务事业发展的[2]。与国际社会的学科体系比较，包括印度在内的许多国家都有0~3岁儿童发展相关的博士学位及相关的专业，我国则严重缺乏这方面的专业学科，也未设立早期教育的博士学位。

3. 0~3岁儿童发展服务专业化人才的教育培训存在较大缺口

近年来，为了满足社会发展对专业化人才的需求，一些高校开始设置早期教育、婴幼儿托育服务与管理、婴幼儿发展与健康管理等专业，但专业人

---

[1] 郑健成：《0~3岁早教社区服务现状与示范性幼儿园作用的发挥》，《学前教育研究》2008年第1期。

[2] 李佳蕊：《欠发达地区社区开展早期教育服务的现状与指导策略研究》，西华师范大学硕士学位论文，2016。

员入职与培养课程的标准仍存在空白，高校与职业学校在人才培养的目标、定位上缺乏统一的标准。社会机构的教育培训课程也没有统一课程标准，在这种情形下，0~3岁儿童发展服务从业人员培训质量参差不齐，从业人员参加培训的机会和质量很难得到有效保障，证书的社会认可度较低。

综上，0~3岁儿童发展服务领域的结构性失衡，与"经济腿长、社会腿短"的整体性失衡有着直接的联系。调整这类失衡，需要凝聚全社会的共识，同时还需要社会政策的系统调整。重要的是，我国政府已经发起重大行动。

五　迎接0~3岁儿童发展事业迈向高质量、普惠新阶段

当前，我国已进入高质量发展新阶段，正在迈上中国式现代化建设的新征程。但作为最宝贵资源的人力资源形势却不容乐观，尤其是近两年出现的人口连续负增长，成为制约未来经济社会可持续发展的严重隐忧。究其原因，与儿童福利政策的导向及实施有密切关系。因此，着眼实现第二个百年奋斗目标，实现儿童福利观念的重大转变和发展转型，将国家政策和社会资源向儿童早期发展倾斜，是促进人口适度增长和国民素质不断提高，进而实现人的现代化和人才强国战略的必然要求。近年来，党和政府加大儿童福利工作力度，出台了一系列重要政策法规，特别是2019年国家制定宏观政策，要求加强以普惠托育为重点的婴幼儿照护体系建设，得到各地区和社会各界的积极响应，初步形成全面推进儿童早期发展事业的新局面，也标志着我国儿童早期发展事业开始迈入高质量、普惠发展的新阶段。为迎接这一新阶段的到来，有效解决儿童早期发展事业面临的结构性矛盾和现实困难，实现儿童工作的理论创新和发展转型，全面构建儿童早期发展事业的系统工程和现代化体系，建议政府和社会重点推动以下方面工作。

（一）坚持普惠方向，将0~3岁儿童发展纳入国家战略推进

一是继续实施促进0~3岁儿童发展，提高人口出生率，促进人口长期

均衡发展的国家战略。2023年12月召开的中央经济工作会议提出，"加快完善生育支持政策体系"，因此，应从降低生育、养育、教育等方面的成本出发，加大资源供给，从而营造生育友好的社会环境，为促进我国人口长期均衡发展提供有力支持。

二是推动儿童福利从补缺型向普惠型转变。坚持0~3岁儿童发展事业的普惠发展方向，应加大普慧托育的力度。同时，加快普及0~3岁儿童早期教育，努力缩小城乡差距和地区差距。

三是学习国际经验，提升0~3岁儿童发展的法治化水平。2024年2月28日国家卫生健康委在卫生健康进展成效发布会上提出，推动将《中华人民共和国托育服务法》列入十四届全国人大常委会立法规划，这是一个非常积极的信号。从一些国家通常的做法看，0~3岁儿童教育、儿童与家庭支持等也需要尽快列入立法计划。同时，也应当鼓励地方先行开展相关的立法工作。

四是解决0~3岁儿童发展相关政策、项目及学科的碎片化问题。0~3岁儿童的早期发展是一个整体，无论是养育和教育，还是营养健康和回应性照护，都不能截然分开，建议将儿童营养项目和育儿支持项目整合开展。另外，由于0~3岁儿童发展涉及多个学科，我国教育学属文科，而儿童早期发展涉及的神经科学等是理科，应当加强相关学科的协同发展[1]。

五是加快制定0~3岁儿童发展行业准则、管理办法等系列政策和标准规范，提升我国0~3岁儿童发展工作法治化、规范化、专业化水平。

（二）总结推广地方实施的育儿支持政策，优化提升为国家政策和制度

党的十八大以来，为促进生育和0~3岁儿童发展，国家将0~3岁儿童发展事业列入议事日程，出台了一系列促进孕育、生育、养育、托育、教育

---

[1] 韦钰：《儿童早期发展与神经科学研究》，《早期儿童发展》2021年第1期。

等方面发展的规划、纲要和具体的支持政策，发挥了政策的指引和推动作用。各个地方在落实国家政策的过程中，出台了一系列促进0~3岁早期发展的创新性政策，为国家层面出台政策提供了可行性测试和基础，具备了将其上升为国家政策的条件。因此，需要总结经验，首先在政策创制方面，评估地方创新的各项政策，对具备全面实施条件的政策，加快将其上升为国家政策和制度；其次，对需要进一步验证的政策，适当扩大政策覆盖的范围，挑选经济社会发展水平不同省份验证政策的可行性。在总结多省份实践的基础上进行优化，并将其上升为国家政策。

一是育儿假。建议就全国性育儿假的基础标准作出规定，允许有条件的地方提高标准。可考虑系统评估地方创新，形成标准统一的全国育儿假制度，将男性纳入育儿假范畴，统筹考虑生育、养育假期，为家庭生育养育提供时间保障。二是育儿津贴。建议国家对发放育儿补贴提供指导性意见，从探索逐步过渡到全国覆盖。可探索与户籍分离、不分孩次的育儿补贴制度，切实减轻家庭养育教育负担。三是入托补贴。建立婴幼儿入托补贴制度，根据托育机构实际招收的3岁以下婴幼儿数，按所托月数进行补助，或对托育机构实际入托的3岁以下二孩、三（多）孩家庭发放补助。四是托育机构运营补贴。提供关于托育机构租金减免、提供场地、水电煤气执行居民价格的相关福利，并对不同类型地区进行分类指导，提出运营补贴方面的指导性意见。五是示范性奖励补助。开展托育机构评级，对获评示范机构，可按照其备案托位规模给予奖补。在0~3岁儿童发展领域设立国家级的示范性奖励和补助，也是势在必行。

（三）建立健全0~3岁儿童发展的协同工作体制，即政府、企业与社会组织多主体参与合作机制

0~3岁儿童发展工作涉及诸多职能部门，包括卫生、教育、民政、妇联、社会保障、福利救助、市场监管等多个部门，因此在体制机制方面应有清晰的规范和明确的制度。建议成立以国务院领导为组长的国家层面的0~3岁儿童发展工作领导小组，明确牵头单位和参与单位职责。健全完善工作制

度，起草《0~3岁儿童发展工作领导小组规则》，建立0~3岁儿童发展多部门协同工作机制，健全完善工作制度，发挥"统筹、协调、督促、指导"作用。地方各级政府参照国家的做法，建立健全0~3岁儿童发展体制机制。从而形成纵向到底、横向到边的"党委领导、政府负责、部门各负其责、密切配合"的工作体制和机制。

同时，建议加强政府、企业、社会组织等多元主体参与0~3岁儿童发展合作机制建设。

在政府发挥管理协调作用的同时，还要引导公益组织、基金会、高校、专家学者以及企业等积极介入0~3岁儿童发展工作，为0~3岁儿童及其家庭提供多样化、高质量的服务。可通过调整参与模式和加强资金支持，鼓励采取孵化培育、人员培训、技术指导、公益创投等途径和方式，推动社会力量参与0~3岁儿童发展工作，实现优势互补、协同推进。

（四）进一步加大对0~3岁儿童发展的资金投入，在中央财政支出中设立专门科目，支持鼓励公益慈善的投入，形成多元投入的机制

目前国家投入0~3岁儿童发展的资金，新增部分主要集中在发展托育服务方面。据国家卫健委介绍，2023年，预算内投资16亿元，中央财政支持普惠托育服务发展示范项目投入15亿元，助力托育发展，2024年还将继续争取国家财力支持[①]。在已有投入的基础上，应当从社会的实际需求出发，加大在0~3岁儿童发展领域的专项资金投入，特别是加大对农村贫困地区的0~3岁儿童发展的投入，在中央财政支出中设立专门科目，建立健全投入动态调整机制，以及规范稳定的投入制度。建议国家和各省（自治区、直辖市）出台0~3岁儿童发展财政投入事项清单制度，明确地方政府在0~3岁儿童发展上投入的范围、标准及底线。同时，出台支持鼓励支持公益慈善资源投入0~3岁儿童发展事业财税政策，积极引导公益慈善资源进入，形成多元化筹资渠道，共同促进0~3岁儿童早期全面发展。

---

① 白剑峰：《如何完善生育支持政策体系》，《人民日报》2024年2月16日第2版。

（五）构建以社区为基础、企事业单位与社会组织为补充的0～3岁儿童发展服务体系

0～3岁儿童发展服务涉及社区育儿支持、托育、早期教育、儿童营养与喂养、儿童安全与保障等多领域服务。尽管我国0～3岁儿童发展事业取得了举世瞩目的成就，就现阶段来说，仍存在各领域服务发展不均衡的挑战。相比儿童预防接种、儿童健康管理等相对成熟的服务模式，社区育儿支持服务、托育服务、营养服务、照养人的心理支持服务、儿童心理行为发育指导服务等仍处于探索和发展阶段。因此，建议各地进一步重视和加强相对薄弱、不成熟的服务领域的发展，构建系统完善且运转良好的服务体系和技术支持体系，注重与现有社区服务体系的整合和推广，形成政府主导、社会力量参与、以社区为基础、以儿童为中心、始于胎儿期的、连续普及性的服务供给，建议结合社区卫生服务中心、托育机构、社区活动中心等，尽可能提供一站式服务，为儿童早期全面发展打下良好基础。

关于完善社区服务设施、健全社区服务功能等方面国家出台了一系列政策文件，建议县级以上地方政府在落实国家政策时，将0～3岁儿童照护服务设施的建设优先纳入社区服务设施建设规划，编制本行政区域0～3岁儿童照护设施建设专项规划，科学确定省、市、县、乡镇（街道）、村（社区）设施建设目标。特别是科学确定社区照护服务设施的建设目标，包括设施的数量、规模；明确新建住宅小区要配建0～3岁儿童照护设施，给出已建成居住区新建和改建照护服务设施的解决办法，并在用地、用水、用电、用气方面给予政策支持。同时，要出台鼓励企事业单位与社会组织创办婴幼儿照护设施的补助政策，从实际出发确定补助标准。婴幼儿照护机构还可探索公建民营的运行模式。以此推动以社区为基础，企事业单位、社会组织为补充的0～3岁儿童照护体系建设。

（六）总结推广0～3岁儿童发展的成功经验，发挥典型示范引领的作用

2000年以来，卫健部门、地方政府、社会组织等都在探索促进0～3岁

儿童发展的政策、管理与服务模式，形成了一系列具有借鉴意义的经验与做法，需要加以系统总结和推广。

一是总结推广地方创新政策与管理体制的经验。以山东济宁市经验为典型，将婴幼儿照护工作纳入当地经济社会发展规划、建立托育工作指挥部、由政府牵头搭建托育云平台等措施，已在全国范围内得到推广。

二是总结推广地方建设普惠型托位的经验。这类经验丰富且形式多样，有代表性的包括厦门市增设扩建普惠性托育园和"医育结合"的经验，河南在全省公立医院开展普惠托育服务机构建设试点工作的经验，深圳市普惠型托育机构覆盖所有街道的经验，海口市龙华区以"公办民营"推进普惠托育的经验，以及广东、北京、江苏、宁夏、福建等地创设托育建设补贴的经验等。

三是尽快普及0~3岁儿童营养健康支持计划。总结我国卫生健康部门、中国发展研究基金会、中国疾病预防控制中心等开展的多种"营养包"干预模式，全国妇联与国家卫健委、中国儿童少年基金会共同开展的"消除婴幼儿贫血行动"模式等。在总结上述项目经验基础上，尽快出台全国性的0~3岁儿童营养健康支持计划。

四是总结推广0~3岁儿童发展服务的经验和模式。实践中，0~3岁儿童照护服务试点项目，无论是政府主导的项目还是社会组织深度参与的项目，大体上可分为以中心或机构为依托的婴幼儿照护与发展服务模式和以家庭为基础的入户家访指导模式两种。一方面需要在总结经验基础上研究扩大试点和分步推广的方案；另一方面，也可以通过经验交流会、典型案例宣传等形式推广，发挥其示范引领作用。

对具备推广条件的项目或服务内容，在评估其成本效益的基础上，建议优先纳入国家基本公共服务项目，待条件成熟时上升为制度，推动实现公平可及、有质量的儿童早期发展服务全覆盖。如依托基层卫生健康服务体系开展的家庭养育风险筛查、养育咨询指导服务等，可在科学评估的基础上纳入基本公共卫生服务，作为儿童健康管理的内容对所有0~3岁儿童免费提供，促进人人享有基本的儿童早期发展服务。

（七）建立中国特色0~3岁儿童发展专业人才培养体系

开设0~3岁儿童发展学科。鼓励高等幼儿师范学校、本科医学或护理院校、职业教育等院校开设针对0~3岁儿童发展的相关专业，并鼓励行业内从业人员在职进修，参加继续教育。

开展多种专业技能的培训。根据目前工作人员专业水平和工作需要，组织开展相应的0~3岁儿童发展方面专业知识和技能培训，如个案管理技能、0~3岁儿童发展相关的心理学理论知识和家庭沟通及辅导技能、婴幼儿照护人压力缓解和情绪调节方面的技巧等。

制定统一、规范的人员培养体系和标准。建议建立保育人员、早期教育指导师等相关从业人员的培训考核制度、发证制度，规范培训的流程等。有必要研究起草0~3岁儿童发展社会工作职业标准和规范文件，加强0~3岁儿童发展领域专业化人员培养。开发继续教育或专题培训的课程体系、评估考核方式和指标，为各区的人才培训评估工作提供统一的规范和标准。

（八）加大监测评估和科学研究以及相关知识产品的研发力度，推动儿童早期发展服务的创新和进步

0~3岁儿童发展涉及儿童体格、语言、运动、认知、社会情感等多领域的发展，需要理论研究和应用研究的支撑，形成科学、有效的儿童早期发展干预技术。因此，建议企业、社会组织等社会力量加强与智库、学术机构和其他专业研究机构的合作，加强对试点项目的监测与评估，完善过程监测和质量评价体系，加大实施性研究和效果评价研究力度，为后续项目推广提供证据。对于有条件的机构，建议开展长期追踪研究，评估干预的持续效应，弥补我国在该方面的不足，为全球儿童早期发展研究贡献中国案例。

（九）加大社会宣传倡导力度，增强0~3岁儿童发展全民意识

开展全民宣传。通过多种宣传和倡导的方式，向公众普及0~3岁儿童

发展知识，如定期开展社区宣传活动，挂条幅、打标语、发传单、做讲演等。此外，还可以通过电视、网络、微信平台等多媒体途径开展 0~3 岁儿童发展工作的知识讲解和活动宣传。通过多种途径宣传 0~3 岁儿童发展的重要性，倡导积极正向的家庭养育观念和技巧，整体提升全体公民在儿童科学养育方面的知识和意识。

开展知识性的专业宣传。针对 0~3 岁儿童的父母或其他监护人、抚养人、委托监护人等，开展 0~3 岁儿童身心发展规律、儿童权利、儿童保护、儿童养育等方面的专业知识讲座，向父母及其他监护人传递正向养育观念。

开展预防性的宣传教育。本着预防为主的原则，建议在妇幼保健院、社区卫生中心、村卫生室等地，开展优生优育、科学育儿宣讲课，倡导父母责任和义务，提高人们的"父母职责"意识。

（十）深化交流合作，促进共建共享，推动儿童公益慈善行业高质量发展

探索建立 0~3 岁儿童发展网络柔性平台，拓展合作伙伴，促进慈善行业共建共享。一是与政府部门、社会组织、高校学者、业界专家、企业、技术人员等各方形成合力，深化多方交流合作，定期召开专题研讨会、论坛、闭门会议等，制定发布行业共识、准则、规范或标准，讨论 0~3 岁儿童发展新动态、新定位、新战略，并研究商议出重点任务与具体措施；二是统筹资源，继续挖掘不同形式、不同家庭的需求，并针对性地提供服务，丰富 0~3 岁儿童发展项目模式；三是拓展与地方政府的合作，开展试点工作，使项目的触角延伸，支持每一位儿童实现最优发展。

0~3 岁儿童发展事业，是全面培养造就下一代的伟业。从一定意义上说，是家庭幸福之本、民族兴旺之源、国家强盛之基，是关系全局、关系长远的根本大计。面对新时代、新阶段、新形势，我国儿童早期发展事业挑战与机遇并存。展望未来，我们当自觉把儿童早期发展事业置于国家战略高度和发展型社会政策的优先议程，抓住机遇，全面布局，善作善成，有所作

为。我们期待也坚信在新发展理念的指引下，一个由政府主导和社会各界协同推进儿童早期发展的系统工程和现代化体系定会加速形成，我国儿童早期发展事业必将开创前所未有之新局面，并从根本上为中国式现代化强国建设和民族复兴伟业奠定坚实基础。

专题篇

B.2

促进农村儿童早期发展是实现经济社会高质量发展的"捷径"*

白　钰　马若彤**

摘　要： 农村儿童早期发展在推动中国经济高质量发展中至关重要。本报告分析了经济增长与发展过程中人力资本的核心作用。中国作为发展中大国，持续培育高质量劳动力对实现长远发展目标至关重要。当前我国农村人力资本发展相对滞后，城乡教育差距问题突出。这既是制约劳动力质量提升的瓶颈，又是我国向高收入国家迈进过程中的重大挑战。儿童早期是提升劳动力素质的关键时期。相比在后期采取补偿性教育或干预措施，投资儿童早期发展能带来最高的回报率和更为显著的经济社会效益。本文援引多个国内外研究实例，展现农村儿童早期发展和养育现状，强调早期干预对于儿童未

---

* 致谢：本研究受到国家社会科学基金（批准号：22CJL032）的支持。感谢浙江省湖畔魔豆公益基金会和陕西师范大学教育实验经济研究所对本研究的数据、田野和经验支持。

** 白钰，农林经济管理学博士，中央民族大学经济学院教授、博士生导师，中国兴边富民战略研究院副院长，研究领域为农村转型与发展，重点关注农村人力资本、劳动力迁移、公共物品和公共服务；马若彤，中央民族大学经济学院发展经济学专业，研究领域为农村儿童早期发展与人力资本。

来成长及经济社会发展的影响。笔者建议将儿童特别是农村儿童早期高质量发展上升至国家战略层面，加大对农村地区的资源倾斜力度，以期通过优化农村儿童早期发展环境，从根本上提升我国人力资本质量、缩小城乡收入差距、推动经济社会全面协调可持续发展。

关键词： 中国经济 儿童早期发展 人力资本 教育差距

一 中国经济高质量发展的重要动力源泉在于高质量劳动力发展

（一）发展中国家经济增长的动力源泉和规律

新古典经济学模型把资本和人力的投入作为解释经济增长的关键，认为资本积累是经济赶超阶段提高人均收入的关键，而由于资本边际回报递减，较低收入国家的收入增长速度应该高于较高收入国家的增长速度。内生增长理论认为技术进步是经济长期发展的动力，一国的发展取决于创新的能力，"人"从投入品进一步转化为创新的源泉，人力变成了人才，经济增长对人力资本提出前所未有的要求。也有学者，如 Daron Acemoglu 等，强调制度对一国经济发展的决定性作用[1]。后两者的结论无法证明不同国家的经济发展必然收敛到一个水平，甚至可以说不同国家间的收入差距有持续存在的倾向。

20 世纪以来的经验事实表明，在多数情况下，高收入国家的增长速度高于低收入国家，世界经济增长的基调是贫富差距拉大[2]。中国要顺利进入高收入国家同样面临挑战。

---

[1] Acemoglu D. , Robinson J. A. , 2013. Why Nations Fail: The Origins of Power, Prosperity, and Poverty. Crown Currency.

[2] 姚洋：《发展经济学》，北京大学出版社，2013。

经济增长的源泉在于：投入增加；专业化和分工导致贸易的增长、提高资源配置效率；减少无效或低效的产出；技术进步和创新带来劳动生产率的提高。前三者都是中短期手段，而只有技术进步和创新才是长期手段。经济增长是经济发展的基础和重要内涵。经济增长侧重于数量，而经济发展是一个既包含数量又包含质量的多维体系概念。经济发展除了包括经济增长之外，还包括经济结构的变化，比如居民生活品质的提高、分配状况的改善①。一般而言，没有增长就没有发展，但仅有增长，经济不一定能发展②。例如，如果出于制度上的原因，经济增长的成果主要被少数人攫取，导致贫富差距进一步扩大就不能算经济发展。如果经济增长导致整个社会付出了昂贵的代价，如社会阶层固化、环境污染严重、自然资源的巨大浪费，则经济增长也不能带来经济发展。对中国来说，城乡收入差距的缩小、农村农民的发展，不仅是经济增长的重要方面，也是经济发展的前提保障，更是经济社会全面发展和社会文明的体现。

（二）中国经济发展的目标和动力

1. 中国经济发展的目标

在 1978 年以来的 40 余年中，中国创造了史无前例的发展奇迹，即实现了在最长的时间里、在日益增大的经济总量基础上，使最大规模人口共享成果的高速增长③。在"两个一百年"奋斗目标的历史交汇点上，党的十九大对实现第二个百年奋斗目标作出了分两个阶段推进的战略安排，即到 2035 年基本实现社会主义现代化，到 21 世纪中叶把我国建成富强民主文明和谐美丽的社会主义现代化强国。五中全会在此基础上进一步明确提出，"到'十四五'末达到现行的高收入国家标准"，到 2035 年基本实现社会主义现代化远景目标时，"人均国内生产总值达到中等发达国家水平"。

针对这一发展前景实现的可能性，众多研究对中国潜在经济增长率进行

---

① 郭熙保：《发展经济学》，高等教育出版社，2019。
② 姚洋：《发展经济学》，北京大学出版社，2013。
③ 蔡昉：《人口红利：认识中国经济增长的有益框架》，《经济研究》2022 年第 10 期。

测算。如果中国在 2020～2035 年能够实现年均 5%～6% 的增长，那么到 2035 年就能基本实现社会主义现代化①。届时，中国完全有能力在"十四五"末达到现行的高收入国家标准，到 2035 年实现经济总量或人均国内生产总值翻一番，人均国内生产总值达到中等发达国家水平②。但如果考虑"人口老龄化加速、新冠疫情冲击和中美技术脱钩"等因素，有可能难以达到中等发达国家水平③。

上述研究表明中国经济增长具有较高潜力，但是要警惕结构性因素给经济带来的负面影响。正如习近平总书记所指出的：新发展阶段是我们党带领人民迎来从站起来、富起来到强起来历史性跨越的新阶段。需要正确认识到中国经济已经进入经济发展的新阶段，正处在由高速增长转向高质量发展的新发展阶段。

2. 中国经济发展的动力

经济发展阶段的转变意味着经济增长方式和动力的转变，即从主要通过劳动、资本等要素投入实现数量扩张，转向主要依赖人力资本积累、技术创新等方式实现质量型增长。

以往经济发展主要依赖要素的大量投入，是以要素投入和驱动实现的粗放型高速增长，而高质量发展意味着经济发展方式向集约型增长转变，对提高要素质量和配置效率、增加新的生产要素提出了新的要求。在此意义上，经济高质量发展是以科技进步、管理水平和劳动者素质能力提高为主的集约型增长，强调了诸如人力资本要素质量提升的重要性④，推动经济从"数量追赶"转向"质量追赶"，从"规模扩张"转向"结构升级"，从"要素驱

① 林毅夫、文永恒、顾艳伟：《中国经济增长潜力展望：2020～2035、2035～2050》，《金融论坛》2022 年第 6 期。
② 黄群慧、刘学良：《新发展阶段中国经济发展关键节点的判断和认识》，《经济学动态》2021 年第 2 期。
③ 张晓晶、汪勇：《社会主义现代化远景目标下的经济增长展望——基于潜在经济增长率的测算》，《中国社会科学》2023 年第 4 期。
④ 秦放鸣、唐娟：《经济高质量发展：理论阐释及实现路径》，《西北大学学报》（哲学社会科学版）2020 年第 3 期。

动"转向"创新驱动"①。持续推进国家发展、提高人均收入、提高人口质量成为新增长理论的核心议题。

（三）从"控制人口数量"到"提高人口质量"

1. 人口红利与经济增长

20 世纪 80 年代以来，我国经济在体量和质量上得到飞速发展，而"人口红利"是推动我国经济高速增长的重要动力②。相比发达国家，人口红利是战后新兴经济体实现赶超的一大要素优势。新兴发展中国家具有更年轻的人口结构，老龄化程度较低，劳动力结构适应产业从一产向二产、三产转型的需要③。根据 Bloom 等人的研究，人口红利可以解释东亚经济奇迹的 1/4④。蔡昉等⑤的研究也表明，人口红利可以解释 1982~2000 年中国经济增长的 1/4。但是，人口红利也是有阶段性的。人口结构和关键劳动力群体的高就业率似乎正在终结中国的廉价劳动力时代⑥。

2. 从人口红利转移到人口质量的现实因素

人口结构的变化。我国 15~64 岁劳动年龄人口的规模在 2013 年达到 10.06 亿人的峰值后开始负增长，2019 年已经降至 9.89 亿人。第七次全国人口普查数据显示，2020 年劳动年龄人口进一步降至 9.68 亿人，所占比重从 2010 年 74.53% 的峰值逐渐下降，2020 年进一步降至 68.55%，首次跌破 70%⑦。劳动年龄人口的快速减少使得劳动力数量对经济潜在增长率的贡献

---

① 王一鸣：《大力推动我国经济高质量发展》，《人民论坛》2018 年第 9 期。

② 王树：《"第二次人口红利"与经济增长：理论渊源、作用机制与数值模拟》，《人口研究》2021 年第 1 期。

③ 张来明：《中等收入国家成长为高收入国家的基本做法与思考》，《管理世界》2021 年第 2 期。

④ Bloom. D. E., Canning D., Mansfield. R. K., et al., Demographic Change, Social Security Systems, and Savings [J]. *Journal of Monetary Economics*, 2007, 54 (1): 92–114.

⑤ Fang C., Wang D., Demographic Transition: Implications for Growth [J]. *The China Boom and Its Discontents*, 2005, 34.

⑥ Liu C., Zhang L., Luo R., et al., Development Challenges, Tuition Barriers, and High School Education in China [J]. *Asia Pacific Journal of Education*, 2009, 29 (4): 503–520.

⑦ 童玉芬、刘志丽、宫倩楠：《从七普数据看中国劳动力人口的变动》，《人口研究》2021 年第 3 期。

大幅降低，由1981~1985年的近20%降至2016~2020年的不到1%①。

与此同时，中国的劳动力成本迅速上升。劳动力成本包括工资成本、福利成本以及雇用劳动力过程中产生的其他相关成本。根据历年《中国统计年鉴》数据，2000~2022年城镇非私营单位就业人员平均名义工资从9333元上涨到114029元，上涨了11.22倍。2012年以后，平均实际工资增长率开始出现超过实际GDP增长率的趋势。2005~2016年城镇部门实际工资年均增长10%，制造业的平均工资增长率为9.7%②。

日本企业经营状况调查报告〔Survey on Business Conditions of Japanese Companies Operating Overseas（Asia and Oceania）〕显示，在调研了东北亚（5个）、东盟（9个）、西南亚（4个）、大洋洲（2个）共20个国家（地区）开展业务的日资关联公司（日资直接或间接投资在10%及以上）及日资分公司和代表处的数据后，从图1中能看到2009~2022年中国内地制造业工人每月底薪（不包含福利），从2009年的217美元增加到2002年的607美元。工资上涨背后，图1中反映出最关键的信息是目前中国内地工资排行正好处于高收入国家（地区）和曾经陷入"中等收入陷阱"国家（马来西亚、泰国、印度尼西亚等）之间，处于进入高收入国家的瓶颈期。

从人均收入的角度来看，劳动力工资增加是值得庆祝的③，但如图1所示，一个严峻的挑战是中国的劳动力是否匹配目前的经济发展水平？是否已经具备高工资、高技能和创新型经济所需的技能或人力资本水平④？

① 张晓晶、汪勇：《社会主义现代化远景目标下的经济增长展望——基于潜在经济增长率的测算》，《中国社会科学》2023年第4期。

② Cheng H., Jia R., Li D., et al., The Rise of Robots in China [J]. *Journal of Economic Perspectives*, 2019, 33 (2): 71-88.

③ 张林秀、易红梅、罗仁福：《中等收入陷阱的人力资本根源：中国案例》，《中国人民大学学报》2014年第3期。

④ Li H., Loyalka P., Rozelle S., et al., Human Capital and China's Future Growth [J]. *Journal of Economic Perspectives*, 2017, 31 (1): 25-48.

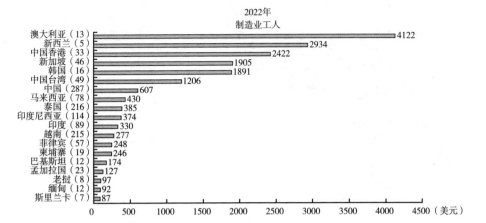

2022年
制造业工人

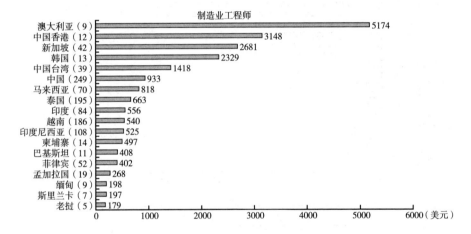

制造业工程师

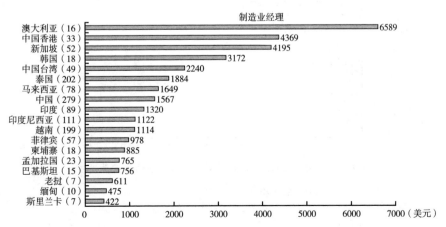

制造业经理

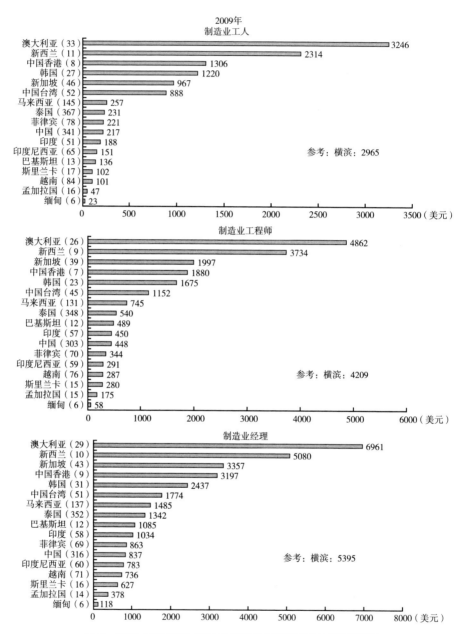

图1　2009年和2022年日资关联公司制造业每月底薪情况

注：图片由笔者根据原文整理翻译。

资料来源：2009年、2022年日本企业经营状况调查报告。

因此,提高人口质量迫在眉睫,从"控制人口数量"到"提高人口质量"是中国人口政策的演进过程,这一转变反映了中国社会、经济和政治的发展需求。总的来看,我国适龄劳动人口规模正在下降、人口抚养比不断上升,劳动力成本逐步提高。从结构来看,低端劳动力无法实现自由就业,而高端劳动力却相对短缺[①]。总量和结构的变化都在佐证人口红利逐步消失,而应对人口红利消失问题的关键之点要依靠劳动力质量的提高[②]。人口数量红利转化为人口质量红利,成为产业升级、技术进步和缩小收入差距的关键[③]。

3. 人口质量与中等收入陷阱

在一个国家从中等收入国家向高收入国家过渡的过程中,高技能劳动力尤为重要[④]。一个国家的劳动力整体受教育水平的不足有可能导致经济陷入"中等收入陷阱"[⑤]。"中等收入陷阱"指的是一个达到中等收入水平的国家(地区)停滞不前(或崩溃),未能进入高收入国家(地区)行列的经济概念[⑥]。

根据一些学者的观点,中等收入国家的劳动力工资上涨,但因人力资本储备不足,很大一部分劳动力在竞争中被低工资国家(可以更便宜地制造商品)劳动力和发达经济体(可以进行高技能创新)劳动力所取代。这些

---

① 钞小静、沈坤荣:《城乡收入差距、劳动力质量与中国经济增长》,《经济研究》2014 年第 6 期。

② 蔡昉:《"中等收入陷阱"的理论、经验与针对性》,《经济学动态》2011 年第 12 期。

③ 张来明:《中等收入国家成长为高收入国家的基本做法与思考》,《管理世界》2021 年第 2 期。

④ Heckman J. J. , Yi J. Human Capital, Economic Growth, and Inequality in China [R]. 2012; Liu C. , Zhang L. , Luo R. , et al. , Development Challenges, Tuition Barriers, and High School Education in China [J]. *Asia Pacific Journal of Education*, 2009, 29 (4): 503-520; Glewwe P. , Schools and Skills in Developing Countries: Education Policies and Socioeconomic Outcomes [J]. *Journal of Economic Literature*, 2002, 40 (2): 436-482; Autor D. H. , Levy F. , Murnane R. J. , The Skill Content of Recent Technological Change: An Empirical Exploration [J]. *The Quarterly Journal of Economics*, 2003, 118 (4): 1279-1333.

⑤ Khor N. , Pang L. , Liu C. , et al. , China's Looming Human Capital Crisis: Upper Secondary Educational Attainment Rates and the Middle-Income Trap [J]. *The China Quarterly*, 2016, 228: 905-926.

⑥ Kharas H. , Kohli H. , What is the Middle Income Trap, Why do Countries Fall into It, and How Can It Be Avoided? [J]. *Global Journal of Emerging Market Economies*, 2011, 3 (3): 281-289; Aiyar M. S. , Duval M. R. A. , Puy M. D. , et al. , *Growth Slowdowns and the Middle-Income Trap* [M]. 2013.

国家的劳动力无法获得高工资、高附加值经济体所需的人力资本，因而在低附加值制造业方面被低收入国家超越，在生产技能、知识和资本密集型产品和服务方面被高收入国家超越①。

虽然有许多不同的因素可以解释摆脱中等收入陷阱的困难，但一个被低估的因素是教育②。教育是增加人力资本的主要途径。在从劳动密集型制造业经济体向高工资、高附加值经济体转型过程中，教育使人们，尤其是低技能劳动者和他们的后代能够掌握取得成功所必需的技能和知识③。高素质劳动力可以更容易地转向附加值更高的工作，促进国家从低技能、低工资经济向高技能、高工资经济过渡④。如图2所示，2014年样本国家的人均收入和高于25岁的人口受教育水平之间存在明显的正相关关系。

大量研究已经确定人力资本在促进经济增长方面能发挥的关键作用⑤。在经济长期增长方面，人力资本的提升能够激发中国经济的长期增长潜力，使中国跨越"中等收入陷阱"。根据研究测算，如果我国的人力资本能得到有效提升和充分利用，那么中国经济平均增长潜力在2021～2030年将达到5.9%，2031～2040年将达到4.9%，2041～2050年将达到4.1%⑥。另有研

① Bai Y., Zhang S., Wang L., et al., Past Successes and Future Challenges in Rural China's Human Capital [J]. *Journal of Contemporary China*, 2019, 28 (120): 883-898.

② Rozelle S., Boswell M., Complicating China's Rise: Rural Underemployment [J]. *The Washington Quarterly*, 2021, 44 (2): 61-74.

③ Gillies D., *Human Capital Theory in Education* [M], 2015; Kruss G., McGrath S., Petersen I haam., et al. Higher Education and Economic Evelopment: The Importance of Building Technological Capabilities [J]. *International Journal of Educational Development*, 2015, 43: 22-31; Machlup F., *Knowledge: Its Creation, Distribution and Economic Significance*, Volume Ⅲ: *The Economics of Information and Human Capital*: Vol. 781 [M]. 2014.

④ Rozelle S., Boswell M., Complicating China's Rise: Rural Underemployment [J]. *The Washington Quarterly*, 2021, 44 (2): 61-74.

⑤ Gillies D., Human Capital Theory in Education [M], *Encyclopedia of Educational Philosophy and Theory*. Springer Science+Business Media, 2015; Madsen J. B., Murtin F., British Economic Growth Since 1270: the Role of Education [J]. *Journal of Economic Growth*, 2017, 22 (3): 229-272; Whalley J., Zhao X., The Contribution of Human Captial to China's Economic Growth [J]. *China Economic Policy Review*, 2013, 02 (01): 1350001.

⑥ 厉克奥博、李稻葵、吴舒钰：《人口数量下降会导致经济增长放缓吗？——中国人力资源总量和经济长期增长潜力研究》，《人口研究》2022年第6期。

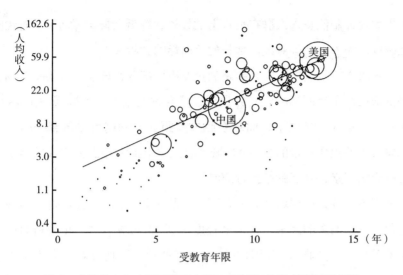

图2　人均收入与人口受教育年限：2014 年的散点图和拟合线

资料来源：Li, H., Loyalka P., Rozelle, S., & Wu, B.（2017）. Human Capital and China's Future Growth. *Journal of Economic Perspectives*, 31（1），25–48。

究发现，提高人力资本政策可以促使"十四五"时期中国潜在经济增长率分别上升 0.06 个百分点、0.08 个百分点和 0.11 个百分点①。

二　农村人力资本发展是提升我国劳动力
质量的重要机会

（一）农村人力资本质量至关重要

1.城乡教育差距与收入差距、共同富裕

国际上研究发现经济的持续增长与平等的收入分配之间存在密切关系，严重的收入不平等会破坏经济增长、带来政治不稳定以及阻碍投资②。收入

---

① 张晓晶、汪勇：《社会主义现代化远景目标下的经济增长展望——基于潜在经济增长率的测算》，《中国社会科学》2023 年第 4 期。

② Berg A. G., Ostry J. D., Inequality and Unsustainable Growth：Two Sides of the Same Coin？［J］. *IMF Economic Review*, 2017, 65（4）：792–815.

差距扩大会抑制低收入人群在教育上的投资，降低代际流动性①。而代际流动性越低，收入不平等对经济增长的负面影响就越大②。

城乡收入差距是中国收入差距的重要组成部分，城乡收入不平等同样会对经济增长产生负面影响。研究发现，城乡收入差距可以解释中国 1995 年总体收入差距的一半以上，而城乡收入差距的变动则可以解释 1984～1995 年总体收入差距变动量的 75%③。城乡收入差距扩大是中国收入差距扩大最重要的影响因素，其贡献率接近 50%④。

教育不平等是中国城乡收入差距扩大的主要动因⑤。教育是中国城乡收入差距最重要的影响因素，其贡献程度达到 43.92%。进一步分析表明，教育水平差异对城乡收入差距的贡献为 34.69%⑥。而提升农村人力资本水平有利于农村劳动力转移、实现非农就业，从而遏制城乡收入差距扩大⑦。农村劳动力转移过程伴随着农村居民收入的有效提高，是遏制城乡收入差距扩大的一个有效途径，带来"免费的增长"，为改革开放以来的中国经济腾飞作出巨大贡献⑧。

---

① Cingano, F. (2014), "Trends in Income Inequality and its Impact on Economic Growth", OECD Social, Employment and Migration Working Papers, No. 163, OECD Publishing, Paris, https: // doi. org/10. 1787/5jxrjncwxv6j-en.

② Aiyar S., Ebeke C., Inequality of Opportunity, Inequality of Income and Economic Growth [J]. *World Development*, 2020, 136: 105115.

③ Atinc, Tamar Manuelyan. Sharing Rising Incomes: Disparities in China (Chinese). Washington, D. C.: World Bank Group. http: //documents. worldbank. org/curated/en/77272146876883494 9/Sharing-rising-incomes-disparities-in-China.

④ 林毅夫、蔡昉、李周：《中国经济转型时期的地区差距分析》，《经济研究》1998 年第 6 期。

⑤ Sicular T., Ximing Y., Gustafsson B., et al. The Urban-Rural Income Gap and Inequality in China [J]. *Review of Income and Wealth*, 2007, 53 (1): 93-126; 薛进军、园田正、荒山裕行：《中国的教育差距与收入差距——基于深圳市住户调查的分析》，《中国人口科学》2008 年第 1 期。

⑥ 陈斌开、张鹏飞、杨汝岱：《政府教育投入、人力资本投资与中国城乡收入差距》，《管理世界》2010 年第 1 期。

⑦ 杜育红、梁文艳：《农村教育与农村经济发展：人力资本的视角》，《北京师范大学学报》（社会科学版）2011 年第 6 期。

⑧ 林毅夫：《发展农村教育是解决"三农"问题的关键》，《当代贵州》2004 年第 4 期；丁守海：《农民工工资与农村劳动力转移：一项实证分析》，《中国农村经济》2006 年第 4 期。Ravallion M., Chen S., *China's (uneven) Progress Against Poverty* [M]. 2009: 65-111.

另外，我国的乡村振兴和共同富裕大抵也要沿着农村劳动力转移路径实现。农村劳动力转移程度与国家或地区经济发展程度高度相关。纵观全球各国各地发展，基本遵守一条发展的"铁律"：随着人均收入的提高，农业劳动力占比不断缩小到较低水平。这体现在：农村人口向城市不断转移，农业人口比例不断下降，劳动力从农业转到非农业，二、三产业从业人数比例不断提高。在人均 GDP 最高的国家或地区，农村人口占全国人口的比重约为 15%，从事农业生产人口占全国从业总人口的比重低于 10%；而在人均 GDP 最低的国家或地区，以上比重则分别高达70% 和 90%[1]。

农村劳动力转移与其自身素质密切相关，城乡收入差距调节政策的主要着眼点应是提高农村居民的人力资本水平[2]。贫困经济学有一个等式：明天的收入差距＝今天的收入差距＋今天的人力资本差距。城乡之间教育的差距是预测未来收入不平等最准确的迹象[3]。如果中国并不能为经济发展创造将来所需的人力资本储备基础，这将会延长或加剧农村和城市间的不平等状况。

总的来说，改善农村居民受教育状况，提高其人力资本质量，是当前乡村振兴和共同富裕的内在要求[4]。发展农村教育是解决中国的农村、农民、农业问题的关键[5]。如果能够创造一个人力资本公平发展的社会环境，人们的积极性、创造力普遍而充分地发挥出来，公平和效率就可以互为因果，在提升社会公平的同时促进经济增长[6]。

---

[1] Chapter for *Handbook of Agricultural Economics*, Bruce L. Gardner and Gordan C. Rausser, eds., to be published by Elsevier, New York.

[2] 郭剑雄：《人力资本、生育率与城乡收入差距的收敛》，《中国社会科学》2005 年第 3 期。

[3] 张林秀、易红梅、罗仁福：《中等收入陷阱的人力资本根源：中国案例》，《中国人民大学学报》2014 年第 3 期。

[4] 亢延锟、侯嘉奕、陈斌开：《教育基础设施、人力资本与共同富裕》，《世界经济》2023 年第 7 期。

[5] 林毅夫：《发展农村教育是解决"三农"问题的关键》，《当代贵州》2004 年第 4 期。

[6] 刘世锦、王子豪、姜淑佳等：《实现中等收入群体倍增的潜力、时间与路径研究》，《管理世界》2022 年第 8 期。

2. 我国整体劳动力素质目前面临的问题和挑战

国家统计局数据显示，自 1979 年以来，中国经济规模每 8 年翻一番，到 2022 年 GDP 约为 121 万亿元，是 1978 年 GDP 3678.7 亿元的 300 多倍。2017 年中国中等收入群体已经超过 4 亿人，2022 年人均 GDP 突破 1.2 万美元。中国经济具有巨大韧性和潜力，在全面建设社会主义现代化国家新征程、向第二个百年奋斗目标进军的过程中，需要回答的关键问题是：中国的劳动力是否做好迈向高收入国家的准备？

人力资本的积累一般是通过衡量一国劳动力的平均受教育程度进行估算，劳动力在市场上能够有效竞争则需要掌握高中或更高水平的技能[1]。在高收入国家，大多数工作都需要高水平的技能，至少需要具备数学、批判性思维、科学和计算机技能等，而这些都需要受教育程度达到高中水平[2]。即便是初中优秀毕业生的数学、语文和英语水平也无法满足现代工作场所的需要[3]。中等收入国家的劳动力高中学历不足时，会陷入增长停滞的状态，即前面提到的"中等收入陷阱"[4]。

第六次全国人口普查数据显示，2010 年中国劳动力（25~64 岁）中至少接受过一定程度高中教育的比例为 24%。当然，中国相对较低的高中教育程度人口比例在一定程度上是由较年长年龄组的低教育程度所导致的。但即便是较为年轻的年龄组（2010 年年龄在 25~34 岁）的高中学历比例也仅为 36%[5]。在 2015 年时，基于 2015 年全国 1%人口抽样调查，中国的劳动力（25~64 岁）接

① Bresnahan T. F., Brynjolfsson E., Hitt L. M., Information Technology, Workplace Organization, and the Demand for Skilled Labor: Firm-Level Evidence [J]. *The Quarterly Journal of Economics*, 2002, 117 (1): 339-376.

② Bai Y., Zhang S., Wang L., et al. Past Successes and Future Challenges in Rural China's Human Capital [J]. *Journal of Contemporary China*, 2019, 28 (120): 883-898.

③ Liu C., Zhang L., Luo R., et al., Development Challenges, Tuition Barriers, and High School Education in China [J]. *Asia Pacific Journal of Education*, 2009, 29 (4): 503-520.

④ Bai Y., Zhang S., Wang L., et al. Past Successes and Future Challenges in Rural China's Human Capital [J]. *Journal of Contemporary China*, 2019, 28 (120): 883-898.

⑤ Khor N., Pang L., Liu C., et al., China's Looming Human Capital Crisis: Upper Secondary Educational Attainment Rates and the Middle-income Trap [J]. *The China Quarterly*, 2016, 228: 905-926.

受过高中教育的比例约为30%①。根据2020年第七次全国人口普查数据，全国25~64岁劳动年龄人口接受过高中教育的比例为36.6%（笔者计算）。

如图3（a）所示，2015年中国接受高中及以上教育的比例（28.8%）和许多其他发展中经济体的差距也很大，如墨西哥（36%）、南非（42%）、菲律宾（58%）、马来西亚（51%），和经济合作与发展组织国家（OECD）②的差距更大，如韩国（86%）、日本（100%）、德国（87%）、美国（90%）。

情况是否在2022年发生改变？如图3（b）所示，中国25~64岁劳动力接受高中及以上教育的比例（36.63%）有所增加，但仍然与OECD国家有差距，比如韩国（91.23%）、美国（91.84%）、加拿大（93.15%），低于OECD国家平均值（80.7%）、低于二十国集团（G20）平均值（66.1%）。值得注意的是，中国的该比例低于陷入"中等收入陷阱"的典型代表，比如墨西哥（43.8%）、巴西（59.1%）、阿根廷（66.5%）。

3. 提升中国劳动力质量的突破口在农村

农民工是中国劳动力的重要组成部分。2022年农民工监测调查报告显示，2022年全国农民工总量约为3亿人，比上年增加311万人。劳动群体的文化程度，决定了中国未来劳动力能否满足高收入国家对于高质量劳动力的要求。2022年农民工监测调查报告显示：全部农民工中未上过学的占0.7%，小学文化程度占13.4%，初中文化程度占55.2%，高中文化程度占17.0%，大专及以上文化程度占13.7%。大专及以上文化程度农民工所占比重比2021年提高1.1个百分点。虽然大专及以上文化程度的比重有所增加，但超过半数的农民工群体仍为初中文化程度。

---

① Bai Y., Zhang S., Wang L., et al., Past Successes and Future Challenges in Rural China's Human Capital [J]. *Journal of Contemporary China*, 2019, 28 (120): 883-898; Wang L., Li M., Abbey C., et al., Human Capital and the Middle Income Trap: How Many of China's Youth are Going to High School? [J]. *The Developing Economies*, 2018, 56 (2): 82-103; Li H., Loyalka P., Rozelle S., et al., Human Capital and China's Future Growth [J]. *Journal of Economic Perspectives*, 2017, 31 (1): 25-48.

② 经济合作与发展组织（Organization for Economic Co-operation and Development, OECD）是全球38个市场经济国家组成的政府间国际组织，其中世界银行界定的高收入国家有35个。

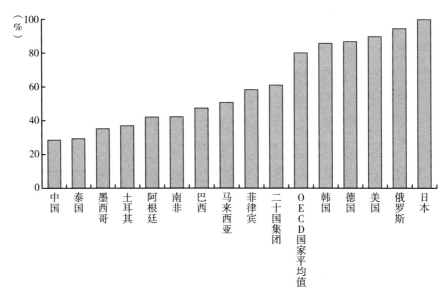

图 3（a）　2015 年各国高中及以上学历劳动力所占比例

资料来源：Li, H., Loyalka, P., Rozelle, S., & Wu, B.（2017）. Human Capital and China's Future Growth. *Journal of Economic Perspectives*, 31（1），25-48。

农村的占比在很大程度上降低了 15~17 岁青少年的整体入学率[①]，城乡教育不平等决定了提升中国劳动力质量的突破口在农村。学者研究发现，根据教育部公布的官方统计数据，1990 年 45% 的城市初中毕业生升入城市高中。相比之下，在同一年，只有 7% 的农村初中毕业生升入农村高中。2006 年，70% 的城镇普通初中毕业生升入城镇普通高中，而只有 9% 的农村初中毕业生升入农村普通高中[②]。高中入学率的差距并未缩小，而在逐渐加大。

研究针对 2015 年劳动力中人力资本存量进行调查时，发现来自农村地区 25~64 岁年龄段的劳动者中，只有 11.3% 的人至少接受过高中教育。相比之下，来自城镇的劳动力平均受教育年限为 10.7 年，44.1% 的城市人口

[①] Wang L., Li M., Abbey C., et al., Human Capital and the Middle Income Trap：How Many of China's Youth are Going to High School？[J]. *The Developing Economies*, 2018, 56（2）：82-103.

[②] 数据来源于 2006 年中国教育统计年鉴。未考虑农村初中毕业生进入城镇高中就读的情况，因此可能低估了农村初中毕业生升入高中的比例，同时相应地高估了城镇普通初中毕业生升入高中的比例。

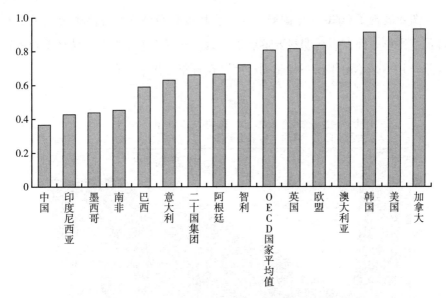

图3（b） 2022年各国高中及以上学历劳动力所占比例

资料来源：其中中国资料来源于2020年第七次全国人口普查，其他国家的数据来自OECD数据库中的25～64岁劳动人口的教育程度。由于阿根廷没有2022年的数据，采用最新一年（2021年）的数据。日本由于没有公布最近一年获得高中学历的比例，因此被排除。OECD数据库中也包括了中国最新一年，即2020年高中及以上教育程度者的比例，与第七次全国人口普查数据一致。

受过高中教育，21%的人受过大学教育①。根据2020年全国人口普查汇总资料计算整理，在25～64岁年龄段的劳动者中，47.8%来自城镇的劳动力接受过高中及以上教育，而来自农村的该比例为15.1%。

这样的差距并不是年长一代城乡差异造成的。另一个研究发现，2010年年轻一代（25～34岁）的城市居民受过高中教育的比例为52%，而同年龄的农村居民的该比例仅为14%。这38个百分点的差异比年长一代的城乡居民之间的高中受教育程度的差异更大②。

---

① Li H., Loyalka P., Rozelle S., et al., Human Capital and China's Future Growth [J]. *Journal of Economic Perspectives*, 2017, 31（1）：25-48.

② Khor N., Pang L., Liu C., et al., China's Looming Human Capital Crisis：Upper Secondary Educational Attainment Rates and the Middle-Income Trap [J]. *The China Quarterly*, 2016, 228：905-926.

图 4 展现了 2020 年全国城乡受教育程度分布情况，在高中及以上受教育程度比重方面，农村明显要落后于城镇。从图 4 也能看到，城乡受教育程度差异并不是单由年长一代驱动，而是在青年一代中便存在。

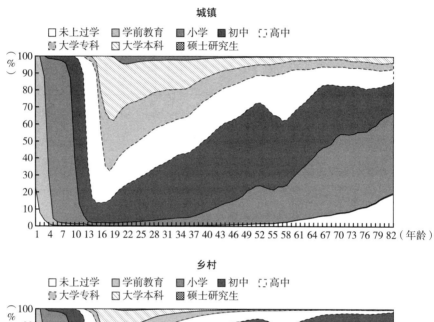

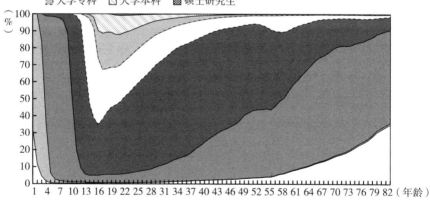

图 4 全国城乡分年龄、受教育程度人口分布

资料来源：《中国人口普查年鉴 2020》。

从人力资本的衡量角度来看，城乡仍然存在巨大的差距。图 5 展示了全国城乡实际人均人力资本。1985~2021 年，全国城镇的人均人力资本一直高于农村人均人力资本。在这期间，农村实际人均人力资本的年均增长率为4.95%，而城镇这一指标为7.47%。2010~2021年，农村实际人均人力资本的年均增长率为3.9%，而城镇这一指标为7.2%。2021年城镇的人均人力资本是1985年的12.71倍，而农村为5.44倍。

图5 1985~2021年全国分城乡实际人均人力资本

资料来源：2023年中国人力资本报告。1985年为基年。本计算结果通过采用Jorgenson-Fraumeni（J-F）终身收入法并对其加以改进得到的，即以J-F的终身收入法为基础，并采用Mincer基本收入方程分性别、分城乡对各类人口的收入进行估算。本计算结果采用4.58%的OECD折现率。本计算结果中的实际值均以1985年为基期，以消费物价指数（CPI）对名义值进行平减得到。

研究发现，即便进入高中后，农村和城市的学生在学业表现上也存在差距。农村学生（尤其是贫困学生）的表现往往比城市学生差[1]。在辍学和教学质量差的双重因素交织下，农村和城市学生在参加高考率以及大学录取率上呈现了巨大的差距。如图6所示，2003年，只有大约12%来自贫困县的农村学生参加了高考，而城市学生的这一比例为67%。这意味着城市青年参加高考的比例是贫困县农村青年的五倍多[2]。更重要的

① Liu C., Zhang L., Luo R., et al., Development Challenges, Tuition Barriers, and High School Education in China [J]. *Asia Pacific Journal of Education*, 2009, 29（4）：503-520.

② Li H., Loyalka P., Rozelle S., et al., Unequal Access to College in China：How Far have Poor, Rural Students been Left Behind? [J]. *The China Quarterly*, 2015, 221：185-207.

是，城市青年和来自贫困县的农村青年在大学录取率方面的差距更大。2003年，只有大约7%来自贫困县的农村青年能够上大学，而48%的城市青年能够进入任何一所大学（相差近6倍）①。二者进入"985"大学的比例相差13倍（e图），进入清华大学或北京大学的比例相差41.7倍。

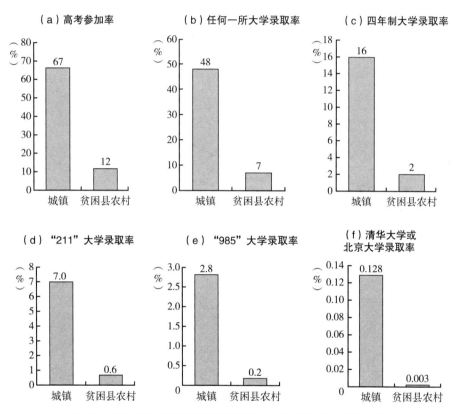

图6　贫困县农村青年与城市青年的大学入学差距（2003年）

注：笔者根据原图整理翻译。

资料来源：Unequal Access to College in China: How Far have Poor, Rural Students been Left Behind?

如之前所述，对于中国来说，要满足未来劳动力的教育需求，大幅增加具有高中教育水平的农村劳动力的比例的途径是提高初中到高中的升学水平

---

① Li H., Loyalka P., Rozelle S., et al., Unequal Access to College in China: How Far have Poor, Rural Students been Left Behind? [J]. *The China Quarterly*, 2015, 221: 185-207.

（或大幅提高职业高中基础教育和其他技术培训项目的质量）①。城市和农村高中入学率之间的差距意味着，中国要实现更高的高中入学率，就必须努力让中国其余的农村青年进入高中。

为了建设一支拥有更高技能水平的未来劳动力队伍，中国的政策制定者和其他发展中国家一样，采取了扩大高中教育的措施。中国政府提出了到2020年普及高中教育的目标。近10年来，高中入学率迅速上升，2013年高中阶段毛入学率为86%，而2022年高中阶段毛入学率已经达到91.4%。农村地区的上升最为明显，2005年，农村地区只有43%的20~22岁人口上过高中②。但根据2020年全国人口普查汇总资料计算整理，全国20~22岁农村人口高中毕业率为55.3%。

与21世纪初相比，中国现在上高中的学生增加了数百万人。研究认为没有其他大国在过去10年左右的时间里实现了中国的高中入学率扩张速度③。然而随着教育收益率的不断提高，教育不平等现象愈发难以改变④。中国要改变整个农村劳动力群体受教育水平的长期滞后，意味着中国在将人力资本建设到与高收入国家相当的水平之前，还有很长的路要走。

（二）农村人力资本发展落后的原因

城乡教育差距的起点或许来源于农村地区的儿童在学习的起步阶段便处于落后地位，这使得农村儿童升学更加困难。在低收入和中等收入国家，由于极端贫困和发育迟缓⑤（Stunting），近一半（43%）五岁以下儿童面临无

---

① Liu C., Zhang L., Luo R., et al., Development Challenges, Tuition Barriers, and High School Education in China [J]. *Asia Pacific Journal of Education*, 2009, 29 (4): 503-520.

② Rozelle S., Boswell M. Complicating China's Rise: Rural Underemployment [J]. *The Washington Quarterly*, 2021, 44 (2): 61-74.

③ Wang L., Li M., Abbey C., et al., Human Capital and the Middle Income Trap: How Many of China's Youth are Going to High School? [J]. *The Developing Economies*, 2018, 56 (2): 82-103.

④ 陆铭、陈钊、万广华：《因患寡，而患不均——中国的收入差距、投资、教育和增长的相互影响》，《经济研究》2005年第12期。

⑤ 根据世界卫生组织（World Health Organization，WHO）的界定，年龄别身高（Height-for-age z-scores，HAZ）分数低于2个标准差的儿童被认定为发育迟缓。

法发挥其发展潜力的风险①②。

要实现我国经济社会可持续发展和高质量的人力资本积累，儿童早期发展不容忽视，尤其是发展相对薄弱的农村地区。与城市儿童相比，农村儿童面临更高的发育不良的风险③。《中国人口普查年鉴2020》显示，2020年中国农村3岁以下婴幼儿占全国同年龄段人口总量的36.7%，达到1529万人。拥有这一庞大基数的农村地区面临着与儿童早期发育滞后④（Delay）相关的重大挑战⑤。

在河北省和云南省两个农村县随机抽取了448名6~18个月大的儿童，研究发现48.7%的样本儿童表现出认知滞后，40.6%的婴儿存在语言发育滞后，35.0%的婴儿存在社会情感发育滞后⑥。另一项针对陕西省11个国家贫困县的1442名儿童的研究得出了相同的结果，样本中48%的儿童的认知得分低于84分⑦。一项对中国农村地区开展的19项高质量儿童早期发展研究的系统回顾显示，婴儿出现认知、语言、社会情感发育滞后的比例分别为45%、46%和36%⑧。一项针对3353名农村儿童的研究发现，49%的儿童有

① 计算有可能无法实现其发展潜力的儿童人数时，文章考虑到同时面临发育迟缓和贫困的儿童人数。

② Black M. M., Walker S. P., Fernald L. C. H., et al., Early Childhood Development Coming of Age: Science through the Life Course [J]. *The Lancet*, 2017, 389 (10064): 77-90.

③ Lu C., Cuartas J., Fink G., et al., Inequalities in Early Childhood Care and Development in Low/Middle-Income Countries: 2010-2018 [J]. *BMJ Global Health*, 2020, 5 (2): e002314.

④ 如果儿童某部分的贝利分数标准得分低于健康儿童平均水平1个标准差，表明该儿童在这方面存在滞后风险。如果儿童某部分的贝利分数标准得分低于健康儿童平均水平2个标准差，表明该儿童在这方面存在迟缓风险。文献中另一种滞后判定标准是：认知发展指数（Mental Development Index, MDI）或运动发展指数（Psychomotor Development Index, PDI）得分低于80分，则儿童在该方面滞后。

⑤ Wang L., Liang W., Zhang S., et al., Are Infant/Toddler Developmental Delays a Problem across Rural China? [J]. *Journal of Comparative Economics*, 2019, 47 (2): 458-469.

⑥ Luo R., Jia F., Yue A., et al., Passive Parenting and Its Association with Early Child Development [J]. *Early Child Development and Care*, 2019, 189 (10): 1709-1723.

⑦ Yue A., Shi Y., Luo R., et al., China's Invisible Crisis: Cognitive Delays among Rural Toddlers and the Absence of Modern Parenting [J]. *The China Journal*, 2017, 78 (1): 50-80.

⑧ Emmers D., Jiang Q., Xue H., et al., Early Childhood Development and Parental Training Interventions in Rural China: A Systematic Review and Meta-Analysis [J]. *BMJ Global Health*, 2021, 6 (8): e005578.

认知滞后，52%有语言滞后，53%有社会情感滞后，30%有运动滞后①。相比之下，城市地区儿童认知发育滞后发生率为7.70%，运动发育滞后发生率为8.28%，滞后发生率远低于农村儿童②。

综上所述，以上研究表明，中国农村儿童的发育滞后率远高于城市，而且发育滞后不仅存在于认知方面，还存在于语言和社会情感等方面。事实上，发育滞后不仅在农村婴幼儿中常见，在农村小学生和初中生中发育滞后率也很高。对北京和苏州私立农民工学校以及河南和安徽公立农村学校的10000多名小学生的一项研究发现，33%的样本儿童存在认知滞后③。对2931名中国西北农村初中生的另一项研究发现样本中近40%的学生存在认知滞后，这是正常人群认知滞后率的两倍多④。早期认知滞后的现象并不会随儿童年龄的增加而消失，反而会随着时间的推移和学业挑战的加剧持续存在。这不仅会阻碍他们的学习，还会把他们推向辍学的边缘，从而拉大城乡教育差距。因此，缺乏优质的儿童早期发展教育资源是教育不平等的起点，这一影响可能会贯穿于贫困和弱势家庭儿童的整个学习生涯之中。

三 农村人力资本发展重点在儿童早期发展

（一）儿童早期发展介绍以及长期影响

儿童早期发展（Early Childhood Development，ECD）指的是儿童早期体格、运动、认知、语言、情感及社会适应能力等各个方面的综合发展⑤。"三岁看

---

① Wang L., Liang W., Zhang S., et al., Are Infant/Toddler Developmental Delays a Problem across Rural China? [J]. *Journal of Comparative Economics*, 2019, 47（2）：458-469.

② 单文婕、张云婷、林青敏：《中国八省市城乡婴幼儿早期发展现状研究》，《中国儿童保健杂志》2019年第4期。

③ Zhao Q., Wang X., Rozelle S., Better Cognition, Better School Performance? Evidence from Primary Schools in China [J]. *China Economic Review*, 2019, 55：199-217.

④ He X., Wang H., Chang F., et al., IQ, Grit, and Academic Achievement: Evidence from Rural China [J]. *International Journal of Educational Development*, 2021, 80：102306.

⑤ UNICEF. Early Moments Matter for Every China Child. [R]. 2017.

大，七岁看老"这句老话蕴藏着关于儿童早期发展深刻的科学道理。科学研究表明生命的最初 1000 天在决定一个人一生的认知能力方面起着重要作用①。个体生命最初的 1000 天是大脑发育的关键期和敏感期，拥有最高的神经回路的塑造能力②。3 岁儿童大脑神经元形成连接的速度达到每秒 100 万次，是成人大脑的两倍，这些神经元连接是大脑功能最基础的组成部分③。因此儿童早期发展奠定了儿童实现其未来发展潜力的基础④。如果儿童在这个关键期缺乏营养和有效刺激儿童发展的家庭及社会环境等要素，将对儿童未来的学业表现、人力资本的形成和积累以及成年后的收入水平产生很大的负面影响⑤。

投资 0~3 岁儿童早期发展具有最高的回报率，高于后期补偿性措施的经济社会效益。人力资本投资回报率随年龄增长而逐步下降，纠正早期投资不足是困难且十分昂贵的⑥。投资儿童早期发展不仅有利于其学业表现和职业发展等个人成就，还对社会发展有促进作用，例如减少社会犯罪成本、促

① Heckman J. J. , Skill Formation and the Economics of Investing in Disadvantaged Children ［J］. *Science*, 2006, 312 （5782）: 1900–1902; Currie J. , Almond D. , *Human Capital Development before Age Five* ［M］. Elsevier, 2011: 1315–1486.

② Knudsen E. I. , Heckman J. J. , Cameron J. L. , et al. , Economic, Neurobiological, and Behavioral Perspectives on Building America's Future Workforce ［J］. *Proceedings of the National Academy of Sciences*, 2006, 103 （27）: 10155–10162.

③ UNICEF:《儿童早期综合发展: 0~3 岁》,（2015）。

④ Cao M. , Huang H. , He Y. , Developmental Connectomics from Infancy through Early Childhood ［J］. *Trends in Neurosciences*, 2017, 40 （8）: 494–506; Cusick S. E. , Georgieff M. K. , The Role of Nutrition in Brain Development: the Golden Opportunity of the "First 1000 Days" ［J］. *The Journal of Pediatrics*, 2016, 175: 16–21; Knudsen E. I. , Heckman J. J. , Cameron J. L. , et al. , Economic, Neurobiological, and Behavioral Perspectives on Building America's Future Workforce ［J］. *Proceedings of the National Academy of Sciences*, 2006, 103 （27）: 10155–10162.

⑤ Campbell F. A. , Pungello E. P. , Miller-Johnson S. , et al. , The Development of Cognitive and Academic Abilities: Growth Curves from an Early Childhood Educational Experiment ［J］. *Developmental Psychology*, 2001, 37 （2）: 231; Horton R. , Maternal and Child Undernutrition: An Urgent Opportunity ［J］. *The Lancet*, 2008, 371 （9608）: 179; Engle P. L. , Black M. M. , Behrman J. R. , et al. , Strategies to Avoid the Loss of Developmental Potential in more than 200 Million Children in the Developing World ［J］. *The Lancet*, 2007, 369 （9557）: 229–242.

⑥ Knudsen E. I. , Heckman J. J. , Cameron J. L. , et al. , Economic, Neurobiological, and Behavioral Perspectives on Building America's Future Workforce ［J］. *Proceedings of the National Academy of Sciences*, 2006, 103 （27）: 10155–10162.

进社会平等、消除贫困代际传递[1]。著名的佩里学前教育项目（Perry Preschool Program）年估计收益率为7%~10%，高于1945~2008年5.8%的股市回报率[2]。一项对中国农村地区的实证研究表明政府投资儿童早期发展项目的回报率为7%~15%，与世界上其他国家实施的儿童早期发展项目的投资回报率大致相同[3]。

与早期干预的显著长期效果相反，后期的补救干预难以取得有效的干预效果。如针对有认知缺陷的儿童和青少年的补救计划未取得理想效果，以及公共职业培训项目、成人扫盲服务、囚犯改造项目和弱势成年人教育项目的经济回报也很低。在初中阶段对学生的经济援助并未对学生成绩产生实质性的影响[4]。图7展示了投资回报率与年龄的关系，曲线代表了在生命周期不同阶段的人力资本回报率，在生命早期投资回报率远远高于其余阶段。

（二）中国干预项目的成效

中国农村儿童发育滞后率较高的主要原因包括缺乏刺激的家庭环境，父母对如何充分满足孩子发展需求的理解有限以及积极的养育行为（如与孩

① Gertler P. , Heckman J. , Pinto R. , et al. , Labor Market Returns to an Early Childhood Stimulation Intervention in Jamaica [J]. *Science*, 2014, 344 （6187）: 998 - 1001; Heckman J. J. , Moon S. H. , Pinto R. , et al. , The Rate of Return to the High Scope Perry Preschool Program [J]. *Journal of Public Economics*, 2010, 94 （1 - 2）: 114 - 128; Schweinhart L. J. , Crime Prevention by the High/Scope Perry Preschool Program [J]. *Vicitms and Offenders*, 2007, 2 （2）: 141 - 160; García J. L. , Heckman J. J. , Ronda V. , The Lasting Effects of Early-Childhood Education on Promoting the Skills and Social Mobility of Disadvantaged African Americans and Their Children [J]. *Journal of Political Economy*, 2023, 131 （6）: 1477-1506.

② Heckman J. J. , Moon S. H. , Pinto R. , et al. , The Rate of Return to the HighScope Perry Preschool Program [J]. *Journal of Public Economics*, 2010, 94 （1-2）: 114-128.

③ 王蕾、贤悦、张偲琪等:《中国农村儿童早期发展：政府投资的效益—成本分析》,《华东师范大学学报》(教育科学版) 2019 年第 3 期。

④ Yi H. , Song Y. , Liu C. , et al. , Giving Kids a Head Start: The Impact and Mechanisms of Early Commitment of Financial Aid on Poor Students in Rural China [J]. *Journal of Development Economics*, 2015, 113: 1-15; Cunha F. , Heckman J. J. , Lochner L. , et al. , 2006. Chapter 12 Interpreting the Evidence on Life Cycle Skill Formation [M], Hanushek E. , Welch F. *Handbook of the Economics of Education*: Vol. 1. Elsevier: 697-812. DOI: 10. 1016/S1574-0692 （06） 01012-9.

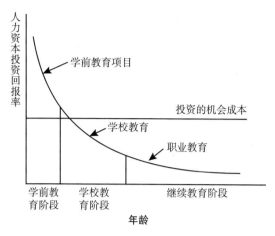

图7 在生命周期不同年龄段投资回报率

注：笔者根据原文整理翻译。

资料来源：Cunha F., Heckman J. J., Lochner L., et al., 2006. Chapter 12 Interpreting the Evidence on Life Cycle Skill Formation [M], Hanushek E., Welch F. *Handbook of the Economics of Education*：Vol. 1. Elsevier：697-812. DOI：10. 1016/S1574-0692（06）01012-9.

子玩耍，阅读和讲故事）不足[①]。中西部的农村、低收入和中等收入地区，受教育程度较低的农村父母往往没有意识到早期大脑发育的重要性，缺乏科学养育和激励性的养育方式，只有少数农村看护者参与互动育儿[②]。在管教婴幼儿时，32%的照护人会使用提高声调或吼的方式等消极管教方式[③]。此

[①] Wang B., Luo X., Yue A., et al., Family Environment in Rural China and the Link With Early Childhood Development [J]. *Early Child Development and Care*, 2022, 192（4）：617-630；McCoy D. C., Peet E. D., Ezzati M., et al., Early Childhood Developmental Status in Low- and Middle-Income Countries：National, Regional, and Global Prevalence Estimates Using Predictive Modeling [J]. *PLOS Medicine*, 2016, 13（6）：e1002034.

[②] Yu B., Lijuan Z., Buyao L., et al., An Empirical Study on the Status of Rural Parenting Behavior and Its Influence in Poor Rural China [J]. *Journal of East China Normal University*（*Educational Sciences*）, 2019, 37（3）：70；Emmers D., Jiang Q., Xue H., et al. Early Childhood Development and Parental Training Interventions in Rural China：A Systematic Review and Meta-Analysis [J]. *BMJ Global Health*, 2021, 6（8）：e005578.

[③] Bai Y., Liu B., Wang L., et al., Parenting Practices and Cognitive Development of Preschool-Aged Children：Evidence from Rural China [J]. *Journal of Child and Family Studies*, 2021, 30（12）：2980-2991.

外，照护人的心理健康状况也不容乐观。有研究发现中西部农村地区的样本家庭中有 32% 的照护人有抑郁症状，42% 有焦虑症状，30% 有压力症状①。

中国在农村地区积极开展儿童早期发展干预项目，印证干预措施能够有效地改善农村儿童的养育环境、提高儿童认知水平。在中国云南和河北省开展的家访项目使样本儿童认知发展水平提高 0.24 个标准差②。同样，对陕西南部共1802 名儿童的研究发现，干预组的血红蛋白和认知发展状况均有所改善③。在对山西、贵州省四个贫困县 2745 名 3 岁以下农村儿童进行干预后，发现干预组的总体疑似发育滞后患病率降低了 18 个百分点（从基线时的 37% 降至干预后的 19%），与对照组的 10 个百分点（从 30% 降至 20%）形成显著差异④。在甘肃省华池县开展的入户家访项目中发现：干预后约 9 个月，干预组儿童的语言和认知技能比对照组儿童高约 0.7 个标准差⑤。在中国西北的一个贫困县开展的入户干预项目在干预进行 6 个月后显著提高了干预组儿童整体技能 0.259 个标准差⑥；在项目完成两年半后，研究发现干预对于父母投资教育会有持续的影响，干预村的儿童入学时间更早，就读质量更高的幼儿园⑦。

① Zhang S., Wang L., Xian Y., et al., Mental Health Issues among Caregivers of Young Children in Rural China: Prevalence, Risk Factors, and Links to Child Developmental Outcomes [J]. *International Journal of Environmental Research and Public Health*, 2021, 18 (1): 197.

② Luo R., Emmers D., Warrinnier N., et al., Using Community Health Workers to Deliver a Scalable Integrated Parenting Program in Rural China: A Cluster-Randomized Controlled Trial [J]. *Social Science & Medicine*, 2019, 239: 112545.

③ Luo R., Yue A., Zhou H., et al., The Effect of a Micronutrient Powder Home Fortification Program on Anemia and Cognitive Outcomes among Young Children in Rural China: A Cluster Randomized Trial [J]. *BMC Public Health*, 2017, 17 (1): 738.

④ Zhou S., Zhao C., Huang X., et al., The Effect of a Community-Based, Integrated and Nurturing Care Intervention on Early Childhood Development in Rural China [J]. *Public Health*, 2019, 167: 125-135.

⑤ Heckman J. J., Liu B., Lu M., et al., The Impacts of a Prototypical Home Visiting Program on Child Skills [R]. 2020.

⑥ Sylvia S., Warrinnier N., Luo R., et al., From Quantity to Quality: Delivering a Home-Based Parenting Intervention through China's Family Planning Cadres [J]. *National Bureau of Economic Research*, 2021, 131 (635): 1365-1400.

⑦ Wang L., Qian Y., Warrinnier N., et al., Parental Investment, School Choice, and the Persistent Benefits of an Early Childhood Intervention [J]. *The Economic Journal*, 2023, 165: 103166.

（三）来自全球的经验

充分利用儿童早期的机会窗口进行干预，对促进其大脑发育、提升未来人力资本质量至关重要。一些西方国家从 20 世纪 60 年代开始已经出台支持儿童早期发展的政策，这被视为消除贫困的起点。1962 年开始的佩里学前教育项目（Perry Preschool Program）和北卡罗来纳育儿项目（Carolina Abecedarian Project）是对低收入儿童早期干预效果进行研究时间最长的两个项目。除此之外，全世界还有其余类似项目对儿童早期发展研究做出贡献。

牙买加研究招募了 1986~1987 年居住在牙买加金斯顿的 129 名 9~24 个月的发育迟缓儿童。样本儿童被随机分配到社会心理刺激、营养补充、社会心理刺激+营养补充以及未接受任何干预的对照组四个组中的一组。牙买加研究还调查了一组住在附近的 84 名非发育迟缓的儿童。结果发现，干预带来的早期刺激和营养补充对于儿童的发育有显著的影响[1]。与未干预相比，早期刺激导致全量表智商得分、阅读测试得分较高[2]。20 年后，重新采访了 129 名研究参与者中的 105 人，发现干预使他们的收入增加了 25%，足以赶上在基线时确定的非发育迟缓对照组（84 名参与者中的 65 名）的收入[3]。

佩里学前教育项目是 20 世纪 60 年代初在密歇根州伊普斯兰蒂的佩里小学开展的一项早期儿童教育项目，参与的学生共计 123 名。这些学生从 3 岁开始，持续两年，干预主要是在学年的工作日进行 2.5 小时的学前教育，每周由教师进行家访。课程的基础是通过主动学习来支持儿童的认知和社会情感发展。在这个项目中，孩子们被随机分配到干预组和对照组，并被系统地跟踪

① Grantham-McGregor S. M., Powell C. A., Walker S. P., et al., Nutritional Supplementation, Psychosocial Stimulation, and Mental Development of Stunted Children: the Jamaican Study [J]. *The Lancet*, 1991, 338 (8758): 1-5.

② Walker S. P., Chang S. M., Powell C A, et al., Effects of Early Childhood Psychosocial Stimulation and Nutritional Supplementation on Cognition and Education in Growth-Stunted Jamaican Children: Prospective Cohort Study [J]. *The Lancet*, 2005, 366 (9499): 1804-1807.

③ Gertler P., Heckman J., Pinto R., et al., Labor Market Returns to an Early Childhood Stimulation Intervention in Jamaica [J]. *Science*, 2014, 344 (6187): 998-1001.

到 40 岁。干预组的孩子表现出更高的积极性,更重视学校教育,做更多的家庭作业并且犯罪行为更少①。在整个儿童时期,干预组的测试能力和表现显著优于对照组,并且干预提高了成人收入、就业率和住房拥有率,降低了终身监禁率,定罪更少,判刑时间更短②。这些干预措施的成功不是因为儿童智商的提高,而是因为他们在提高非认知技能方面的成功③。项目回报率达到每投资 1 美元,社会经济回报为 17.07 美元,社会回报率在 7% ~ 10%④。根据 40 岁之后的数据研究得到的投资回报率达到 1∶12.90(美元)⑤。当样本儿童成长到 54 岁时,研究发现干预组更为健康,教育水平更高⑥。更为重要的是,干预项目打破了贫困的代际循环。干预样本的孩子在 K12 教育期间(从幼儿园到 12 年级)被停学的可能性要低 17%,在青年时期身体健康的可能性要高出 11%,就业的可能性要高出 26%,离婚的可能性要低8%⑦。而这些改善均来自干预为第一代样本儿童带来未来家庭环境和就业的改善,而这转化为第二代更好的家庭环境,从而实现积极的代际收益。

北卡罗来纳育儿项目是世界上最古老、最常被引用的幼儿教育项目之

① Schweinhart L. J. , Weikart D. P. , Effects of the Perry Preschool Program on Youths through Age 15 [J]. *Journal of the Division for Early Childhood*, 1981, 4 (1): 29-39.

② Schweinhart L. J. Crime Prevention by the High/Scope Perry Preschool Program [J]. *Victims and Offenders*, 2007, 2 (2): 141-160.

③ Heckman J. J. , Stixrud J. , Urzua S. The Effects of Cognitive and Noncognitive Abilities on Labor Market Outcomes and Social Behavior [J]. *Journal of Labor Economics*, 2006, 24 (3): 411-482.

④ Schweinhart L. J. , Crime Prevention by the High/Scope Perry Preschool Program [J]. *Victims and Offenders*, 2007, 2 (2): 141-160; Heckman J. J. , Moon S. H. , Pinto R. , et al. The Rate of Return to the HighScope Perry Preschool Program [J]. *Journal of Public Economics*, 2010, 94 (1-2): 114-128.

⑤ Belfield C. R. , Nores M. , Barnett S. , et al. , The High/Scope Perry Preschool Program: Cost-Benefit Analysis Using Data from the Age-40 Followup [J]. *Journal of Human Resources*, 2006, XLI (1): 162-190.

⑥ García J. L. , Heckman J. J. , Ronda V. , The Lasting Effects of Early-Childhood Education on Promoting the Skills and Social Mobility of Disadvantaged African Americans and Their Children [J]. *Journal of Political Economy*, 2023, 131 (6): 1477-1506.

⑦ García J. L. , Heckman J. J. , Ronda V. , The Lasting Effects of Early-Childhood Education on Promoting the Skills and Social Mobility of Disadvantaged African Americans and Their Children [J]. *Journal of Political Economy*, 2023, 131 (6): 1477-1506.

一。根据实验设计,研究人员从北卡罗来纳州奥兰治县的家庭招募了111名儿童。虽然种族不是选择标准,但大多数孩子是非裔美国人,出生于1972~1977年。该项目提供了比佩里幼儿园更密集的干预。该项目发现干预组在智力和学业方面得分明显更高,积极影响持续到12岁。长期来看,干预对阅读和数学技能的影响会持续到成年,干预组接受教育时间明显更长,更有可能上大学,青少年怀孕情况减少①。在身体健康方面,干预组在35岁左右心血管和代谢性疾病的危险因素显著减少②。

除此之外,在哥伦比亚开展的家访计划针对的是接受哥伦比亚现金援助项目的家庭中12~24个月大的儿童,该项目针对的是该国最贫困的20%家庭。干预从2010年初开始,持续了18个月。干预活动由早期刺激课程和微量营养素补充组成。早期刺激课程采用牙买加家访模式,取得积极效果。与对照组相比,干预使得儿童认知发展得分增长11%、社会情感发展状况显著改善③。

(四)中国所采取的措施、取得的成就

1. 中国儿童早期发展的政策环境

近年来,中国相继出台了若干全国性政策来促进儿童早期发展。2010年由全国妇联与国家计生委、教育部、民政部、卫生部、中央文明办、中国关心下一代工作委员会七部门联合发布的《全国家庭教育指导大纲》明确对0~3岁家庭教育进行指导。之后,国家出台了《中国儿童发展纲要(2011—2020年)》《国家贫困地区儿童发展规划(2014—2020年)》《中国儿童发展纲要(2021—2030年)》,明确了0~3岁婴幼儿早期发展的重

---

① Campbell F. A., Ramey C. T., Pungello E., et al., Early Childhood Education: Young Adult Outcomes from the Abecedarian Project [J]. *Applied Developmental Science*, 2002, 6 (1): 42-57.

② Campbell F., Conti G., Heckman J. J., et al., Early Childhood Investments Substantially Boost Adult Health [J]. *Science*, 2014, 343 (6178): 1478-1485.

③ Attanasio O., Cattan S., Fitzsimons E., et al., Estimating the Production Function for Human Capital: Results from a Randomized Controlled Trial in Colombia [J]. *American Economic Review*, 2020, 110 (1): 48-85.

要性，提出了坚持儿童成长早期干预的基本方针，并指出需要对农村儿童给予特别重视。此外，国务院办公厅专门发布《关于促进 3 岁以下婴幼儿照护服务发展的指导意见》，明确提出加大对农村和贫困地区婴幼儿照护服务的支持力度，推广婴幼儿早期发展项目。

2. 中国在改善0~3岁儿童早期发展环境上所取得的成就

在过去的 70 年中，中国在提升人民福祉方面取得了显著的成就。由于中国在妇女儿童健康方面取得的进步，世界卫生组织将中国列为妇女儿童健康"快速通道"前 10 名国家之一[①]。在众多措施中，关于 0~3 岁儿童早期发展环境的改善，主要体现在以下方面。

首先，作为国际公认的一般发展标准和儿童权利目标，婴儿死亡率和 5 岁以下儿童死亡率迅速下降。1990 年中国平均新生儿死亡率是北美和欧洲地区平均新生儿死亡率的 4.0 倍，2015 年中国平均新生儿死亡率降为北美和欧洲地区的 1.7 倍[②]。从图 8 能够发现，中国农村 5 岁以下儿童死亡率从 1990 年的 71.1‰下降到 2019 年的 9.4‰。虽然城乡仍存在差距，但差距呈现缩小态势。这一下降趋势持续保持。2022 年，全国新生儿死亡率为 3.1‰，与 2021 年持平；婴儿死亡率、5 岁以下儿童死亡率分别为 4.9‰和 6.8‰，分别比 2021 年下降 0.1 个和 0.3 个千分点。[③]

其次，中国儿童出生缺陷发生率和发育迟缓率等不断降低，儿童健康水平得到提高。5 岁以下儿童发育迟缓率从 1990 年的 33.1%急剧下降到 2013 年的 7.1%[④]。图 9 显示，中国 5 岁以下儿童发育迟缓率从 2000 年的 19.9%下降到 2022 年的 4.6%。《中国儿童发展纲要（2011—2020 年）》终期统计

① WHO, The World Bank. Success Factors for Women's and Children's Health [R]. Geneva: World Health Organization, 2014.

② Qiao J., Wang Y., Li X., et al., A Lancet Commission on 70 Years of Women's Reproductive, Maternal, Newborn, Child, and Adolescent Health in China [J]. *The Lancet*, 2021, 397 (10293): 2497-2536.

③ 《中国儿童发展纲要（2011—2020 年）》终期统计监测报告。

④ Qiao J., Wang Y., Li X., et al., A Lancet Commission on 70 Years of Women's Reproductive, Maternal, Newborn, Child, and Adolescent Health in China [J]. *The Lancet*, 2021, 397 (10293): 2497-2536.

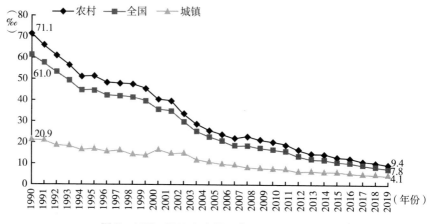

图8　1990~2019年中国5岁以下儿童死亡率

注：笔者根据原文整理翻译。

资料来源：Qiao J., Wang Y., Li X., et al., A Lancet Commission on 70 Years of Women's Reproductive, Maternal, Newborn, Child, and Adolescent Health in China [J]. *The Lancet*, 2021, 397 (10293): 2497-2536。

监测报告指出：2011~2020年，儿童低出生体重发生率持续控制在4%以下，5岁以下儿童贫血患病率、发育迟缓率、低体重率分别控制在12%、7%和5%以下。该报告同样展示中国严重致残的出生缺陷发生率从2010年的17.47/万人下降至2020年的10.40/万人，下降幅度超过40%。

中国政府同样践行了"儿童是国家未来的希望"的宗旨，优化社会环境，推进城乡社区服务体系建设。《中国儿童发展纲要（2021—2030年）》统计监测报告显示，2022年我国城乡社区儿童之家33.4万个，增加5146个。全国共配备儿童督导员5.0万人、儿童主任65.1万人，基本实现乡镇级设立有儿童督导员、村级设立有儿童主任的目标。

未来，儿童早期发展不仅要消除疾病和致病因素对儿童的伤害，同时还要保障并促进儿童获得体格、社交情绪、认知、运动和语言能力的全面发展。因此，儿童早期发展工作是新时期儿童保健的重要内容和发展方向①。

① Yue A., Cai J., Bai Y., et al., Challenges and Possible Solutions for Infants Aged 0-3 in Poor Rural Areas of China (China) [J]. *Journal of East China Normal University (Educational Science Edition)*, 2019, 37 (3): 1-16.

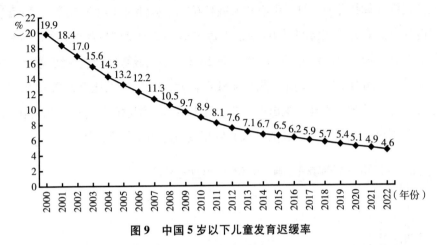

图9　中国5岁以下儿童发育迟缓率

资料来源：UNICEF/WHO/World Bank Joint Malnutrition Estimates-Country Level Stunting Estimates，https：//data. unicef. org/topic/nutrition/malnutrition/。

注：2020年的估计数没有考虑到新冠疫情的全部影响。由于保持身体距离的政策，2020年没有收集儿童身高和年龄的家庭调查数据。国家模型中使用的协变量之一部分考虑了COVID-19的影响。

3. 中国儿童早期发展事业面临的挑战

（1）儿童早期发展事业具有顶层设计但缺少落实方案

国家已经通过上述各类文件体现出对于儿童早期发展事业的顶层设计，但是欠缺具体落实方案。各地政府对儿童早期发展事业进行相关探索，但仍然缺乏全面的国家层面的指导和落实方案，需要处理好顶层设计与实践探索之间的关系。

（2）儿童早期发展事业的资金投入不足

尽管需求十分迫切，儿童早期发展项目仍然严重缺乏财政资金支持。政府规划和公共财政的支持至关重要，然而目前的规划和预算忽视了对儿童早期发展设施的规划和投入。虽然有社会资本的投入，但是从提升整个儿童早期发展事业项目的质量和可持续性方面考虑，仍需要政府财政的支持。

与国际上其他国家进行对比，我国对于儿童早期发展的财政投入低于OECD国家平均水平。OECD成员国数据显示（见图10），成员国平均在学前教育（包括幼儿园和日托中心，通常为3~5岁儿童提供教育内容和传统照顾）

以及托育（如托儿所、日托中心和家庭日托，一般针对 0~2 岁儿童）方面的财政支出占 GDP 的比重约为 0.8%。发达国家 0~2 岁学前教育事业支出较高，如瑞典为 1%，冰岛和丹麦为 0.8%。而 2022 年中国教育经费执行情况统计快报显示，中国对学前教育财政投入为 5137 亿元，占 GDP 的比重为 0.42%，加之我国对 0~2 岁儿童托育支出占比低于对 3~5 岁儿童学前教育的支出占比①，因此我国对于儿童早期发展的投入力度相较发达国家仍有差距。

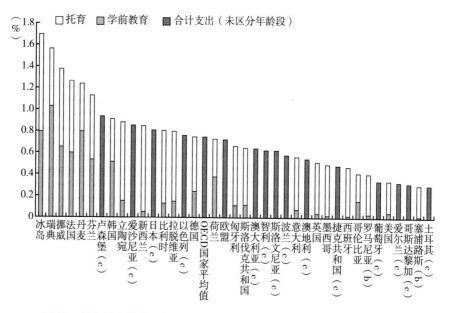

图 10 部分国家婴幼儿托育和学前教育的支出占国内生产总值的百分比

数据来源：笔者根据原文整理翻译。数据为 2019 年或 OECD 各国最新数据（如果 2019 年未统计，则采用该国最新的数据）。OECD Family Database：https：//web-archive.oecd.org/temp/2024-06-21/69263-database.htm，https：//www.oecd.org/social/family/database.htm。说明：（a）在一些国家，地方政府在资助和提供托儿服务方面发挥关键作用。这种支出在北欧国家有全面的记录，但在其他一些国家（通常是联邦），它可能没有被 OECD 的社会支出数据完全记录下来。（b）对于非 OECD 成员国（塞浦路斯和罗马尼亚），数据没有根据小学入学年龄的任何差异进行调整并且涵盖了儿童保育和学前教育的所有公共支出，无论使用/注册服务的人的年龄有多大。（c）此类国家数据不能按教育程度分类。

---

① 韩凤芹、曹蕊：《构建儿童早期发展公共服务体系：理论探讨与现实选择》，《财政研究》2020 年第 9 期。

（3）儿童早期发展事业人才培养等配套设施需要提前布局

儿童早期发展事业作为教育事业，在人才和基础设施等方面需要提前布局，才能提高投资效率、帮助更多儿童克服困境、具有公平的开端。例如，儿童早期发展事业需要提前规划，培养早期教育专业人士，以满足行业对于其数量和素质的要求。另外，满足儿童学习、游戏和社交需求的儿童活动中心等配套设施也需要提前布局，保证具备安全、卫生和教育功能。

四　政策建议：将儿童高质量发展置于国家核心战略地位

笔者认为，儿童早期发展事业不局限于妇女儿童事业和儿童关爱照护领域，而应当将儿童高质量发展置于国家核心战略地位，探索符合国情的儿童发展之路，努力切断贫困代际传递，从根源上推动经济高质量发展和社会公平正义。2000年，七个中低收入国家制定了国家多部门儿童早期发展政策①。截至2014年7月，至少有68个国家（占中低收入国家的45%）采用了幼儿保育和教育（Early Childhood Care and Education，ECCE）政策工具中的一项或多项②。这一趋势表明在全球范围内，构建全面、科学、普惠的儿童早期发展服务体系已经成为各国政府共同追求的目标，充分展现了国际社会对儿童早期投资所带来的社会效益与经济效益的高度认同。本文就儿童早期发展提出以下政策建议。

（一）财政在儿童早期发展中发挥主导作用，鼓励多方主体投入

如果想要实现儿童早期发展事业按照基本公共服务运行的前景，政府的财政支持至关重要。在加大政府财政支持力度的同时，也要积极引导社会资

---

① Black M. M., Walker S. P., Fernald L. C., et al., Early Childhood Development Coming of Age: Science Through the Life Course [J]. *The Lancet*, 2017, 389（10064）: 77-90.

② Vargas-Barón E. Policies on Early Childhood Care and Education: Their Evolution and Some Impacts [R]. 2015.

本进入，优势互补，提升行业活力，形成多元化筹资渠道，让基本公共服务资源更多地惠及欠发达地区儿童。

（二）积极探索多元协同机制，最大化利用各方独特优势

鉴于农村儿童早期发展问题及其成因之间的内在交织性，单一、分散的解决策略难以奏效。因此，亟须构建一套综合协调的体系，旨在推动在一致政策导向下实现跨部门、多参与者深度合作的新模式。同时，着力激发各类主体的积极性，强化决策层、基层执行者以及科研力量间的协作联动，充分利用各自的核心竞争力，在推进将儿童早期发展纳入基础公共服务体系这一进程中，致力于汇聚更为强大的整体力量以促进实施战略。

（三）预先分配，而不是再分配，要将儿童早期投资资源充分向农村、贫困等欠发达地区倾斜

有些观点认为教育需要权衡公平和效率，但儿童早期投资必须与儿童晚期投资区分开来，晚期投资存在公平效率的权衡问题，但早期投资则不存在。改善弱势儿童的早期生活远远比简单的重新分配能更有效地促进社会包容，同时还能提高经济效率和劳动生产率①。

---

① Heckman J. J. , *Giving Kids a Fair Chance* ［M］. Mit Press, 2013.

B.3

中国0~3岁儿童营养健康发展状况研究

黄 建 王丽娟 杜 杰*

摘 要： 儿童时期是人的整个生命周期中最关键和最敏感的阶段，尤其是0~3岁儿童，拥有良好的成长环境及营养条件，能够促进大脑发育、体格生长、行为能力发展，有助于婴幼儿认知、心理、社会情感和运动能力的健康发展。本研究利用中国居民营养与健康调查、卫生统计年鉴等数据，分析过去10年来中国0~3岁儿童的营养与健康状况变迁，以全面展示中国妇幼营养改善成果。结果表明：过去10年，随着经济和社会事业的快速发展，我国0~3岁儿童生长发育和营养健康状况得到明显改善，人们对儿童的科学喂养认知有了很大的提升，但欠发达地区婴幼儿早期科学养护仍存在不同程度的滞后。为了改善贫困地区儿童营养不良状况，国家有针对性地出台农村儿童营养改善政策，有计划地实施贫困农村儿童营养改善项目，通过发放营养包补充婴幼儿营养，项目监测结果显示营养包可以有效改善婴幼儿体格发育和贫血状况。近年来，我国0~3岁儿童仍面临微量营养素不足、儿童超重肥胖率上升等问题与挑战，因此，建议继续完善政策标准体系，强化营养与食品安全监测、评估与干预，加强机构和队伍建设，提高公共卫生服务能力，持续推进营养改善项目，拓展服务领域。

关键词： 婴幼儿营养 营养不良 营养包 营养改善

---

* 黄建，中国疾病预防控制中心营养与健康所食品科学技术室科室主任，研究员，主要研究方向为人群营养干预标准技术研究与应用；王丽娟，博士，中国疾病预防控制中心营养与健康所研究员，硕士生导师，主要研究方向为营养改善关键技术及应用推广研究；杜杰，硕士，中国疾控中心营养与健康所实习研究员，主要研究方向为营养与功能评价。

儿童的营养健康状况是人口素质的基础，不仅事关个体的一生健康，更涉及一个国家或地区的民族素质，已成为反映一个国家或地区社会经济发展和卫生保健水平的重要内容。根据联合国儿童基金会《2019年世界儿童状况：儿童、食物与营养》，至少有1/3的5岁以下儿童处于营养不良或者超重状态，有1.49亿名儿童出现生长迟缓，3.4亿名儿童处于营养素缺乏状态。婴幼儿时期是人类生长发育的第一个重要高峰期，也是对各种危险因素最敏感的时期，尤其在儿童生命最初的1000天，营养不良、维生素及矿物质缺乏和超重将严重影响他们日后的生长发育，还将影响儿童的智能、心理的正常发育，同时也将增加其成年后肥胖、高血压、冠心病和糖尿病的患病率，降低其成年后的劳动能力。以发育不良和微量营养素缺乏为特征的营养不良，也是儿童致死和生命伤残年损失的主要原因。伴随我国经济的发展《中国食物与营养发展纲要（2014—2020年）》《"健康中国2030"规划纲要》《健康中国行动（2019—2030年）》系列政策颁布，《"健康中国2030"规划纲要》要求实施健康儿童计划、加强儿童早期发展、继续开展重点地区儿童营养改善等项目。随着妇幼保健服务工作的持续推进以及儿童营养项目的陆续开展，我国0~3岁儿童的营养状况得到明显的改善，深入分析和研究我国0~3岁儿童营养健康现状及近10年来的变化和影响因素，对于未来指导营养干预措施的实施和政策制定有着重要意义。

一　0~3岁儿童的营养健康状况及近10年的变化

2013年、2017年中国居民营养与健康状况监测结果显示，我国0~3岁儿童的体格发育、营养与健康状况得到了极大的改善，儿童低体重和生长迟缓的患病率明显降低，微量营养素缺乏率也显著降低[1][2]。

① 杨振宇主编《中国居民营养与健康状况监测报告之九：2010~2013年　中国0~5岁儿童营养与健康状况》，人民卫生出版社，2020。
② 赵丽云、丁钢强、赵文华主编《2015~2017年中国居民营养与健康状况监测报告》，人民卫生出版社，2022。

（一）0~3岁儿童的生长发育及营养状况

1. 生长发育情况

儿童生长发育水平是衡量社会发展以及营养与健康状况的重要指标，身高（长）和体重是反映人体营养和健康状况最常用的指标。儿童营养不足表现为生长迟缓、低体重、消瘦、低出生体重等。生长迟缓反映婴幼儿长期营养不足，低体重反映婴幼儿短期营养不足，此外，低出生体重可能提示胎儿在宫内发育受限或早产，与宫内营养不良相关。

（1）身高/身长

中国居民营养与健康状况监测报告显示，2013 年我国 6 月龄男、女童的身长均值分别为 68.9cm、67.8cm；12 月龄男、女童的身长均值分别为 76.0cm、75.3cm；23 月龄男、女童的身长均值分别为 86.3cm、84.7cm；2~3 岁男、女童的身高均值分别为 90.9cm、89.9cm。2017 年我国 6 月龄男、女童的平均身长分别为 69.8cm、67.9cm；12 月龄男、女童的平均身长分别为 76.3cm、75.6cm；23 月龄男、女童的平均身长分别为 85.8cm、85.9cm；2~3 岁男、女童的平均身高分别为 91.6cm、90.5cm。

总体来看，2013~2017 年我国 0~3 岁儿童身高（长）总体上均有所增长，其中农村儿童身高的增长幅度高于城市儿童，同月龄组的城市儿童的身高均高于农村儿童，贫困农村儿童身高最低，西部地区儿童身高尤其低（见图 1~图 6）。

（2）体重

2013 年我国 6 月龄男、女童的平均体重分别为 8.8kg、8.2kg；12 月龄男、女童的平均体重分别为 10.4kg、9.9kg；23 月龄男、女童的平均体重分别为 12.7kg、11.8kg；2~3 岁男、女童的平均体重分别为 13.7kg、13.2kg。2017 年我国 6 月龄男、女童的平均体重分别为 8.9kg、8.2kg；12 月龄男、女童的平均体重分别为 10.4kg、9.8kg；23 月龄男、女童的平均体重分别为 12.2kg、12.2kg；2~3 岁男、女童的平均体重分别为 13.8kg、13.2kg（见图 7、图 8）。

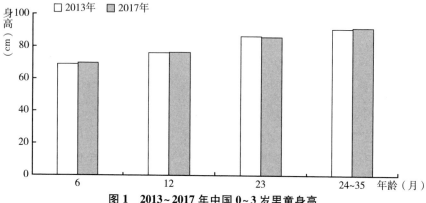

图 1　2013～2017 年中国 0～3 岁男童身高

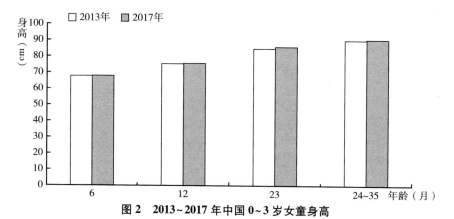

图 2　2013～2017 年中国 0～3 岁女童身高

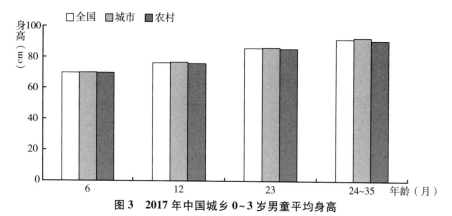

图 3　2017 年中国城乡 0～3 岁男童平均身高

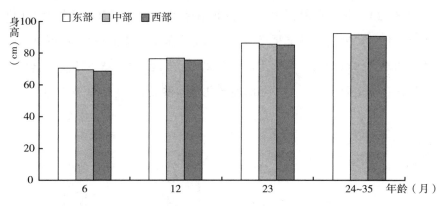

图4　2017年中国不同区域0~3岁男童平均身高

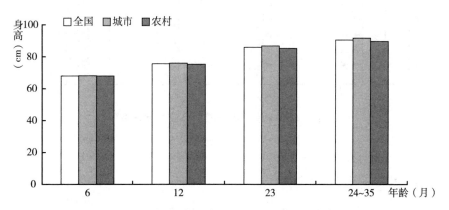

图5　2017年中国城乡0~3岁女童平均身高

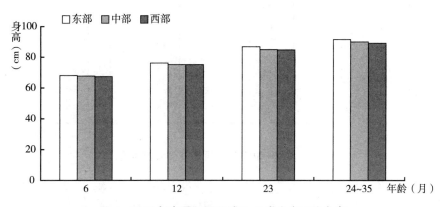

图6　2017年中国不同区域0~3岁女童平均身高

2013~2017 年，我国 2~3 岁农村儿童体重普遍有所增长，其中农村儿童体重增长的幅度高于城市儿童。同月龄男童的平均体重基本高于女童，城市儿童的平均体重均高于农村儿童。至 2017 年，我国 0~3 岁儿童在不同地域间仍存在一定差异，其中以西部地区儿童体重最低。（见图 9~图 12）

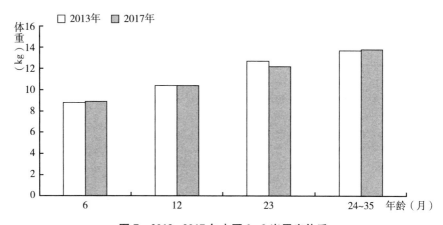

图 7　2013~2017 年中国 0~3 岁男童体重

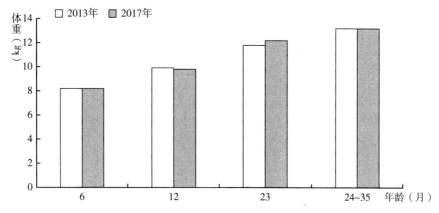

图 8　2013~2017 年中国 0~3 岁女童体重

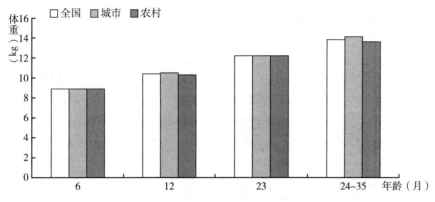

图 9　2017 年中国城乡 0~3 岁男童平均体重

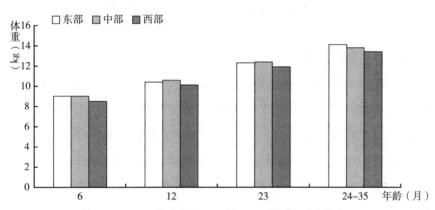

图 10　2017 年中国不同区域 0~3 岁男童平均体重

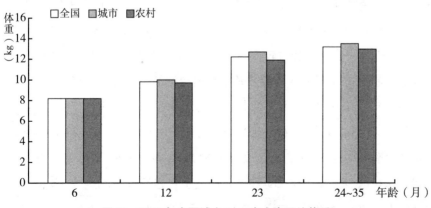

图 11　2017 年中国城乡 0~3 岁女童平均体重

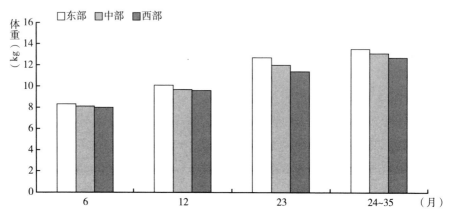

图12 2017年中国不同区域0～3岁女童平均体重

（3）是否生长迟缓

采用WHO 2006年生长发育标准生长迟缓来衡量，年龄别身高Z评分（HAZ）＜-2为生长迟缓。2013年我国0～5月龄婴幼儿生长迟缓率平均为5.3%，男、女童分别为6.1%、4.5%，城市、农村分别为2.7%、7.5%；6～11月龄婴幼儿生长迟缓率平均为4.9%，男、女童分别为6.3%、3.3%，城市、农村分别为2.5%、6.8%；12～23月龄婴幼儿生长迟缓率平均为9.9%，男、女童分别为11.9%、7.5%，城市、农村分别为6.1%、13.1%；24～35月龄婴幼儿生长迟缓率平均为9.3%，男、女童分别为9.8%、8.6%，城市、农村分别为4.1%、13.5%。大城市、中小城市、普通农村儿童生长迟缓率在1岁内维持在相对较低水平，1岁时达到最高，随后依然维持在较高水平，贫困农村24～35月龄儿童生长迟缓率最高，为23.7%。

2017年我国0～11月龄婴幼儿生长迟缓率平均为3.3%，男、女童分别为3.9%、2.6%，城市、农村儿童分别为2.6%、3.8%；12～23月龄婴幼儿生长迟缓率平均为6.7%，男、女童分别为8.4%、4.8%，城市、农村儿童分别为5.6%、7.6%；24～35月龄婴幼儿生长迟缓率平均为5.1%，男、女童分别为5.2%、5.0%，城市、农村儿童分别为3.8%、6.0%。

从监测数据可以看出，我国0～3岁儿童各个年龄阶段的生长迟缓率均有显著降低，其中12~23月龄婴幼儿生长迟缓率由9.9%下降到6.7%，24~35月龄婴幼儿生长迟缓率由9.3%下降到5.1%，男童的生长迟缓率均高于女童，农村儿童的生长迟缓率均高于城市儿童。在各个年龄阶段，以12~23月龄婴幼儿的生长迟缓率最高，其中2013年为9.9%，2017年为6.7%。

（4）低体重

低体重的判定采用WHO 2006年生长发育标准，年龄别体重Z评分（WAZ）<-2为低体重。2013年我国0~3岁儿童低体重率维持在1.6%~2.6%，其中0~5月龄婴幼儿低体重率为1.7%，男、女童分别为2.0%、1.3%，城市、农村儿童分别为0.9%、2.4%；6~11月龄婴幼儿低体重率为1.6%，男、女童分别为2.2%、0.8%，城市、农村儿童分别为0.8%、2.2%；12~23月龄婴幼儿低体重率为1.9%，男、女童分别为1.8%、1.9%，城市、农村儿童分别为1.1%、2.4%；24~35月龄婴幼儿低体重率为2.6%，男、女童分别为2.8%、2.3%，城市、农村儿童分别为1.8%、3.2%。

2017年我国0~3岁儿童低体重率维持在1.4%~2.4%，其中0~11月龄婴幼儿低体重率为1.4%，男、女童分别为1.6%、1.2%，城市、农村儿童分别为1.0%、1.6%；12~23月龄婴幼儿低体重率为2.4%，男、女童分别为2.5%、2.2%，城市、农村儿童分别为2.5%、2.2%；24~35月龄婴幼儿低体重率为1.8%，男、女童分别为1.7%、1.9%，城市、农村儿童分别为1.1%、2.3%。

与2013年相比，2017年0~3岁儿童低体重率整体有所降低，其中0~11月龄及24~35月龄婴幼儿低体重率均有所下降，但12~23月龄婴幼儿低体重率从1.9%增长到2.4%，12~23月龄男、女童低体重率均有不同程度的增长。

（5）消瘦

消瘦的判定采用WHO 2006年生长发育标准，身长别体重Z评分（WHZ）<-2为消瘦。2013年我国0~3岁儿童消瘦率维持在1.6%~3.1%，其中0~5月龄婴幼儿消瘦率为3.1%，男、女童分别为2.8%、3.5%，城

市、农村儿童分别为 1.3%、4.7%；6~11 月龄婴幼儿消瘦率为 1.7%，男、女童分别为 1.9%、1.3%，城市、农村儿童分别为 0.6%、2.4%；12~23 月龄婴幼儿消瘦率为 1.7%，男、女童分别为 1.9%、1.4%，城市、农村儿童分别为 1.0%、2.2%；24~35 月龄婴幼儿消瘦率为 1.6%，男、女童分别为 1.7%、1.5%，城市、农村儿童分别为 1.3%、1.9%。

2017 年我国 0~3 岁儿童消瘦率维持在 1.8%~2.5%，其中 0~11 月龄婴幼儿消瘦率为 2.5%，男、女童消瘦率均为 2.5%，城市、农村儿童分别为 2.0%、2.8%；12~23 月龄婴幼儿消瘦率为 1.8%，男、女童分别为 1.9%、1.6%，城市、农村儿童分别为 1.6%、2.0%；24~35 月龄婴幼儿消瘦率为 1.9%，男、女童分别为 1.8%、2.0%，城市、农村儿童分别为 1.4%、2.2%。

对比 2013 年和 2017 年的数据发现，我国 12~35 月龄婴幼儿的消瘦率有所上升，不论哪个年龄段，农村儿童的消瘦率均显著高于城市儿童。

（6）超重

超重的判定采用 WHO 2006 年生长发育标准，身长别体重 Z 评分（WHZ）≥2 为超重。2013 年我国 0~3 岁儿童的超重率维持在 6.0%~13%，城市儿童的超重率维持在 4.9%~12.7%，农村儿童的超重率维持在 4.5%~13.2%。其中 0~5 月龄婴幼儿的超重率最高为 13.0%，6~11 月龄婴幼儿的超重率为 11.1%，12~23 月龄婴幼儿的超重率为 8.3%，24~35 月龄婴幼儿的超重率最低为 6.0%。

2017 年我国 0~3 岁儿童的超重率维持在 4.5%~9.6%，城市儿童的超重率维持在 4.3%~8.9%，农村儿童的超重率维持在 4.6%~10.0%。其中 0~11 月龄婴幼儿的超重率为 9.6%，12~23 月龄婴幼儿的超重率为 7.2%，24~35 月龄婴幼儿的超重率为 4.5%。

从整体数据可以看出，我国 0~3 岁儿童的超重率有显著下降。不论城市还是农村，在 3 岁以前，随着年龄增加，超重率呈现下降趋势；在各年龄阶段，男童超重率总体高于女童。

（7）肥胖

肥胖的判定采用 WHO 2006 年生长发育标准，身长别体重 Z 评分

（WHZ）≥3 为肥胖。2013 年我国 0~3 岁儿童的肥胖率维持在 1.6%~5.8%，其中 0~5 月龄婴幼儿的肥胖率为 5.8%，6~11 月龄婴幼儿的肥胖率为 3.8%，12~23 月龄婴幼儿的肥胖率为 2.5%，24~35 月龄婴幼儿的肥胖率为 1.6%。2017 年我国 0~3 岁儿童的肥胖率维持在 2.3%~4.9%，其中 0~11 月龄婴幼儿的肥胖率为 4.9%，12~23 月龄婴幼儿的肥胖率为 2.9%，24~35 月龄婴幼儿的肥胖率为 2.3%。

随着年龄增加，我国 0~3 岁儿童的肥胖率呈下降趋势，男童的肥胖率高于女童。2017 年相比于 2013 年，我国 0~3 岁儿童的肥胖率总体有所上升，其中 12~23 月龄婴幼儿的肥胖率上升为 2.9%，24~35 月龄婴幼儿的肥胖率上升为 2.3%。

2. 贫血状况

（1）血红蛋白水平

2013 年，我国 6~23 月龄婴幼儿血红蛋白水平为 120.6g/L，城市、农村儿童血红蛋白水平均为 120.6g/L。2017 年我国 6~23 月龄婴幼儿血红蛋白平均水平为 113.2g/L，男、女童血红蛋白水平分别为 113.2g/L、113.3g/L，城市、农村儿童血红蛋白水平分别为 115.1g/L、112.0g/L。对比发现 2017 年我国 6~23 月龄婴幼儿的血红蛋白水平显著降低。

（2）贫血情况

2013 年我国 6~23 月龄婴幼儿贫血率为 14.4%，城市、农村儿童贫血率分别为 16.9%、17.3%。2017 年我国 6~23 月龄婴幼儿贫血率为 36.9%，城市、农村婴幼儿贫血率分别为 29.5%、42%，东部地区婴幼儿贫血率为 31.4%，中部和西部婴幼儿贫血率在 41.4%~42%。农村婴幼儿贫血率显著高于城市婴幼儿贫血率，中部和西部地区婴幼儿贫血率显著高于东部地区婴幼儿贫血率。这提示：该年龄组儿童，特别是处于辅食添加期时，发生贫血风险高，需要特别给予关注。

3. 微量营养素状况

铁、维生素 A、碘等营养素是中国儿童容易缺乏的必需微量营养素，必需微量营养素缺乏对儿童的营养和健康状况将会产生负面的影响。

（1）维生素 A 营养状况

2011 年，对中国西部 6 省份贫困农村 5 岁以下儿童维生素 A 水平进行比较发现，随着月龄增加，维生素 A 缺乏率下降，6~11 月龄婴幼儿维生素 A 缺乏率最高（26.8%），12~23 月龄婴幼儿维生素 A 缺乏率为 23.8%，24~35 月龄婴幼儿维生素 A 缺乏率出现明显下降（18.0%）[1]，可能的原因为婴幼儿在 6 个月后，对各种营养素的需求增加，如果辅食添加不及时或不合格，将会导致维生素 A 的缺乏。

（2）铁营养状况

铁是人体内重要的微量元素之一，3 岁以下的婴幼儿由于机体发育需求旺盛，对铁元素的需求较大，更易发生营养性缺铁性贫血。一项研究对 350 例 3 岁以下营养性缺铁性贫血婴幼儿进行血清蛋白水平测定，其中 0~1 岁婴幼儿共 120 例，血清蛋白水平为（22.37±16.72）μg/L，铁缺乏症检出率为 40.83%；1~2 岁婴幼儿共 120 例，血清蛋白水平为（22.01±15.66）μg/L，铁缺乏症检出率为 27.5%；2~3 岁婴幼儿共 110 例，血清蛋白水平为（39.85±15.23）μg/L，铁缺乏症检出率为 11.82%[2]。由数据可以看出，3 岁以下婴幼儿，随着年龄的增长体内铁贮存量增大，看护人应及时给婴幼儿补充营养，预防婴幼儿营养性缺铁性贫血。

（3）锌营养状况

锌的缺乏会导致儿童出现食欲低下、细胞免疫低下及生长发育迟缓等症状。一项重庆市 6681 例儿童血清锌情况缺乏分析发现，0~1 岁婴幼儿血清锌含量为 15.9±3.9μmol/L，1~3 岁婴幼儿血清锌含量为 15.6±4.1μmol/L，0~3 岁儿童血清锌高于 3 岁及以上儿童，血清锌缺乏的水平随年龄增加而提高[3]。

① 张继国、张兵、杜文雯等：《中国西部 6 省（区）贫困农村 5 岁以下儿童维生素 A 缺乏状况分析》，《中华流行病学杂志》2011 年第 12 期。

② 李立梅、刘术文、谭冲：《婴幼儿血清铁蛋白检测在营养性缺铁性贫血中的应用研究》，《中国继续医学教育》2018 年第 1 期。

③ 陈华琼、张渝美：《重庆市 6681 例儿童血清中部分微量及宏量元素情况分析》，《重庆医学》2006 年第 3 期。

（二）婴幼儿喂养状况

1. 母乳喂养状况

母乳含有丰富的营养素、免疫活性物质和水分，能够满足0~6个月婴儿生长发育所需要的全部营养，有助于婴幼儿大脑发育，降低婴儿感冒、腹泻等基本的风险，降低儿童日后出现超重和肥胖的风险。

中国居民营养与健康状况监测报告（2010~2013）统计，中国6月龄内婴儿的纯母乳喂养率平均为20.8%，低于2013年联合国儿童基金会发布的《世界儿童状况》中发展中国家0~6月龄婴儿纯母乳喂养率（39%）。中国2013年监测数据显示，随着月龄的增加，纯母乳喂养率逐步下降。0月龄、1~3月龄、4月龄、5月龄婴儿的纯母乳喂养率分别为30.1%、24.6%、17.7%、12.6%。可以看出，随着月龄增加，6月龄内婴儿的纯母乳喂养率呈明显下降趋势。6月龄内城市和农村的纯母乳喂养率分别为19.6%、22.3%，城市的纯母乳喂养率明显低于农村。

中国儿童与乳母营养健康监测（2016~2017年）显示，2016~2017年中国6月龄内婴儿的纯母乳喂养率为34.1%，城市和农村均为34.1%，东部、中部、西部地区纯母乳喂养率分别为34.7%、35.1%和32.6%。农村地区，4月龄以下婴儿纯母乳喂养率为43.6%，4~6月龄婴儿纯母乳喂养率为24.8%[①]。

从以上数据可以看出，近10年来，我国的母乳喂养情况有明显改善，但相比《中国儿童发展纲要（2021—2030年）》和《国民营养计划（2017—2030年）》中6月龄内婴儿纯母乳喂养率达到50%以上的目标还存在差距。

2. 辅食添加状况

婴幼儿6个月后应该科学添加辅食，母乳已经不能满足婴幼儿对能量及营养素的需求，合理的辅食添加是婴幼儿获得充足营养、健康成长的基础，也是增强婴幼儿心理行为能力、预防其成年期疾病的重要保障。

[①] 王玉英、于冬梅、段一凡等：《2016—2017年中国6~23月龄婴幼儿喂养状况》，《卫生研究》2023年第5期。

2013 年我国 6~8 月龄婴幼儿辅食添加及时率为 82.3%，其中城市和农村分别为 89.4%、73.6%。我国婴幼儿辅食种类多样化达到推荐标准的比例为 52.5%，其中城市和农村分别为 65.5%、39.8%，辅食添加次数达到推荐频次的比例为 69.8%，其中城市和农村分别为 79.1%、60.6%。

2017 年中国居民营养与健康状况监测报告显示，我国 6~8 月龄婴幼儿辅食添加率为 75.4%，其中城市和农村分别为 80.7%、70.3%。我国 6~23 月龄婴幼儿辅食种类多样化达到推荐标准的比例为 60.6%，婴幼儿最低可接受膳食比例为 43.4%，城市婴幼儿该比例在 50% 以上，农村婴幼儿低于 40%，贫困农村婴幼儿最低（为 30.1%）。

分析近 10 年来的监测数据发现，我国 6~23 月龄婴幼儿喂养状况有所改善，辅食添加比较及时，婴幼儿达到最低辅食多样性标准的比例有显著提升。但 6~8 月龄婴幼儿合理辅食添加及时率有所下降，下降 6.9 个百分点，其中城市和农村婴幼儿合理辅食添加及时率分别下降 8.7 和 3.3 个百分点。（见图 13）

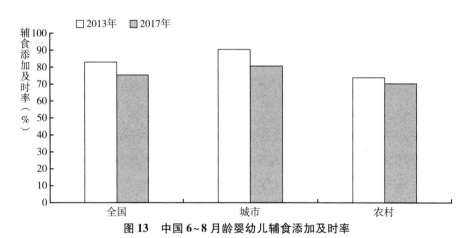

图 13　中国 6~8 月龄婴幼儿辅食添加及时率

（三）0~3 岁儿童微量营养素摄入情况

1. 维生素 A 摄入状况

WHO 确认维生素 A 缺乏症是世界四大营养缺乏病之一，我国为中度儿童维生素 A 缺乏国家[①]。2013 年数据统计显示，我国 0~5 月龄、6~11 月龄、12~23 月龄婴幼儿每日维生素 A 摄入量分别为 130.9μgRAE、119.1μgRAE、117.0μgRAE。2 岁和 3 岁婴幼儿每日维生素 A 摄入量的均值分别为 141.3μgRAE、151.1μgRAE。据 2019~2021 年科技部基础资源调查专项"中国 0~18 岁儿童营养与健康系统调查与应用项目"统计，我国 6~11 月龄、12~23 月龄婴幼儿每日维生素 A 摄入量分别为 83.7~100.3μgRAE、154.7~180.4μgRAE。6~11 月龄婴幼儿每日维生素 A 摄入量有所降低，12~23 月龄婴幼儿每日维生素 A 摄入情况有很大的改善。可以看出近 10 年来，我国 0~3 岁儿童的维生素 A 摄入不足的风险仍然较高。

2. 铁摄入状况

2013 年我国 0~5 月龄、6~11 月龄、12~23 月龄婴幼儿每日膳食铁摄入量分别为 1.9mg、2.8mg、4.2mg，2 岁、3 岁婴幼儿的每日膳食铁的摄入量分别为 8.5mg、9.4mg。据 2019~2021 年科技部基础资源调查专项"中国 0~18 岁儿童营养与健康系统调查与应用项目"统计，我国 6~11 月龄、12~23 月龄婴幼儿每日膳食铁摄入量分别为 1.3~2.2mg、3.5~5.3mg。相比于 2013 年，我国 6~11 月龄婴幼儿每日膳食铁摄入量有所降低，需特别关注。

3. 锌摄入状况

2013 年我国 0~5 月龄、6~11 月龄、12~23 月龄婴幼儿每日膳食锌摄入量分别为 1.2mg、1.6mg、2.4mg，2 岁、3 岁婴幼儿每日膳食锌摄入量分别为 4.5mg、4.9mg。2019~2021 年科技部基础资源调查专项"中国 0~18 岁儿童营养与健康系统调查与应用项目"统计数据显示：我国 6~11 月龄、12~23 月龄婴幼儿每日膳食锌摄入量分别为 0.7~1.4mg、3.5~5.3mg。相比 2013 年，我国 6~11 月龄婴幼儿每日膳食锌摄入量有所降低，12~23 月龄婴幼儿每日膳食锌摄入量有很大提升。

[①] 林良明、刘玉琳、马官福等：《中国六岁以下儿童维生素 A 缺乏情况调查》，《中华预防医学杂志》2002 年第 5 期；华天懿：《维生素 A 缺乏对儿童生长发育的影响及我国儿童维生素 A 营养现状》，《中国儿童保健杂志》2005 年第 6 期。

（四）0~3岁儿童的健康状况

1. 早产

2013年中国居民营养与健康状况监测报告显示，我国0~3岁儿童早产率为10%，男童和女童的早产率无差异，但不同年龄组、城乡、母亲文化程度和家庭人均收入的儿童早产率有显著差异。其中，不同年龄组儿童早产率显著不同，12~23月龄婴幼儿早产率最高（10.8%），0~11月龄婴幼儿次之（10.6%），24~35月龄婴幼儿早产率最低（8.8%）。2017~2021年，北京某三甲医院分娩的新生儿数为16525例，早产儿数为890例，从2017年至2021年的早产率分别为6.5%、6.3%、6.4%、8.2%和6.0%[①]。2020~2021年，对云南省某市孕产妇的基本情况和分娩结果进行统计分析，发现7302名孕妇中发生早产的有477例，早产率为6.53%[②]。

不同年龄组、生活地区、母亲文化程度、家庭收入等均为影响儿童早产率的重要因素，从研究数据可以发现，近些年我国儿童早产率有一定程度的下降，但仍然维持在较高水平，应加强对孕妇的护理及产前保健，提高对先兆早产信号的识别能力，关注孕妇的心理健康，从而降低早产率。

2. 低出生体重

2013年我国0~3岁儿童低出生体重率介于3.2%~3.5%，其中0~11月龄婴幼儿低出生体重率为3.2%，男、女童分别为2.9%、3.5%，城市、农村分别为3.6%、2.8%；12~23月龄婴幼儿低出生体重率为3.4%，男、女童分别为3.2%、3.7%，城市、农村分别为3.3%、3.5%；24~35月龄婴幼儿低出生体重率为3.5%，男、女童分别为3.1%、3.9%，城市、农村分别为3.2%、3.8%。

① 万艳、龙燕、郝增平：《北京某三甲医院近5年早产发生状况及变化趋势的临床分析》，《中国医刊》2022年第11期。

② 彭朴仙、王丽苹、李宏等：《基于母婴健康队列的早产发生率及其影响因素》，《昆明医科大学学报》2023年第5期。

3. 腹泻和呼吸系统疾病

（1）过去两周呼吸系统疾病患病率

2013年中国居民营养与健康状况监测报告显示，我国0~11月龄婴幼儿过去两周呼吸系统疾病患病率为17.4%，12~23月龄婴幼儿过去两周呼吸系统疾病患病率为23.8%，24~35月龄婴幼儿过去两周呼吸系统疾病患病率为20.7%。在不同年龄阶段，城市儿童和农村儿童的过去两周呼吸系统疾病患病率有显著差异，城市患病率显著高于农村。

2020年，全国第六次卫生服务统计调查数据显示，0~23月龄婴幼儿过去两周呼吸系统疾病患病率为15.6%，相比2013年我国0~23月龄婴幼儿的过去两周呼吸系统疾病患病率有了明显下降。

（2）过去两周腹泻患病率

2013年中国居民营养与健康状况监测报告显示，0~11月龄、12~23月龄婴幼儿过去两周腹泻患病率均为12.6%，24~35月龄婴幼儿过去两周腹泻患病率为7.1%。在不同年龄阶段，城市儿童和农村儿童的过去两周腹泻患病率有显著差异，城市儿童患病率显著高于农村。

2020年，全国第六次卫生服务统计调查数据显示，0~23月龄婴幼儿的过去两周腹泻患病率为1.3%，其中城市、农村分别为1.3%、1.4%，相比2013年我国0~23月龄婴幼儿的过去两周腹泻患病率有了显著下降。

4. 食物过敏自报率

2013年中国居民营养与健康状况监测报告显示，我国0~11月龄婴幼儿食物过敏自报率为2.7%，12~23月龄儿童的食物过敏自报率为4.2%，24~35月龄婴幼儿的食物过敏自报率为4.4%。城乡之间食物过敏自报率有显著差异，其中0~11月龄婴幼儿食物过敏自报率城市、农村分别为4.5%、1.3%；12~23月龄婴幼儿食物过敏自报率城市、农村分别为7.0%、1.9%；24~35月龄婴幼儿食物过敏自报率城市、农村分别为6.4%、2.7%。各个年龄阶段的过敏食物以虾、鸡蛋、蟹、鱼、牛奶及奶制品为主。

2017年，对全国31个城市48267名0~3岁儿童进行食物过敏患病情况调查，结果显示0~3岁儿童食物过敏自报率在4%~7%，主要过敏食物为牛

奶和鸡蛋①。通过对比可以看出，近年来，我国0~3岁儿童食物过敏患病率呈上升趋势。

二 我国贫困地区儿童营养改善项目及效果

20世纪90年代，我国进入小康社会，儿童的温饱状况得到明显改善，但也同时凸显营养素缺乏导致营养不良的问题，其中，尤以贫困农村6~35月龄儿童营养不良情况最为严重，主要表现为：母乳喂养率低下、孕妇营养不良、辅食营养不足，进而导致贫困农村儿童贫血率和生长迟缓率大幅上升，婴幼儿蛋白质及微量营养素严重不足。从《中国居民营养与慢性病状况报告（2015年）》可以看出我国农村儿童的低体重率和生长迟缓率是城市儿童的2~3倍，6~11月龄、12~23月龄婴幼儿的贫血率分别为28.5%、15.7%②。

（一）贫困地区儿童营养改善项目

在我国贫困地区，婴幼儿存在严重的蛋白质和微量营养素缺乏问题，这也是发展中国家普遍存在的婴幼儿营养素缺乏现象。由中国预防医学科学院和国家生命科学学会中国办事处结合我国贫困地区的具体情况，提出用营养强化辅食来对婴幼儿进行营养干预，2001~2003年，由陈春明教授带队在我国甘肃省5个贫困县开展营养辅食干预研究，对4~12月龄婴幼儿分别进行配方1产品（富含蛋白质和铁、锌、钙等5种微量营养素）、配方2产品（米粉）干预，两种配方的能量大约相同，同时给予适量的维生素A补充，整个项目共计1500名婴幼儿参加了观察。这是我国最早进行的营养强化辅食干预研究，由此产生了营养包产品。

在2008年的地震救灾工作中，由卫生部疾控局牵头，在GAIN支持下，

① 解洪丽、邵明军、刘传合等：《全国31个城市儿童食物过敏自我报告率调查》，《国外医学：儿科学分册》2017年第9期。
② 国家卫生计生委疾病预防控制局：《中国居民营养与慢性病状况报告（2015年）》，人民卫生出版社，2016。

由中国疾病预防控制中心食物强化办公室（FFO）与四川省卫生厅以及地震灾区的县政府一同开展了营养包营养干预项目。2008年12月首个辅食营养补充品的国家标准《GB/T 22570—2008 辅食营养补充品通用标准》也在2008年12月15日发布。2010年，在联合国儿童基金会支持下，相关部门对全国所有地震灾区，包括甘肃、陕西和四川三省8县约3万名6~23月龄婴幼儿进行干预，取得了良好的干预效果。

2012年，国家计生委和全国妇联联合开展了"贫困地区儿童营养改善试点项目"，针对6~23月龄婴幼儿，每天发放1包婴幼儿营养包（富含蛋白质和9种微量元素），同时开展科普知识宣传教育，普及婴幼儿喂养知识，提高科学喂养婴幼儿技能。2013年，项目扩大为"贫困地区儿童营养改善项目"，覆盖地区从2013年21个省份300个县增加到2021年22个省份991个县，累计受益婴幼儿数量达1365万名。2014~2015年，国家相继颁布了《GB 22570—2014 食品安全国家标准　辅食营养补充品》《GB 31601—2015 食品安全国家标准　孕妇乳母营养补充食品》。2017年，我国发布《国民营养计划（2017—2030年）》，将生命早期1000天营养行动和贫困地区营养改善行动列入六大行动中。在相应的政策、法规和标准的支持下，我国的营养包项目已经成为全球最大的贫困地区早期儿童国家营养干预项目[①]。

（二）营养包干预地区6~23月龄儿童营养改善效果

中国疾病预防控制中心营养与健康所受国家卫健委妇幼司委托对项目实施效果进行监测评估。项目采用PPS抽样方法，2020年累计监测贫困地区6~23月龄婴幼儿达20万名，建立了我国贫困地区婴幼儿营养状况变化数据库[②]。

---

① 霍军生：《营养包——从科学研究到贫困地区婴幼儿营养干预》，《卫生研究》2021年第3期。

② Wang L., Huo J., Wei Y., Tang Y., Sun J., Huang J., Yingyangbao Reduced Anemia among Infants and Young Children Aged 6-23 Months When Delivered through a Large-Scale Nutrition Improvement Program for Children in Poor Areas in China from 2015 to 2020. *Nutrients*. 2023 Jun 5; 15 (11): 2634.

1. 体格发育

我国贫困地区6~23月龄儿童的生长迟缓率和低体重率均有显著的下降，其中生长迟缓率从2012年的9.7%降低为2020年的5.3%；低体重率从2012年的4.0%降低为2020年的2.9%。不同年龄阶段的生长迟缓率和低体重率均有不同幅度的下降，其中6~11月龄婴幼儿的生长迟缓率从2012年的5.5%降低为2020年的4.1%，12~17月龄婴幼儿的生长迟缓率从2012年的10.8%降低为2020年的5.8%，18~23月龄儿童的生长迟缓率从2012年的13.7%降低为2020年的6.1%；6~11月龄儿童的低体重率从2012年的3.7%降低为2020年的2.8%，12~17月龄儿童的低体重率从2012年的3.9%降低为2020年的3.1%，18~23月龄儿童的低体重率从2012年的4.7%降低为2020年的2.8%。（见图14、图15）

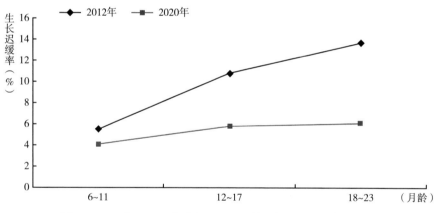

图14　2012年、2020年中国6~23月龄婴幼儿生长迟缓率变化

2. 血红蛋白及贫血

我国贫困地区6~23月龄儿童的血红蛋白水平有明显的提高，在不同月龄阶段内血红蛋白水平都呈稳定增长趋势，其中2020年的血红蛋白浓度增幅最大（见表1）。

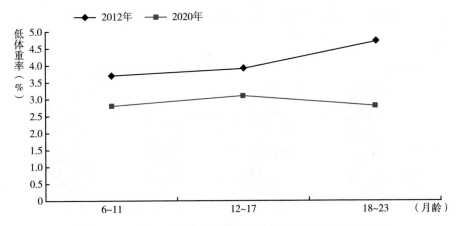

图15　2012年、2020年中国6~23月龄婴幼儿低体重率变化

表1　2015~2020年营养包监测地区6~23月龄儿童血红蛋白水平

单位：g/L

月龄	2015年	2017年	2018年	2019年	2020年
6~11	112.2±12.6	113.3±12.1	114.3±12.4	115.1±11.7	115.9±11.6
12~17	114.5±13.0	115.3±12.7	116.0±12.5	116.9±12.1	117.9±11.9
18~23	118.4±12.4	118.8±12.3	119.1±12.2	120.0±11.9	120.9±11.6
6~23	115.1±12.9	115.8±12.6	116.6±12.5	117.4±12.0	118.3±11.9

　　我国项目干预贫困地区6~23月龄儿童的贫血率从2015年的29.7%下降到2020年的18.1%，其中6~11月龄儿童的贫血率从2015年的37.8%下降到2020年的23.1%，12~17月龄儿童的贫血率从2015年的31.1%下降到19.0%，18~23月龄儿童的贫血率从2015年的20.3%下降到12.3%。从数据可以看出，我国贫困农村6~23月龄儿童的贫血率有显著下降（见图16）。

　　营养包干预地区6~23月龄儿童的整体健康状况得到明显改善，儿童贫血率、生长迟缓率、低体重率均有显著下降，儿童看护人科学喂养知识及喂养技能有了较大的提升，婴幼儿辅食添加及时率、添加频次、添加种类均有所提升，我国贫困地区儿童营养改善项目取得了很大的成就。

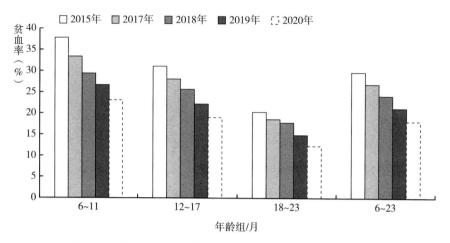

图 16　2015~2020 年贫困地区儿童营养改善项目全国营养包
干预地区 6~23 月龄儿童贫血率

三　中国0~3岁儿童营养健康发展面临的
挑战及政策建议

过去 10 年来，我国 0~3 岁儿童的营养改善取得显著成就，与 2013 年相比，儿童体格发育、母乳及辅食喂养情况均有明显改善，儿童生长迟缓率也呈逐年下降的趋势，目前已达到《中国食物与营养发展纲要（2014—2020 年）》《健康中国行动（2019—2030 年）》的发展目标，但随着国民经济水平的提高，居民的膳食结构发生改变，由初期的以营养不良为主的营养缺乏，转变为现在高能量、高脂肪摄入的膳食状况，尤其是在城市地区，超重、肥胖等一些与饮食营养相关的疾病开始呈增长趋势，我国 0~3 岁儿童的营养与健康方面仍然存在许多问题及挑战。

（一）问题与挑战

1. 微量营养素不足仍普遍存在

铁、锌、钙、VD 是 0~3 岁儿童缺乏的主要微量元素。2020 年一项研究显示，在0~1岁、1~3岁儿童中，锌缺乏率分别为14.71%、20.00%，铁缺乏率分别为35.29%、13.33%，锌缺乏率处于较高水平，铁缺乏率0~1岁婴幼儿最高；同时研究显示，0~1岁婴幼儿钙缺乏率显著高于1~3岁儿童，可能的原因是维生素D缺乏，加上婴幼儿户外活动较少，影响了钙元素吸收。

2. 儿童肥胖、超重率持续上升

随着我国居民营养水平的提高，0~3岁儿童肥胖率不断上升，儿童超重和肥胖的问题日益凸显，由肥胖带来的发病率持续攀升，已经成为严重的公共卫生问题。2013年我国0~5岁儿童肥胖率为3.1%，城市、农村分别为3.3%和2.9%；2017年我国0~5岁儿童肥胖率为3.6%，城市、农村分别为3.4%和3.7%，可以看出2017年我国0~5岁儿童肥胖率有所上升，尚未达到《中国食物与营养发展纲要（2014—2020年）》和《"健康中国2030"规划纲要》中提到的居民肥胖增长速度明显下降的要求。

3. 部分农村地区儿童贫血问题显著

《中国食物与营养发展纲要（2014—2020年）》指出，到2020年，全国5岁以下儿童贫血率控制在12%以下，《健康中国行动（2019—2030年）》中要求，到2022年和2030年，我国5岁以下儿童贫血率分别低于12%和10%。根据中国居民营养与健康状况监测报告，2013年、2017年我国0~5岁儿童贫血率分别为11.6%、21.2%，贫血率呈上升趋势，距离纲要规定的12%以下目标有一定差距，尤其在我国6月龄到2岁儿童中，农村地区、西部地区儿童的贫血率均在较高水平。

4. 纯母乳喂养率不足

母乳是婴儿最理想的天然食物，婴儿在出生后应第一时间纯母乳喂养，在6个月后逐渐添加富含铁的泥糊状食物。监测结果显示，2013年中国6月龄内婴儿的纯母乳喂养率为20.8%，2017年为34.1%；2019年我国农村地区6月龄内婴儿纯母乳喂养率为28.3%，可以看出，近10年来中国婴幼儿的母乳喂养情况堪忧，与《中国儿童发展纲要（2021—2023年）》《国民营养计划（2017—2030年）》所确立的50%以上的目标还存在相当大的

距离。

5. 辅食添加合格率较低

近10年来，我国儿童辅食添加及时率、辅食添加种类多样化和辅食频次合格率均不理想，且城乡之间差异显著，尤其表现为农村地区辅食添加状况不佳。婴幼儿母亲的年龄、文化程度、经济水平均为影响因素，2013年调查显示，90.4%的城市儿童在6~8月龄开始添加辅食，而农村儿童这一比例为73.9%。2014~2020年辅食添加合格率仍然偏低，中国2岁以下儿童喂养水平亟待提高。

（二）建议与策略

1. 完善政策标准体系

继续落实《健康中国行动（2019—2030年）》《"健康中国2030"规划纲要》中关于儿童营养与健康的指导要求，全面实施《国民营养计划（2017—2030年）》，推动新一轮《中国儿童发展纲要》《中国食物与营养发展纲要》的制定，推进孕期保健管理办法、孕期和儿童保健工作规范的有效实施。

确立我国孕产妇和婴幼儿母乳喂养及辅食添加指南，规范我国婴幼儿产品的管理，建立以食品安全为基础的营养健康标准体系，完善有利于儿童发展的法规政策体系，构建定期监测、分类指导的儿童营养体系，完善儿童营养监测管理制度，确保儿童营养服务在行政管理、监督检查和技术规范等方面实现有据可查、有法可依，为提高中国儿童营养与健康水平提供政策依据。

2. 强化营养与食品安全监测、评估与干预

继续开展全国性的儿童营养与健康监测与干预工作，定期发布中国居民营养与健康状况监测报告，加强0~3岁儿童发展监测和信息分析，控制儿童营养不良及营养缺乏疾病增长。对中西部地区、贫困农村等重点地区实施儿童营养干预，尤其是加强6月龄内婴幼儿纯母乳喂养、6~24月龄婴幼儿辅食喂养等膳食指导与宣传教育，控制0~3岁儿童营养性疾病的发生率，保障婴幼儿对营养素的需求，强调科学喂养的重要性，降低儿童的超重率和肥胖率。

3. 加强机构和队伍建设，提高公共卫生服务能力

目前，城市与农村之间、东部和中西部地区之间存在较大的差异，应加强对贫困地区卫生机构的建设、加强儿童医疗卫生机构建设，特别是在基层和乡村振兴地区，应规范建设妇幼保健机构内的营养相关业务科室，以促进妇幼保健系统中的营养机构发展。增加在人员、设备和资金等方面的投入，确保儿童营养健康服务的规范执行，扩大儿童营养健康服务的覆盖范围。

提升公共卫生服务能力，为妇幼保健机构提供专门的儿童营养服务能力培训，切实提升各级妇幼保健机构在儿童营养服务方面的专业水平。加强产科及儿科人才培养，开展新生儿访视、婴幼儿定期监察等，针对儿童、家长和老师开展形式多样的儿童营养保健知识科普活动，进一步加强饮食教育和营养健康宣教，推动新生儿纯母乳喂养、婴幼儿辅食喂养的适宜措施和技术的开发与应用。创新爱婴医院管理，预防和干预儿童肥胖、营养素缺乏症等问题。继续推进"好妈妈营养教学厨房"的建立，建设能指导家庭行动的科普指导平台，加强营养师培养，在社区、妇幼保健机构等配备营养指导员、康复师，加强卫生保健业务指导和监督作用。要提高国民营养素质，加强0~3岁儿童健康管理，引入面向特殊家庭的心理健康服务。

4. 持续推进营养改善项目，拓展服务领域

在继续做好现有各项儿童营养保健服务基础上，进一步推进孕妇和乳母营养改善项目，持续推进脱贫地区和中西部地区儿童营养改善项目，开展"儿童早期发展推广试点项目"，采取营养干预措施，提高营养包服用率，改变脱贫地区儿童生长迟缓、缺铁性贫血及营养素缺乏等状况。持续扩大脱贫地区营养改善项目的覆盖范围，以中西部为重点，将儿童营养改善项目覆盖到所有脱贫县。动员社会各界加大健康扶贫开发力度，提高贫困地区儿童的食物消费水平，提高婴幼儿辅食添加种类的合格率，保证满足婴幼儿对蛋白质及各类营养素的需求，逐步改善脱贫地区儿童的营养健康状况。

5.加强科技创新，引领科技发展

第一，通过科学分析国内外形势及社会各界的需求，创新符合中国特色的儿童营养促进工作新模式。第二，重视相关领域基础科学研究，深化营养与生长、营养与发展、营养与疾病、营养与肠道菌群等领域的探索研究。第三，加强关键技术与产品的研发，促进产业、学术和研究的有机结合。第四，应加强技术集成与应用示范，促进产品在实际中的应用和推广。

B.4
早期脑智发育与干预研究的进展

陶沙 张寒 张海博 杨青*

摘 要： 0~3岁是脑发育、认知、语言、情感和社会性发展极为迅速的时期，既面临促进发展的巨大机遇，同时也存在显著的发展脆弱性。早期脑结构和功能网络发育异常是认知和社会情感问题的重要生物基础。脑结构发育具有较大可遗传度，同时贫困、长期压力等童年逆境经历也显著损害脑结构和功能网络发育。婴幼儿语言发展不仅受制于脑发育，也持续影响脑发育。本报告基于近期科学研究证据，阐释早期脑智发育特点和规律的研究进展，揭示早期发育干预新趋势。研究发现，发达国家在早期干预中高度关注提升家庭养育质量，现金补贴贫困家庭、培训家长提高养育敏感性和为机构养育儿童提供替代性家庭养育经验均有助于缓冲童年逆境因素对脑智发育的不利影响。中低收入国家亟须建立基于自身独特需求和自身主导的早期干预。我国针对农村婴幼儿身心发育迟缓的突出问题，积极借鉴国际经验，在入户一对一和小组干预家长养育行为方面均取得了显著成效。预测未来早期脑智发育与干预将呈现四个趋势：一是扩展人群的多样性和推进理解个体差异；二是以消除经验剥夺和毒性压力为优先；三是推动普遍的早期发育风险筛查；四是基于证据提高早期脑智发育干预的持续性和长效性。

关键词： 脑智发育 早期发育干预 婴幼儿

---

* 陶沙，博士，北京师范大学认知神经科学与学习国家重点实验室教授，中国心理学会常务理事、发展心理专业委员会主任，主要研究领域为儿童认知与语言学习、学校适应与脑发育。张寒，博士，上海科技大学生物医学工程学院研究员，脑疾病与智能计算实验室主任，主要研究领域为人脑网络与发育、脑疾病相关人工智能前沿技术和临床转化。张海博，北京师范大学认知神经科学与学习国家重点实验室博士研究生，主要研究领域为儿童认知与语言学习、脑发育。杨青，博士，上海科技大学生物医学工程学院高级工程师，主要研究领域为脑发育、队列建设。

一　早期脑智发育：重要研究前沿

人类婴幼儿时期（0～3岁）是大脑、语言、认知、社会情绪等高级功能发育的关键时期。研究人类婴幼儿脑智发育，对于理解人类高级功能的形成机制，以及促进婴幼儿健康成长具有重要意义。当前主流的"发育级联"假说认为，由于婴幼儿期大脑结构、功能和行为发育活跃，该阶段发育存在的问题可能会随着年龄的增长而加剧，与正常生长轨迹产生较大偏差。许多证据显示，大多数脑疾病可以追溯到婴儿期，因此揭示该时期影响大脑发育的遗传或环境因素，不仅有助于更好地理解脑智发育机制，而且具有重要的预防和干预价值。

对早期脑智发育的深入研究对促进儿童健康成长和提升国民人力资本意义重大。为深入贯彻《中共中央国务院关于优化生育政策促进人口长期均衡发展的决定》、落实《"健康中国2030"规划纲要》和《健康中国行动（2019—2030年）》，国家卫健委制定了《健康儿童行动提升计划（2021—2025年）》，明确加强对0～3岁儿童的健康管理，以建设心理和行为发育的评估为重点，促进儿童体格、认知、心理、情感、运动和社会适应能力全面发展。

深入认识早期脑智发育的规律还对研发脑科学和类脑前沿技术、促进产业升级及社会发展等具有重大战略意义。例如，科学家们对神经元如何编码、传导和储存神经信息有比较清楚的了解，但是尚不了解婴幼儿的意识、情绪、语言、智力等各种脑认知功能是如何产生和发展的。当前，因ChatGPT等大语言模型等类脑人工智能技术不断突破，其进一步发展需要更好了解人脑如何发育和学习，而早期脑发育正是发展类脑技术的重要参考。借助磁共振等非侵入性的成像技术对早期脑发育、学习、认知、语言、记忆等的机制研究，对研发保护脑、提升脑的新方法、新技术，实现大脑潜力的开发与损伤功能修复具有重要意义。

近10年来，随着脑科学技术的快速发展，特别是脑影像技术的进步，婴幼儿脑发育研究取得了重大进展。特别是美国率先开展的婴幼儿脑图谱（Baby Connectome Project，BCP）、健康脑与儿童发育研究（Healthy Brain and Child Development national consortium，HBCD）极大地推动认识人类婴幼儿脑发育的特点与科学规律。

我国积极参与到早期脑智发育的国际科学前沿探索中。国家"十三五""十四五"科技规划中一直将"脑科学"作为国家战略目标。我国"十四五"规划重点支持领域之一是"脑科学与类脑研究"，布局了脑智发育研究。习近平总书记在2021年中国科学院第二十次院士大会上明确指出，要在人工智能、生命健康、脑科学等前沿领域开展"战略性、储备性技术研发"，并"瞄准未来科技和产业发展的制高点"展开技术研究。虽然我国在国家层面布局脑智发育研究相对于美国、欧洲较晚，但由于人口、医疗、教育资源丰富，建立起多学科交叉、集成团队，因此可能具有后发优势。2021年9月，科技部发布《科技创新2030"脑科学与类脑研究"重大项目》指南，酝酿6年多的"中国脑计划"正式启动。"中国脑计划"重点围绕人脑早期发育、脑功能障碍和脑疾病等领域开展研究。其中早期脑智发育研究关注0~6岁婴幼儿脑结构、功能和连接的发育规律及其与语言和社会情绪发展的关系。

二　早期脑智发育研究的新进展

脑智发育涉及神经结构和功能发育、高级认知功能多个方面。近年来，对0~3岁儿童脑智发育特点、规律的研究取得了较为丰富的成果。本报告侧重概述脑灰质、白质、静息态网络发育及语言和社会情绪功能发展的研究进展。

（一）早期神经结构和功能发育

人类对早期脑发育的认识在相当大程度上得益于磁共振技术的发展。脑结构磁共振技术（Structural Magnetic Resonance Imaging，sMRI）捕捉大脑灰

白质体积、厚度、表面积等的变化，追踪婴幼儿早期发育过程中大脑的结构性改变，揭示脑形态学发育。脑弥散磁共振（Diffusion Magnetic Resonance Imaging，dMRI）利用大脑内水分子弥散运动特点，定量追踪早期发育过程中脑微观结构的变化，评估早期发育脑区间连接性。脑功能磁共振（Funtional Magnetic Resonance Imaging，fMRI）可以检测大脑的功能以及不同功能区之间连接的发育情况并据此描绘功能连接时空发育规律。上述多种无创脑影像技术在全世界的应用日趋广泛，不断获得和积累的脑结构图谱、功能连接图谱等，为认识早期脑智发育提供了重要技术支撑。

通过多种技术探究婴幼儿神经发育的宏观和微观过程，目前研究显示人脑在出生后到3岁经历巨大发展变化。在怀孕的第三周，胚胎的脑部开始逐渐发育；第四周，胚胎的细胞开始分化，产生了许多神经细胞，也被称为神经元，随后逐步形成了脑的结构；到了第17周，胎儿的脑部基本发育成了出生后可见的轮廓；到了40周时，胎儿的大脑内已经拥有大约860亿个神经元；在出生后的最初30个月中，脑的尺寸增加了3倍，脑的重量从成人的25%增加到了75%。以上事实表明，0～3岁是脑结构生长的重要时期。在脑功能方面，出生时大脑各个功能区以脑叶为界，内部连接较强，但随着发育过程中的突触修剪、轴突髓鞘化逐渐突破脑叶界限出现长程功能连接。例如，在3个月大婴儿中，已可以观察到视觉网络、听觉网络和运动网络的连接。随着儿童的成长，静息态脑功能网络中的节点和连接数目逐渐增多，网络的复杂性逐渐增加。随着时间的推移，儿童大脑的发育伴随着远程脑区之间的连接逐渐增强。在1～2岁时，大部分功能区域达到成人化的空间分布模式（但连接的强度和效率尚在发展）。大脑整体结构、功能、连接的早期发育，呈现先下后上、先后再前、先内再外的规律，各个功能系统的成熟以初级功能系统、次级功能系统、联合皮层的顺序展开（Baby Connectome Project 2024）。相应地，随着儿童年龄的增长，大脑越来越成熟，其可塑性仍存在，但同时需要注意的是实现可塑性需要付出的努力可能也越大。因此在大脑可塑性较强的儿童早期进行科学监测和干预具有重要价值。

大脑结构和功能特征可能是识别正常儿童和异常儿童（以自闭症为例）

的生物学标记。高风险自闭症谱系障碍婴儿在6~12个月时大脑表面积异常扩张，并在12~24个月时脑体积过度增长，并且该脑体积的过度增长与孤独症社交缺陷的出现和加重有关。自闭症异常行为的出现可能与不同脑区之间的异常连接模式息息相关，特别是自闭症患儿的默认模式网络（default mode network，DMN）与其他部分存在过度连接，而初级感觉和注意网络之间的连接有所降低[①]。

在儿童脑的早期发育过程中，可能存在敏感的发育时间窗口，对应于同一功能的脑系统和回路的发育进程并不匀速，在有的时间窗里，发展很快；而在有的时间窗里，改变则不大。这就是人们长久以来关注的脑发育关键期（Critical Period）或敏感期（Sensitive Period）。关键期一般是指在整个生命周期中存在的某个时间窗口，在这个时间段里，脑必须接受到某种刺激，以利于形成对应的功能，否则，在这个时间段过去之后，获得该项功能将会有困难，甚至因此而产生该项功能的缺失。敏感期指的是某个时间段是获得该项能力的最佳时间窗。失去在这个时期内发展的机遇，以后还可以获得该项功能，但是效率和效果就差很多了。研究者一般认为初级感知觉、语言习得以及依恋情感的形成可能存在敏感期甚至关键期；但是复杂认知能力、知识学习、技能学习等不存在绝对的关键期，在一生中可以不断习得。

遗传和环境对脑智发育具有重要影响。一方面，遗传因素可以解释丘脑、膝状核、后内囊和上冠状辐射中超过80%的白质微结构差异。另一方面，脑发育不是基因调控下的简单成熟过程，也受到儿童经历的影响。外部刺激和经验可能对脑结构或功能产生更为显著的影响，导致他们在注意力、记忆、语言等认知功能的发展方面表现出不同的模式。儿童家庭的社会经济地位影响大脑的发育轨迹和结果，较高的家庭SES与儿童较长的大脑结构发育和功能网络分离的轨迹相关，最终在成年后拥有更高效的脑网络[②]。在

---

① Baby Connectome Project （BCP），Https：//Fnih. Org/Our－Programs/Baby－Connectome－Project/，最后检索时间：2024年1月27日。

② Tooley, Ursula A. , Danielle S. Bassett, Allyson P. Mackey, "Environmental Influences on the Pace of Brain Development," *Nature Reviews Neuroscience*, 22. 6（2021）: pp. 372-384.

积极、支持性的环境中儿童通常体验到更少的慢性压力，这有助于维持免疫系统的正常功能，进而促进脑发育。暴露在不良环境中的儿童可能面临持续的生理压力，这可能导致免疫系统的异常反应，增加脑智发育障碍的风险。已有研究中常使用"童年逆境"来概称儿童期遭受的各种不良经历和困境。长期暴露在童年逆境中的儿童，其免疫和炎症反应的改变以及与压力相关的加速端粒侵蚀有关[1]，可能通过影响免疫和炎症反应，影响大脑发育。低质量的结构性特征，如居住拥挤、使用含有害物质的建筑材料等，会增加儿童出现神经发育问题的风险，如注意力缺陷多动障碍（ADHD）和自闭症（ASD）等[2]。进一步讲，基因和环境对个体的影响可能存在交互作用。例如，一项研究采用基因×环境的研究设计，以 608 名男性服刑人员为研究对象，使用儿童期逆境经历量表、流行病调查中心抑郁量表进行心理测评，并提取 DNA 进行基因分型，旨在探讨儿童期逆境经历与 OXTR 基因（rs2254298，rs53576）对该群体抑郁风险的影响。结果发现（见图 1），OXTR rs2254298 在儿童期逆境经历对抑郁风险的影响中有调节效应，其中 GG 型携带者相比 AA／AG 型的更容易受儿童期逆境的影响，从而具有更高的抑郁风险[3]。

（二）早期语言发展与脑发育

获得语言能力是早期发展的核心课题，对认知和社会性发展具有非常重要的作用，且对个体成长影响深远。新生儿对言语刺激非常敏感，能区分人

---

① Oh, Debora Lee, Petra Jerman, Sara SilvÉrio Marques, Kadiatou Koita, Sukhdip Kaur Purewal Boparai, Nadine Burke Harris, Monica Bucci, "Systematic Review of Pediatric Health Outcomes Associated with Childhood Adversity," *BMC Pediatrics* 18（2018）: pp. 1-19.

② Bush, Nicole R., Lauren S. Wakschlag, Kaja Z. Lewinn, Irva Hertz-Picciotto, Sara S. Nozadi, Sarah Pieper, Johnnye Lewis et al., "Family Environment, Neurodevelopmental Risk, and the Environmental Influences on Child Health Outcomes（ECHO）Initiative: Looking Back and Moving Forward," *Frontiers in Psychiatry* 11（2020）: p. 547.

③ Zhang, Jieting, Cuimei Yang, Junhui Leng, Jinting Liu, Pingyuan Gong, and Gianluca Esposito. 2021. "OXTR Moderates Adverse Childhood Experiences on Depressive Symptoms among Incarcerated Males." *Journal of Psychiatric Research*, 140（2021）: pp. 221-227.

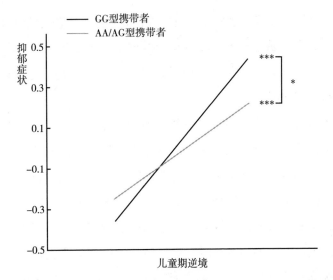

图 1　OXTR rs2254298 对儿童期逆境和抑郁之间关系的调节作用

资料来源：Zhang, Jieting, Cuimei Yang, Junhui Leng, Jinting Liu, Pingyuan Gong, and Gianluca Esposito. 2021. "OXTR Moderates Adverse Childhood Experiences on Depressive Symptoms among Incarcerated Males." *Journal of Psychiatric Research*, 140（2021）：pp. 221-227。

的语音声和自然界的非语音声，并对人的声音表现出特殊的偏好。脑电图（Electroencephalogram，EEG）和事件相关电位（Event-related Potential，ERP）测量因其无损安全、低成本、高时间精度，已成为首选的检测技术，广泛应用于儿童语言发展的脑功能研究。研究者通过记录给予语言刺激任务时的脑电信号，可以了解到大脑的实时活动节律情况，从而对儿童的语言功能发育进行评估。P300 和失匹配负波（MMN）是婴幼儿研究中最常关注的 ERP 成分，利用听觉事件相关电位 ERP 的研究发现，新生儿对语音刺激的分辨力与其后的语言发育水平有关。1~2 岁是语言发展的高峰期。相比于 12 个月大的婴儿，15 个月与 18 个月大的婴儿基于给定词汇或者物体线索预测后续词汇的能力更强，例如"吃"后跟的是"面包"还是"玩耍"①。1~2 岁的婴幼

① Reuter, Tracy, Carolyn Mazzei, Casey Lew-Williams, Lauren Emberson, "Infants' Lexical Comprehension and Lexical Anticipation Abilities are Closely Linked in Early Language Development," *Infancy*, 28（2023）：pp. 532-549.

儿，处于大脑神经连接大量增加、快速成长的阶段。随着大脑语言处理区更加成熟，2~3岁的婴儿开始理解更复杂的词汇和句子结构。大脑的神经可塑性在此阶段迅速上升，使得婴儿能够快速适应语言环境，通过日常互动学习新词汇和语言规则。

早期语言障碍与脑发育的关系受到很大关注。一方面，探索早期语言障碍的脑影像标记。有研究发现，患有语言障碍的学龄前儿童在左侧额上回和双侧后小脑区域显示出结构和功能异常，以及左侧弓状束显示出平均和径向扩散性增加，这些区域对于感觉-运动整合或反馈是至关重要的[①]。另一方面，早期语言发展问题会持续影响脑的发育。婴儿期语言障碍患者在成年后左脑额叶下侧和颞叶后侧等区域的厚度相对于正常群体减少，减少程度与失语年龄相关[②]，表明早期语言发育对大脑终身发育具有重要意义。

在早期语言发展中，人们已经认识到语言输入具有重要影响。如语言输入量影响脑皮层发育。早期语言经验受限与成年期双侧额颞区的灰质体积和/或皮质厚度减少有关[③]。在控制输入量的情况下，语言互动轮次的作用凸显。语言互动频次越多，儿童在听故事时主管语言产生的左下额叶布洛卡区激活越强[④]。基于12个国家、覆盖43种语言的10001名儿童的日常语言音频，机器学习分析显示，儿童从成人那里听到的语音次数每增加100次，

① Cheng, Qi, Austin Roth, Eric Halgren, Denise Klein, Jen-Kai Chen, Rachel I. Mayberry, "Restricted Language Access during Childhood Affects Adult Brain Structure in Selective Language Regions," *Proceedings of the National Academy of Sciences*, 120 (2023), pp. 1-10.

② Cheng, Qi, Austin Roth, Eric Halgren, Denise Klein, Jen-Kai Chen, Rachel I. Mayberry, "Restricted Language Access during Childhood Affects Adult Brain Structure in Selective Language Regions," *Proceedings of the National Academy of Sciences*, 120 (2023), pp. 1-10.

③ Cheng, Qi, Austin Roth, Eric Halgren, Denise Klein, Jen-Kai Chen, Rachel I. Mayberry, "Restricted Language Access during Childhood Affects Adult Brain Structure in Selective Language Regions," *Proceedings of the National Academy of Sciences*, 120 (2023), pp. 1-10.

④ Romeo, Rachel R., Julia A. Leonard, Sydney T. Robinson, Martin R. West, Allyson P. Mackey, Meredith L. Rowe, John DE Gabrieli, "Beyond the 30-Million-Word Gap: Children's Conversational Exposure is Associated with Language-Related Brain Function," *Psychological Science* 29 (2018): pp. 700-710.

儿童自己语言表达次数增加约 27 次，揭示出儿童是在频繁、大量的环境暴露中经由互动学习而产出语言[1]。

（三）早期社会情绪发展与脑发育

早期社会情绪发展主要涉及从出生后，逐步形成与成人、同伴密切和安全关系的能力，以与社会和文化相应的方式体验、调控和表达情绪，积极有效地探索环境和学习等。0~3 岁 129 名婴幼儿的磁共振影像数据的分析显示，社交相关杏仁核、扣带回、前额叶等脑区髓鞘形成急剧增加，与社交情绪发展的得分显著相关；随着年龄的增长，婴幼儿髓鞘发育个体分化日益显著，成为早期社会情绪发展个体差异的重要生物基础[2]。对婴幼儿静息态功能连接多项研究的整合分析表明[3]，前额叶、中额下回和眶额皮质的脑血流量与婴幼儿在人际互动中自我调节能力正相关，表明这些脑区功能活动越强，婴幼儿的社会交往表现更好；父母与婴幼儿的互动与婴幼儿涉及情绪调节和认知的功能连接网络发育关系最为显著。

气质和依恋是早期社会情绪发展的重要方面。科学认知早期气质和依恋发展及其影响因素，有助于促进婴幼儿脑智健康发育，减少心理行为问题的发生风险。气质是一种与生俱来的属性，包括活动水平、节律性、规避性、适应性等。容易型气质是社会情绪发展的保护因素，特别是在环境风险较低

---

[1] Bergelson, Elika, Melanie Soderstrom, Iris-Corinna Schwarz, Caroline F. Rowland, NairÁn RamÍrez-Esparza, Lisa R. Hamrick, Ellen Marklund, et al., "Everyday Language Input and Production in 1,001 Children from Six Continents," *Proceedings of the National Academy of Sciences*, 120 (2023): pp. 1-12.

[2] Schneider, Nora, Elizabeth Greenstreet, Sean CL Deoni, "Connecting Inside out: Development of the Social Brain in Infants and Toddlers with a Focus on Myelination as a Marker of Brain Maturation," *Child Development*, 93 (2022): pp. 359-371.

[3] Ilyka, Dianna, Mark H. Johnson, Sarah Lloyd-Fox, "Infant Social Interactions and Brain Development: A Systematic Review," *Neuroscience & Biobehavioral Reviews* 130 (2021): pp. 448-469.

的情况下，容易型气质显著缓解行为问题①。研究发现，处于低风险的环境时，容易型婴儿气质具有保护作用，有助于减轻环境风险带来的不利影响。然而，随着环境风险水平的升高，这种保护效果逐渐减弱，甚至消失。

依恋关系是指婴幼儿与主要照顾者（通常是父母或其他有亲密关系的成人）之间建立的情感连接和信任关系，在儿童的生理、心理和社会发展中发挥着至关重要的作用。怀孕期间，母亲体内会分泌大量激素，尤其是催产素，这些激素的释放激发并维持了对婴儿的照顾行为，提高了对婴儿情感信号的敏感性。随着孩子成长，依恋关系将在很大程度上塑造早期大脑发育，特别是边缘系统②、前额叶和下丘脑③发育对于依恋对象的关爱敏感。当母亲在生理或情感上无法提供可靠的支持时，婴幼儿就会失去安全感。与缺乏安全依恋相关的慢性压力可能会损害大脑环路的形成，并改变皮质醇、多巴胺、血清素、肾上腺素、去甲肾上腺素等应激激素水平，导致情绪和生物调节失常，产生焦虑和抑郁。

（四）早期脑智发育研究的重要趋势：队列研究兴起和我国的进展

高质量的婴幼儿队列数据是早期脑智发育研究的基石。2000 年，美国国立卫生研究院（NIH）进行了儿童脑图谱一期计划（NIH - PD Objective 1），此计划建立了 4~18 岁儿童青少年的队列并产生了一系列结构和功能的脑图谱成果。其二期计划扩展到 0~4 岁阶段，目前还在进行中。2015~2020 年，美国 NIH 在人脑图谱技术和磁共振无创采集技术发展的基础上，进一步通过 BCP 项目，建立 0~5 岁婴幼儿的聚合交叉队列，

① Schneider, Nora, Elizabeth Greenstreet, Sean CL Deoni, "Connecting Inside out: Development of the Social Brain in Infants and Toddlers with a Focus on Myelination as a Marker of Brain Maturation," *Child Development*, 93（2022）: pp. 359-371.

② Schneider, Nora, Elizabeth Greenstreet, Sean CL Deoni, "Connecting Inside out: Development of the Social Brain in Infants and Toddlers with a Focus on Myelination as a Marker of Brain Maturation," *Child Development*, 93（2022）: pp. 359-371.

③ Ilyka, Dianna, Mark H. Johnson, Sarah Lloyd-Fox, "Infant Social Interactions and Brain Development: A Systematic Review," *Neuroscience & Behavioral Reviews*, 130（2021）: pp. 448-469.

以促进早期发育的纵向研究。作为该项目的延续，美国通过成立 HBCD 协作组，联合 24 个单位，拟建立 7500 对母婴数据的大队列，试图建立 0～10 岁发展轨迹的模板，着重阐明各种环境危害如何影响儿童发育，确定关键的发育。对标国外高质量队列，我国脑计划的婴幼儿队列建设依托联影 uMR 890 磁共振系统这一国产高端医疗成像设备以及人工智能技术研发新的队列建设方案，利用基因、影像、行为、环境多源数据智能融合，对婴幼儿发育轨迹和发育结果进行评估和预测，并从中发现关键期和敏感期。同时，从研究人群中发现易感人群和对这些影响因素具有抵抗性的人群，基于婴幼儿脑智研究平台研发面向婴幼儿语言、社会情绪与交流问题的精准干预技术。

除脑影像技术的挑战外，如何精准定量早期心理行为发育的行为学表现仍然是当前研究的重要技术挑战。国际上较多采用丹佛发育筛查试验、新生儿 20 项神经行为评分法、韦氏儿童智力量表、盖泽尔发育量表、贝利婴幼儿发育量表、儿童神经心理行为检查量表、新生儿行为观察系统等。整体而言，我国亟须提高对婴幼儿的语言和社会情绪等心理行为发育的测量评估技术。

当前，国内外在早期心理行为发育定量方面的研究重视采用自然观察法和结构性观察法。前者用于研究发生于自然环境中的行为，有较好的生态效应，但研究对象的行为容易受到观察者在场的影响，难以处于正常活动状态之中，观察资料的质量在很大程度上受观察者本人的能力水平、心理因素的影响。后者通过创造一个标准化的、可控制的环境以提供婴幼儿表现目标行为的机会，但可能无法呈现婴幼儿在自然环境中的表现。综合以上两种观察法的优势，我国脑计划的婴幼儿队列利用先进的数据采集系统，将视频分析与自然场景任务相结合，通过人工智能和计算机视觉方法分析，产生自动录音、语言提取、情绪面孔捕捉等一系列方法和技术，大大减少人工投入并提高研究的精度和科学性水平。这一技术利用先进设备和智能计算，是目前的重要研究趋势和潜在技术突破点。

三 早期干预研究的重要进展

随着联合国可持续发展目标从"生存"转向"繁荣"（United Nations Sustainable Development Goals，2017），早期干预及其有效性日益受到关注。联合国儿童基金会与世界卫生组织等提出，针对 3 岁及以下儿童的发展迟缓或残疾制定识别和干预方案[①]。不仅如此，世界各国积极推进针对发展迟缓或残疾的早期识别与干预计划。在此背景下，特别需要汇聚相关实证研究进展，为进一步研发和实施早期干预，以及制定适宜的政策提供参考。

（一）干预家庭环境，促进早期发展

家庭贫困是脑智发育领域最受关注的家庭因素。家庭减贫能否显著促进早期脑智发育？"婴儿第一年研究"（Baby's First Year，https：//www.babysfirstyears.com）是全球第一个家庭减贫促进早期脑智发育的随机对照干预研究，旨在探究家庭减贫是否促进早期脑发育[②]。该研究将新生儿母亲随机分为两组，对一组无条件补贴大额现金（每月 333 美元），对另一组象征性补贴现金（每月 20 美元）。婴儿 1 岁时接受静息脑电图评估脑活动。结果显示，获得大额现金补贴母亲的婴儿脑电高频段能量值更大，提示其脑节律活动更为积极[③]。这项随机对照干预研究表明，家庭减贫可

---

① Damiano, Diane L., Hans Forssberg, "International Initiatives to Improve the Lives of Children with Developmental Disabilities," *Developmental Medicine and Child Neurology*, 61 (2019): pp. 1117–1236.

② Noble, Kimberly G., Katherine Magnuson, Lisa A. Gennetian, Greg J. Duncan, Hirokazu Yoshikawa, Nathan A. Fox, Sarah Halpern-Meekin, "Baby's First Years: Design of a Randomized Controlled Trial of Poverty Reduction in the United States," *Pediatrics*, 148 (2021).

③ Troller-Renfree, Sonya V., Molly A. Costanzo, Greg J. Duncan, Katherine Magnuson, Lisa A. Gennetian, Hirokazu Yoshikawa, Sarah Halpern-Meekin, Nathan A. Fox, Kimberly G. Noble, "The Impact of a Poverty Reduction Intervention on Infant Brain Activity," *Proceedings of the National Academy of Sciences*, 119 (2022): pp. 1–8.

以缓解贫困对早期脑发育的消极影响。

　　无论是贫困家庭还是一般家庭，都可能存在养育忽视行为，如对儿童需求的反应迟缓甚至不反应。家庭养育忽视不利于早期脑智发育。为此，"依恋和生物行为追踪调查"（Attachment and Biobehavioral Catch-up，ABC）针对家庭养育忽视实施干预[1]。该研究识别出对 2.5 岁及更年幼儿童存在养育忽视的家庭，随机分组提供每周 1 小时、总共 10 周的养育行为干预。其中一组 47 名家长，提供父母反应敏感性干预，帮助父母及时识别孩子需求、恰当反应，并减少干扰和恐吓行为。另一组 58 名家长，干预侧重帮助父母学习促进儿童认知和语言发展的知识和方法，但不对其反应敏感性提供指导。儿童到 8 岁时接受静息态脑电测量，与 83 名同龄未获得养育干预的正常儿童对比，结果表明，曾受忽视而父母接受过反应敏感性干预的儿童与对照组儿童在与认知控制有关的脑电 beta 频段功率上无显著差异。可见，早期干预通过提高父母对儿童的反应敏感性可以保护存在发展风险儿童的脑发育。

　　出于多种原因，世界各国都存在机构养育儿童。已有研究显示，早期缺乏家庭养育经验可能严重损害儿童认知行为和脑发育。例如，在以啮齿类动物和灵长类动物为研究对象的研究中，早期母亲照料剥夺导致动物幼仔生理功能、行为、情绪明显障碍[2][3]。早期家庭养育剥夺、机构养育时间越长，儿童智商越低，适应性行为也越差[4]。早期家庭养育经验剥夺可能和脑白

① Bick, Johanna, Erin N. Palmwood, Lindsay Zajac, Robert Simons, Mary Dozier, "Early Parenting Intervention and Adverse Family Environments Affect Neural Function in Middle Childhood," *Biological Psychiatry*, 85（2019）: pp. 326-335.

② Harlow, Harry F., Robert R. Zimmermann, "Affectional Response in the Infant Monkey: Orphaned Baby Monkeys Develop a Strong and Persistent Attachment to Inanimate Surrogate Mothers," *Science*, 130（1959）: pp. 421-432.

③ Singh, Pauline Jirik, Myron A. Hofer, "Oxytocin Reinstates Maternal Olfactory Cues for Nipple Orientation and Attachment in Rat Pups," *Physiology & Behavior*, 20（1978）: pp. 385-389.

④ Nelson, Charles A., Charles H. Zeanah, Nathan A. Fox, "How Early Experience Shapes Human Development: The Case of Psychosocial Deprivation," *Neural Plasticity*, 2019（2019）.

质、灰质体积减小以及脑电功率值下降有关①②③，还可能导致杏仁核和前额叶皮层之间更早形成功能连接，以生物性"早熟"缓冲不良经验的影响④。

对机构养育儿童进行早期干预，消除家庭养育经验的剥夺，能否逆转或减缓上述对脑智发育的消极影响呢？"英国和罗马尼亚收养儿童研究"（English and Romania Adoptees study，ERA）和"布加勒斯特早期干预项目"（Bucharest Early Intervention Project，BEIP）提供了一定答案。ERA 研究是一项自然实验，对比罗马尼亚 165 名经历早期家庭养育剥夺的孤儿和 52 名被家庭收养的孤儿，对其中 67 名机构养育儿童和 21 名家庭收养儿童采集了脑发育数据。结果显示，机构养育儿童脑体积减小了 8.6%；家庭养育经验剥夺时间越长，脑体积越小⑤。BEIP 则是一项干预研究，从罗马尼亚 6 个机构招募 136 名 6~31 个月的孤儿，随机分配到机构养育和家庭寄养两组中⑥。对比其中 29 名机构养育孤儿、20 名家庭寄养组孤儿和 20 名正常儿童大脑

① Thomas J. Eluvathingal, Harry T. Chugani, Michael E. Behen, Csaba Juhász, Otto Muzik, Mohsin Maqbool, Diane C. Chugani, Malek Makki, "Abnormal Brain Connectivity in Children after Early Severe Socioemotional Deprivation: A Diffusion Tensor Imaging Study," *Pediatrics*, 117 (2006): pp. 2093-2100.

② Amanda S. Hodel, Ruskin H. Hunt, Raquel A. Cowell, Sara E. Van Den Heuvel, Megan R. Gunnar, Kathleen M. Thomas, "Duration of Early Adversity and Structural Brain Development in Post-Institutionalized Adolescents," *Neuroimage*, 105 (2015): pp. 112-119.

③ Sheridan, Margaret A., Nathan A. Fox, Charles H. Zeanah, Katie A. Mclaughlin, Charles A. Nelson Ⅲ, "Variation in Neural Development as a Result of Exposure to Institutionalization Early in Childhood," *Proceedings of the National Academy of Sciences*, 109 (2012): pp. 12927-12932.

④ Gee, Dylan G., Laurel J. Gabard-Durnam, Jessica Flannery, Bonnie Goff, Kathryn L. Humphreys, Eva H. Telzer, Todd A. Hare, Susan Y. Bookheimer, Nim Tottenham, "Early Developmental Emergence of Human Amygdala-Prefrontal Connectivity after Maternal Deprivation," *Proceedings of the National Academy of Sciences*, 110 (2013): pp. 15638-15643.

⑤ Mackes, Nuria K., Dennis Golm, Sagari Sarkar, Robert Kumsta, Michael Rutter, Graeme Fairchild, Mitul A. Mehta, Edmund J. S. Sonuga-Barke, ERA Young Adult Follow-Up Team, "Early Childhood Deprivation is Associated with Alterations in Adult Brain Structure Despite Subsequent Environmental Enrichment," *Proceedings of the National Academy of Sciences*, 117 (2020): pp. 641-649.

⑥ Sheridan, Margaret A., Nathan A. Fox, Charles H. Zeanah, Katie A. Mclaughlin, Charles A. Nelson Ⅲ, "Variation in Neural Development as a Result of Exposure to Institutionalization Early in Childhood," *Proceedings of the National Academy of Sciences*, 109 (2012): pp. 12927-12932.

结构发育，结果验证了缺乏家庭养育经验、在机构中成长的两组孤儿灰质体积均显著小于正常家庭儿童；持续在机构中成长孤儿的白质体积显著更小；得到家庭养育的孤儿白质体积与正常儿童没有差异。这一研究结果提示，消除家庭养育经验剥夺可以有效减少甚至弥补剥夺经验对脑结构发育的消极影响。

（二）干预语言发展

语言刺激是人类儿童成长的独特环境经验，在塑造大脑发育中的作用受到科学研究高度关注。来自社会经济地位极低家庭的婴儿往往存在语言刺激不足的严重风险。一项从 20 世纪 70 年代开展的研究对处于语言刺激相对剥夺高风险中的婴儿实施每周 5 天约 6~8 小时、每年 50 周、持续 5 年的高强度丰富性干预。接受早期语言和认知干预的 42 名婴儿和对照组的 36 名婴儿到中年（38~44 岁）时有 47 人接受随访，完成了磁共振扫描，其中干预组 29 人，对照组 18 人。与对照组相比，接受早期语言和认知干预者左侧额下回、左侧颞上回、右侧额下回、双侧前扣带回共 5 个认知/语言相关脑区总体积和皮层表面积更大，且男性更多获益[1]。

除了上述提到的提供丰富的语言认知环境外，还有研究者关注干预手势语言。语言发展领域的研究者一致认为，手势语在儿童表达与沟通能力的发展中起着关键作用。例如，Iverson 和 Goldin-Meadow[2] 发现，婴儿在 1 岁末 2 岁初时，伸手、指点、展示和给予等指示性手势为他们提供了与成人沟通的桥梁，使得他们在社交场合与成人互动时，可以更多地获得语言输入。进一步研究发现，与不做手势的孩子相比，更早、更频繁使用手势语的儿童语言

---

[1] Farah, Martha J., Saul Sternberg, Thomas A. Nichols, Jeffrey T. Duda, Terry Lohrenz, Yi Luo, Libbie Sonnier, Sharon L. Ramey, Read Montague, Craig T. Ramey, "Randomized Manipulation of Early Cognitive Experience Impacts Adult Brain Structure," *Journal of Cognitive Neuroscience*, 33 (2021): pp. 1197-1209.

[2] Iverson, Jana M., Susan Goldin-Meadow, "Gesture Paves the Way for Language Development," *Psychological Science*, 16 (2005): pp. 367-371.

表达能力更强①。基于此，研究者对 3 名来自低社会经济地位的 13~18 个月的婴儿（2 女 1 男）进行手势干预②。干预者在借助书籍、玩具等与婴儿进行互动时，频繁模拟使用指示性含义的手势（指向、展示、触及和给予）。通过创造不同的互动环境来创造沟通机会，例如干预者同时举起积木和书，问儿童"先用积木还是先用书"，引导儿童做出"指向"的手势，所有 3 名儿童在为期 1 个月的干预后，在互动中使用手势的比例较基线显著增加。研究结果显示，对处于不利语言环境中的儿童进行手势干预可以提高他们的交流能力。

除语言输入外，人际互动和交替轮次也是影响语言发展及其相关脑发育的重要因素，社会性互动成为语言干预的关键要素。9 个月后婴儿对非母语声音的敏感性快速下降，只有成人-婴儿面对面互动情境下提供非母语声音输入才能逆转这一下降趋势，而视频或音频提供的非母语暴露对婴儿非母语语音学习无效③。一项在独自学习和同伴共学两种条件下（见图 2），为 9 个月大的英语单语婴儿提供 4 周共 12 次的非英语视频学习训练④的研究结果表明，同伴共学条件下的婴儿在非母语语音任务中表现出更大的脑电失匹配负波（MMN, Mismatch Negativity），同伴越多，其脑电MMN 反应更强，而独自学习的婴儿未能获益。

（三）干预自闭症

除了促进脑智发育，消除或减缓消极环境影响外，早期干预的重点还包

① Rowe, Meredith L., Susan Goldin-Meadow, "Differences in Early Gesture Explain SES Disparities in Child Vocabulary Size at School Entry," *Science*, 323 (2009): pp. 951-953.

② Romano, Mollie K., Kelly S. Windsor, "Increasing Deictic Gesture Use to support the Language Development of Toddlers from High Poverty Backgrounds," *Early Childhood Research Quarterly*, 50 (2020): pp. 129-139.

③ Kuhl, Patricia K., Feng-Ming Tsao, Huei-Mei Liu, "Foreign-Language Experience in Infancy: Effects of Short-Term Exposure and Social Interaction on Phonetic Learning," *Proceedings of the National Academy of Sciences*, 100 (2003): pp. 9096-9101.

④ Lytle, Sarah Roseberry, Adrian Garcia-Sierra, Patricia K. Kuhl, "Two are Better than One: Infant Language Learning from Video Improves in the Presence of Peers," *Proceedings of the National Academy of Sciences*, 115 (2018): pp. 9859-9866.

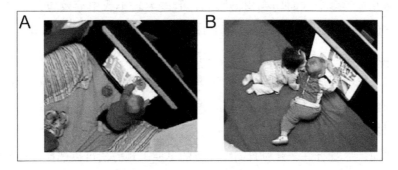

图2 独自学习（A）和同伴共学（B）的示例

资料来源：Lytle, Sarah Roseberry, Adrian Garcia-Sierra, Patricia K. Kuhl, "Two are better than One: Infant Ianguage Learning from Video Improves in the Presence of Peers," *Proceedings of the National Academy of Sciences*, 115（2018）: pp. 9859-9866。

括针对神经发育障碍群体的积极矫治。自闭症或自闭症风险儿童的早期干预是近年来早期干预的热点。自闭症谱系障碍是一种神经发育障碍，具有很高的遗传性和异质性，主要表现包括社交障碍、语言和沟通困难以及刻板重复行为[1]。自闭症不仅给患者和患者家庭带来痛苦，同时极大增加社会成本和经济成本[2]，且自闭症的患病率不断上升，因此自闭症干预备受关注。

对自闭症的干预方法有很多，包括行为干预、感知觉干预、社交训练技能训练、自然发展行为干预等。其中，自然发展行为干预（naturalistic developmental behavioral intervention，NDBI）是适用范围较广的一种干预方法，有研究者认为自然发展行为干预和积极的父母参与是0~3岁自闭症儿童早期干预最佳的干预方案[3]。近期的元分析也发现，自然发展行为干预对

---

① Lord, Catherine, Traolach S. Brugha, Tony Charman, James Cusack, Guillaume Dumas, Thomas Frazier, Emily J. H. Jones et al. , "Autism Spectrum Disorder," *Nature Reviews Disease Primers*, 6（2020）: pp. 1-23.

② Havdahl, Alexandra, Somer Bishop, "Heterogeneity in Prevalence of Co-Occurring Psychiatric Conditions in Autism," *The Lancet Psychiatry*, 6（2019）: pp. 794-795.

③ Zwaigenbaum, Lonnie, Margaret L. Bauman, Roula Choueiri, Connie Kasari, Alice Carter, Doreen Granpeesheh, Zoe Mailloux et. al. , "Early Intervention for Children with Autism Spectrum Disorder under 3 Years of Age: Recommendations for Practice and Research," *Pediatrics*, 136（2015）: pp. S60-S81.

自闭症儿童的多个方面均有积极影响，但多为较小或中等效应，未见大效应。具体表现为，自然发展行为对自闭症儿童的社会参与（g=0.65）、整体认知能力发展（g=0.48）促进达到中等效应；对表达性语言（g=0.32）、自闭症谱系障碍症状的减轻（g=-0.38）和游戏技能（g=0.23）有较小但显著的积极影响；对注意力（g=0.14）、接受性语言（g=0.28）的干预效应微弱或接近显著[1]。

然而，尽管有许多针对自闭症儿童的早期干预方法可供选择，目前仍然不确定哪种方法最为有效。早期干预研究之间存在很大异质性，如剂量的异质性、测量方法的异质性、被试患病程度的异质性等。在早期干预研究中，不同的研究可能采用不同的干预剂量和方案，有些研究可能针对严重程度不同的自闭症患者进行干预，这使得不同研究结果之间的比较相当困难[2]。因此，需要进一步开展研究，以解决这些异质性，并为确定最有效的早期干预方法提供更加可靠的证据支持。另外，目前对自闭症儿童早期干预效果的认知神经机制证据尚不清楚。

（四）早期干预在中低收入国家值得重视的问题及我国早期干预的进展

联合国儿童基金会（United Nations International Children's Emergency Fund, UNICEF）的报告显示，营养不良、环境恶劣和疾病等会导致中低收入国家儿童心理行为发展迟缓。在中低收入国家，早期干预的重要性受到高度认可，正在蓬勃发展，但是，也存在一系列需要重视的问题[3]。首先，尽

① Tiede, Gabrielle, Katherine M. Walton, "Meta-Analysis of Naturalistic Developmental Behavioral Interventions for Young Children with Autism Spectrum Disorder," *Autism*, 23 (2019): pp. 2080-2095.

② Franz, Lauren, Cara D. Goodwin, Amber Rieder, Maya Matheis, Diane L. Damiano, "Early Intervention for Very Young Children With or at High Likelihood for Autism Spectrum Disorder: An Overview of Reviews," *Developmental Medicine & Child Neurology*, 64 (2022): pp. 1063-1076.

③ Grantham-Mcgregor, Sally M., Susan P. Walker, "Early Childhood Interventions: Issues to Consider in Getting to Scale," *Pediatrics*, 151 (2023).

管中低收入国家的儿童早期发展研究不断增加，但由于中低收入国家研究人员领导的工作仍然不足，许多研究往往由高收入国家学者主导，导致对中低收入国家实际情况的深刻理解不足。其次，在中低收入国家，即使研究者们有意进行能力建设，也仍面临研究资金有限的问题，而这是推动儿童早期干预项目所需的关键支持。尽管存在一些支持中低收入国家研究者的资金机构，但整体而言，发展和维护独立、可持续的早期干预对中低收入国家仍然充满挑战，迫切需要寻求更多创新性的解决方案。

我国有超过 1 亿名农村地区儿童，占儿童总人数的 37.1%（国家统计局第七次人口普查，2020）。欠发达地区儿童的早期发展问题及干预日益受到重视。以贵州和广西为例，农村儿童在不同方面存在发展迟缓的比例约为 10%~20%，依据比例高低依次为精细动作 21.4%、大动作 18.5%、问题解决 18.4%、社会情绪 17.9% 和交流 11.5%[1]。为了探究欠发达地区农村儿童心理行为发展的影响因素，研究者在陕西、贵州地区招募了 1710 名 6~36 个月的婴儿及家庭，发现消极的家庭养育行为可能是这些儿童早期发展迟缓的重要影响因素[2]。"慧育中国·山村入户早教计划"（China REACH）是中国发展研究基金会 2015 年起，在我国农村地区合作开展的一项结合入户养育指导和营养干预的 0~3 岁儿童早期发展项目。项目采用的家访课程结合了牙买加家访课程和国内早期优质家访课程资源，家访人员每周与家庭互动一次，提供 1 小时的育儿或护理指导课程和支持[3][4]。其中，在贵州省华池县开展的随机对照实验显示，为期两年的家访干预使儿童智力筛查达到常模

① Wei, Q. W., J. X. Zhang, R. W. Scherpbier, C. X. Zhao, S. S. Luo, X. L. Wang, S. F. Guo, "High Prevalence of Developmental Delay among Children under Three Years of Age in Poverty-Stricken Areas of China," *Public Health*, 129 (2015): pp. 1610-1617.

② Wang, Lei, Wilson Liang, Siqi Zhang, Laura Jonsson, Mengjie Li, Cordelia Yu, Yonglei Sun et al., "Are Infant/Toddler Developmental Delays a Problem Across Rural China?" *Journal of Comparative Economics*, 47 (2019): pp. 458-469.

③ Heckman, James, et al., "Interactions as Investments: The Microdynamics and Measurement of Early Childhood Learning," *University of Chicago* (2021).

④ Zhou, Jin, James J. Heckman, Bei Liu, Mai Lu, Susan M. Chang, and Sally Grantham-Mcgregor. "Comparing China REACH and the Jamaica Home Visiting Program." *Pediatrics*, 151 (2023): pp. S1-S10.

平均水平的概率提高了51.4%，运动技能、认知能力等方面也均有不同程度的改善①。2000年诺贝尔经济学奖得主詹姆斯·赫克曼（James Heckman）教授及其团队对项目数据进行深入分析，通过比较"慧育中国"与牙买加"Reach up and Learn"家访计划发现，两个项目中干预后的儿童在社会情感、精细运动、语言与认知或听力与口语、粗大动作上均显著提升，且两个项目的儿童在语言与认知技能上的增长轨迹高度相似（见图3）②。

由斯坦福大学、陕西师范大学教育实验经济研究所和中科院农业政策研究中心发起的"农村教育行动计划"项目（Rural Education Action Program, REAP）自2012年起，开展一系列旨在促进农村贫困地区儿童早期发展的调查研究和干预试验，共包含四个随机对照试验（Randomized controlled trail, RCT）。第一个项目为营养包补充随机干预试验项目，为秦巴山区234个村的儿童每天提供一个由世界卫生组织推荐的适用于6~24个月儿童的治疗缺铁性贫血的营养包，从婴儿6个月大开始持续到12个月。另外117个村的儿童作为对照组不接受任何形式的干预。结果发现，干预组儿童在12~18个月时的贫血率显著降低，健康水平和认知能力显著提高③。由于这个项目中有部分家庭没有给婴儿喂营养包，干预组的依从率明显降低，研究者认为应该同时提高养育人的养育意识，因此开展了第二个同时结合营养和养育的项目。该项目随机选取65个村为干预组，66个村为控制组，共592名18~30个月的儿童。干预方式是由计生技术服务人员为家长开展一周一次的入户亲子活动指导，共持续6个月。干预组养育人为儿童阅读、唱歌和用玩

① 卜凡：《构建促进农村地区儿童早期发展服务体系的思考——以"慧育中国：山村入户早教计划"为例》，《人口与健康》2021年第9期。

② Zhou, Jin, James J. Heckman, Bei Liu, Mai Lu, Susan M. Chang, and Sally Grantham-Mcgregor. "Comparing China REACH and the Jamaica Home Visiting Program." *Pediatrics*, 151（2023）: pp. S1-S10.

③ Luo, Renfu, Ai Yue, Huan Zhou, Yaojiang Shi, Linxiu Zhang, Reynaldo Martorell, Alexis Medina, Scott Rozelle, Sean Sylvia, "The Effect of a Micronutrient Powder Home Fortification Program on Anemia and Cognitive Outcomes among Young Children in Rural China: A Cluster Randomized Trial," *BMC Public Health*, 17（2017）: pp. 1-16.

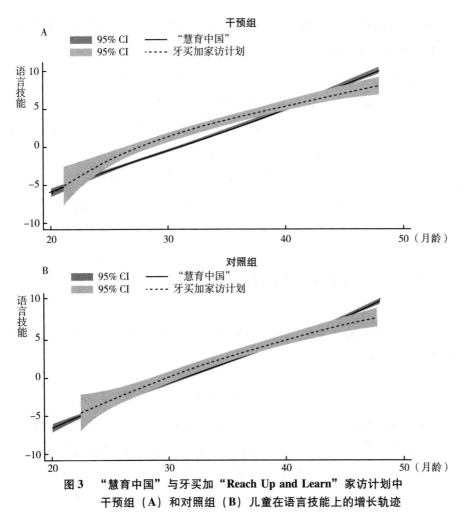

图3 "慧育中国"与牙买加"Reach Up and Learn"家访计划中
干预组（A）和对照组（B）儿童在语言技能上的增长轨迹

资料来源：Zhou, Jin, James J. Heckman, Bei Liu, Mai Lu, Susan M. Chang, and Sally Grantham-McGregor. "Comparing China REACH and the Jamaica Home Visiting Program." *Pediatrics*, 151（2023）: pp. S1-S10。

具与儿童沟通玩耍的次数都有明显提高，同时儿童的认知能力也有显著提升①。考虑到一周一次入户干预的成本较高，研究者将干预频率降低到两

① Sylvia, Sean, Nele Warrinnier, Renfu Luo, Ai Yue, Orazio Attanasio, Alexis Medina, Scott Rozelle, "From Quantity to Quality: Delivering a Home-Based Parenting Intervention through China's Family Planning Cadres," *The Economic Journal*, 131（2021）: pp. 1365-1400.

周一次，以期降低成本的同时也能保证干预效果。以43个村的449个6~
18个月的儿童为干预对象，进行与第二个项目内容相同、频次减半的干
预。结果发现，两周一次的入户干预同样可以提高儿童的认知能力①。且
为了进一步降低成本、扩大覆盖面，REAP项目组从2015年开始从随机抽
取的50个村中建立50个儿童早期发展活动中心，作为干预组，村里这些
年龄在6~24个月的儿童及其养育人可以到活动中心免费参加亲子活动并
接受指导；另外保持自然状态的50个村为对照组。结果发现，这一干预
方案与前两个项目较一致，在优化养育人养育行为的同时，也改善了儿童
的心理发展②。

四　早期脑智发育和干预研究与实践建议

（一）早期脑智发育研究亟须重视扩展人群的多样性和推进理解个体差异

当前对0~3岁儿童的脑智发育研究更多集中在发达国家和地区，且多
集中于家庭社会经济地位较高的儿童群体。宏观和微观环境的社会经济特
征都可能影响早期脑智发育，因此迫切需要扩展人群的多样性，以全面刻
画早期发育特点和历程。基于对多样性人群的系统探索，早期脑智发育研
究将有可能更好地理解脑与认知行为发展的年龄特征、群体规律及其分
化，而且有可能建立起不同月龄、年龄、性别和地区、家庭儿童脑结构、
功能、认知、语言、社会情感及其相互关系的常模、参照标准，为提高早
期脑智发育评估、问题筛查和干预有效性提供基础数据和方法。与此同

---

① 岳爱、蔡建华、白钰、汤蕾、史耀疆、罗仁福、〔美〕罗斯高（Scott Rozelle）：《中国农村
　贫困地区0~3岁婴幼儿面临的挑战及可能的解决方案》，《华东师范大学学报》（教育科学
　版）2019年第3期。
② 岳爱、蔡建华、白钰、汤蕾、史耀疆、罗仁福、〔美〕罗斯高（Scott Rozelle）：《中国农村
　贫困地区0~3岁婴幼儿面临的挑战及可能的解决方案》，《华东师范大学学报》（教育科学
　版）2019年第3期。

时，由于儿童早期是个体分化的重要时期，因此，早期脑智发育研究还需要大力探索个体差异及其机制。儿童脑智发育受到基因、环境、个体经验与特质等多种因素的影响。深入研究和理解儿童脑智发展的多样性和个体差异，有助于制定个性化、针对性的早期干预方案，以最大程度地促进儿童的健康发展。

（二）早期脑智发育干预的重点是消除剥夺和减少毒性压力

早期脑智干预的目标是在儿童发展的起步阶段提供支持和干预，以尽早消除不利影响，促进其发展和健康。许多儿童在早期可能面临各种形式的经验剥夺和毒性压力，其脑智发育受到负面影响。经验剥夺最常见的是缺乏营养、不良的生活环境、社会经济地位低下等，毒性压力主要包括家庭关系紧张、暴力、精神压力、拥挤、嘈杂等。前述研究进展显示，这些经验剥夺和毒性压力造成儿童身心发育存在风险，及时消除剥夺和毒性压力有助于缓解或在一定程度上弥补负面影响。因此，早期干预的重点是消除经验剥夺并减少毒性压力。为此，需要为全体儿童提供营养良好的饮食和安全的生活环境，以促进身体健康和发育；为家庭提供支持和资源，帮助家庭应对社会经济压力；提供心理健康支持和心理社会干预，帮助儿童和家庭应对压力和挑战。实现上述消除经验剥夺和毒性压力的目标需要跨学科、跨部门的合作，特别需要整合医疗、教育、社会其他资源；同时，需要建立健全的中央和地方政策制度，确保早期干预的持续和可及。此外，通过强化公众意识，使社会各界认识到早期干预的重要性，有助于发掘社会支持和资源。

（三）早期脑智干预始于普遍筛查风险儿童

对脑智发育风险儿童进行常规、大面积筛查极为重要。筛查不良童年经历等高风险因素，有助于及早发现处在发育风险中的儿童，为提供及时、有效的干预和支持提供可能。国际上用儿童不良经验问卷进行大范围筛查，使用后发现各类疾病门诊减少35%、急诊减少11%，表明普遍风险筛查有助

于提高儿童健康水平①②。在美国、加拿大和英国，卫生服务机构已经开始实施常规的儿童不良经验筛查。我国亟须建立普遍的早期脑智发育风险筛查体系，特别是亟须建立风险普遍筛查工具的信效度和伦理等技术和政策规范。未来需要大力研发适用于我国的早期脑智发育风险筛查工具，验证其敏感性、特异性和有效性，并提供使用方式、使用频率和伦理的政策指引。

（四）基于严谨证据理解和增强早期脑智发育干预的持续性和长效性

在早期儿童（0~3岁）干预中，持续性与长期效果关系到干预的实际成效。持续性强调了在有限资源环境下保持干预的可持续性，长期效果主要涉及早期干预在儿童成长过程中的影响延续。首先，持续性的问题涉及在资源有限的情况下如何保持早期干预的有效性和延续性。这包括制定可持续的干预计划，确保所需的人力、物力和财力资源可持续地提供。关键的考虑因素之一是培养和维护专业人才，以确保他们能够持续地提供高质量的早期干预服务。这可能需要建立专门的培训机制、提供职业发展机会并制定吸引专业人才的政策。其次，持续性方面是建立社区、医院和家庭之间有效的沟通渠道和合作机制，这可能包括开展定期的家长培训、提供家庭支持服务、对儿童定期进行心理/生理评估、建立社区资源网络等。这种合作机制可以保证儿童"沉浸式"参与早期干预计划，将有助于增强干预的持续性。其次，长期效果的关注点在于确保早期干预对儿童的发展产生稳健而可持续的影响。这需要对儿童在心理、认知、社交、情感以及大脑发育等方面进行长期深入的研究。例如，接受早期语言干预的儿童在进入学龄期后是否仍然表现出较强的语言能力，或者早期社交情绪干预是否对儿童社交适应能力产生长期积极影响。最后，在我国，早期干预涉及面广，且重点在于农村、贫困地

① Felitti, Vincent J., "Kaiser Permanente Institutes of Preventive Medicine," *The Permanente Journal*, 8 (2004): pp. 3.

② Felitti, Vincent J., "Health Appraisal and the Adverse Childhood Experiences Study: National Implications for Health Care, Cost, and Utilization," *The Permanente Journal*, 23 (2019): pp. 18-26.

区和各类处境不利的家庭。因此，解决持续性和长效性的问题，特别需要科研团队、社会服务机构与中央、地方政府通力合作。

参考文献

Baibazarova, Eugenia, Cornelieke Van De Beek, Peggy T. Cohen-Kettenis, Jan Buitelaar, Katherine H. Shelton, Stephanie HM Van Goozen, "Influence of Prenatal Maternal Stress, Maternal Plasma Cortisol and Cortisol in the Amniotic Fluid on Birth Outcomes and Child Temperament At 3 Months," *Psychoneuroendocrinology* 38 (2013): pp. 907-915.

Chong, Shang-Chee, Birit Fp Broekman, Anqi Qiu, Izzuddin M. Aris, Yiong Huak Chan, Anne Rifkin-Graboi, Evelyn Law et al., "Anxiety and depression during Pregnancy and Temperament in Early Infancy: Findings from a Multi-Ethnic, Asian, Prospective Birth Cohort Study," *Infant Mental Health Journal* 37 (2016): pp. 584-598.

Derauf, Chris, Linda Lagasse, Lynne Smith, Elana Newman, Rizwan Shah, Amelia Arria, Marilyn Huestis Et Al., "Infant Temperament and High-Risk Environment Relate to Behavior Problems and Language in Toddlers," *Journal of Developmental & Behavioral Pediatrics* 32 (2011): pp. 125-135.

Graffi, Justin, Ellen Moss, Alexia Jolicoeur-Martineau, Gal Moss, Vanessa Lecompte, Katherine Pascuzzo, Vanessa Babineau et al., "Preschool Children Without 7-Repeat DRD4 Gene More Likely to Develop Disorganized Attachment Style," *Mcgill Science Undergraduate Research Journal: MSURJ 10* 1 (2015): p. 31.

Hazlett, Heather Cody, Hongbin Gu, Brent C. Munsell, Sun Hyung Kim, Martin Styner, Jason J. Wolff, Jed T. Elison, et al. "Early Brain Development in Infants at High Risk for Autism Spectrum Disorder." *Nature* 542, (2017): pp. 348-351.

Healthy Brain and Child Development National Consortium, Https://Hbcdstudy. Org/, 最后检索时间：2024 年 1 月 27 日。

Ilioska, Iva, Marianne Oldehinkel, Alberto Llera, Sidhant Chopra, Tristan Looden, Roselyne Chauvin, Daan Van Rooij et al., "Connectome-Wide Mega-Analysis Reveals Robust Patterns of Atypical Functional Connectivity in Autism," *Biological Psychiatry* 94 (2023): pp. 29-39.

Ivorra, Jose Luis, Julio Sanjuan, Manuel Jover, Jose Miguel Carot, Rosa De Frutos, Maria Dolores Molto, "Gene-Environment Interaction of Child Temperament," *Journal of Developmental & Behavioral Pediatrics* 31 (2010): pp. 545-554.

Magee, Susanna R. , Margaret H. Bublitz, Christina Orazine, Bridget Brush, Amy Salisbury, Raymond Niaura, Laura R. Stroud, "The Relationship between Maternal-Fetal Attachment and Cigarette Smoking over Pregnancy. " *Maternal and Child Health Journal* 18 (2014): pp. 1017-1022.

Niegel, Susan, Eivind Ystrom, Margarete E. Vollrath, "Is Difficult Temperament Related to Overweight and Rapid Early Weight Gain in Infants? A Prospective Cohort Study," *Journal of Developmental & Behavioral Pediatrics* 28 (2007): pp. 462-466.

Nelson, Charles A. , Eileen Sullivan, Anne-Michelle Engelstad, "Annual Research Review: Early Intervention Viewed Through the Lens of Developmental Neuroscience," *Journal Of Child Psychology And Psychiatry* 65. 4 (2024): pp. 435-455.

Peterson Edwards, Ellen, Kenneth E. Leonard, Rina Das Eiden, "Temperament and Behavioral Problems among Infants in Alcoholic Families," *Infant Mental Health Journal: Official Publication of the World Association for Infant Mental Health* 22 (2001): pp. 374-392.

Pickett, Kate E. , C. Wood, J. Adamson, L. Desouza, L. S. Wakschlag, "Meaningful Differences in Maternal Smoking Behaviour during Pregnancy: Implications For Infant Behavioural Vulnerability," *Journal of Epidemiology & Community Health* 62 (2008): pp. 318-324.

Rouse, Matthew H. , Sherryl H. Goodman, "Perinatal Depression Influences on Infant Negative Affectivity: Timing, Severity, and Co-Morbid Anxiety," *Infant Behavior and Development* 37 (2014): pp. 739-751.

Torgersen, Anne Marie, Einer Kringlen, "Genetic Aspects of Temperamental Differences in Infants: A Study of Same-Sexed Twins," *Journal of the American Academy of Child Psychiatry* 17 (1978): pp. 433-444.

Troller-Renfree, Sonya V. , Molly A. Costanzo, Greg J. Duncan, Katherine Magnuson, Lisa A. Gennetian, Hirokazu Yoshikawa, Sarah Halpern-Meekin, Nathan A. Fox, Kimberly G. Noble, "The Impact of a Poverty Reduction Intervention on Infant Brain Activity," *Proceedings of The National Academy of Sciences*, 119 (2022): pp. 1-8.

Weiss, Sandra J. , Mary St Jonn-Seed, Carolyn Harris-Muchell, "The Contribution of Fetal Drug Exposure to Temperament: Potential Teratogenic Effects on Neuropsychiatric Risk," *Journal of Child Psychology and Psychiatry*, 48 (2007): pp. 773-784.

B.5
中国0~3岁儿童托育服务体系建设研究

马春华*

摘　要：　本文以公共服务理论为基础，探讨了中国0~3岁儿童托育服务体系的现状，包括中央层面的总体框架和地方政府的调整实践。研究发现，与3~6岁幼儿的学前教育体系相比，0~3岁幼儿的托育服务体系刚刚开始建立。对于这两个年龄段的儿童，国家、市场、社会和家庭对照顾责任的分工是不同的，托育服务主要由市场和社会提供。为进一步推动0~3岁幼儿托育服务体系的建立，本报告探讨如何进一步提高现有托儿所的利用率，加大托育服务的多元化供给，注重托育服务一体化的实践，最后建议：一是国家应在儿童托育服务供给中扮演更为重要的角色；二是更加关注托育机构使用率；三是完善托育机构的监管体系；四是对普惠托育机构收费标准进行更为细致和全面的研究。

关键词：　0~3岁儿童托育服务体系　公共服务　地方实践

"坚持以人民为中心的发展理念"是我党的根本宗旨，满足"人民对美好生活的向往"是我党的奋斗目标。因此，民生建设问题是历届党代会的重要议题。党的十九大报告，将十七大报告提出的五大目标"学有所教、劳有所得、病有所医、老有所养、住有所居"拓展为七大目标，第一次加入了"幼有所育"，因为中国对0~6岁儿童照顾的不足，不但造成了生育水平持续走低、女性劳动力市场参与率水平持续下滑等问题；

---

* 马春华，博士，中国社会科学院社会学研究所，婚姻与家庭社会学研究室主任，副研究员，主要研究方向为家庭社会学和家庭政策。

更因为适当的0~6岁儿童照顾对于儿童一生的发展至关重要，这是亿万0~6岁儿童家庭对于美好生活的向往，更是国家可持续增长和发展的保障。

"幼有所育"的"幼"，指的是0~6岁的学龄前儿童；"幼有所育"的"育"，指的是保育和教育。综合起来，就是OECD国家提出的"儿童早期教育和照顾"（Early Childhood Education and Care，ECEC）："给所有接受义务教育年龄之前儿童提供的一切照顾和教育安排，不论其环境、资金来源、开放时间或者课程内容。"① 作为儿童福利，儿童的保育和教育供给有着不同的主体：家庭、市场、社会和国家。曾经作为主要供给者的父母和家庭，随着社会经济的变迁，已不足以满足学龄前儿童对于保育和教育的需求。党的十九大报告和二十大报告，都将"幼有所育"作为需要在发展中保障和改善民生的一部分，意味着整个国家和社会要介入儿童保育和教育，承担儿童照顾的公共责任。

国家要实现"幼有所育"，主要有两种策略：一是从"幼有所育"的需求侧着手，给拥有幼童的家庭或者父母提供育儿津贴或者育儿券等；二是从"幼有所育"的供给侧着手，进行供给侧改革，出台相关政策鼓励市场建设儿童托幼服务设施，来满足儿童和家庭对于保育和教育的需求。要补齐作为民生短板的"幼有所育"，首先要提供可及、平价和优质的儿童保育和教育，其次要能够促进女性就业同时提高生育水平。北欧等国家的实践经验表明，只有从供给侧建立"公共化"的儿童托幼服务体系才能够实现这个目标②。而家庭作为供给主体（提供育儿津贴鼓励母亲在家照顾），或者市场作为供给主体（提供育儿津贴/育儿券，通过市场购买服务），可能会造成服务购买者、照顾者和被照顾者三方皆输的结果③。

① OECD, 2001, Starting Strong: Early Childhood Education and Care, p. 14.
② Esping-Andersen, Gøsta, 2009, *The Incomplete Revolution: Adapting To Women's New Roles*, Cambridge: Polity Press.
③ 傅立叶、王兆庆：《照顾公共化的改革与挑战》，《女学学志：妇女与性别研究》2011年第29期。

儿童托幼服务的最初形式，在 19 世纪末就出现了[①]。儿童托幼服务在20 世纪 80 年代成为欧洲"儿童照顾战略"的重要组成部分[②]。但是各国因为其文化价值理念不同、福利体制不同，在构建儿童托幼服务体系的时候采用了不同的策略和模式，比如同属北欧的瑞典和丹麦，前者以国家直接提供高品质的公共托幼服务体系闻名于世，后者则是借助非营利组织给儿童提供居家的保姆式照顾服务[③]。但是，大多数国家在提供儿童托幼服务时，都会把 0~6 岁的儿童区分为 0~3 岁和 3~6 岁儿童两组：给 0~3 岁的儿童侧重提供"儿童托育"（childcare），给 3~6 岁儿童侧重提供"早期教育"（early education）或者学前教育，主管部门不一样，适用的法规也不一样[④]。

新中国在成立之初，为了鼓励女性进入劳动力市场，曾经在城市以单位为基础建立了公共儿童托幼服务体系[⑤]：收托 3 岁以下儿童的机构被称为托儿所，归属卫生部门管辖；收托 3 岁以上儿童的机构被称为幼儿园，归属教育部门管辖[⑥]。此后，儿童托育服务体系和儿童学前教育体系，适用于不同的政策文本，其后面建设的逻辑不同，主管的部门也不同，即使在 21 世纪重建儿童托幼服务体系[⑦]之时，也依然遵循着这种脉络。

---

① Olmstead P. & Weikart D. P. （Eds.）1989, How Nations Serve Young Children: Profiles Of Child Care And Education In 14 Countries. Ypsilanti, MI: High/Scope Press.

② Torella, Eugenia Caracciolo Di & Masselot, Annick, 2020, *Caring Responsibilities In European Law And Policy: Who Cares*? Routledge, p. 53.

③ 邱志鹏：《台湾幼儿托育制度之研究》，"行政院发展考核委员会"研究报告，2012，第 69~124 页。

④ 同样是把学龄前儿童分为"3 岁以下"和"3 岁以上"，但是用年龄组标识的时候，欧美各国多是用"0~2 岁"标识"3 岁以下"，用"3~5 岁"标识"3 岁以上"，这样幼儿的年龄是连续的且不重叠；但中国相关政策的文件和研究中，多是以"0~3 岁"标识"3 岁以下"，"3~6 岁"标识"3 岁以上"，本文在行文中为了和政策文件一致，多采用"0~3 岁"儿童组的表达方式，但是在运用相关数据进行计算的时候，是采用 0 岁、1 岁、2 岁三个年龄组儿童的数据，和国际相关文献中的"0~2 岁"儿童组是一致的。马春华：《当代日本家庭变迁和家庭政策重构：公共资源的代际再分配》，《社会发展研究》2017 年第 3 期。

⑤ 岳经纶、范昕：《中国儿童照顾政策体系：回顾、反思与重构》，《中国社会科学》2018 年第 9 期；李放、马洪旭：《中国共产党百年托幼服务供给研究：变迁历程、演进逻辑与未来展望》，《社会保障研究》2021 年第 5 期。

⑥ 和建花：《中国 3 岁以下儿童托幼政策与事业发展回顾》，《中国妇运》2017 年第 1 期。

⑦ 宋少鹏：《"回家"还是"被回家"？——市场化过程中"妇女回家"讨论与中国社会意识形态转型》，《妇女研究论丛》2011 年第 4 期。

2010 年，在《国家中长期教育改革和发展规划纲要（2010—2020 年）》中，国家第一次明确提出要普及学前教育，建立"政府主导、社会参与、公办民办并举"的学前教育服务体系。但是迟至 2019 年，才在《国务院办公厅关于促进 3 岁以下婴幼儿照护服务发展的指导意见》中，提出要建立 0~3 岁婴幼儿照护服务体系（0~3 岁儿童托育服务体系），两个体系提出的时间相差将近 10 年。2020 年，根据《中国教育统计年鉴》，全国 3~6 岁儿童入园率将近 90%，而 0~3 岁儿童的入园率不到 5%。0~3 岁儿童托育服务，成为儿童整个保育和教育过程中最薄弱的环节。中国现在 0~3 岁儿童托育服务的现状如何？其政策法规体系状况如何？中国要真正实现"幼有所育"，要面临什么样的挑战？未来可能在哪些地方要重点建设？本文尝试对这些问题进行回答。

一 儿童托育服务体系

最早的儿童托育服务，来自 19 世纪末针对低收入或者贫困家庭的儿童托育中心，带有慈善和救济性质，是慈善组织或者宗教组织设立的[①]。但是那个时候的儿童托育服务是碎片化的，儿童照顾主要由家庭和母亲承担。直到 20 世纪 60 年代，在以自由、平等和独立为主题的第二波妇女运动的影响下，各国经济发展需要更多的劳动力的情况下，越来越多的女性进入劳动力市场，改变了传统性别分工模式[②]，越来越多的家庭和儿童需要国家提供儿童托育服务来支持女性就业[③]。儿童托育服务，已经不再是针对困境家庭的慈善措施，而成为普通家庭和所有学龄前儿童的需求。以瑞典为首的北欧国家，开始构建针对 0~6 岁儿童优质普惠的儿童托幼服务体系，他们认为这

① Olmstead P. & Weikart D. P. （Eds.）1989, How Nations Serve Young Children: Profiles of Child Care and Education in 14 Countries. Ypsilanti, MI: High/Scope Press.

② Baude, Patrick And Lamber, Julia C., "Civil Liberties: Desegregation, Prisoners' Rights And Employment Discrimination In The Seventh Circuit"（1979）. Articles By Maurer Faculty. Https: //Www. Repository. Law. Indiana. Edu/Facpub/968, p. 16.

③ Gordon, T., 1970, Parent Effectiveness Training: The "No-Lose" Program For Raising Responsible Children. Peter H. Wyden, p. 21.

是国家对于工作父母的基本支持。

但是，与瑞典等北欧国家通过儿童托幼服务体系建设代替儿童家庭照顾不同，那个时候总的来说，儿童照顾还是主要被看作父母和家庭的责任。比如，联合国 1956 年就把儿童托幼服务定义为"填补母亲因外出工作没有办法照顾孩子的空缺的组织化服务"①；全美儿童福利联盟（Child Welfare League of America，CWLA）1969 年把儿童托育服务定义为：在父母因为各种原因缺位的时候，由团体式的或者家庭式的托幼设施给予学龄前儿童的适当安置②。也就是说，学龄前儿童保育和教育的主体责任还是在家庭。随着各国对于儿童的定位从"儿童是父母和家庭的"，逐步转向"儿童是国家的"和"儿童是国家和家庭的"，儿童照顾的责任也逐步从"完全属于家庭"到"国家承担补充责任"，转到"国家和家庭共担责任"，再到"国家通过政策法律来保护儿童权利"③。到 20 世纪最后 10 年，很多国家对于儿童托幼服务在政策上的关注激增，但是不再仅仅因为它是支持工作父母兼顾家庭和工作的福利，而是因为高品质的"早期儿童照顾和教育"（ECEC）不仅对于儿童短期的认知、社交和情感发展至关重要，而且对于儿童未来学业表现和成功生涯不可或缺④。

虽然 ECEC 所针对的是 0~8 岁的儿童，但是实践中各国最为关注的还是 3~6 岁的学龄前儿童。2000 年，OECD 国家的大多数儿童在上小学之前至少都有 2 年接受过"早期儿童照顾和教育"⑤。许多国家将获得高品质的 ECEC 作为 3 岁以上儿童的法定权利，但也有国家把这个权利延伸到 3 岁以下的儿童，比如瑞典，它将向所有学龄前儿童提供高品质的 ECEC 作为全社会的任务（Ministry of Education and Science in Sweden，1999）。同中国儿童

---

① Kadushin，Alfred & Martin，Judith A.，1988，Child Welfare Services，Macmillan.

② CWLA，1969，Child Welfare League Of America Standards For Day Care Service，Https：//www. Cwla. Org/.

③ Harding，Lorraine Fox，1997，*Perspectives In Child Care Policy*，Routledge，Taylor & Francis.

④ OECD，1996，Lifelong Learning For All：Meeting Of The Education Committee At The Ministerial Level，16-17 January 1996，Paris.

⑤ OECD，2001，Starting Strong：Early Childhood Education And Care. OECD Publishing，Paris.

托幼服务体系建设的路径类似，在 21 世纪初，OECD 所有国家的努力方向主要是给 3~6 岁所有儿童提供高品质的学前教育。而对于 3 岁以下儿童，虽然脑科学和学习科学研究表明，这个年龄段的儿童接受"早期儿童照顾和教育"，对于促进他们的发展和学习有着非常重要的意义[1]，但是各国在实践中同其父母假期安排的性质，以及文化理念上对于儿童照顾的看法密切相关。比如，匈牙利母亲的产假和育儿假加起来，最长可以有 3 年[2]，3 岁以下的匈牙利儿童都可以在家由母亲照顾；而普遍接受儿童依恋理论的国家，就会希望母亲在家陪伴 2 岁以下的儿童[3]。

ECEC 强调对于学龄前儿童来说，"照顾"（Care）和"教育"（Education）是不可分割的，为儿童提供优质的托幼服务需要同时涵盖这两个方面。在实践中这两者也是融合在一起的，在"照顾"的环境中有学习的机会，在"教育"的环境中也为儿童提供照顾。因此，ECEC 强调一种综合、统一而连贯的决策和提供服务的方式。但是，包括中国在内的很多国家，其实都明确区分了"儿童照顾"（在父母工作时照顾孩子）和"学前教育"（促进儿童发展并为正式上学做准备）。前者针对的是 3 岁以下的孩子，是"儿童托育服务体系"，是对于父母因工作缺位时照顾不足的补充，从新中国成立初就被作为工作父母的福利，目标是帮助工作父母实现工作和家庭的平衡，主管部门是卫健（卫生）部门；后者针对的是 3 岁以上的孩子，是"学前教育服务体系"，是义务教育的预备阶段，也是终身教育的开端，目标是促进儿童发展和人力资本的积累，主管部门是教育部门。针对不同年龄段孩子服务体系的不同定位，是 21 世纪针对这两个年龄段儿童出台的一系列政策文件的逻辑出发点。

---

① Shore, R., 1997, Rethinking The Brain: New Insights Into Early Development, Families And Work Institute, New York, NY.

② GÁbos, A. And Makay Zs., 2023, "Hungary Country Note", In Blum, S., Dobrotić, I., Kaufman, G., Koslowski, A. And Moss, P. (Eds.) International Review Of Leave Policies And Research 2023. Available At: Https://Www. Leavenetwork. Org/Annual-Reviewreports/.

③ Rusterholz, Caroline, 2015, "Fathers In 1960s Switzerland: A Silent Revolution?" Gender & History, Volume 27, Issue 3 pp. 828-843.

二 国家层面儿童托育服务体系建设

在国家层面提出建设学前教育体系将近 10 年之后，2019 年 5 月，《国务院办公厅关于促进 3 岁以下婴幼儿照护服务发展的指导意见》印发，强调 3 岁以下儿童照顾主体责任在家庭，托育只是补充作用。"充分发挥市场在资源配置中的决定性作用"，国家的主要作用是出台相关政策进行引导，调动社会力量，通过市场化的方式进行托育服务体系的建设，这同地方政府承担发展 3 岁以上儿童学前教育体系主体责任形成了鲜明的对比。

2019 年 10 月，国家发改委和卫健委共同出台了《支持社会力量发展普惠托育服务专项行动实施方案（试行）》，进一步明确了国家层面建设儿童托育服务体系的原则："政府引导，多方参与，社会运营，普惠可及"，要"社会化发展托育服务"，中央预算对于示范性的托育服务机构和社区托育设施"每个新增托位给予 1 万元的补助"。这两个文件共同奠定了此后国家推动 0~3 岁儿童托育服务体系建设的基调和脉络。

（一）中国0~3岁儿童托育服务体系的构成

2019 年印发的《国务院办公厅关于促进 3 岁以下婴幼儿照护服务发展的指导意见》，明确了在 0~3 岁儿童托育服务体系建设中卫健委的牵头位置。2023 年 10 月 21 日，卫健委发布了推荐性卫生行业标准《托育机构质量评估标准》，对于托育服务体系构成的各要素给出了明确的定义。

（1）托育机构（childcare institutions）：由单位（事业单位、社会组织、企业等）或个人举办，由专业人员为 3 岁以下婴幼儿提供全日托、半日托、计时托、临时托等照护服务的机构。

（2）托育工作人员（childcare providers）：托育机构中的所有工作人员。托育工作人员包括托育机构负责人、保育人员、卫生保健人员、保安人员、炊事人员等。

（3）保育人员（carers）：在托育机构中通过创设适宜环境，合理安排一日生活和活动，为3岁以下婴幼儿提供生活照护、安全看护、平衡膳食和早期学习机会，促进婴幼儿身体和心理全面发展的人员。

（4）照护服务（childcare service）：根据婴幼儿发展的年龄特点和个体差异，由托育工作人员在托育机构直接或间接为3岁以下婴幼儿提供生活照护、安全看护、平衡膳食和早期学习机会，为家庭和社区提供科学育儿指导服务，促进婴幼儿身体和心理的全面发展。

如图1所示，相对于学前教育服务体系来说，0~3岁儿童托育服务体系相对体量较少，而且其中公办托育服务机构微乎其微；普惠性托育服务机构有一定发展，包括示范性托育服务机构和社区托育服务机构；非普惠性托育服务机构有相当程度发展。根据相关的政策文件，与学前教育服务体系不同，儿童托育服务体系的建设主要依赖的是社会力量："政策引导，普惠优

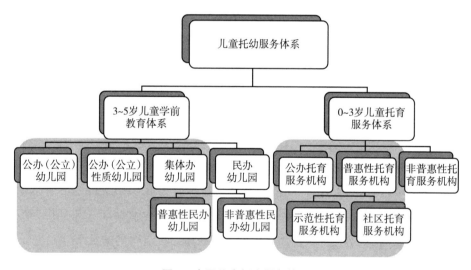

图1　中国儿童托育服务体系

注：①儿童托幼服务体系分为两类：0~3岁儿童托育服务体系、3~5岁儿童学前教育体系。②阴影的部分，指的是公共托幼服务体系的构成，由"普惠性幼儿园"和"普惠性托育服务机构"构成。"普惠性幼儿园"包括各种性质幼儿园：公办幼儿园、公办性质幼儿园、集体办幼儿园和民办幼儿园；"普惠性托育服务机构"包括"公办托育服务机构"和"普惠性托育服务机构"。

资料来源：笔者根据托幼服务相关文件整理。

先"，"鼓励通过市场化方式，采取公办民营、民办公助等多种形式"，要坚持和强化"政府保基本兜底线职能"。虽然同时强调，要"发挥城乡社区公共服务设施的婴幼儿照护服务功能"，"新建或利用现有机构设施、空置场地等改扩建，建设一批公办托育服务机构"，但是实际上除了新建的，现有的公共服务设施或者机构设施等很难满足有关托育机构设置标准，比如2022年印发的《托育机构消防安全指南》，2023年的《托育机构质量评估标准》，这些法规对于托育消防安全、环境空间、设备设施各方面的要求都高于城乡公共服务设施标准。

2021年，相关政策文件开始提及要进行"公办托育服务能力建设项目"，国家发改委等3部门印发的《"十四五"积极应对人口老龄化工程和托育建设实施方案》对这个建设项目进行了明确的定义："支持公办托育服务机构建设，鼓励采取公建民营、购买服务等方式运营"，"支持地市级及以上政府建设承担指导功能的示范性、综合性托育服务中心项目，设置一定规模的托位"。虽然中央预算内投资都要对这些项目进行补助，但是实际上这些都不是真正的公办托育服务机构，而是普惠性的公建民营、民办公助的普惠托育服务机构，因为学前教育服务体系中的公办（公立）园，是公办公营的，其中的保教人员是有事业编制的；而"普惠托育服务专项行动"，主要"支持社会力量发展社区托育服务设施和综合托育服务机构"。

（二）中国0~3岁儿童托育服务体系建设的底层逻辑

虽然同3~6岁的学前教育服务体系建设相比较，0~3岁儿童托育服务体系没有那么强烈的公共化色彩[①]，因为这个年龄段儿童照顾的主要责任还是被归于家庭和父母；但是2019年的《国务院办公厅关于促进3岁以下婴幼儿照护服务发展的指导意见》出台，还是意味着国家开始真正

①　马春华：《中国儿童托幼服务公共化：整体框架和地方实践》，《妇女研究论丛》2023年第4期。

介入 0～3 岁儿童照顾，至此 0～3 岁儿童托育服务体系的建设开始带上公共化的色彩。在 2019 年出台的两个文件基础上，国家陆续出台了一系列政策文件，形成了 0～3 岁儿童托育服务体系建设的整体框架和底层逻辑。

1. 公共服务体系

0～3 岁儿童托育服务体系建设的公共化色彩，主要体现在它被国家纳入公共服务体系。"公共服务"理论，最早是由 19 世纪末德国瓦格纳 Wagner Adolf 在讨论政府职能和公共财政的关系时，被作为政府职能和社会福利提出的[①]。20 世纪初期，法国的法学家狄冀（Duguit Leon），则提出公共权力应该建立在公共服务的基础之上，如果掌握了公共权力，就应该通过行使权力来组织公共服务，并且保障和支配公共服务[②]。公共服务的目的是促进和实现社会团结，它是由政府来加以规范和控制的活动[③]。

也就是说，"公共服务"从诞生之初，就被当作政府职能，是公共权力行使的基础和依归。随着经济学相关领域研究的深入，公共服务的这个特征进一步凸显。比如，萨缪尔森认为政府的职能就是高效、高水平地提供满足公共需求的公共物品和公共服务[④]，新公共管理理论则强调政府基本职能应该是提供公共服务，新公共服务理论则是强调"公共利益"是公共服务的价值核心[⑤]。"公共性"上升为解读公共服务体系的核心因素[⑥]，被纳入公共服务体系的服务自然染上了公共化色彩。

2002 年，在讨论政府职能转变的背景下，"公共服务"的概念进入中国

① 毛程连主编《西方财政思想史》，经济科学出版社，2003，第 123 页。
② 〔法〕莱昂·狄骥：《公法的变迁》，郑戈、冷静译，辽海出版社、春风文艺出版社，1999，第 40 页。
③ 〔法〕莱昂·狄骥：《公法的变迁》，郑戈、冷静译，辽海出版社、春风文艺出版社，1999，第 53 页。
④ Samuelson, Paul A., 1954, "The Pure Theory of Public Expenditure", 36（4）：387-389. doi：10.2307/1925895.
⑤ 〔美〕珍妮特·V.登哈特、罗伯特·B.登哈特：《新公共服务：服务，而不是掌舵》，丁煌译，中国人民大学出版社，2014，第 168 页。
⑥ 姜晓萍、陈朝兵：《公共服务的理论认知与中国语境》，《政治学研究》2018 年第 6 期。

的政策话语并被确定为政府基本职能之一①；2004 年，温家宝总理明确提出"公共服务就是提供公共产品和服务"。此后，国内学界也出现了大量与公共服务相关的研究，虽然对于"公共服务"概念和相关理论还分歧较大②，但是研究者都强调了公共服务供给主体的多元化。虽然"私人部门（市场）原则上提供私人物品（服务）"和"公共部门（政府）原则上提供公共物品（服务）"是两个基本原则，但是在中国现在的实践中，存在大量的"交叉提供"，比如给予一定成本补偿之后，私人部门参与公共物品（服务）的提供；政府在资金有限的情况下，鼓励和支持私人部门参与提供部分公共物品（服务），特别是许多混合（准）公共物品（服务）的提供等等③。

具有中国特色的"基本公共服务"的概念，是在 2006 年《中共中央关于构建社会主义和谐社会若干重大问题的决定》中提出的④，在 2012 年的《国家基本公共服务体系"十二五"规划》给出了明确的定义："指建立在一定社会共识基础上，由政府主导提供的，与经济社会发展水平和阶段相适应，旨在保障全体公民生存和发展基本需求的公共服务"。"享有基本公共服务属于公民的权利，提供基本公共服务是政府的职责"。但是《"十四五"公共服务规划》进一步明确，"由政府承担保障供给数量和质量的主要责任，引导市场主体和公益性社会机构补充供给"，也就是说基本公共服务的供给主体也是多元化的。而"非基本公共服务"则是"为满足公民更高层次需求、保障社会整体福利水平所必需但市场自发供给不足的公共服务"，其供给主体是在政府支持下的"公益社会机构或市场主体"，政府要"推动重点领域非基本公共服务普惠化发展"。

---

① 姜晓萍、陈朝兵：《公共服务的理论认知与中国语境》，《政治学研究》2018 年第 6 期。
② 柏良泽：《"公共服务"界说》，《中国行政管理》2008 年第 2 期；姜晓萍、陈朝兵：《公共服务的理论认知与中国语境》，《政治学研究》2018 年第 6 期。
③ 邓力平、邓秋云：《公共产品（服务）市场化提供与中国式"交叉提供"》，《东南学术》2018 年第 1 期。
④ 李实、杨一心：《面向共同富裕的基本公共服务均等化：行动逻辑和路径选择》，《中国工业经济》2022 年第 2 期。

2. 基于社会福利逻辑的非基本公共服务体系

从前面的定义可以看出，基本公共服务主要是发挥政府的兜底职能，因此虽然儿童托幼服务体系从重建之初就被纳入了公共服务体系，但是只有困境儿童（家庭经济困难儿童、孤儿和残疾儿童）的学前教育被纳入了基本公共服务，由政府承担主要的供给责任。0~3岁儿童的托育服务，在2019年的《支持社会力量发展普惠托育服务专项行动实施方案（试行）》中，明确被纳入"非基本公共服务范围"，是地方政府的"事权"，但是供给的主体责任并不在地方政府，因此要坚持"社会化发展托育服务"，调动社会的力量，提供多种形式的婴幼儿照护服务。作为党的十九大提出的七大民生建设重点领域之一，政府要推动作为非公共服务的儿童托育服务的普惠化。

3~6岁儿童的学前教育服务体系也被纳入非基本公共服务体系，但是同0~3岁儿童托育服务体系存在明显差异：学前教育"是终身学习的开端，是国民教育体系的重要组成部分"，强调人力资本的形成和积累，带有明显的社会投资逻辑；而婴幼儿托育的重点是"照护"，是促进婴幼儿健康成长，是促进工作父母能够平衡工作和家庭冲突之后的家庭和谐幸福，是促进生育率提高之后的经济社会持续发展，虽然享受人群已经从1951年的《中华人民共和国劳动保险条例》的企业职工扩展到所有的公民，但是其当时确定的社会福利性质还是一脉相承下来。

3. 政府处于辅助和引导的位置

根据非基本公共服务的定义，服务的主要供给方都是在政府引导下的公益社会机构或者市场主体。虽然学前教育服务体系和托育服务体系都属于非基本公共服务体系，但是实际上学前教育体系更接近基本公共服务体系，因为其建设之初就强调"政府主导、社会参与、公办民办并举"，学前教育服务的主要责任在各级地方政府；而托育服务体系建设，从其建设之初就强调托育服务体系对于0~3岁儿童的保育教育来说只是补充，而这个补充体系的建设又是"政府引导、多方参与、社会运营、普惠可及"，政府的责任是政策上引导和推动这个补充服务体系的建设，中央预算内投资给予一定的资助，真正的服务供给依靠社会和市场。就是所谓的"公办托育服务能力建设项目"，实际运营也是要依靠公办民营或者民办公助，不是公办公营的公办托育服务机构。

在这样的背景下，不同于学前教育自然被纳入教育部门主管的范围，0~3岁儿童托育服务体系一直没有明确的主管部门，2019年的《国务院办公厅关于促进3岁以下婴幼儿照护服务发展的指导意见》只是提出"婴幼儿照护服务发展工作由卫生健康部门牵头，发展改革、教育、公安、民政、财政、人力资源和社会保障、自然资源、住房城乡建设、应急管理、税务、市场监管等部门"对婴幼儿照护服务进行指导、监督和管理。这是在主管部门无法明确的情况下常常采用的管理模式，但是因为无法做到"权责统一"，也无法做到责任归属明确，不同部门之间的关系不明朗，在实际运作的过程中常常碰到很多不畅的节点，成为托育服务体系建设的不利因素。

对于0~3岁儿童托育服务体系建设，中央政府除了制定整体的发展框架和发展脉络之外，就是通过中央预算内投入带动地方政府基建投资和社会投资。根据2019年的《支持社会力量发展普惠托育服务专项行动实施方案（试行）》和2021年的《积极应对人口老龄化工程和托育建设中央预算内投资专项管理办法》，儿童托育上的投入总体分成两部分：一是公办托育服务能力，"中央预算内投资原则上按照东、中、西部地区（含根据国家相关政策享受中、西部政策的地区）分别不超过床均建设投资或平均总投资（不含土地费用、市政费用，仅为工程建设投资）的30%、60%和80%的比例进行支持"；二是普惠托育服务专项行动，"对于承担一定指导功能的示范性托育服务机构、社区托育服务设施"，"每个新增托位给予1万元的补助"。

0~3岁儿童托育服务体系，在这样的治理框架下，采用了登记制和可选择的备案制，而不是强制性的行政审批制。根据2019年《关于印发托育机构登记和备案办法（试行）》："举办事业单位性质的托育机构的，向县级以上机构编制部门申请审批和登记。举办社会服务机构性质的托育机构

的，向县级以上民政部门申请注册登记。举办营利性托育机构的，向县级以上市场监督管理部门申请注册登记。"但实践中，前两种性质的托育机构都相对数量较少，有的地区甚至没有，所以随后出台的政策法规实际上都是针对应该在市场监管部门注册的营利性托育服务机构，比如 2023 年出台的《家庭托育点管理办法（试行）》只提及"营利性的家庭托育点，向所在地市场监管部门依法申请注册登记"，2023 年的《托育机构质量评估标准》中托育机构所应具备的资质第一条就是"应取得提供托育服务的营业执照"，营业执照获得必须到市场监管部门注册登记。政策一致要求，所有的托育机构都应该到作为牵头单位的卫生健康部门备案，但是能够备案的需要符合一系列相关的标准，比如 2023 年的《托育机构质量评估标准》。而备案又是获得中央、地方政府各种资助的前提条件。

三　国家层面儿童托幼服务建设的效果

从前面的分析可以看到，相比于 3~6 岁的儿童学前教育服务体系建设，0~3 岁儿童的托育服务体系建设起步较晚，中央和地方各级政府在其中扮演的角色更趋于辅助性：0~3 岁儿童保育和教育的主体责任还是被放到家庭身上，儿童托育只是补充的位置；而针对这个年龄段儿童保育和教育补充体系的儿童托育体系建设，国家又是站在通过出台相关政策法规来引导和推动的位置，主要的力量还是有赖于社会和市场。0~3 岁儿童托育服务体系建设至今还不到 5 年，还处于刚刚起步和摸索阶段。

（一）儿童托育服务体系中国家财政资金（公共资金）的投入

从图 2 可以看出，从整体变动趋势来看，国家对于教育经费的投入和儿童托幼经费的投入，除了小幅波动外，整体是逐年增加的。但是很明显，国家对于儿童托幼经费投入是在 2010 年之后才有大幅增长，这同国家从 2010 年开始推动学前教育服务体系的建设，而且地方政府在其中扮演主责角色是一致的。但即使是这样，到了 2020 年儿童托幼服务体系的投入仅占 GDP 的

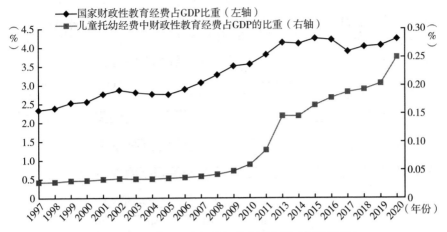

图 2　教育经费和儿童托幼经费中国家财政经费的投入

　　注：因为《中国教育统计年鉴》中有关学龄前儿童经费的投入是没有区分年龄段的，所以无法区分学前教育服务体系和儿童托育服务体系中国家财政资金投入的情况，只能整体看儿童托幼经费中国家投入状况的变动。但是从后面有关入园儿童的数量可以看到，如果人均投入是一样的，那么在儿童托育服务体系投入是更加微不足道的。

　　资料来源：《中国教育统计年鉴》（1998~2021）；GDP 和国家财政性教育经费见国家统计局年度数据，https：//data. stats. gov. cn/easyquery. htm？cn＝C01。

0.25%，而同年 OECD 国家中最低比例的国家都达到了 0.3%①。在学龄前儿童公共资金投入上中国还处于相对滞后的位置。

　　国家在学龄前儿童教育和保育上投入的不足，还可以从与其他类型教育的对比上看出来。如图 3 所示，2020 年各类学校教育投入中，除了义务阶段的普通小学和普通中学，同高中阶段、大学阶段相比较，幼儿园（学龄前）阶段国家投入的比例（60.26%）也是最低的，甚至低于全国的平均水平（80.91%）。虽然根据《2020 年全国教育事业发展统计公报》，普惠性幼儿园占比为 80.24%，普惠性幼儿园在园幼儿占比为 84.74%，但是从资金的投入上来看，国家投入资金占比还是相对较低。

---

　　① 根据 OECD 的数据，2020 年，OECD 各国 ECEC 公共资金投入占 GDP 的比重均值是 0.8%，欧盟各国的均值是 0.7%，比例最高的冰岛为 1.7%，最低的葡萄牙、美国、爱尔兰均为 0.3%。而其中，儿童托育服务体系投入占 GDP 最高的瑞典，高达 1.0%，最低的英国、美国等为 0（OECD，PF3-1，2023）。

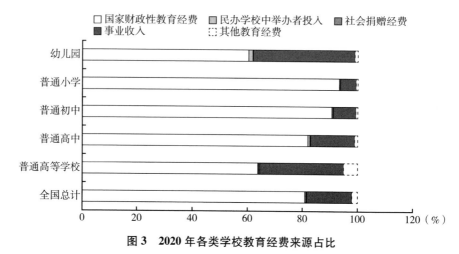

图3 2020年各类学校教育经费来源占比

资料来源:《中国教育统计年鉴(2021)》;GDP 和国家财政性教育经费见国家统计局年度数据,https://data.stats.gov.cn/easyquery.htm?cn=C01。

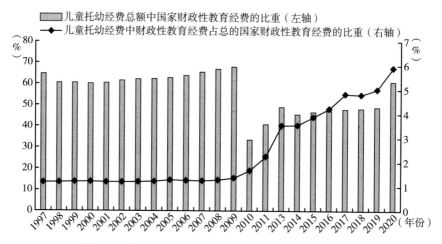

图4 历年儿童托幼经费中国家财政性教育经费的比重

资料来源:《中国教育统计年鉴》(1998~2021);GDP 和国家财政性教育经费见国家统计局年度数据,https://data.stats.gov.cn/easyquery.htm?cn=C01。

从图4可以看出,2020年幼儿园(学龄前)阶段国家投入占比为60.26%,还是在2020年国家投入大幅增长下实现的,2019年这个值还不到

50%。但是国家在儿童托幼服务中始终发挥着不容忽视的作用，特别是很多研究都说基于"生产主义福利体制"，国家削弱了在社会领域方面的投入①，包括儿童托幼服务的供给②，原来依托集体或者单位构建的公共儿童托育服务体系逐渐解体③，但是至少从图4可以看出，在20世纪90年代的儿童托育服务体系中，国家财政性经费投入仍然占据主导的位置。2010年是中国重建儿童学前服务体系的起点，虽然地方政府负有主体责任，但是国家也鼓励社会力量的投入，因此大量社会资本涌入，进而导致儿童托幼经费中国家财政性教育经费（公共资金）的占比大幅下滑，一直到2019年比例也没有大幅上涨。虽然2019年中国开始重建儿童托育服务体系，但是由于国家扮演辅助性角色，因此对于国家投入资金影响不大，直到2020年才有较大幅度增长，这可能和2018年国家明确要求提高学前教育体系中的公办率、政府因此加大投入有关。但是2020年比例也没有回到2010年之前。

（二）儿童托育服务机构：不同创办主体的构成

因为《中国教育统计年鉴》中没有区分"幼儿园"和"托育机构"，而是统称为"幼儿园"，所以很难区分出托幼机构本身数量的变动。这一方面是因为，托育机构相对于幼儿园来说数量会偏少；另一方面可能是因为，在实践中，很多地方独立的托育机构并不多，而更多的是幼儿园向下延伸的附属的2~3岁的托幼班，因此在以园所为单位计算托幼服务机构的时候，是很难区分两者的。这一点在后文的地方实践中会有进一步的讨论。

图5清楚地展示了不同创办主体的托幼机构在最近20多年的变动趋势：公办托幼机构和民办托幼机构数量整体上都呈上升趋势，集体办托幼

---

① 宋少鹏：《"回家"还是"被回家"？——市场化过程中"妇女回家"讨论与中国社会意识形态转型》，《妇女研究论丛》2011年第4期。

② 岳经纶、范昕：《中国儿童照顾政策体系：回顾、反思与重构》，《中国社会科学》2018年第9期。

③ 李放、马洪旭：《中国共产党百年托幼服务供给研究：变迁历程、演进逻辑与未来展望》，《社会保障研究》2021年第5期。

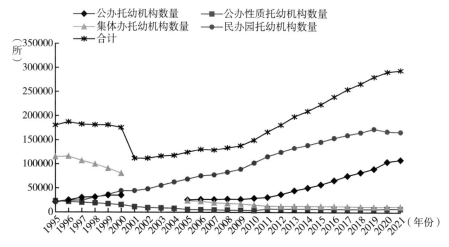

图5 历年不同创办主体幼儿园数量变化

注:

1. 2001~2004 年有关托幼机构数量的数据,没有区分集体办幼儿园和公办性质幼儿园,所以"公办性质幼儿园"和"集体办幼儿园"没有包括这些年份的数据。

2. 数据没有区分针对 0~3 岁儿童的托育机构和 3~6 岁儿童的幼儿园。因此,虽然统计年鉴中统称为"幼儿园",本文改为"托幼机构",就是强调其中包含针对 0~3 岁儿童的托育机构。

资料来源:《中国教育统计年鉴》(1996~2022)。

机构数量呈现急速下滑的趋势,而公办性质托幼机构数量呈现缓慢下滑趋势。各类创办主体的托幼机构数量在 21 世纪初呈现了断崖式的下滑,主要是集体办幼儿园大量解散导致的,从 1996 年的 11.49 万所迅速下滑到 2005 年的 2.41 万所,而公办性质托幼机构数量也从 1995 年的 2.32 万所下降到 2010 年的 0.38 万所。此后,这两类托幼机构虽然有小幅度的回升,但是到 2021 年,公办性质托幼机构数量和集体办托幼机构数量加起来已经不到 2 万所。2019 年的《国务院办公厅关于促进 3 岁以下婴幼儿照护服务发展的指导意见》提出,要鼓励"用人单位以单独或联合相关单位共同举办的方式,在工作场所为职工提供福利性婴幼儿照护服务",就属于这种公办性质或者集体办的托幼机构,从数量变化上可以看出要推广这种模式存在相当的难度。

所以，现在的托幼机构主要是由公办的和民办的构成，两者都呈上升趋势造成了总体的供给数量呈上升的趋势。公办托幼机构数量从2005年开始缓慢增长，2005~2012年年均增长率为5.35%；2013年之后进入快速增长期，2013~2021年年均增长率为11.64%。民办托幼机构一直保持着稳步增长的趋势，从1995年的2.78万所增加到2021年的16.67万所，年均增长率为8.34%，超过同期公办托幼机构数量的年增长率6.42%。但是到2010年重建儿童托幼体系后，2010~2021年，民办托幼机构数量的年均增长率只有4.54%，远低于同期公办的年均增长率12.67%。这证明了2010年之后中国儿童托幼机构公共化程度加快。如图6所示，这两类托幼机构在全部数量中的占比在逐渐接近。

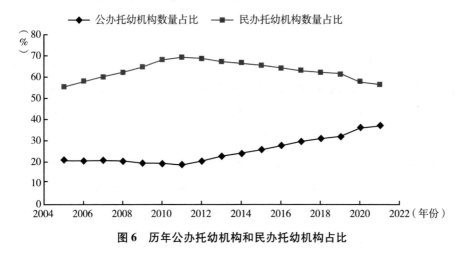

图6 历年公办托幼机构和民办托幼机构占比

资料来源：《中国教育统计年鉴》（2005~2023）。

虽然不同创办主体的托幼机构没有区分"幼儿园"和"托育机构"，但是可以从不同年龄段儿童所在的托幼机构来看儿童托育服务体系中不同创办主体的分布，当然不是0~3岁的儿童就一定在托育机构，特别是2~3岁的儿童中有相当大比例的是在幼儿园的托儿班。有些幼儿园的学前教育部分和托幼部分又是分开的。具体实践中情况很复杂，但是至少能够看出3岁以下儿童主要是在什么性质机构中接受保育和教育的。

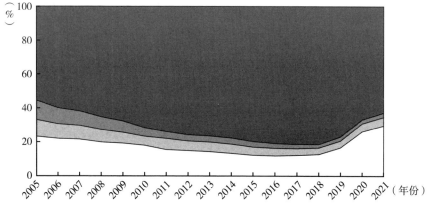

图7　0~3岁儿童在不同主体创办托幼机构中的分布

资料来源：《中国教育统计年鉴》（2006~2022）。

从图7可以看出，从2005年到2021年，3岁以下的儿童主要在民办托幼机构中，到了2018年这个比例高达81.44%，2019年国家开始介入儿童托育服务体系建设之后，这个比例有了明显下降，到了2021年下降到62.80%，下降了将近20个百分点。同步，在公办托育机构的儿童数量在2018年之后又大幅增加，从2018年的12.65%增加到2021年的29.60%，翻倍还多。民办托育机构还包含着普惠的，如果加上在普惠托育机构中的3岁以下儿童，比例会更高。这说明国家介入儿童托育服务建设，有力地推动了儿童公办托育服务体系的建设。

（三）0~3岁儿童托育服务的供给：私人部门为主，公共部门为辅

1.0~3岁儿童在托率

"幼有所育"，就是要让所有的儿童都有在家庭之外享受保育和教育的机会，这是推动儿童托育服务体系建设的主要目标，也是帮助工作父母平衡工作和家庭冲突、提高生育意愿和生育水平的一个重要政策工具。从图8可以看出，到2021年，3~5岁儿童的入园率已经达到88.44%，而0~3岁儿童的在园率降到历史最低点1.83%，折算成千人指标，大概每千人有0.45

名0~3岁儿童在园,低于"十三五"规划每千人1.5个托位的供给指标,更远远低于"十四五"规划每千人4.5个托位的供给指标。换句话说,如果全国实现"十三五"规划目标,实际上会有70%的空置率;如果实现"十四五"规划目标,就可能会有90%的空置率。

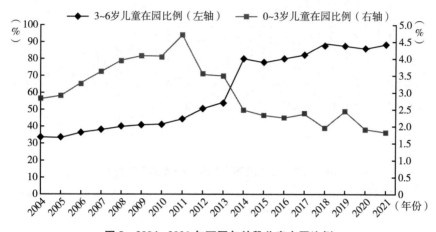

图8　2004~2021年不同年龄段儿童在园比例

注:儿童在园比例=儿童在园数量/同年龄段儿童总数。

资料来源:《中国教育统计年鉴》(2005~2022),《人口与就业统计年鉴》,2005~2021年。

同欧洲等国相比,如图9所示,0~3岁儿童在托率也表现出极大的滞后。2021年,0~3岁儿童的在托率,欧盟27国的平均值为37.9%,最高的荷兰达到74.1%,最低的土耳其为0.30%,斯洛伐克为2.30%。根据OECD家庭数据库的数据,同为东亚国家的韩国和日本,0~3岁儿童在托率分别为62.6%和41.3%。

2. 0~3岁儿童托育服务供给:私人部门为主,公共部门为辅

从3岁以下儿童的入园率可以看出来,这个年龄段的儿童在中国主要由家庭照顾,在托育机构中的幼儿数量几乎可以忽略不计:2021年,0~3岁的儿童总量为3503.25万名,但是只有63.94万名儿童在托育机构中。但是正如前面分析的那样,这些幼儿在不同主体创办的托育机构中,分布也非常不均衡。

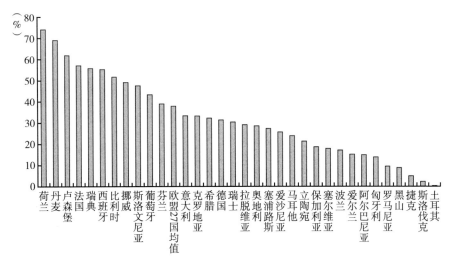

图9　2021年欧洲部分国家0~3岁儿童在托率

资料来源：Eurostat，https：//ec. europa. eu/eurostat/databrowser/view/ilc ＿ caindformal/default/table? lang＝en&category＝livcon. ilc. ilc＿ lv. ilc＿ ca。

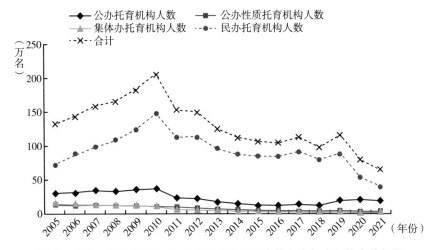

图10　2005~2021年中国0~3岁儿童在不同主体创办托育机构中的数量

资料来源：《中国教育统计年鉴》（2006~2022）。

　　图10和图7的结果是一致的：0~3岁儿童托育服务供给中，民办托育机构居主导位置，0~3岁儿童在托的数量变化和民办机构中0~3岁儿童在

托数量变化趋势几乎是同步的。公办托育机构的 0～3 岁儿童数量和民办机构中的 0～3 岁儿童数量不是一个数量级的，而公办性质和集体办托育机构儿童人数几乎可以忽略不计。虽然无法区分民办托育机构中的普惠和非普惠机构，但是至少能够知道私人部门和第三部门在儿童服务供给中可能占据更加重要的位置。即使把所有儿童区分为城区、镇区和乡村三个区域，这个结论也是一致的。

值得注意的是，如图 11 所示，在民办托育机构之外，公办托育机构中儿童的比例，在乡村和镇区的高于城区，而公办性质托育机构中儿童的比例，城区明显高于镇区和乡村。2021 年，公办托育机构的比例，城区、镇区和乡村分别为 23.50%、31.84% 和 43.51%，乡村比例是城区的将近两倍。也就是说，在乡村和镇区，教育部门的供给在当地的 0～3 岁儿童托育服务供给中发挥着更为重要的作用。换句话说，就 0～3 岁儿童的托育来说，越是在城市越能够动员更多的社会力量和市场资源；越是在乡镇越更多地依赖国家和政府提供各种所需的资源。

如果把公办性质托育机构和集体办托育机构的供给包括在内，2005 年，城区、镇区和乡村的比例分别为 46.29%、42.56% 和 44.31%，差异不大；但是到了 2021 年，这 3 个比例分别为 35.32%、35.11% 和 49.11%，比例明显拉大。也就是说，随着经济发展，城乡之间的差异表现得更明显了。

但是从图 12 可以看出，从分区域托育机构中儿童数量来看，城区儿童在托数量远远高于镇区和乡村。所以即使公办托育机构在乡村和镇区比例更高，也不能说明国家在乡村和镇区投入更多，在城市投入更少。无论是乡镇还是城区，生均国家投入是一致的，从公办托育机构中幼儿的数量来说，2021 年，国家在镇区投入最多（79183 人），其次是城区（70402 人），最少的是乡村（39661 人）。乡村儿童数量少，一方面可能是国家投入不足，另外一方面原因可能是乡村选择上托育机构的幼儿更少。但是至少说明乡村儿童托育有着相当大的公共化程度，国家也投入了相当多的公共资金，而不是像以往研究认为乡村的儿童照顾更多依靠乡村集体。

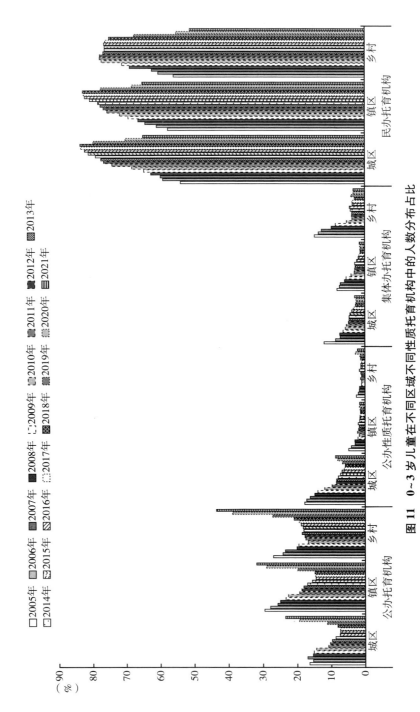

图11 0~3岁儿童在不同区域不同性质托育机构中的人数分布占比

资料来源：《中国教育统计年鉴》（2006~2022）。

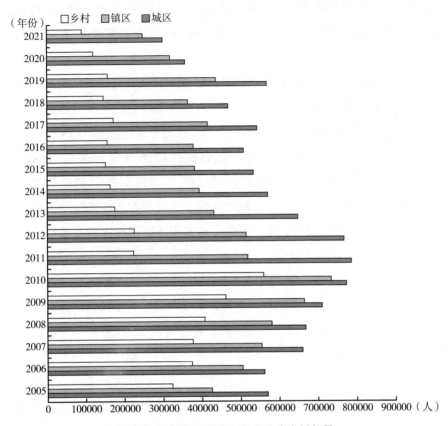

图 12 历年不同区域 0~3 岁儿童在托数量

资料来源:《中国教育统计年鉴》(2006~2022)。

四 0~3岁儿童托育服务建设的地方实践

儿童托育服务建设的实践,无论是政府担任主责的学前教育体系建设,还是政府只是承担补充和支持性责任的儿童托育服务体系的建设,中央政府和地方政府也存在明确的分工:前者负责制定国家政策框架,后者承担着让国家政策落地的责任,承担着儿童托育服务体系建设的主体责任。各地实际情况千差万别,国家针对这两个年龄组儿童的托育服务公共化制定的国家政

策框架，既让国家政策真正能够从顶层设计落实到各地，也给地方政府实践留下了足够的因地制宜的空间①，因此各地在实践中形成了不同的地方模式。

这种因地制宜是中国治理中广泛存在的现象，在顶层设计的时候，中央政府往往会赋予地方政府相当自主空间②，地方政府会因此获得相当大的自主性③。地方政府依据当地具体的社会经济状况采取相应办法落实中央政策，即所谓"适应性治理"："地方政府按照恰适性逻辑进行的弹性治理"④。"恰适性"强调的是治理与地方情境的恰当匹配⑤，"弹性治理"也是在中央确定的政策框架之中⑥，地方政府采用与地方条件匹配的方案来完成中央任务⑦。这种适应性治理，保证了地方实践模式在推动儿童托育服务体系建设上的可行性和有效性。

从前面对于0~3岁儿童托育服务体系建设的国家政策框架中可以清楚地看到，中央政府和地方政府在其中都是处于辅助性和支持性的角色，即所谓的"政府引导、多方参与、社会运营、普惠可及"。即使是公办托育服务能力建设项目，运营也是更多依赖社会力量，采取公建民营、购买服务等方式。而普惠托育服务专项行动，是支持社会力量发展社区服务设施和综合托育服务机构。换句话说，地方政府不直接参与服务供给，而是通过供给侧的改革，通过政策引导、资金驱动，来推动儿童托育服务的建设。

① 贺东航、孔繁斌：《公共政策执行的中国经验》，《中国社会科学》2011年第5期。
② 周雪光：《权威体制与有效治理：当代中国国家治理的制度逻辑》，《开放时代》2011年第10期。
③ Qian, Y., and C. Xu, "Why China's Economic Reforms Differ: The M-form Hierarchy and Entry/Expansion of the Non-state Sector", Economics of Transition, Vol. 1 No. 2, 1993, 135–170.
④ 石绍成、吴春梅：《适应性治理：政策落地如何因地制宜——以武陵大卡村的危房改造项目为例》，《中国农村观察》2020年第1期。
⑤ 〔美〕詹姆斯·G. 马奇、〔挪〕约翰·P. 奥尔森：《重新发现制度：政治的组织基础》，张伟译，生活·读书·新知三联书店，2011。
⑥ Walker, B., G. Lance, K. Ann, F. Carl, C. Steve and S. Lisen, "A Handful of Heuristics and Some Propositions for Understanding Resilience in Social-Ecological Systems", Ecology and Society, Vol. 11 No. 1, 2006, 11 (1): 1–15.
⑦ 石绍成、吴春梅：《适应性治理：政策落地如何因地制宜——以武陵大卡村的危房改造项目为例》，《中国农村观察》2020年第1期。

（一）CQ：托幼服务一体化？

CQ 地处西南部，长江上游地区。近些年来，随着国家推动西部大开发、"一带一路"和长江经济带的建设，经济发展迅猛，GDP 位于全国前列。但是由于人口基数较大，农村人口和库区人口众多，2022 年全市人均可支配收入低于全国平均水平。CQ 的总和生育率已经破 1，因此婴幼儿数量持续走低。CQ 的老龄化程度在全国居前列，而且在很大程度上保留着几代同居的模式，以及老年人照顾孙辈的习俗。这些都成为限制当地送托意愿、制约 CQ 儿童托育服务体系建设的重要因素。

1. 政府的逻辑：通过托幼一体化推动普惠托育服务供给

在 2019 年之前，CQ 也有少量的儿童托育服务供给，但是很难实现 CQ 在 2019 年提出的主要发展原则和目标："家庭为主、托育补充，政策引导、普惠优先，安全健康、科学规范，属地管理、分类指导"，特别是在公众对于民办托育信任感不足，还要推动平价优质的普惠托育的情况下。再加上 CQ 的生育率极低，已经造成了大量民办幼儿园生源不足，因此在很多地方的托幼一体化还在设想和论证之中的时候，托幼一体化已经成为 CQ 推动儿童托育服务体系建设的主要模式。

2023 年，作为幼儿园的主管部门——教委和托育服务机构的主管部门——卫健委经过多轮协商，CQ 出台了《3 岁以下婴幼儿照护能力提升三年行动计划》，建成"布局合理、普惠可及、安全质优、覆盖城乡的托育服务体系"，扩大普惠性托育服务供给的第一个重要模式就是"发展托幼一体化"："支持幼儿园在满足 3~6 岁幼儿园入园需求的基础上，开展普惠性托育服务，招收 2~3 岁的幼儿"；"2023~2025 年全市提供托育服务的幼儿园数占幼儿园总数的比例分别达 30%、35%、40%"。同时还出台了配套文件《托幼一体化管理办法（试行）》，对于幼儿园中托育班（部）的性质和收费作出了明确的规定。

实际上，虽然 CQ 的托幼一体化既包括公办幼儿园，也包括民办普惠园，但是即使在婴幼儿数量不断减少的情况下，公办幼儿园的学位还是一位

难求，基本上没有空间能够提供给托育班（部），但现在儿童托育服务体系中的公办托育都是公办园向下延伸实现的。总体上说，尝试这么做的基本上是生源不足的民办园。而在实践中，民办园如果向下延伸办托育班，都会另外注册新的机构甚至新的法人，甚至另取一个完全不同的名字，因为虽然政府在推动托幼一体化，卫健委和教委之间也在密切合作，但是托育和学前教育还是两个完全不同的政策框架，适用的政策也完全不同，比如收费标准、师生比标准、质量评估标准、安全标准、消防标准等等，甚至食品安全标准都不一样。所以实际上的托幼一体化，主要表现在空间的托幼分享，托幼衔接时候的连贯性。CQ 的托幼一体化刚刚起步，其效果还有待后续观察。

2023 年，CQ 市的 3 岁以下幼儿有 68 万人，占总人口的 2.12%，每千人托位数为 3.08 个。在市监部门登记注册的托育机构全市有 2175 家，其中在卫健委备案的有 595 家，备案率为 27.36%。所有托育机构总共提供托位 14.5 万个，普惠托位数占比 10%；实际使用的托位为 5.2 万个，托位使用率为 35.9%。[①] YB 区在 CQ GDP 排位第一，人均 GDP 排位第四。2023 年，全区 0~3 岁婴幼儿为 4.26 万人，占全区总人口的 2.84%。在市监部门登记注册 139 家，实际经营的有 43 家，占 30.9%；其中民办 24 家，被纳入托育统计的幼儿园 19 家（农村公办 15 家，民办 4 家），共提供托位 3062 个，每千人托位数 2.1 个。完成备案的有 11 家，均为民办托育机构，提供托位 944 个。[②] 无论是全市还是 YB 区，都没有提供在托位供给中托幼一体化幼儿园比重的准确数据，访谈中提及 2175 家托育机构中托幼一体化的占比更多。但是这种双重管理也存在弊端，一方面可能挑战更大，另一方面只满足了 2~3 岁儿童托育需求，那么 2 岁以下儿童的托育需求如何满足呢？

2. 企业的逻辑：公私合作的托育服务模式

和其他地区的民办托育机构一样，CQ 的民间托育机构也面临着托育服务的供给如何能够可持续的挑战。虽然托育收费相对学前教育较高，但是一

---

① 基于与 CQ 卫健委访谈和 2023 年 10 月出台的《3 岁以下婴幼儿照护服务能力提升三年行动计划（2023–2025 年）》。

② YB 区卫健委《关于区政协十六届二次会议第 261 号提案的复函》。

方面，托育规模受到限制，无法依赖规模效应实现可持续，另一方面，因为儿童年龄更加幼小，所以对于服务的需求度更高，也需要配备更多的教保人员，那么机构在这方面需要更多的支持。如果进入普惠托育，那么收费会受到限制，同时政府给予经济上的支持也是有限的。CQ 现在能够给普惠托育运营补贴，"按照托大班、托小班、乳儿班分别给予每生每年 700 元、800 元、900 元"，在入托儿童数量有限的情况下，这个运营补贴也是杯水车薪。而中央财政内拨付的建设补贴，不是所有普惠托育机构都能够申请和获得的。在这种情况下，3 岁以下儿童托育服务机构还是需要依赖机构本身，但是又不能仅仅依赖托育服务供给。

TYB 是 CQ 社区托育处于领军位置的企业，它从 2015 年开始就涉足托育行业，筹备托育园所，开发托育的课程体系和运营体系，并且提供相关的托育培训。2017 年成立首家托育中心，2019 年开始创新社区托育模式，到现在已经形成了独特的公私合作 ToB 托育服务模式：一方面，TYB 和政府密切合作，尤其是街道和社区，建立自己独特的植根于社区的托育机构模式，并反哺于社区的家庭和儿童；同时，承接公建民营的项目，和 CQ 妇幼保健院的婴幼儿养护指导中心合作，作为医育结合试点在医院办托育。另一方面，TYB 形成了"直营+联营+托育帮扶"的 ToB 托育服务模式，包括在 CQ 市和附近 GA 直接经营 5 家小型社区托育园，跨出本省在全国 11 个省份和 16 家托育机构联合经营，对于将近 400 个托育项目进行帮扶。

和其他的公司不同，TYB 主要不是提供多少托位，因为社区园都是小型园，最新开业的 YYXY 能够提供的托位也就 45 个。TYB 更多是通过联营和帮扶等 ToB 模式推广一种托育理念，推广他们研发的课程体系和运营体系。这 5 家直营的托育机构在某种意义上来说，也是践行他们托育理念和研发成果的试验田，转而促进他们的相关研发。而这些联营和托育帮扶，又能够通过营收实现直营的 5 家托育机构的可持续发展。联营的托育机构会被纳入他们研发的托育体系之中，而 400 多家托育帮扶机构涉及九大模块：开园帮扶、筹建帮扶、招生帮扶、运营帮扶、风控帮扶、培训帮扶、团建帮扶、教学帮扶、成长赋能，TYB 会根据这些托育机构的需求提供服务，并收取

一定的费用。如果需要购买 TYB 的运营体系、托育活动方案、婴幼儿精品课程等等，再另外支付费用。

在以 ToB 托育服务模式的同时，因为 TYB 直营、联营的都是社区托育机构，为了密切和社区、街道的关系，TYB 组织了大量直面家长和儿童的社区活动，包括定期为 0~6 岁学龄前儿童提供发育追踪观测，为社区 0~6 岁学龄前儿童提供全面、详细的成长追踪观测报告，解答父母的育儿问题，培养最缺乏的父母的托育意识。如果 0~6 个月的孩子父母有更多的要求，包括入户对育儿给出具体指导，比如家庭环境是否儿童友好、是否容易对孩子造成伤害、不同阶段的孩子需要什么样的玩具等等，他们也会提供这种一对一的服务。这些社区服务虽然都是公益性的，但是既能够帮助社区解决必须举办活动的所需支持，密切和社区的关系，社区也能够提供平价的场地和各方面的支持；也能够让更多父母意识到科学育儿的重要性，为直营的托育机构扩大生源打下良好的基础。CQ 托育机构提供的托育服务多是面向 2~3 岁儿童，这就造成了托育园生源要每年更替，因为孩子只能在托育机构待 1 年，这给托育机构可持续运营也提出了巨大的挑战。

TYB 这种托育行业的 ToB 服务模式，拓宽了其领域，在服务 0~3 岁儿童和家长的同时，也服务全国其他的托育机构，在某种程度上成为一个托育机构的孵化器。因此，对于 TYB 来说，研发自己的课程体系、运营体系，甚至托育人员的培训体系更为重要，而自己直营的托育机构更多是在实践中不断改进这些体系的，当然反过来也会提升这些托育机构的质量，给儿童和家长提供更好的托育服务。另外，TYB 既可以联营和帮扶其他托育机构资金，也可以反哺这些直营的托育机构。对于 TYB 来说，虽然不能够直接提供更多的托位，但是可以间接促进托位提供，提高整体托育水平，还能够帮助政府实现入社区甚至入户开展家庭养育指导和婴幼儿早期发展，"加强家庭照护指导"是 CQ《3 岁以下婴幼儿照护服务能力提升三年行动计划》中"提升托育服务质量"的首要措施，实现公私密切合作。这种模式对于托育企业本身有着更高的要求，他们研发的体系可能也需要国家层面研发的各种体系的对应和校正。

（二）JJ: 市场化普惠托育服务?

JJ 地处东南沿海，在经济上处于全国百强县的前列，居民收入相对较高①。基于历史文化的原因，JJ 保留了浓厚的家庭主义氛围，重视家庭、家族、亲属、邻里和老乡等关系；同时，JJ 并不保守，敢于创新，敢于尝试，政府对于民间各种创新更多持支持态度②。在 2019 年国家开始构建 0~3 岁儿童托育服务体系之前，JJ 就有市场化的儿童托育服务体系供给的尝试，这为 2019 年后地方政府介入儿童托育服务供给奠定了相当的基础。

1. 政府的逻辑: 市场化的普惠托育服务

虽然 JJ 民间慈善力量强大，集体层面养老抚幼历史悠久③，但是由于 0~3 岁儿童托育服务本身的特殊性，以及 JJ 本身在此之前托育市场有一定程度的发育，JJ 在构建普惠性儿童托育服务体系的时候，还是更多地依赖市场部门的服务供给。2020 年，JJ 的 MX 教育集团获得第一批省级普惠托育服务试点，当地政府支持和依靠这个教育集团探索了一系列的普惠儿童托育服务供给模式。2021 年出台《JJ 促进 3 岁以下婴幼儿照护服务工作实施意见》时，更多地强调了行业市场的引导作用。根据调查，截至 2023 年底，JJ 所有的托育机构都是在市场监管部门备案的营利性服务机构。

在市场化托育服务先行的情况下，JJ 所在的地方政府为了推动"普惠可及"，推动托育供给侧结构性改革，各级政府都通过普惠托育试点投入了大量的财政（公共）资金：从 2020 年到 2022 年，在 11 个省级和地市级、

---

① 2022 年，全国人均 GDP 为 85698 元，JJ 为 154762 元，后者是前者的 1.8 倍；全国人均可支配收入为 36883 元，JJ 为 51467 元，后者是前者的 1.40 倍（2022 年国民经济和社会发展统计公报）。

② 王春光：《地方性与县域现代化实践——基于对太仓与晋江持续近三十年的调查》，《社会学研究》2023 年第 3 期。

③ 吕邈、谭旭运：《县域民众共同富裕信心与慈善意愿的特征及关系——以福建晋江为例》，载王俊秀主编《中国社会心态研究报告（2023）》，社会科学文献出版社，2024。

14 个县市级普惠托育试点上，共投入公共资金 842 万元①。这 25 个普惠托育试点，都是市场化的普惠托育机构，由社会力量运营来提供普惠托育服务。这些机构为 JJ 提供了 1425 个普惠托位。同时，还有 54 家普惠幼儿园提供了 1444 个普惠托位，JJ 的普惠托位供给总计为 2869 个。JJ 现在注册运营托育服务机构有 56 家，普惠比例为 44.64%；提供的托位总量为 4696 个，普惠比例为 62.77%，在各地居领先位置。

国家政策把 3 岁以前的儿童托育服务归为"非基本公共服务"，JJ 从 2022 年把普惠托育纳入为民办实事的项目和党建邻里服务中心建设，纳入对于政府绩效的考核，使儿童托育在 JJ 获得了类似于"基本公共服务"的位置。但是政府的角色不是主导性的，不参与服务的直接提供，而是鼓励和支持市场主体来提供各种服务。据统计，JJ 的 0~3 岁儿童有 49474 人②，已建设托位 4696 个，其比例为 9.49%。JJ 这些儿童托育机构，实际托位使用率并不是 100%，比较好的托育机构，全年平均大概为 60%，最高的也不超过 85%。据估算，JJ 的 0~3 岁入托的幼儿占该年龄段幼儿比例大概为 5.65%，高于全国 0~3 岁儿童平均入托率。

2. 企业的逻辑：公私密切合作的集团化经营

JJ 市场化托育服务供给在 2019 年之前就有了相当程度的发展，在 2019 年之后又得到政府鼓励，获得了相当大的发展空间，特别是第一批获得托育试点的 MX 集团。在 2019 年之前，MX 集团下属的 MXAM 儿童之家就开始尝试提供儿童托育服务：MXAM 旗下最大综合性托育园（BS 园）在 2017 年就开始运营，到 2019 年底已经能够提供 60 个托位，积累了市场化运营托

---

① 普惠托育机构所有公共资金的投入都来自各级试点经费：2020 年，省级试点对于每个托位补贴 1 万元，2021 年对每个托育园（不少于 60 个托位）给予 50 万元补助，2022 年补助 30 万元；地级市给每个试点 50 万元补助，JJ 对于每个本级试点提供 20 万元补助。

② 根据《JJ 国民经济和社会发展统计公报》（2019 年、2021 年和 2022 年），JJ 这三个年份的年末常住人口为 211.9 万人、206.9 万人和 207.6 万人；人口出生率为 11.6‰、8.01‰和 6.07‰。根据 JJ 七普数据，2020 年常住人口为 206.2 万人，人口出生率数据没有找到，所以使用了省 2020 年人口增长率 9.21‰。基于这些数据，计算 2020 年、2021 年和 2022 年 JJ 的出生人口分别为 19254 人、16545 人和 13948 人，合计 49747 人。

育服务机构的丰富经验，也能惠及其育婴师和保育员的培训和鉴定，BS 园也因此和政府部门建立了密切合作关系，这都为 2019 年之后的儿童托育服务的发展奠定了坚实的基础，也使 BS 园成为 JJ 整个托育行业的先行者，其做法和模式成为 JJ 托育服务供给的标杆和标准，包括普惠托育的定价等重要领域。

2020 年，BS 园成为 JJ 当年唯一真正落地的省级普惠托育示范点[①]，并且扩建成为包括乳儿班、托小班、托大班和混龄班，能够提供 200 个托位的大型综合性托育园。因为 0~3 岁的孩子对于托育老师的需求比较多[②]，这个规模的托育园已经相当大了，但无法通过规模化效应来实现持续提供平价优质的儿童托育服务。因此，MXAM 在政府支持下通过集团化"1+3+n"经营方式来实现这个目标：总部负责统一的财务、物流、人力、市场营销，下面各个园区负责服务供给。到目前为止，MXAM 一共开设了 7 个不同类型公私合作的普惠托育园区，可分为三种运营模式：一是民办公助，政府一次性投入建设资金的补贴，MXAM 自己负责建设和运营，包括大型综合性园BS 园（200 托位）、新型社区独立中型园 BL 园（72 托位）、嵌入式社区小型园 JF 园（40 托位）、工业园区 LJ 园（70 托位）。二是公建民营，国企文旅集团负责建设，MXAM 负责运营，包括纳入"党建+邻里中心"社区托育园 HT 园（70 托位）和 SS 文旅妇女儿童中心的托育园（100 托位）。三是福利性公建民营，MXAM 和事业单位 JJ 医院分院合作，帮助医院运营 40 个托位的托育室。

MXAM 第一类的托育园都是各级政府的普惠托育试点，所以各级政府都会根据相应的政策提供基于托位的一次性建设补助，但是没有直接提供运营场地的，即使在国企开发小区的 BL 园和 JF 园也是如此。MXAM 旗下所有普惠托育机构中，工业园区服务型 LJ 园和 SS 文旅妇女儿童中心托育园不属于 JJ，其他 5 个园区一共提供了 422 个普惠托位，占 JJ 可提供普惠托位

---

① 当时 JJ 所在地区省级示范有 2 家，JJ 只有 MXAM 的 BS 园这 1 家。

② 乳儿班、托小班和托大班的师生比分别为 1∶3、1∶5 和 1∶7。

的 29.6%。可能因为运营时间比较久，而且我们访谈的 BS 园在市委、市政府旁边，孩子父母就业受到疫情影响较少，也更容易接受托育的育儿模式，能够支付得起这些费用，所以在园儿童达到 105 人，托位利用率为 52.5%。这在全国都是相当高的托位利用率了。

JJ 各级普惠托育机构试点，申请的周期是 3 年。2020 年，MXAM 的 BS 园因为是第一批被纳入省级普惠托育试点的，已经将近 3 年了。但 MXAM 是否继续申请普惠托育试点还在考虑之中，因为政府能够给予的实质支持是有限的，在家族主义氛围浓厚的 JJ 生源又无法保证，因此后续运营都需要靠托育机构本身，难度非常大。更何况 JJ 政府并没有考虑提供以及如何提供更多的支持，而是在考虑调整普惠托育模式，从市场化向社会化甚至公共化方向转移，包括让公办园和民办普惠园把托幼服务向下延伸到 2 岁，在社区中构建嵌入式托育机构等等。但是转型的未来是不确定的。

五　讨论：如何进一步推进儿童托育服务体系的建设

中国儿童托育服务体系的建设，相对于学前教育体系建设才刚刚起步。由于国家对于 3 岁以下和 3 岁以上儿童照顾责任在国家、市场、社会和家庭的定位不同，因此，3 岁以下儿童托育服务，无论是中央政府还是地方政府，都只是处在补充和支持的位置。国家在整个教育体系中，在学前教育中投入最少，在儿童托育中投入得更少。对于地方政府来说，3 岁以下儿童照顾（监护抚养）的主体责任在家庭，而不像发展学前教育的主体责任在政府，地方政府只是通过一定公共资金投入，引导托育行业和托育市场、调动社会力量的积极性来发展婴幼儿照护服务。

在这种情况下，如前文分析所示，儿童托育服务体系建设实际上主要还是有赖于市场和社会。在谈到儿童托育服务机构登记注册的时候，很多相关文件都是直接谈到市场监管部门，也就是说这些儿童托育机构都是市场主体。在 JJ 和 CQ 访谈时，所有的托育机构都是在市监部门登记注册的。不像学前教育机构，有大量的是在民政部门注册登记的非营利的民间普惠园，还有在机构编制部门审批和登记的公办园。国家层面没有给出有关普惠性托育机构的认定条件，根据 CQ 出台的征求意见稿，"普惠性托育机构是指本行政区域内经属地卫生健康行政部门备案，为 3 岁以下婴幼儿家庭提供质量有保障、价格可承受、方便可及的托育服务机构（含托幼一体化机构）"。由此可以看出，重点是"备案"、"平价高质"和"方便可及"，并不涉及具体的注册登记机构。而民办普惠园认定对于"民政部门登记的非营利性组织"有着明确的要求。

（一）需要进一步讨论的问题

学龄前儿童的健康成长，不仅关系千家万户的切身利益，更关系社会经济发展，关系国家和民族的未来。因此，"幼有所育"成为国家重点关注、需要补齐短板的九大民生问题之一。"公益、普惠和优质"的服务，不仅应该提供给 3 岁以上的儿童，也应该提供给 3 岁以下的儿童。0~3 岁儿童的发展对其一生发展至关重要，而科学育儿能力不是所有父母都具备的，照顾时间的匮乏更是许多工作父母面临的困境。国家和社会在 0~3 岁儿童照顾供给中应该扮演更为重要的角色。现在 3~6 岁儿童入园率接近 90% 的情况下，0~3 岁儿童缺乏照顾会成为抑制生育的重要因素。

1. 如何进一步提高托位使用率

为了推动"幼有所育"，国家"十三五"规划和"十四五"规划都从供给侧提出了指标，也就是每千人的托位数，从 1.5 个增加到 4.5 个。对于地方政府来说，这些指标是测量他们推动儿童托育服务体系建设的重要指标。从访谈的情况可以看到，无论采用什么样的推进方式，各地的托位供给，都已经完成了"十三五"的指标，正在朝"十四五"指标推进。但是正如访谈时候一位负责人所说，现在 3 岁以上的孩子要上幼儿园已经成为家长们的共识，但是 3 岁以下孩子要上托育仅为少量家长所接受。这造成的结果就是，中国 3 岁以下的托育服务可能存在庞大的潜在需求，未来可能有广阔的市场，现阶段托位供给很重要，但是托位的使用率更为重要。

就笔者访谈过的托育机构来说，像 JJ 的 MXAM 的 BS 园的托位使用率

能够达到52.5%，已经是极高的水平，因为BS园本身还是能够提供200个托位的大型园，这与BS园的位置和历史以及在当地的口碑都有密切关系。但是反过来说，即使这样高品质的托育机构，也有90多个托位的空缺。CQ现在能够提供的托位总量达到14.5万个，实际使用的托位有5.2万个，托位使用率为35.9%。托位使用率处于较低水平，一方面是因为托育观念没有为大多数父母所接纳，或者是托育服务价格相对较高，很多家庭无法承担；另外一方面也是因为很多托育机构只能够提供2~3岁儿童的服务，这导致招生周期短，同时也和很多幼儿园混龄班形成竞争。

这些托位的空缺，在政府投入资金推动普惠托育的情况下，可能会造成公共资金的浪费，也会造成很多托育机构难以维系。时至年底，许多民办托育机构由于生源不足、托位使用率不够，而不得不退出托育市场。这一点从《中国教育统计年鉴》的数据也可以看出来。3岁以下儿童的入托率，2011年最高也才达到4.70%，远低于巴塞罗那的33%标准，也低于日韩和中国台湾[1]。如前所述，2021年每千人只有0.45个儿童入托，还有一半以上的托位没有被利用。因此，各地政府在推动儿童托育服务体系建设的时候，可能要把重心更多地放在如何提高托位使用率上。

2.儿童托育服务的多元供给

无论是学前教育服务还是儿童托育服务的供给，公共部门、私人部门和第三部门都可以参与供给，只是国家对于政府、市场和社会定位不同，在不同服务供给中这些部门的地位可能存在差异。在实践中，这些服务的供给实际上都是不同部门供给组合，只是侧重点不同。从前面的分析可以看出，与学前教育更加偏重公共部门和第三部门的供给不同，儿童托育服务更加偏重私人部门（市场部门）的供给。在政府引导下依靠私人部门可以提供多元化、多样化的婴幼儿照护服务，但是要覆盖城乡，要"普惠可及、安全质优"，可能还是需要公共部门扮演更为重要的角色。

---

① 王舒芸等：《托育公共及准公共化政策效益评估期末报告》，卫生福利部社会及家庭署委托研究报告，2021。

儿童托育服务针对的是 0~3 岁的婴幼儿，儿童年龄更小，更为脆弱，需要更为密集专业化的服务。根据 2021 年修订的《中华人民共和国人口与计划生育法》，"国家鼓励和引导社会力量兴办托育机构，支持幼儿园和机关、企业事业单位、社区提供托育服务"；"托育机构的设置和服务应当符合托育服务相关标准和规范，托育机构应当向县级人民政府卫生健康主管部门备案"。政府通过政策引导，监督管理托育机构的设置和运营，但是并没有赋予卫健委行政执法权，也没有说明如果不备案，是否能够取缔；同时托育机构也不像幼儿园采取行政审批制，而是市监部门的注册登记制，这样如何能够保证儿童托育服务"安全质优"？

"普惠可及"，是想减少儿童托育服务价格和距离造成的儿童入托障碍。因此，普惠的一个重要因素是限价。在托育园规模相对较小，又要限价的情况下，市场化的托育机构要维持运营可能需要各级政府更多的投入。现在中央层面的投入主要是建设经费的补助和新增托位 1 万元的补贴，但是前者还需要地方政府配套，后者也有相应的各种要求，能够享受到这些补贴的托育机构有限。根据访谈中托育机构从业人员的分析，托育机构的成本主要是人力资源，占总成本的 45%~50%，因为婴幼儿需要更多的保教人员。根据 2023 年的《托育机构质量评估标准》，乳儿班（1 岁以下）1:3，托小班（1~2 岁）1:5，托大班（2~3 岁）1:7。国家在不断增加对于学前教育的投入时，能否增加给这个年龄段的儿童的财政投入？能否帮助民办普惠托育机构持续提供服务？

3. 托幼一体化的实践

中国生育率持续走低，调整生育政策也没有带来出生人口的大幅度反弹。2020 年第七次全国人口普查，全国的总和生育率只有 1.3，北京、天津、上海和东北 3 个省份总和生育率都跌破 1[①]。2022 年，全国新生人口不足 1000 万人。在这种情况下，从 2010 年开始推动学前教育服务体系建设所积累的大量学位供给，各地都出现了学位闲置的情况，有的甚至危及幼儿园

---

① 《中国人口普查年鉴 2020》，长表数据资料，表 6-4 "各地区育龄妇女年龄别生育率"。

的生存，它们也需要生源来填补这些闲置的学位。而 0~3 岁的儿童托育服务体系建设刚刚起步，托位供给还没有达到国家"十四五"的每千人 4.5 个托位指标的要求，也有实践中供不应求的情况。因此，通过托幼整合来满足两个方面的需求，是许多政府部门下一步规划，也是许多幼儿园的下一步计划。

各地的托幼一体化进程快慢不一。上海是由教育部门统管 0~6 岁的儿童，学前教育和托育服务一体规划，① 从源头上就不存在托幼一体化的问题；CQ 的托幼一体化已经落实到政策法规上，卫健委和教委通过多轮磋商，终于共同发文，到 2025 年全市幼儿园提供托育服务的占幼儿园总数的 40%，但是托班（部）和幼儿园还是分属卫健委和教委管辖，适用不同的法规，而且幼儿园托班只招收 2~3 岁的儿童；JJ 的卫健委才刚刚有托幼一体化的想法，对于部门间的合作，未来可能遇到的问题，正在形成。

在 CQ 访谈的幼儿园，很多都不倾向于办托班，因为学前教育和托育服务存在很大的差异，儿童托育对于环境空间、设备设施、玩具材料、人员配备、保育照护、卫生保健、养育支持、安全保障、机构管理都有着不同的、更高的要求。在访谈中，幼儿园的保教人员说，就是一盘菜，应该切多大块，对于不同年龄段的孩子都有不同的要求，太大了年龄小的孩子可能会噎着，太小不利于年龄大孩子牙齿的锻炼。所以，幼儿园向下延伸并不是简单多了一些孩子。

托幼一体化，在某种程度上说，对于政府、幼儿园和家长可能是多赢的解决方案，但是实践中又存在非常多的问题。对于政府部门来说，需要考虑如何进行一体化的监管和治理；对于托幼机构来说，无论是公办园、民办普惠园还是民办园，需要考虑如何提供一体化的服务，需要付出多大的成本，投入和产出是否平衡。实际上，如果向下延伸仅仅限于 2~3 岁的儿童，可能挑战相对较小，因为很多幼儿园其实招收的儿童就有 2.5~3 岁的，就是

---

① 2022 年出台的《上海市学前教育和托育服务条例》。

把他们作为幼儿园的幼儿；而作为托班招收同样的年龄段孩子就是托班的幼儿，对于幼儿园本身来说要求就完全不同。如果向下延伸只到2岁儿童，那么0~2岁儿童托育只能依赖专业独立的托育机构吗？

（二）相关的政策建议

1. 国家在儿童托育服务供给中扮演更为重要的角色

学前教育服务体系的建设，虽然从建设之初，其原则就是"政府主导、社会参与、公办民办并举"，但是国家在其中扮演的角色分量是逐步加重的，从坚持公办民办并举到强调公办园占比达到和超过50%就明确地说明了这一点。而儿童托育服务，政府强调家庭应该承担主要责任，而政府只是承担辅助的和支持的责任。"幼有所育、幼有善育"，也必须包括3岁以下的儿童。虽然政府已经在努力扩大普惠性儿童托育服务的供给，但是要给这个脆弱群体提供平价优质、普惠可及的托育服务，还是需要国家投入更多，加大公共财政的投入，给民办普惠托育机构提供更多的力所能及的支持，健全儿童托育成本的分担机制，推动公建公营的公办托育机构数量的增加等等。

2. 更加关注托育机构的使用率

虽然国家在"十三五"规划和"十四五"规划中，有关儿童托育服务体系建设都是用托位供给来体现的，但是从实践中可以看到，托位使用率可能需要更多的关注。如果托位的供给不断提高，但是托位使用率上不去，不仅会造成公共资源的浪费，更会造成托育机构的生存困境，不利于培育健康发展的儿童托育服务市场。

3. 完善托育机构的监管体系

0~3岁的儿童是一个更加脆弱的群体，因此儿童托育服务供给需要更加完善的监管体系。现在幼儿园采取的行政审批制度，严格执行"先证后照"制度。而儿童托育机构采取的是注册登记制度，只需要到市监部门登记，然后选择去卫健委备案。缺乏"谁登记谁负责"的原则，市监部门只负责登记，很多注册托育实际并不经营；没有前置审批，托育机构质量没有

保障，事后监管很难预先消除隐患；卫健委也没有执法权，相关法律就是要求备案，但是既没有说不备案就不能经营，也没有说不备案卫健委就可以取缔。建议严格托育机构准入管理，实施行政审批制，对于托育机构进行前置审批，完善卫健委的行政执法权，完善相关法律的规定。

4. 对普惠托育机构收费标准展开更为细致和全面的研究

国家介入儿童托育服务供给，服务生产的价格和质量就不再纯粹由市场决定，无论是公办托育机构的收费，还是民办普惠性托育机构的收费，性质上都属于"议定价格"。如何定价，价格多少，都影响托育服务机构提供服务的意愿和可持续性，影响着托育服务的数量和质量，也影响着父母使用托育服务的意愿。CQ 的征求意见稿里面把民办普惠性托育机构收费定价为人均可支配月收入的 80%，示范和定级托育机构参照公办托育机构等级上浮。这是否为最合适的托育机构收费标准？根据财政学的观点，公共部门提供的服务价格定价，或者普惠性服务政府限价的定价，可以通过最大利润定价法、边际成本定价法、平均成本定价法、次佳定价法、合理报酬率法、成本加成法等来确定。建议国家层面或者地方政府层面能够对儿童托育服务定价进行更为全面细致的研究，价格是影响儿童托育发展的重要因素。

B.6
从地方试点到普惠政策：中国农村
0~3岁儿童照护服务现状、实践及建议

杜智鑫 *

摘　要：　包括婴幼儿在内的人口高质量发展是中国式现代化的重要支撑。2019 年，《国务院办公厅关于促进 3 岁以下婴幼儿照护服务发展的指导意见》印发。我国农村地区长期以来处于经济社会发展的不利位置，对农村儿童的早期发展问题长期重视不足，导致现阶段绝大多数农村地区都没有婴幼儿家庭照护服务资源，农村地区婴幼儿的生存、发育环境不容乐观。近年来，包括中国发展研究基金会在内的社会力量广泛积极探索，通过"慧育中国"等地方试点、科学评估等途径，为促进农村 0~3 岁儿童家庭照护事业积累了宝贵经验。当前，迫切需要在这些前期有效的试点基础上，建立政府主导的服务可及、质量保障、成本合理的农村普惠性婴幼儿照护服务体系。

关键词：　农村　婴幼儿照护　慧育中国　普惠政策

保持适度的生育水平和人口规模，促进儿童早期发展，是实现中国式现代化的重要基础。从孕期到 3 岁是个体发展的关键期。为农村婴幼儿开展家庭养育指导服务，提供充足的营养保障、养育关爱和主动学习环境，将促进儿童大脑的结构和功能发育，为其以后的学习、社会交往、心理发育和社会

---

* 杜智鑫，中国发展研究基金会儿童发展研究院常务副院长，研究员，主要研究方向为中国农村儿童早期发展、儿童发展与中国现代化。

适应奠定良好基础。促进农村婴幼儿早期发展是回报很高的人力资本投资，也是巩固脱贫成果、实现乡村振兴和共同富裕的重要途径。

党的十九大将"幼有所育"作为保障和改善民生的重要任务。2019年，《国务院办公厅关于促进3岁以下婴幼儿照护服务发展的指导意见》印发。2023年，习近平总书记在二十届中央财经委员会第一次会议上明确指出，以人口高质量发展支撑中国式现代化①。

儿童的早期发展受基因和环境共同影响。农村儿童面临不利的家庭环境，低收入、留守、单亲，家人残疾、酗酒、冷漠等家庭环境，都会对婴幼儿大脑发育和能力的形成产生负面影响。我国城乡之间、区域之间的发展不平衡，一个重要的表现就是城市和农村家庭的婴幼儿养育照护水平和儿童的发展差距还很大。农村0~3岁婴幼儿的养育指导服务基本还是空白，家庭教育水平亟待提升。

要从根本上促进人口高质量发展、缓解社会不公平的状况、实现乡村振兴和共同富裕，加大对欠发达农村地区儿童早期养育的投资是重要的途径。随着从脱贫攻坚向全面实施乡村振兴战略和共同富裕的转变，建立脱贫地区村一级的儿童发展服务体系，为3岁以下婴幼儿提供早期家庭照护服务，能够为儿童成长带来看得见的变化，为家庭带来希望，为村庄带来生气，让农民家长增强幸福感和获得感，这也是乡村振兴的重要环节和保障。

一　政策开始逐渐关注农村地区婴幼儿发展

中国在儿童早期照护方面制定和实施了一系列政策。早在1981年，卫生部就颁布了《三岁前小儿教养大纲（草案）》，这是新中国成立后国家首次就3岁以下婴幼儿的具体教养工作作出明确规定。1992年，我国制定了《九十年代中国儿童发展规划纲要》。2001年，制定了《中国儿童发展纲要

① 《习近平主持召开二十届中央财经委员会第一次会议》，https://www.gov.cn/yaowen/2023-05/05/content_ 5754275. htm。

（2001—2010年）》，首次明确提出为3岁以下儿童提供早期保护和教育服务。2010年，《国家中长期教育改革和发展规划纲要（2010—2020年）》发布，在学前教育发展任务中明确要求"重视0~3岁婴幼儿教育"，标志着3岁以下婴幼儿早期教育正式被纳入国民教育服务体系。2011年，《中国儿童发展纲要（2011—2020年）》提出要加快培养3岁以下儿童早期教育专业化人才。为促进农村欠发达地区儿童的发展，我国于2014年出台了《国家贫困地区儿童发展规划（2014—2020年）》，重点提出开展婴幼儿早期保教，依托幼儿园和支教点为3岁以下儿童及其家庭提供早期保育和教育指导服务，采取多种形式宣传普及早期保教知识。2017年，党的十九大提出"幼有所育"，同年中央经济工作会议提出要针对人民群众关心的问题精准施策，解决好婴幼儿照护问题。2018年底召开的中央经济工作会议明确提出，要加大对"农村贫困地区儿童早期发展"的投入，并将促进儿童早期发展与脱贫攻坚紧密相连。2019年中央一号文件《中共中央 国务院关于坚持农业农村优先发展做好"三农"工作的若干意见》指出，要提升农村公共服务水平，加强农村儿童健康改善和早期教育、学前教育。2019年5月，《国务院办公厅关于促进3岁以下婴幼儿照护服务发展的指导意见》印发，强调要"加大对农村和贫困地区婴幼儿照护服务的支持，推广婴幼儿早期发展项目"。2021年9月，国务院印发《中国儿童发展纲要（2021—2030年）》，提出要"促进儿童早期发展服务进农村、进社区、进家庭，探索推广入户家访指导等适合农村边远地区儿童、困境儿童的早期发展服务模式"。

从政策发展的整个脉络可以看出，国家的政策逐步关注到了农村地区，目标群体和政策内容越来越细化，这都为国家更好地解决农村地区的发展问题奠定了基础。

二 农村地区婴幼儿家庭照护的现状和水平

我国农村地区长期以来处于经济社会发展的不利位置，对农村儿童的早

期发展问题长期重视不足，导致现阶段绝大多数农村地区都没有婴幼儿家庭照护服务资源，农村地区婴幼儿的生存、发育环境不容乐观。

（一）农村婴幼儿的分布状况

1. 全国3岁以下婴幼儿人口

2000年以来，我国3岁以下婴幼儿数量呈现先缓慢下降、中期略有增长、再快速下降三个阶段状态。2014~2022年，随着人口出生率加速放缓，我国3岁以下婴幼儿从超过5600万人快速下降至3200万人（见图1）。根据国务院发展研究中心社会与文化部的人口迭代模型，并根据婴儿死亡率进行近似调整，预计未来出生人口减速将有所放缓，2023~2035年3岁以下婴幼儿数量将从3037万人下降至2366万人，年平均值约2645万人①。

图1　2000~2035年全国0~3岁婴幼儿数量及趋势预测

资料来源：根据统计局各年度人口数据及模型推算。

2. 农村0~3岁儿童人口

根据人口普查和抽样调查数据，2010~2020年，我国农村0~3岁儿童人口由3540.55万人减少至2539.16万人，占全国0~3岁儿童人口比重由79%下降至61%（见图2）。

---

① 2022年以后的年出生人口预测来自国务院发展研究中心社会与文化部的人口迭代模型，并根据婴儿死亡率进行近似调整，以计算3岁以下儿童人口数。

2023~2035 年，预计农村 0~3 岁儿童数量将从 1761 万人下降至 1088 万人（2035 年，占全国 0~3 岁儿童人口的 46%①），年平均值为 1420 万人。

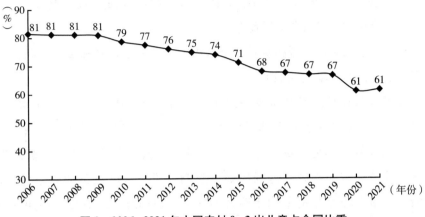

图 2　2006~2021 年中国农村 0~3 岁儿童占全国比重

3. 832个原贫困县0~3岁儿童人口

根据儿基会数据，2010~2020 年，原贫困地区（包括扶贫重点县和贫困片区县，共计 832 个县）3 岁以下儿童人口从 1130 万人下降至 911.67 万人，占全国 3 岁以下儿童人口的比重从 25% 下降至 21.9%。

2023~2035 年，预计原贫困地区 3 岁以下儿童人口将从 624 万人下降至 377 万人（2035 年，占全国 0~3 岁儿童人口的 15.9%②），年平均值为 483 万人。

（二）农村婴幼儿发展现状

2020 年 8~9 月，中国发展研究基金会和中国儿童中心组成近百人的课题组，聚焦脱贫地区儿童早期发展，进行了儿童早期发展综合性调查。调研组采用了问卷调查和儿童发展测试方式，包括两个国内的测评工具：一是东

---

① 假设 2022 年以后，农村 0~3 岁儿童人口占比年均下降 1 个百分点，到 2035 年农村 0~3 岁儿童人口将占 0~3 岁儿童人口总数的 46%。
② 用儿基会数据近 5 年年均占比下降 2.1 个百分点外推，预计 2025 年、2030 年、2035 年，原贫困地区 3 岁以下儿童人口将分别占全国 3 岁以下儿童人口的 19.7%、17.7% 和 15.9%。

南大学禹东川教授团队开发的贫困地区儿童发展水平筛查小程序；二是首都儿科研究所和中国科学院心理研究所的《儿童神经心理行为检查量表2016版》。通过科学测评分析，调研组发现以下脱贫地区儿童发展状况。

1. 儿童早期发展城乡差距显著

东南大学禹东川教授团队对8个城市的儿童发展水平和28个调研县的数据做了对比，结果发现如下。

儿童体重和身高发育城乡差距显著。根据《2005年九城市儿童体格评价标准》，选取城市儿童体重的P10水平（即90%同龄城市儿童的体重超过该数值）作为体重发育异常的监测门限值。以此为基准分析发现，被调查儿童体重异常区域差异明显：被调查脱贫地区儿童的体重低于同龄城市儿童P10水平的平均比例为21.0%。被调查儿童身长/身高的平均异常率：被调查儿童的身长/身高低于同龄城市儿童P10水平的平均比例为26.5%。

0~3岁儿童发展水平城乡差距显著。在全国多地区20余万条0~3岁儿童发展水平测评数据的基础上，课题组选取城市儿童P10水平（即90%同龄城市儿童的筛查结果超过该数值）作为异常监测门限值。课题组分析了脱贫地区0~3岁儿童发展的综合评价结果。只要粗大运动、精细运动、语言、认知、社会情绪能力五大能区中有一个能区出现异常（低于城市同龄儿童P10水平），就认定综合评价为异常。

分析结果表明，被调查脱贫地区0~3岁儿童发展综合评价的平均异常率为60.13%（即60.13%的贫困地区儿童至少有一个能区的发展水平低于同龄城市儿童P10水平）。0~3岁儿童发展水平的城乡差距十分明显。

2. 农村儿童生长发育低于全国平均水平，综合发展较为滞后

2020年脱贫地区儿童调研还使用了首都儿科研究所和中国科学院心理研究所的《儿童神经心理行为检查量表2016版》。调查发现，脱贫地区5岁以下儿童的生长迟缓率为8.40%，是2019年全国平均水平1.12%的7倍以上；低体重率为4.80%，也高于全国平均水平（1.37%）。调查测评了儿童的粗大运动、精细动作、语言、认知和社会情绪能力等反映儿童综合发展

水平的指标，结果显示，中部、西北、西南脱贫地区 0~3 岁儿童的综合发展滞后比例分别为 19.8%、25.4%、31.7%，是全国平均水平 5% 的 4 倍、5 倍、6 倍。3~6 岁儿童的综合发展状况也不容乐观，西南地区的发展滞后比例最高，达到 30.2%。

三　农村地区婴幼儿家庭照护水平较低的原因

农村地区婴幼儿家庭照护水平城乡差距显著、明显低于全国平均水平的主要因素是困境家庭儿童众多，看护人科学养育能力差，家庭成长环境有待改善，农村基层儿童公共服务存在供给不足。

（一）农村困境儿童众多，在中西部地区尤为突出

根据《中国统计年鉴 2020》，我国儿童分布中，0~3 岁农村儿童有 1930 万人，占全国 0~3 岁儿童的 41.1%。我国农村现存大量"处境不利"儿童，包括以家庭贫困为主要特征的留守儿童、流动儿童、离异家庭儿童、残疾儿童以及少数民族区域的儿童等。这些儿童难以得到足够的关爱，易错过大脑发育的关键时期。

根据推算，我国农村 0~3 岁儿童 26% 居住在乡镇，29.1% 居住在农村。2019 年，中国发展研究基金会对甘肃、青海、四川、贵州等地居住在脱贫县的 5740 名 0~3 岁儿童的家庭现状调查显示，29.27% 的 0~3 岁儿童由祖父母看护，37.16% 的 0~3 岁儿童父母至少一方不住在家里，14.67% 的 0~3 岁儿童家庭为建档立卡贫困户家庭。

处境不利家庭会显著增加 0~3 岁儿童的发育风险。2020 年脱贫地区大调研数据显示，脱贫地区单亲婴幼儿的健康筛查异常率为 30.5%，单亲且留守的婴幼儿发育异常率高达 42.1%。此外，单亲、家长残疾、经常吵架甚至家暴等情况也较为常见。这些情况往往会交织在一起，对儿童发展很可能带来不利影响。REAP 团队的研究也显示，在中部平原农村地区 6~30 月龄的婴幼儿中，认知滞后风险比例为 48%；在西部山区 6~30 月龄的婴幼儿

中，存在认知滞后风险的比例高达 54%。在一些农村安置社区，婴幼儿存在认知滞后风险的比例高达 51%。而在中国城市和一些富裕农村，这一比例只有 15% 左右①。

（二）看护人科学养育能力差，家庭成长环境有待改善

儿童早期照护过程中，主要看护人的养育知识和文化程度至关重要。农村地区"隔代养育"现象普遍，看护人文化程度往往偏低。2020 年脱贫地区大调研显示，脱贫地区 0~3 岁儿童中，超过四成的看护人为小学及以下文化程度。较低的受教育水平和落后的养育观念，使得农村地区很多看护人缺乏儿童早期养育科学观念和学习能力，日常生活中给予孩子的"回应性照料"较少，亲子互动质量偏低，存在忽视冷漠、打骂孩子的现象。且家庭中儿童数量较多，无法保证对婴幼儿有足够的照护投入。2020 年脱贫地区大调研发现，脱贫地区儿童的家庭教育状况不容乐观，突出表现在：一是家长榜样作用发挥不够。很多家长有不良行为习惯，包括当着孩子的面抽烟（18.9%）、说脏话（14.1%）、酗酒（10.9%）、随地吐痰（6.6%）等。二是喂养不够科学。蛋白质摄入不足，吃质量无保障的不健康零食现象非常普遍，家长将其作为爱孩子的手段和表现，其中 25.6% 的儿童经常吃零食（如膨化食品、糖果、冰激凌、调味料食品、含糖饮料、油炸食品等）。三是教育中存在不当行为。近 50% 的家长在过去一周内动手打过孩子，家长受教育程度越低，越经常出现严厉惩罚、语言恐吓等方式，81.8% 的家长感到缺乏有效的教育方法，这也导致儿童在家庭生活中过度依赖电子产品，17.3% 的儿童平均每天使用电子产品超过 3 小时，屏幕暴露问题在脱贫地区普遍存在。

东南大学的禹东川教授团队根据全国儿童发展队列研究成果，在脱贫大调查中调查了家庭养育环境，指标覆盖了认知发展环境、情绪发展环境、情感忽视风险、喂养/社会适应发展环境等内容。根据调查结果（家庭养育环境

---

① 李英、贾米琪、郑文廷等：《中国农村贫困地区儿童早期认知发展现状及影响因素研究》，《华东师范大学学报》（教育科学版）2019 年第 3 期。

评估总分）对家庭养育环境进行如下分级：家庭养育环境良好（高于 P75 水平，即评价分数处于前 25% 的家庭）；家庭养育环境较差（低于 P25 水平，即评价分数处于最后的 25% 家庭）；家庭养育环境适中（P25 至 P75 水平，即评价分数处于中间的 50% 家庭）。分析结果表明，家庭养育环境和儿童发展（五大能区）有显著相关性：家庭养育环境良好的儿童发展状况明显优于家庭养育环境适中和较差的儿童（p<0.001）；而家庭养育环境适中的儿童发展状况明显优于家庭养育环境较差的儿童（p<0.001）。对于家庭养育环境较差的脱贫地区儿童，其儿童发展（五大能区）的异常率远远高于城市儿童的异常率水平（p<0.1）；即使家庭养育环境良好的贫困地区儿童，其儿童发展（五大能区）的异常率也明显高于城市儿童的异常率水平（p<0.1）。

家庭养育环境不利、看护人与婴幼儿之间缺乏积极互动，对农村婴幼儿早期发展造成不可忽视的负面影响。CFPS 数据分析显示，2013~2020 年，农村地区照养人与婴幼儿开展亲子互动的频率不断提高，但整体比例仍低于城市地区，与城市地区仍存在较大差距，参照 HOME 量表，以帮孩子识数、辨认色彩和辨认形状作为亲子互动的衡量指标，可发现，2014~2020 年，农村地区照养人与 0~3 岁婴幼儿亲子互动频率低于一周一次的样本占比逐渐降低，但整体亲子互动频率低于一周一次的样本占比仍较高。帮孩子识数频率低于一周一次的样本占比超过 50%，辨认形状和辨认色彩低于一周一次的样本占比均超过 40%，可见，农村地区照养人科学养育的比例较低，婴幼儿很难获得科学的养育互动。

农村地区照养人的抑郁倾向更高。婴幼儿照养人拥有积极健康的心理将有利于儿童的发展，拥有不健康心理的照养人将对儿童的发展产生负面影响。部分农村地区的研究表明，农村地区照养人抑郁的比例从 23%~40% 不等，焦虑和压力的比例分别为 28% 和 15%，接近 40% 的农村照养人有一种以上的心理健康问题，且照养人抑郁会显著增加儿童早期发展滞后的风险[①]。

---

① 杨洁、蒋琪、岳爱等：《中国农村贫困地区照养人抑郁风险现状及其对养育行为的影响》，《华东师范大学学报》（教育科学版）2019 年第 3 期。

（三）农村婴幼儿照护服务存在供给不足、投入不够、机制不完善等短板

农村婴幼儿家庭照护指导的公共服务缺乏，进一步造成农村养育环境的恶性循环。

首先，在多数农村地区并未形成"儿童优先"或"儿童友好"的早期发展环境，既没有在社区范围内为婴幼儿家庭提供方便，也没有配备相应的人力、物力进行针对性照护服务。广大偏远农村地区人口居住相对分散，托育服务资源稀缺，农村家庭难以主动送托、集中入托，更多依赖于上门提供的指导服务，并且对服务的支付能力差。目前，城市中早教机构林立，通常采取的是市场化、商业化的运营模式，价格昂贵，资源有限，在农村难以推行。农村常规的婴幼儿服务集中于健康体检，关注"养"而忽视"育"，通常依赖基层妇幼保健人员在婴幼儿访视的过程中开展，没有在婴幼儿认知和情感发育、亲子互动等方面开展专项措施。相较于一般的农村地区，欠发达地区农村的公共服务更加匮乏。2020年脱贫地区大调研显示，脱贫地区农村严重缺乏婴幼儿照护服务，86.8%的0~3岁儿童没有接受过任何早期养育和照护的相关服务。

其次，在经费投入方面，脱贫地区除在儿童健康、困境儿童福利保护等方面有相应基本公共服务支出外，在早期照护、家庭教育等方面几乎没有支出。有限的经费投入也很难下沉至村，惠及农村低收入人口，65.6%的村在儿童发展公共服务方面（包括教育、福利、健康等）没有任何投入（包括转移支付）。约2/3的村干部反映，近两年阻碍在村儿童发展最主要的困难，一是缺乏与儿童发展相关的公共服务及设施（67.9%），二是缺乏经费投入（65.5%）。

最后，农村婴幼儿照护公共服务明显能力不足。婴幼儿照护是一项科学专业的事业，但目前农村地区普遍缺乏相关的专业人员，还没有建立一支成规模的人才队伍。同时，在农村实际的婴幼儿照护工作中，还缺乏清晰的评价标准和操作指标，以及对职业发展的系统规划。此外，存在传统的"重养轻育"观念，也就是片面侧重婴幼儿卫生健康方面服务，忽视了家庭对儿童早期发展的服务需求。

需要特别指出的是，基层儿童保护的工作机制还比较薄弱。调查发现，脱贫地区留守儿童和困境儿童较多，强制报告的制度框架及实施流程有待完善。尤其是对于0~3岁儿童的关爱保护，更是缺少明确的牵头部门，社会力量的有效介入也缺乏政策引导和资源支持。

从全国整体范围看，农村幼儿家庭养育环境明显落后于城市，看护人普遍缺乏合理的指导和支持。家庭作为婴幼儿的主要养育单元，其功能尚未得到充分重视。因此，为农村地区看护人提供儿童生长发育和科学育儿等方面的指导与支持非常必要。

四　国际经验

国际上尤其是发展中国家如牙买加、印度、巴西、墨西哥等都开展了有关儿童早期发展的项目。这些项目主要在农村地区开展，项目得到政府、社会力量和社区的多层次支持。这些项目既包括以家庭和社区养育中心为基础的看护照料，也包括营养补充和有条件的现金转移支付。项目的实施既补足了这些国家农村地区儿童早期发展的公共服务短板，也促进了项目儿童的早期健康成长。这些经验对于我国的农村婴幼儿早期养育体系建设具有借鉴意义。

（一）牙买加项目

牙买加项目是20世纪80年代在牙买加金斯敦实施的一个为期2年的实验研究项目，通过为低收入家庭中发育迟缓的9~24月龄儿童提供社会心理刺激和营养补充的方式，评估社会心理刺激或营养补充干预对发育迟缓儿童的影响。该项目采用随机对照试验方法，将来自贫困社区的129名儿童随机分配到四组：对照组、仅营养补充组、仅接受社会刺激组、营养补充加社会刺激组，并匹配非发育不良儿童组。其中的营养补充剂为每周

1公斤配方奶粉，而社会刺激则是由受过培训的社区卫生服务人员对受助家庭进行每周一次、每次一小时的家访。在家访过程中，家访员会协助妈妈参加适合儿童发展的学习活动，通常是以日常生活为中心，利用家庭资源作为学习工具，进行亲子互动，以此影响照养人的养育行为，试图改善儿童早期发展情况。

牙买加项目后续的评估结果表明，牙买加的家访模式获得了积极的短期和长期效果。从短期效果来看，社会刺激和营养补充对儿童的发育具有显著且有益的影响，发育迟缓状况显著改善。从长期效果来看，在干预结束两年后，干预组的儿童在语言、认知和社会情感方面与正常发育的同龄人之间的差距明显缩小。从更长期来看，接受家访项目的儿童在成年后拥有更高的智力水平、更高的数学和语言成绩、更长的受教育年限、更低的抑郁患病率、更低的犯罪率和更高的工资，其中工资甚至比对照组高出25%。

（二）向上发展项目（Reach Up）

该项目的前身是牙买加家访项目（Jamaica Home Visit）。牙买加家访项目采用具有发展适宜性的结构化课程，通过与家庭建立紧密联系，为父母提供指导和支持以促进儿童的发展。在牙买加家访项目30多年实践和研究的基础上，2015年9月，在加拿大重大挑战基金会（Grand Challenges Canada）的支持下，向上发展项目正式成立。项目沿用牙买加家访项目的核心，干预方式有所扩展，不仅包括家访，同时还包括中心以及家访和中心相结合的模式。除牙买加外，向上发展项目已经在世界范围内广泛实施，包括孟加拉国、哥伦比亚、印度、巴西、津巴布韦、秘鲁以及马达加斯加等国家，项目研究儿童逾万名，受益儿童约7000名。

牙买加的中心式干预方案，主要依托的是社区保健机构，利用儿童体检等候的时间，由社区工作人员提供简单的养育知识指导，并非类似于我国的亲子中心式活动，因而成本相对较低。

与牙买加项目的执行方案不同，印度项目的家访为每周一次，每次约

60 分钟；小组式活动为每周一次，每次 90 分钟，活动形式为家长和孩子一起进行亲子活动（包括整体性的活动，以及分组进行年龄适宜性活动）。

（三）巴西幸福儿童项目

幸福儿童项目是世界上最大的儿童早期发展家访项目之一，获得了 2019 年世界教育创新峰会项目奖（WISE Awards）。幸福儿童项目在巴西政府的最高层面得到了重视，获得总统批准。该项目由公民事务部负责，依托巴西国家社会统一援助系统（National Unified Social Assistance System，SUAS），采用典型的自上而下、"联邦政府—州政府—市政府"的三级管理模式。

幸福儿童项目为孕妇提供每月一次的家访，为 36 个月以下的儿童提供每周一次的家访，为 72 个月以下的残障儿童提供每月一次/两次的家访干预。同时，项目还通过加强社会援助、医疗保健、教育、文化、人权和儿童权利等部门的跨部门合作，形成一套综合性区域政策，促进家庭和社区的联结，营造促进儿童养育和照护的大环境①。截至 2022 年 4 月，幸福儿童项目已经覆盖了巴西 5570 个城市中的 3026 个，其中，开展家访的城市 2884 个，共聘用督导员 3025 名，家访员 17619 名，受益家庭 1383063 个，家访儿童 1319744 名，家访孕期妇女 337294 名②。

2017 年，幸福儿童项目年预算为 980 万美元，2018 年，项目预算跃升至 1.67 亿美元。联邦政府通过国家社会援助基金将款项拨付至各州，各州预留培训支出和其他费用，再将经费下拨到各市，各州向各市下发经费的标准为 23 美元/受访人/月。由于该项目建设了一套完整的信息系统，各部门之间协同需要更多的人力成本，其人均总成本高于 Reach Up 牙买加项目。

---

① Buccini G., Venancio S. I., Pérez-Escamilla R. Scaling up of Brazil's Criança Feliz Early Childhood Development Program：An Implementation Science Analysis. 2021 Aug；1497（1）：57-73.

② Patira Amada Brasil Governo Federal.（2022）. Weekly Balance Happy Child Program Early Childhood at SUAS.

（四）墨西哥早期教育项目

墨西哥早期教育项目自 1992 年启动实施，旨在为墨西哥农村和土著地区 4 岁以下儿童及其照护者提供社区育儿支持。项目重点关注人口数量不到 2500 人的社区，特别是被高度边缘化和深度贫困的地区。该项目由墨西哥国家教育委员会（Consejo Nacional de Fomento Educativo，CONAFE）负责管理和落实，设立州和地区协调员，负责组织项目培训和监测评估；下设地方协调员，负责管理地方督导员、教育倡导人员和志愿者，并组织开展各类项目活动。CONAFE 项目执行时间为 9 个月，从 10 月开始到次年的 6 月结束。该项目利用当地社区公共场所每周开展 2 次活动，每次持续时间为 2 小时，为 4 岁以下儿童及其家庭提供社区育儿支持和指导，活动课程涉及儿童照料和保护、个人和社会发展、语言发展及亲子交流和探索个体环境四大模块。CONAFE 项目覆盖了墨西哥的所有 31 个州，每年覆盖 45 万名儿童，约占全国儿童早期发展服务总人数的 50%。

（五）肯尼亚好基础项目

"好基础"项目是 2018 年起在肯尼亚西部农村地区开展的一项儿童早期发展研究项目，旨在探索适合肯尼亚农村的，最有效且最具经济效益的综合性儿童早期发展干预模式。项目采用整群随机对照试验的设计，进入项目的干预对象为 6~24 个月的儿童及家庭。项目覆盖了 60 个村，每村 20 户家庭，样本量共计 1200 户家庭。[①]

该项目周期为 8 个月，有两种干预模式。第一种干预模式为小组式干预，即隔周一次小组活动，每次活动 60~90 分钟，共有 12 次小组主题活动，每 4 次主题活动之后，会安排 1 次小组回顾活动（共 4 次回顾活动），共计 16 次小组活动。小组主题活动遵循结构化的活动手册，主题

---

① Luoto J. E., Lopez Garcia I., Aboud F. E., Fernald L. C. H., Singla D. R. Testing Means to Scale Early Childhood Development Interventions in Rural Kenya: the Msingi Bora Cluster Randomized Controlled Trial Study Design and Protocol. 2019 Mar 4; 19 (1): 259.

包括家庭中的爱与尊重、亲子间的回应性互动、游戏和沟通、儿童卫生与营养等。小组回顾活动中，参加活动的家庭会一起讨论在家庭中遇到的困难及解决策略。

第二种干预模式为混合式，这种模式与小组式干预的不同点在于，4次回顾活动不是以小组的形式进行，而是通过一对一的家访进行。换言之，混合式干预中，家庭要参加与小组式干预一样的12次小组活动，此外接受4次家访回顾活动。家访中，项目人员与家庭一对一讨论其遇到的问题、困惑，并提供有针对性的指导。

（六）巴基斯坦儿童早期发展扩大试验

该实验以巴基斯坦的"乡村女医生"（Lady Health Worker，LHW）项目为基础框架运行。"乡村女医生"项目于1994年启动，目的是在农村和处境不利的社区，为妇女及2岁以下儿童提供更多促进性、预防性和治疗性服务。起初，乡村女医生的服务内容主要由22项核心任务组成，包括计划生育咨询、孕期妇女保健、卫生、健康和营养教育、儿童生长监测、提供常见疾病常用药品、免疫倡导以及转诊等，每位女医生通过月度家访和社区小组活动服务约1000人（100~120户）。该项目覆盖了巴基斯坦农村地区60%的人口。覆盖了该项目的地区健康指标普遍优于没有覆盖项目的地区。

随着儿童早期发展的重要意义逐渐得到国际社会的广泛认可，相关机构开始探索通过乡村女医生提供儿童早期发展干预和营养服务的路径。巴基斯坦儿童早期发展扩大试验（PEDS）应运而生。PEDS团队设计了三种服务模式：一是回应式启蒙：LHW每月组织一次小组活动（平均时长80分钟），并进行一次家访（25~30分钟），采用发展适宜性的游戏以及交互式活动教会家长回应性的养育技巧，帮助家长解决婴幼儿照护中的问题。二是加强营养补充：LHW每月进行一次家访（25~30分钟，实际平均时长约11分钟），以及LHW原有工作内容中偶尔每月一次的社区小组活动。除原本的基本营养教育外，还增加了复合微量元素补充剂（Sprinkles）、喂养建议以及儿童

营养方面的问题解答。三是混合式干预：即回应式启蒙与加强营养补充相结合，每月既进行家访，也组织小组活动。①

五 "慧育中国"：农村婴幼儿家庭照护的探索和实践

"慧育中国：山村入户早教计划"项目（以下简称"慧育中国"）是基金会在中国农村地区开展的一项结合养育指导及营养干预的6~36月龄婴幼儿早期发展项目。项目旨在通过改善农村幼儿与其看护人的互动质量，促进儿童认知、语言、社会性以及健康等方面的发展，探索适合中国农村的婴幼儿家庭照护干预模式；采用科学的评估方法，为儿童早期发展研究和政策制定提供依据。

为探索农村地区儿童早期养育的有效模式和路径，2015年中国发展研究基金会与国家卫健委和地方政府合作，在甘肃省华池县启动了"慧育中国"试点。项目采用入户家访的方法，从本地招募、培训和考核村级婴幼儿养育指导师上岗，为6~36月龄婴幼儿及其看护人提供每周一次、每次一小时的家庭养育指导服务。基金会提供根据儿童周龄编写的家访教材，并建立了严格的执行监测和效果评估系统。项目资金来源于社会捐赠和地方财政，平均每个孩子1年的家访成本约为3000元。

根据基金会课题组和诺贝尔经济学奖获得者詹姆斯·赫克曼教授研究团队分别对华池县试点效果进行的评估，试点取得了令人振奋的成果。尤其是赫克曼教授用严格的计量方法评估发现，84%的接受家访干预的儿童在认知、社会情感和语言等领域表现明显优于对照组儿童，项目有"非常强有力的成果"，与美国、爱尔兰和牙买加的同类项目相比，也表现出效果显著、而投入成本最低（只相当于美国项目的3%~5%）的优点。

---

① Yousafzai AK, Rasheed MA, Siyal S. Integration of Parenting and Nutrition Interventions in A Community Health Program in Pakistan: An Implementation Evaluation. Ann N Y Acad Sci. 2018 May; 1419 (1): 160-178. doi: 10.1111/nyas.13649. PMID: 29791730.

自 2015 年试点以来，"慧育中国"项目已先后在全国 10 个省（区市）24 个县（区）推广，受益儿童已超过 4 万人。

综合来看，慧育中国项目具有以下特点。

（一）本土化改编的课程

慧育中国项目的婴幼儿养育指导课程采用充分反映中国农村家庭养育实际的教材，针对婴幼儿每个月龄段的发展特点，按周次具体设计游戏活动。新疆、西藏等少数民族试点地区的教材还进行了民族语言文字翻译、换图等本地化改编，使其更适合少数民族看护人及儿童的语言文化习惯。项目启动之后，遵循儿童滚动进出原则，即试点地儿童满 6 月龄时纳入项目服务对象，满 36 月龄时"毕业"停止接受服务。

（二）适合农村情况的家访入户服务

入户养育干预是相对中心养育干预的服务提供方式。这两种干预方法在儿童养育领域比较常见，但近年来不同学者的研究，显示了入户养育方式更能促进儿童养育项目的成功。诺贝尔经济学奖获得者詹姆斯·赫克曼教授在研究了美国孟菲斯地区儿童健康的家庭访问计划后发现，家访会让项目的积极影响持续多年，而对男孩的影响会更加显著。美国企业研究所研究员凯瑟琳·史蒂文斯认为，家庭访问计划应该成为美国联邦对儿童进行干预的首选策略，因为与学校和社区干预相比，家访干预对推动儿童发展的作用更大。慧育中国的项目团队在项目可行性方案设计阶段，同样发现了入户养育干预方式更加适合中国农村。在居住相对分散的农村地区，入户家访是成本相对低廉、辐射最广的一种途径，项目尽力不落下一个孩子，将那些居住偏远的家庭都纳入进来。

慧育中国的入户养育指导由经过培训、本地招募的村级育婴辅导员提供服务。育婴辅导员主要由在村妇女组成，工资及项目执行经费由基金会拨付。多数育婴辅导员具有高中及以上学历。育婴辅导员每周入户 1 次，提供 60 分钟左右的指导。入户指导过程中，育婴辅导员按照教材制定的每次活

动流程与幼儿及看护人共同进行若干项活动，包括游戏、绘画、阅读、唱歌等。除育婴辅导员手工制作的玩具外，由项目统一购置的玩具以及统一印刷的画册、拼图、分类配对卡片等作为辅助材料发放给家庭。在当次入户结束到下次入户之间的一周时间里，育婴辅导员指导看护人要尽可能每天与幼儿反复练习本周入户养育指导的活动。

（三）三级项目服务体系

"慧育中国"项目以项目地区的卫生健康系统为依托，采用"县—乡（镇）—村"三级管理服务网络，并在试点当地招募项目执行团队。在县级层面，由分管副县长、县卫健局牵头，县妇幼保健院负责执行，设置项目办公室，并聘用"县级总督导"，负责协调项目总体业务，对团队进行日常管理。在乡镇层面，依托各乡镇卫生院，设"乡镇督导员"1~2名，负责管理和培训村级"育婴辅导员"，确保入户养育指导质量。在村级层面，根据服务儿童数，按比例聘用育婴辅导员，负责每周入户养育指导、玩具制作、信息上报、项目与家户关系维护等。由此，项目也在一定程度上为当地女性创造就业机会，赋能当地女性，培养她们的养育观念、养育技能和团队协作管理能力。

（四）开展科学试点

慧育中国一开始只选择了甘肃省华池县作为试点，并没有大面积启动的计划，这是因为团队认为需要在试点中进行科学循证，直到真正确保项目有效后才会进一步推广，这个循证和学习过程持续了2年多，为后续项目的进行提供了经验和证据基础。2014年1月，基金会和甘肃省以及庆阳市政府开始协调沟通，随后团队与国内外专家进行项目的可行性论证，筛选出国际家访课程作为早期养育干预方案，再到设计随机对照试验，邀请中国人民大学中国调查与数据中心、上海市妇幼保健中心、中国疾控中心营养与健康研究所设计随机对照试验，并与陇东学院、华池县卫生计生局以及当地乡镇卫生院合作开展基线调查和后续工作的跟进。自2015年7月起，慧育中国项目正式开始在甘肃省庆阳市华池县 19 个乡镇开展，随机对照试验也随之展开，按照村居将 1556 名儿童随机分为干预组和对照组，干预组和对照组满6 月龄以上的儿童均发放健康营养包，直至满 24 月龄，干预组满 6 月龄以上的儿童及主要养育人每周接受一次约一小时的养育指导，由村级家访员入户开展，直至满 36 月龄。2019 年 7 月 7~23 日，基金会又在甘肃省庆阳市华池县开展了项目追踪评估调查。

（五）在循证研究的基础上推广

2015 年 1 月，"慧育中国"项目对甘肃省华池县 19 个乡、镇、社区，111个村（居）委会、近 2000 名 1~22 月龄儿童进行了入户问卷基线调查（见图3）。2016 年 7 月，项目组完成中期评估调查；2017 年 7 月完成终期评估调查，综合分析三期追踪数据能够对项目的干预效果进行全过程的评估。

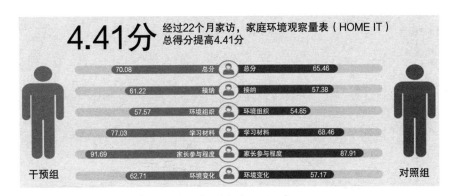

图 3　干预组与对照组儿童各方面能力的分值

评估结果表明，入户养育指导干预显著改善了幼儿家庭环境，家庭育儿模式发生积极变化。入户养育指导提升幼儿发育正常率达 50% 以上，有效促进语言、粗动作发展，改善看护人教养行为和家庭养育环境。

芝加哥大学经济学教授、诺贝尔经济学奖得主詹姆斯·赫克曼教授（James Heckman）研究团队对华池三期评估数据进行了严格的计量经济学分析。分析表明，接受家访干预的儿童中有 84% 表现好于对照组儿童

（见图4、图5）。经过计算，入户家访提高参与儿童的技能，将会增加这些参与者38%的大学入学率。

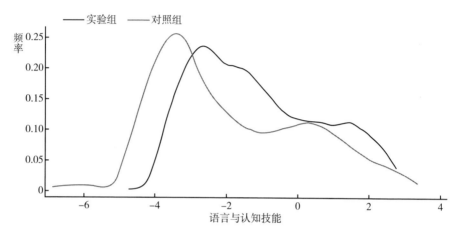

图4　实验组和对照组儿童的语言与认知技能分布的差异

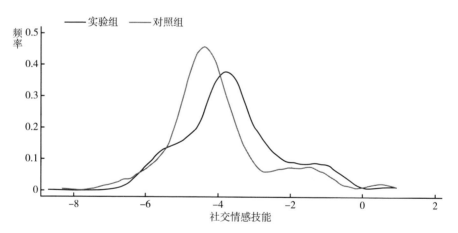

图5　实验组和对照组儿童的社交情感技能分布的差异

　　赫克曼团队研究结果表明，该项目能够针对性提高家长技能并促进儿童发展，且成本较低，每个儿童的实施成本只有美国同类项目的3%～5%；更为关键的是，参加项目的儿童日后更有可能考上大学，在社会中从事更具创造性的工作。因此，长期来看，"慧育中国"项目将有助于缩小城乡差距，为21世纪中国新一代劳动力培养必备的技能。

（六）信息化提高项目管理效率

随着项目的进展，基金会也专门设计了"家访 App"和项目宣传网站，使得项目管理人员可以在项目过程中监测家访，降低了现场监测成本。育婴辅导员在每次结束家访后，再通过微信或短信链接，将实时的家访活动记录推送给儿童照料人，并获得照料人的评价反馈，利用新型技术为项目管理和监测带来更大的便利，而"家访 App"也成为一种循证的手段。

六　形成农村养育的合力

近年来，社会力量广泛积极探索，通过地方试点、科学评估等途径，为促进农村婴幼儿家庭照顾事业发展积累了干预措施、投入成本、科学管理等方面的经验。

（一）养育未来

为了更好地促进农村地区儿童的发展，2017 年 12 月，湖畔魔豆公益基金会联合国家卫健委干部培训中心、陕西师范大学教育实验经济研究所、在地政府等重要合作伙伴共同推出了"养育未来"项目县域模式，为 0~3 岁婴幼儿家庭提供养育指导与服务。宁陕县已于 2019 年 5 月实现全覆盖，主要采取建立县城级、乡镇级、村级养育中心和家访结合的形式：在人口比较密集的县城或镇上建养育中心，在比较偏远的、家长无法来养育中心的地方，养育师则会在排好课以后，跨越最后一公里把项目送到家里面去。项目所使用的课程体系为经科学验证的"婴幼儿早期发展活动指南课程体系"。就师资体系的搭建而言，项目通过与当地政府合作，培养、招募当地服务人员，推动"0~3 岁婴幼儿发展引导员"新职业的本地化落地；目前项目也在通过开发养育师培育课程、制定标准化培训方案（培训师），为转岗人员提供专业培训，与政府合作，培训托育机构、搭建职业院校 2+1 资格体系，以应对目前缺体系、缺认证的养育师人才培养现状。

截至 2023 年 6 月，"养育未来"项目已累计在 6 个省份建立 40 个养育中心、12 个养育服务点，培养养育师及干事 264 名，提供亲子课程近 30 万节，服务婴幼儿数量超过 12000 人。

（二）慧育希望

为了帮助更多经济欠发达地区的婴幼儿实现发展潜能、得到更好发展，北京陈江和公益基金会于 2019 年发起"慧育希望"项目。项目充分借鉴陕西师范大学的成功经验和项目模式，通过建立"儿童早期发展活动中心"，为欠发达地区 0~3 岁婴幼儿提供免费的活动场地，以及按月龄定制的"一对一"和集体活动课程，旨在促进婴幼儿在认知、语言、运动和社会情感方面的综合发展。中心还对家长进行系统的家庭教育培训，给家长提供儿童早期发展方面的专业指导，包括定期开设家庭教育课程、举办家庭教育讲座；养育师根据家长与婴幼儿互动游戏过程中存在的问题，进行总结反馈并提出指导性建议；活动开展一个阶段后，养育师通过对婴幼儿及家长教育行为的观察分析，为家长提供个性化的育儿指导等等。

截至 2023 年底，陈江和公益基金会已联合地方政府、高等院校和社会组织，在山东省日照市五莲县、江西省广昌县和婺源县、贵州省绥阳县、江苏省宿迁市和北京市大兴区等地资助建立了 72 个儿童早期发展活动中心，累计培养 85 位专业养育师，超过 3500 个婴幼儿及家庭受益。

（三）贫困地区儿童早期综合发展项目

贫困地区儿童早期综合发展（Integrated Early Childhood Development，IECD）项目是国家卫生健康委、国务院扶贫办、民政部、全国妇联与联合国儿童基金会共同合作实施的项目。项目于 2014~2016 年在山西省和贵州省连片贫困地区 4 个县的 80 个村开展，旨在改善为 0~3 岁儿童提供的卫生、营养、教育与保护等服务，以最大限度地实现儿童发展潜能。从项目模式来看，联合国儿童基金会探索三种基于社区的、综合的儿童早期发展干预模式：儿童早期发展社会服务中心、基于社区的 0~3 岁儿童早期外展服务、以社区为基础和以流动服务为补充的儿童早期综合发展服务（包括乡村医生提供生长监测、发育筛查、交流玩耍指导、营养包补充等服务）。

综合来看，目前各个组织的探索都形成了一定的模式，取得了相应的成效。根据第七次全国人口普查，农村0~3岁婴幼儿共有1527万名，以原欠发达地区农村0~3岁婴幼儿占20%计，最少也要有300万名婴幼儿接受入户养育指导。在中央和地方财政决定增大投入之前，迫切需要各社会组织联合行动，扩大项目覆盖区域和项目受益儿童人数，形成更加广泛和可行的示范效果。通过联合行动让更多的农村婴幼儿享有儿童早期养育服务，推进相关政策的制定出台，提升农村婴幼儿发育水平达到全国平均水平。

为实现上述的联合行动，各个组织需要合力发挥各自的优势，整合资源，加强交流沟通，扩大宣传，联合开展政策倡导。具体可以考虑以下几个方面。

（1）通过举行会议和组建平台网络，探讨农村婴幼儿照护服务多元化发展等议题，交流农村地区婴幼儿照护工作的现状和面临的挑战，推动婴幼儿照护服务事业的发展。

（2）在更大范围内推广项目。努力实现项目从县域到市域，再到省域的逐级扩展。推动项目从"探索为主"的试点到更大范围的"社会行动"，到最终实现"政策推广"。

（3）形成关于农村婴幼儿照顾政策建议的共识，共同和政府相关部门开展对话交流，努力将建议纳入相关政策制定中，促进相关政策的早日出台和实施。

（4）鉴于当前农村婴幼儿照护人才非常稀缺，各个社会组织应该联合行动，通过项目的不断扩展，尽快培养一支具有相当规模和专业水平的农村婴幼儿照护人才队伍。

（5）加大公共传播，介绍项目经验和效果，扩大公众知晓度，形成社会公众影响力，从而推动公众的参与，促进相关政策的倡导。

（6）联合开展具有前瞻性的合作研究，提供高质量的农村婴幼儿照护科学证据和建议，形成完整的公共知识体系，形成《农村婴幼儿照护服务指南》，推动相关行业标准的制定。

七　农村婴幼儿家庭照护服务投入测算

基金会做过成本测算，在农村开展婴幼儿早期照护项目，每个 0~3 岁儿童每年的干预成本约 3000 元，3 年累计投入不超过 1 万元。据此可以测算实现农村婴幼儿照护服务全覆盖和实现原 832 个贫困县婴幼儿照护服务覆盖的财政投入。

（一）全覆盖：农村地区 0~3 岁儿童家庭照护服务投入

按照为农村地区每个 0~3 岁儿童提供家庭照护服务每年投入 3000 元计算，根据年均 1420 万名婴幼儿预测数计算，意味着每年需要投入 426 亿元。

（二）重点覆盖：832 个原贫困县 0~3 岁儿童人口家庭照护投入

按照为农村地区每个 0~3 岁儿童提供家庭照护服务每年投入 3000 元计算，832 个原贫困县预计未来年均有 483 万名婴幼儿，意味着每年需投入 145 亿元。

当前农村婴幼儿照护方面还没有国家财政的专项投入。可以考虑三个方面的财源。

（1）中央政府设立农村婴幼儿照护专项资金，通过专项转移支付来开展服务。

（2）伴随人口出生率持续下降，保持当前义务教育生均支出水平，财政性教育经费会有结余，通过调整支出结构来开展农村婴幼儿照护服务。

（3）发行农村婴幼儿照护服务专项国债。

此外，积极整合乡村振兴中"一老一小"资金和东西部协助帮扶资金。

八　改善农村地区婴幼儿家庭照护的政策建议

大量的实证研究和国际经验均表明，投资儿童早期发展，对儿童成长早期的营养、健康、教育等方面进行积极干预，可以显著改善儿童发展的不利地位，比儿童成长后期的补救性干预效果更好、收益更高，是消除贫困代际传递的根本之策、是乡村振兴和共同富裕战略下人力资本投资的题中应有之义。脱贫攻坚没有落下任何一个儿童及其家庭，乡村振兴和共同富裕也要帮助农村地区尤其是欠发达地区儿童健康成长、全面发展，为每一个家庭提供支持保障。在推进欠发达农村地区儿童发展过程中，尤其要关注农村婴幼儿家庭照护，在制定政策、采取措施、配置资源等方面，要实施更加积极的政策，为婴幼儿发展的营养健康、教育服务、家庭支持等方面提供政府支持和服务保障。

第一，建议设立"国家农村婴幼儿家庭照护行动计划"，将农村婴幼儿家庭照护指导纳入欠发达地区农村基本公共服务，中央财政给予专项资金支持。实现农村地区婴幼儿照护服务全覆盖，财政每年需400亿~500亿元的投入。如实现832个原贫困县的重点覆盖，财政每年需要140亿~150亿元的投入。

第二，在欠发达地区农村以入户家庭照护指导为主、入户家庭照护指导结合中心的模式尽快扩大试点范围，早期养育服务要入户。广大偏远农村地区人口居住相对分散，县城以外绝大多数农村地区都没有婴幼儿照护服务资源，农村家庭更多依赖于上门提供的指导服务，并且对服务的支付能力差。应充分利用我国完善的县、乡、村三级卫生体系，因地制宜，选取育婴辅导员入户方式、中心型、小组型或者多种方式结合的形式。由县级卫生部门统筹督导，在乡镇卫生院设立督导员，在村一级聘请育婴辅导员入户进行家庭照护指导。

第三，建立农村婴幼儿照护队伍，加强专业技能培训。充分赋能具有良好群众基础和工作意愿的在村妇女群体，就地招聘和培训初中学历及以上的人员、壮大本土婴幼儿照护的服务队伍，通过专业培训提升服务的专业度，争取纳入国家职业资格目录。稳定队伍，服务乡村振兴，促进农村妇女就业。

第四，购买农村婴幼儿照护社会服务。充分引导有经济实力和经验的社

会力量参加，由政府主导合作或购买服务。社会组织承担质量控制并参与项目运行，在坚持普惠的前提下，因地制宜地探索多种类型服务方式。

第五，加强部门协同，建立发改、财政、乡村振兴、卫健、教育、民政、妇联等部门配合联动机制。婴幼儿照护服务涉及营养、健康、早期学习、儿童保护等多方面。为使得儿童的生理、心理、认知能力和非认知能力得到全面发展，充分发挥发展潜力，各部门需要协同合作，为儿童全面发展提供支持。

第六，加强项目执行和效果监测评估。围绕婴幼儿照护的政策和项目的进展、质量与成效，建立动态监测评估机制。加强早期照护信息化平台建设，消除部门信息壁垒，着重引入信息化数据收集和分析手段，建立大数据平台，并纳入绩效考评体系中。

参考文献

Heckman J. , Liu B. , Lu M. , and Zhou, J. , 2020, "The Impacts of a Prototypical Home Visiting Program on Child Skills", *NBER Working Paper*, No. 27356.

Zhang S. , Wang L. , Xian Y. , et al. , "Mental Health Issues among Caregivers of Young Children in Rural China: Prevalence, Risk Factors, and Links to Child Developmental Outcomes", *International Journal of Environmental Research and Public Health*, Vol. 18, No. 1, 2021.

中国发展研究基金会：《中国儿童发展报告 2017》，中国发展出版社，2018。

中国发展研究基金会：《中国儿童发展报告 2023》，中国发展出版社，2024。

高雅静、赵春霞、黄小娜等：《早期综合干预对贫困农村地区 0~3 岁留守儿童心理行为发育的影响》，《中国儿童保健杂志》2018 年第 7 期。

石慧峰、张敬旭、王晓莉等：《儿童早期发展综合干预策略对改善贫困农村地区 0~35 月龄儿童养育照护的效果》，《中华儿科杂志》2018 年第 2 期。

B.7
0~3岁儿童发展人才队伍专业化建设和培养体系研究

史耀疆 岳 爱 乔 娜 关宏宇*

摘 要： 促进学龄前儿童发展，可以从根本上打破贫困的代际传递，促进教育公平。尽管我国在儿童早期发展方面取得了显著成就，但从业人员供给体系还面临挑战，缺乏标准化的课程和培养体系，也未建立长效的人才储备机制，在课程体系、教材建设、实践环节等方面均没有基于儿童早期发展的体系化培养方案。为应对以上挑战，陕西师范大学联合各级政府及社会组织，基于10年的实践探索，开发了专业科学、经过"本土化"适配、科学评估验证有效、兼顾理论与实操的课程体系，且根据超过5000人的培训经验形成了标准化培养方案，为我国婴幼儿照护相关专业职业人才培养助力。建议我国加快制定儿童早期发展从业人员标准，建设功能齐全的国家职业教育学院，配套高水平、专业化的产教融合实训基地，以培养充足的儿童早期发展从业人员，最终促进人力资本发展。

关键词： 0~3岁儿童发展 人才队伍建设 课程体系 培养体系

---

* 史耀疆，博士，陕西师范大学教授，教育实验经济研究所所长，主要研究方向为实验经济学与人力资本培育；岳爱，博士，陕西师范大学教授，主要研究方向为实验经济学与儿童早期发展；乔娜，博士，西安文理学院学前教育学院讲师，主要研究方向为婴幼儿养育照护；关宏宇，博士，陕西师范大学教育实验经济研究所副研究员，主要研究方向为实验经济学与儿童健康。

致谢：感谢北京陈江和公益基金会、澳门同济慈善会北京办事处、北京三一公益基金会、浙江省湖畔魔豆公益基金会的支持。

一 研究背景

0~3 岁是人力资本形成和发展的关键时期。投资儿童早期发展等预防性的干预措施，远比投资后期学校教育和成人教育等干预措施的收益更高①。国内外研究证明，向家庭提供儿童早期发展服务支持，不仅可以在短期内显著改善儿童身体健康状况，促进其能力成长、认知发展和学业表现，长期来看，还能够提高其教育成就和工作后的收入水平，同时降低成年后的社会福利、健康医疗投入及成本②③④。

随着我国社会转型与变迁，出生率持续下降，提升儿童发展质量显得尤为重要。发展中国家儿童发展滞后的现状给提升人力资本带来严峻挑战。据调查，全球发展中国家中有超过 2 亿（43%）的 5 岁以下儿童存在发展风险。以我国西部低收入群体为样本的调研结果显示，近一半 0~3 岁儿童早期发展存在不同程度的贫血和发展滞后等风险⑤⑥。

2015 年，联合国发布的《2030 年可持续发展议程》，首次明确提出到 2030 年，所有儿童都能获得优质幼儿发展、看护和学前教育，以做好接受初级教育的准备。这意味着世界各国都需要加大对儿童早期发展的投资，确保所有儿童都能平等获得高质量的早期教育和学前教育，从而共享全球发展

---

① Heckman J. J.（2013）. *Giving Kids a Fair Chance*. MIT Press. https：//www. jstor. org/stable/j. ctt5vjr9z.

② Black, M. M., Walker, S. P., Fernald, L. C. H., Andersen, C. T., DiGirolamo, A. M., Lu, C., McCoy, D. C., Fink, G., Shawar, Y. R., Shiffman, J., Devercelli, A. E., Wodon, Q. T., Vargas-Barón, E., & Grantham-McGregor, S.（2017）. Early Childhood Development Coming of Age：Science through the Life Course. 389（10064），77-90.

③ Fiorini, M., & Keane, M. P.（2014）. How the Allocation of Children's Time Affects Cognitive and Noncognitive Development. 32（4），787-836.

④ Akman, M., Cebeci, D., Okur, V., Angin, H., Abali, O., & Akman, A. c.（2004）. The Effects of Iron Deficiency on Infants' Developmental Test Performance. 93（10），1391-1396.

⑤ 李英、贾米琪、郑文廷等：《中国农村贫困地区儿童早期认知发展现状及影响因素研究》，《华东师范大学学报》（教育科学版）2019 年第 3 期。

⑥ 岳爱、蔡建华、白钰等：《中国农村贫困地区 0—3 岁婴幼儿面临的挑战及可能的解决方案》，《华东师范大学学报》（教育科学版）2019 年第 3 期。

成果。发达国家及地区很早就已经注重儿童早期发展，并开展了建立相关的高等教育专业、一系列完备标准的培训方案以及统一且权威的从业资格认定体系工作，以储备儿童早期发展领域人才。例如，美国早期的"开端计划"就特别强调了婴幼儿早期发展的重要性，并积极鼓励和支持该行业的发展。该计划由教育部门主导，其他相关部门配合，共同制定了由国家认定的标准化的培训内容和资格认定体系①②。类似地，英国、法国、新加坡和日本在儿童早期发展的人才培养方面也卓有成效，主要是两种方式：一是通过高等教育中的"理论+实践"模式培养出理论知识扎实、实践能力强的高级人才；二是对未接受过系统学习，但具有一定实践经验的人员进行标准专业化的培训和资格考核，培养初中级人才③④⑤⑥⑦⑧。

我国政府也高度重视儿童早期发展工作。2019年5月9日发布的《国务院办公厅关于促进3岁以下婴幼儿照护服务发展的指导意见》明确提出，"建立完善促进婴幼儿照护服务发展的政策法规体系、标准规范体系和服务供给体系，充分调动社会力量的积极性，多种形式开展婴幼儿照护服务，逐步满足人民群众对婴幼儿照护服务的需求"。"十四五"规划纲要中提出，全国到2025年每千人拥有0～3岁儿童托位数4.5⑨个，预计需要托位数630万个。按1∶3的人员比例估算，全国共需养育人员210万人。

为了保障以上政策文件得到有效落实，我国政府进一步在《中华人民

---

① Zigler, E., Valentine, J. (1979). *Project Head Start: A Legacy of the War on Poverty*. New York: Free Press.
② 张晓琪：《美国开端计划学前教师专业发展政策研究》，《教师教育论坛》2018年第2期。
③ 韩增霞、姜峰：《新加坡学前教师培训课程认证标准述评》，《幼儿教育》2015年第Z3期。
④ Tillema, H. H. (2009). "Assessment for Learning to Teach: Appraisal of Practice Teaching Lessons by Mentors, Supervisors, and Student Teachers." *Journal of Teacher Education*, 60 (2), 155-167.
⑤ 蒋冰清、杨柳、李瑞娟：《日本学前教育师资队伍的培养及其对我国的启示》，《湖南人文科技学院学报》2020年第4期。
⑥ 左茹：《法国学前教育的特点及其对我国的启示》，《学前教育研究》2010年第6期。
⑦ 李生兰：《英国学前教育的特点及启示》，《外国教育研究》2004年第11期。
⑧ 徐红：《发达国家学前教育师资职前培养模式的经验及启示》，《外国中小学教育》2016年第2期。
⑨ 国家发展和改革委员会等印发《"十四五"公共服务规划》，2022，https://www.ndrc.gov.cn/fggz/fzzlgh/gjjzxgh/202203/t20220325_1320203.html。

共和国职业教育法》《中共中央、国务院关于优生优育政策促进人口长期均衡发展的决定》等文件中明确提出要"加强队伍建设，鼓励高等院校和职业院校（含技工院校）根据需求开设婴幼儿照护相关专业，加快培养婴幼儿照护相关专业人才，推进婴幼儿照护服务专业化、规范化发展，提高保育保教质量和水平"。然而，调研发现，婴幼儿照护相关专业人才培养是我国师资培养体系中的一个薄弱环节。目前，我国大部分高等师范院校在师资培养方面尚未对迅速发展的0~3岁儿童教育做出应对[1]。不管是儿童早期发展机构还是开设婴幼儿照护相关专业的职业院校，目前均存在"有托无育"和缺乏持续且专业的能够提供科学养育理念和养育方法的从业人员，早期教育机构的师资匮乏和课程质量参差不齐已成为当前早期教育发展的突出问题。而且国内仅有的关于早期教育人才培养的研究，仍然倾向于针对具体学校或者具体课程进行的个案研究，体现出个别化、非体系化和偏向宏观层面的研究倾向[2]。

二　0~3岁儿童发展从业人员培养面临的挑战

（一）缺少适合0~3岁儿童发展从业人员的课程培养体系

部分高校研究机构及各类社会力量提供的婴幼儿早期从业人员培训服务，从数量和科学性上远不能满足社会对该类人才的需求。从数量上看，与3~6岁儿童教育师资培养相比，早期教育师资的培养明显"短、少"，经验不足[3][4]；

---

[1]　张远丽：《0~3岁儿童早期教育师资培养的困境及建议》，《成都师范学院学报》2017年第4期。

[2]　刘文婷：《早期教育专业人才培养课程设置的研究综述》，《科教文汇（上旬刊）》2021年第4期。

[3]　王笑梅：《福建省0—3岁儿童早期教育师资队伍培养及存在问题的研究》，《黑龙江教育学院学报》2016年第5期。

[4]　郑健成：《示范性幼儿园0~3岁早教骨干师资的"培植"》，《学前教育研究》2008年第10期。

从质量上看，总体上国内没有专业的 0~3 岁儿童照护人员培养体系，在培养计划、课程体系、教材建设、实践环节等方面均没有基于儿童早期发展的体系化培养方案。具体主要存在以下四个方面的挑战。

一是在师范类的专业设置中，仅有的独立的早期教育专业课程实施定位不准，或者采用 3~6 岁学前教育专业教材，或者过分迷信国外早教理念和模式，照搬照抄国外早教课程体系，疏于吸收和借鉴中国本土早期教育营养①。

二是早期教育体系普遍存在课程和教学偏理论化，学生缺乏实训练习，教材内容交叉重复、分类角度不一等现象。例如，关于"营养"相关课程，有教材强调营养与护理，有教材强调营养与保健，还有的教材强调营养与喂养，而基于儿童早期发展营养的实操技能的课程几乎没有。

三是现有培训缺乏阶梯式培训体系，不利于从业人员能力持续提升。儿童早期发展从业人员培训通常是一次性的，注重初级、普及性的培训，无法满足从业人员不同阶段和能力水平的需求，尤其无法为具有一定从业经验人员提供更深入和专业的培训。儿童早期发展从业人员需要不断更新知识和技能，当前缺少不同能力水平的差异化培训，一刀切的培训方式限制了从业人员的职业发展和提升空间。

四是现有培训缺乏持续学习支持和指导，不利于人才长期培养。由于现有培训的学习时间有限，受训人员只能获得表面层次的了解，对于复杂或深入的主题了解不够全面，知识在实践中的应用能力也没有得到实质性的提高。此外，受训者所获得的知识和技能难以长期保持和应用。缺乏持续的学习和反馈机制，参与者可能会很快遗忘所学内容，或者无法及时将其应用到实际工作中。这种情况不利于从业人员不断更新和拓展自己的知识和技能，提高他们的专业素养和职业发展。

---

① 罗小琴：《高职院校早期教育专业课程现状与对策研究》，湖南农业大学硕士学位论文，2014。

（二）尚未建立一套标准化的培训体系及模式，缺乏人才培养工具包

目前儿童早期发展机构活跃的婴幼儿照护人才普遍为"经验式"和"舶来式"人才。早教资源或者理念大部分来源于国外，而非本土适配的资源。缺乏专业的针对0~3岁婴幼儿早期发展的培训师资和培训资源，婴幼儿早期发展师资大多数由自我认证的培训系统产出，导致培训水平差异大、缺乏标准。培训质量参差不齐，效果难以保证。证书的社会认可度低，婴幼儿照护人才培训证书五花八门，但含金量不足。以"育婴师"为例，虽为国家劳动部门认可的资质，但对受培者文化水平要求较低，培训内容更侧重保育。受时间和经济支出限制，大部分培训以理论学习为主、现场观摩学习为辅，这导致了培训标准的社会认可度不高。

三 0~3岁儿童发展从业人才培养模式探索

中国已经成为世界第二大经济体，在迈向第二个百年奋斗目标的新征程启航之际，我们国家也意识到发展的不均衡不充分，仍然存在城乡和区域差异。到2035年实现小康社会的目标迫在眉睫，因此迫切需要提高全社会人口和人力资本的质量。为了应对以上的挑战，项目组基于在婴幼儿早期发展领域长达10年的实践经验，针对当前人才培养的难题，尝试构建出一套满足市场需求、经科学评估验证有效、可复制、可推广的职业院校人才培养模式，为我国婴幼儿照护相关专业职业人才培养助力。项目团队及合作伙伴自2012年开始在儿童早期发展及专业人才培养领域做出如下探索。

（一）在国内首次使用随机干预实验方法评估了"养育师入户"和"儿童早期发展活动中心"干预对儿童发展的短期和中期影响及其机制，找到了从根源上促进人力资本发展的有效途径

自2012年至今，基于对重要性的认识及多年科学实验，项目团队总

结出儿童早期发展领域存在以下五个缺口：缺认识，即政策制定者、实施者、行动者和民众对我国农村儿童早期发展问题及其对个人、家庭、社会和国家长期影响的认识不足；缺证据，即缺少对我国婴幼儿早期发展的问题和根源的准确理解，缺少回应我国婴幼儿早期发展问题的政策/项目有效性和成本收益核算的影响评估结论；缺方法，即缺少针对我国婴幼儿早期发展的问题和根源的解决方案，以及基于其作用机制总结出的、被验证、宜推广的操作步骤；缺人才，即缺少从业标准，没有相应培养体系和认证体系，缺少教师/培训者的储备以及扎根农村从业者的人员储备；缺产业，即缺少能够系统、稳定输出婴幼儿早期发展服务人才的职业院校或培训机构，以及可操作、可复制、可盈利的职业院校/培训机构模板。

基于以上五个缺口，项目团队首先组织30多位教育学和心理学等领域的专家，结合牙买加儿童早期发展干预的成功经验，参考联合国儿童基金会0~6岁儿童发展里程碑，开发了《养育未来：婴幼儿早期发展活动指南》，这是一套适合6~36月龄儿童发展需要的、符合该阶段儿童心理发展特点和规律的248个亲子活动和配套玩具材料指南，由上海科技出版社于2017年出版。该套课程主要覆盖0~3岁儿童发展的四大领域：认知、语言、运动和社会情感发展。根据每个月龄儿童发展规律和特点，为该月龄儿童设计了促进儿童四大领域发展的8个活动，每周2个活动，四个领域交叉开展。具体为，第一周认知和语言两个活动，第二周运动和社会情感两个活动，第三周认知和语言两个活动，第四周运动和社会情感两个活动。

2014年11月，儿童亲子活动材料开发完成并申请版权后，项目组在秦巴山区4个县开始了项目试点活动，在此过程中，抽调部分计生专干参与1周的理论和实操技能培训，将其转变成养育师。养育师结合项目组开发的玩教具材料，每周带着相应月龄儿童的活动讲义、玩具和绘本到样本儿童家庭中，与照养人和儿童一起开展一对一入户指导，每次大约40分钟。活动结束后，养育师留下本周所需的玩具、活动讲义和绘本，便于照

养人和儿童继续开展相应的活动，下次养育师入户时再回收本周的游戏材料等。

评估结果显示，该项目改善了婴幼儿照养人的养育行为，促进了婴幼儿的认知发展。与没有接受干预的婴幼儿相比，入户一对一亲子游戏活动显著促进了婴幼儿认知发展[1][2]。

随后，考虑到项目覆盖儿童的数量和成本效益，项目团队在农村地区开展村级儿童早期发展活动中心（以下简称养育中心）随机干预实验项目。由计生专干系统抽调部分人员参加培训，使其成为养育师。截至2017年5月，项目组在农村地区建立并运行了50个村级养育中心，培养了约170名养育师和养育中心管理员。养育师每周三到养育中心指导照养人和6~36月龄儿童开展一对一的亲子活动，课程与入户干预相同。养育中心雇1名村民担任管理员，负责每个村养育中心的亲子活动指导和日常管理。具体为，周一到周六负责中心开关门、清洁消毒等养育中心管理工作，并于每周一和家长及婴幼儿开展集体亲子活动，每周五和家长及婴幼儿开展亲子绘本阅读活动。此外，照养人与儿童在开放时间内可以在中心阅读绘本、玩耍和交流。为保障活动环境适合不同类型的干预课程，研究团队对儿童早期发展活动中心进行"动静分区"的布置。

项目团队评估发现，养育中心干预模式可以有效促进儿童的认知和语言能力发展，并在中长期有效[3]。2017年12月，在宁陕县政府的大力支持下，浙江省湖畔魔豆公益基金会成立"养育未来行动研究中心"，在宁陕县全面推广儿童早期发展服务，面向宁陕全县公开招聘养育师60余名，并将其培训成养育师。宁陕的整县模式有效促进了儿童的发展。

---

[1] 岳爱、蔡建华、白钰等：《中国农村贫困地区0—3岁婴幼儿面临的挑战及可能的解决方案》，《华东师范大学学报》（教育科学版）2019年第3期。

[2] Sylvia, S., Warrinnier, N., Luo, R., Yue, A., & Rozelle, S. (2021). "From Quantity to Quality: Delivering a Home-based Parenting Intervention through China's Family Planning Cadres." *The Economic Journal*, 131 (635), 1365-1400.

[3] 岳爱、蔡建华、白钰等：《中国农村贫困地区0—3岁婴幼儿面临的挑战及可能的解决方案》，《华东师范大学学报》（教育科学版）2019年第3期。

尽管项目团队在推广儿童早期发展服务上取得了一定进展，并在培训养育师上积累了一定的经验，但是规模化培训仍然面临挑战，究其根本原因是尚未建立一套成体系的儿童早期发展从业人员培养体系。因此，项目团队继续探索解决缺人才和缺产业的方法。

（二）开发了一套兼具规范性、实操性、科学性和前沿性等特点的0~3岁婴幼儿早期发展从业人员课程

项目组以国家卫生健康委发布的《托育机构保育人员培训大纲（试行）》为指导，以婴幼儿早期发展引导员的工作职能要求为依据，以世界卫生组织儿童早期发展养育照护五大领域（营养、健康、安全保障、早期学习和回应性照料）为理论依托（见图1）。

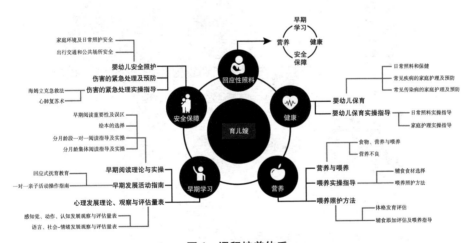

图1　课程培养体系

在北京三一公益基金会、澳门同济慈善会北京办事处和北京陈江和公益基金会的支持下，陕西师范大学教育实验经济研究所联合华东师范大学、中国疾病预防控制中心营养与健康所、首都儿科研究所的专家开发了一套专业科学、经过"本土化"适配、兼顾理论与实操、符合中等受教育程度及以上人群使用的一套儿童早期发展人才培养系列教材（见图2），陆续出版。

图 2　婴幼儿早期发展人才培养系列教材

（1）《0-3岁婴幼儿营养与喂养》偏重于理论指导，介绍理论知识。《0-3岁婴幼儿营养状况评估及喂养实操指导》偏重于实践操作，明确地指出婴幼儿喂养、营养状况评估等实践操作的重点，可配套使用以指导即将步入基层照护服务岗位的中职及职高水平的在校学生和社会人群，不仅能够普及婴幼儿喂养的基础知识，还能够准确地指导基层群众的婴幼儿喂养方式，从而有效地改善婴幼儿的营养水平、提高未来的生长发育质量。

（2）《0~3岁儿童心理发展的基础知识》：全面、系统地阐述了0~3岁婴幼儿心理发展的规律；呈现了婴幼儿感知觉、注意、记忆、思维等心理过程发展的轨迹，以及对0~3岁婴幼儿心理发展的相关理论和国内外相关的政策和项目进行分析、探讨。

（3）《0~3岁婴幼儿心理发展的观察与评估》：以《0~3岁儿童心理发展的基础知识》中的发展规律和特点为基础，介绍如何通过观察婴幼儿的行为，分析和评估婴幼儿运动、认知、语言和社会情感等能力的发展状况，并提出指导性建议。

（4）《0~3岁婴幼儿保育》：首先，对婴幼儿保育的定义和重要性进行概述；其次，结合婴幼儿各系统生理特点，介绍了日常照料、常见疾病和常见传染病的家庭护理与预防的重要内容，以及眼、口腔和耳鼻喉的五官发育特点与保健要点；最后，对托育机构的卫生保健措施进行了简要介绍。

（5）《0~3岁婴幼儿保育指导手册》：实践操作指导教材，与《0~3岁婴幼儿保育》配套使用，主要介绍了日常清洁消毒、盥洗照料、睡眠照料、排便及如厕照料、运动促进、常见家庭护理、托育机构消毒时所需的各项实践操作，并配以图片就各项实践的操作步骤、要点及注意事项进行了详细描述。

（6）《婴幼儿安全照护与伤害的预防和紧急处理》：本书为基础知识和实践操作指导兼备教材，阐述婴幼儿安全照护和伤害预防的重要性，详细罗列了家居、日常照料、出行交通、公共场所可能出现的安全问题，并给出了相应的防范建议。最后说明了虐待与忽视的预防措施、常见非故意伤害的紧急处理及预防措施，并配以图片就常见急救措施的操作步骤、要点及注意事项进行了详细描述。

（7）《0~3岁婴幼儿早期阅读理论与实践》：兼顾理论与实操，主要对0~3岁儿童早期阅读的定义及重要性、早期阅读的基本理念和方法进行了概述，具体包括：一是早期阅读概述，主要介绍早期阅读的概念，厘清常见认识误区以及介绍早期阅读的重要性及现状；二是认识图画书，主要介绍图

画书的概念，图画书为什么适合早期阅读，图画书的结构及分类，以及好的图画书应当具备的要素；三是践行早期阅读的理念和方法，主要介绍家庭和集体环境中的早期阅读硬件环境的创设要素，概述亲子共读的基本理念和方法，介绍阅读习惯建立的方法；四是分月龄早期阅读指导，主要介绍分月龄亲子共读和集体故事会的开展流程，同时通过故事会举例的方式让读者学习与宝宝开展亲子共读和集体故事会的方法。

（8）《千天照护：孕婴营养与健康指导手册》：涵盖了从孕期到婴幼儿0~6月龄阶段的孕婴营养与健康知识，旨在为孕婴家庭和孕婴群体服务工作人员提供专业的工具书，为孕婴家庭提供科学的孕期、婴幼儿期照护方法，从日常照护角度护航孕产妇和婴幼儿的健康发展。主要包含孕期营养与膳食、孕期卫生与健康、产检与分娩准备、孕期心理调适、婴幼儿纯母乳喂养与辅食喂养、婴幼儿日常照护、婴幼儿常见疾病预防、婴幼儿能力发展、乳母营养与膳食、产后心理调适等内容。在形式上设计为分月龄形式，孕期和婴幼儿0~6月龄阶段每个月龄阶段设置了对应知识课程。读者使用时可以直接查找对应阶段的课程，以确保相关知识和操作指南直接、精准地为读者提供指导。

（三）形成了一套有效的、可落地、易推广的标准化培训方案和产品工具包

在北京陈江和公益基金会的支持下，项目团队围绕养育照护五大领域开发了10门儿童早期发展从业人员标准化课程，并基于长达10年、超过5000人的培训经验，开发了为期一周的视频培训课程，以满足不同人群的需求。最终，形成了一套行之有效、可落地、易推广的标准化培训方案和培训体系，为我国儿童早期发展从业人员培训树立新模式、新标杆，为提升人力资本质量进行了有益探索。

培训工具包涵盖了培训设计、培训前准备资料、培训开班、课程讲授等环节所需的支持资料，同时包含培训理论考核、实操考核以及结业的相关资料。督导工具包涵盖了督导规划、督导实施过程中六次督导活动所需流程、

督导要点、调查问卷等内容，并提供督导总结报告资料。这些资料按照培训开展的时间逻辑顺序清晰呈现，使用者能够迅速理解并将其应用于实际工作。此外，我们还提供了实际案例和示范，旨在帮助使用者更好地理解如何运用这些工具和资源。儿童早期发展从业人员培训方案具有以下的优势。

一是培训方案注重理论和实操相结合。在儿童早期发展从业人员的培养中，不仅强调理论学习的深入，还重视实际操作能力的培养。该培训方案通过融合前沿理论知识、聚焦行业需求的课程内容，合理分层推进理论学习的难度。培训课程增加了大量实际操作的要点讲解、情景模拟、示范演练以及实际纠错等环节，以提升每个参训人员的实践能力。此外，体验式工作坊的设置使养育师能够与儿童和家长亲密互动，从而有效提升实践工作技能，确保后续工作的高质量开展。

二是阶梯式人才培养方式，逐步引导和提升学习者能力水平。通过入职培训和提升培训的设置，分阶段提升从业人员的知识和实践技能，持续提升其综合素质和专业技能。入职培训旨在帮助新员工尽快适应工作，并为儿童提供高质量的照护服务。该培训阶段聚焦于儿童早期发展规律、亲子一对一课程以及早期阅读课程基础知识和实际操作技能，使其掌握儿童早期发展的原理、课程设计方法和实际操作要点。提升培训则是培训体系的进阶环节，着重于深化和扩展理论知识，并扩展实践技能，使养育师的知识和技能框架更加全面。例如，提升培训课程将进一步加入儿童早期发展、亲子活动以及早期阅读活动的设计原理，同时还包含儿童营养喂养、安全照护和保育等养育照护内容。

三是"线下培训"＋"线上督导"多策略人才培养，持续提高儿童早期发展从业人员专业水平。采用线下培训与线上督导相结合的方式，确保培训效果和持续学习支持。线下培训集中学习核心理论知识和实操技能，而线上督导则提供持续的学习支持和个性化指导，帮助解决工作中遇到的问题，有效提升从业人员的专业水平。

四是搭建儿童早期发展行业标准化人才培养和督导评价体系，以督促建。项目组根据国家婴幼儿照护服务相关法规政策和质量评估标准，搭建儿

童早期发展服务行业标准化督导评价体系，有助于加快确立儿童早期发展行业规范和标准，帮助相关决策部门有效开展托育行业质量监督与评估，提高儿童早期发展行业服务质量，促进婴幼儿全面发展。

五是以职业院校为载体，孵化儿童早期发展专业。在澳门同济慈善会北京办事处的支持下，通过在职业院校进行儿童早期发展专业孵化，形成以儿童早期发展机构需求和学生职业规划为导向，以养育照护五大领域能力培养为重点，以产学用结合为途径，以"医教结合"为特色，稳定持续地输出专业的婴幼儿照护从业人员的职校人才培养方案。采取"TOT（Training Of Trainers）培训"模式，打造专业师资，推广和复制可持续输出的人才培养模式，为我国职业教育人才培养树立新模式、新标杆，提升新时代职业教育现代化水平，推动落实我国职业教育婴幼儿照护相关专业改革部署，为我国儿童早期发展提供优质人才资源支撑。

四　儿童早期发展从业人员标准化人才培养模式推广应用途径

人才培养模式的推广应用有助于提升从业人员的专业能力和素养，进一步改善儿童早期发展的服务质量和效果。同时，也为政府部门、社会组织等提供了培养和管理儿童早期发展领域的人才的有效方案，对提升全国儿童早期发展工作的水平具有重要意义。

人才培养模式中的方案和工具包可根据不同场景和不同对象进行个性化调整和优化。主要推广对象包括各类机构和政府部门，如公益机构、政府部门主导的儿童早期发展活动中心（如慧育希望儿童早期发展项目、养育未来项目）、政府部门管理人员（各地市区县卫生健康系统妇幼工作、人口家庭工作部门管理人员、计划生育专干等）以及早期教育机构（托育机构、早教机构）等。对于不同对象，调整和优化的方向如下。

（一）针对公益机构和政府部门主导的儿童早期发展活动中心

培训重点放在儿童早期发展课程的理论和实际操作上，旨在帮助从业人员获得全面的儿童发展知识，提高他们设计和实施高质量儿童早期发展课程的能力。此外，提高与儿童以及其照养人的沟通能力，提高从业人员的工作效率和服务效果，以提供更好的早期照护服务。

（二）针对政府部门的管理人员

培训重点是儿童早期发展的核心理论知识、国际儿童早期发展和照护原则，以及从业人员的人才培养。旨在加深管理人员对儿童早期发展的认识和理解，提高他们的管理和领导能力，优化政府部门的管理和服务环境，促进国家政策的有效实施。

（三）针对托育机构和早教机构

培训重点放在儿童早期发展的核心理论和婴幼儿照护的实际操作技巧上，旨在帮助从业人员全面系统理解儿童早期发展的理论知识，掌握儿童早期照护实操技能。通过提升专业素养和技能水平，以及提高服务质量，为婴儿提供更加全面、个性化、高质量的早期教育和照护服务。

五　婴幼儿早期发展从业人才培养政策建议

以上项目组探索和总结的标准化课程和培训方案，可以为中国形成促进婴幼儿早期发展的"中国经验"和"中国办法"提供证据、认识和思路，通过政策倡导，输出和推广"中国模式"，让未来中国儿童更好地实现发展潜能，提高人口素质。具体建议如下。

（一）推动婴幼儿发展引导员技能等级认定模式的推广

婴幼儿的发展不仅包括认知和社会情感，还涵盖语言、身体运动技能、行为规范等方面。建议我国政府加大公共宣传力度，通过媒体报道、线上课程和讲座等形式普及婴幼儿发展引导员的重要性，确保更多儿童获得优质的早期发展支持。

（二）建立高水平专业化的产教融合实训基地，培养儿童早期发展行业培训师

在各市县建立儿童早期发展实训基地，开展转岗培训等短期培训养育师的实训及考核认证工作。总结出一套适合国内开展的教学方法、课程体系、照护服务管理模式和资质认证体系，形成可操作的方案，在其他职业技术学校进行推广，培养出更多从事婴幼儿早期发展行业的培训师。

（三）建设涵盖中等教育和高等教育、功能齐全的国家职业教育学院

该学院聚焦我国社区托幼、养老和家政服务业紧缺人才培养领域，为全国输送专业人才，打造全国样板。该学院兼具人才培养体系研发、教育教学以及能力再提升功能。重点解决普惠性托育下养育师的数量和能力不足等问题，积极开展1+X职业技能认定等工作，打造国内唯一的婴幼儿早期发展行业权威认证品牌。

（四）依托实体职业教育学院建立互联网大学

为扩大婴幼儿早期发展领域人才培养模式的可及性及标准化输出能力，更大范围地培养婴幼儿早期发展领域的人才，建设实体职业教育学院的同时配套开发线上培训系统、建立互联网大学，进行网上招生，通过课程开发团队录播的形式开展转岗培训等活动，并结合线下实训基地实习模式，打破时间、空间的束缚，扩大招生和培养规模，为全社会尽快培养充足的婴幼儿早期发展从业人员，促进人力资本的发展。

基于本土实践的0~3岁儿童早期家庭养育支持模式研究

王 瑛 李青颖 李诗雯*

摘 要： 近年来，国内外普遍认识到0~3岁婴幼儿的养育支持对儿童发展、国民素质整体提升、国家经济与社会和谐发展具有重要意义。为应对我国生育率下降、家庭养育支持供需不匹配的现状，加快建立积极生育支持政策体系，构建婴幼儿家庭养育支持模式迫在眉睫。本报告从我国本土实践出发，基于"生态系统""培育性照护框架"等理论，提出构建"以儿童为中心、以家庭为基础、以社区为依托"的儿童早期家庭养育支持模式，并提出政策建议：一是将家庭养育支持纳入我国基本公共服务，提供基础保障；二是以社区为基础，开展儿童友好环境建设，合理布局家庭养育支持服务点；三是多部门联动，加强专业资源共享，提供专业服务；四是开展全社会的宣传与动员，形成新时代科学育儿风尚。

关键词： 婴幼儿 家庭养育支持 儿童早期发展

一 问题提出

2019年，《国务院办公厅关于促进3岁以下婴幼儿照护服务发展的指导

---

* 王瑛，中国儿童中心早期儿童发展部副部长、副研究员，主要研究方向为婴幼儿托育、儿童早期发展、教育政策研究；李青颖，北京市教师发展中心研究实习员，主要研究方向为教师教育、学前教育、教育政策；李诗雯，中国儿童中心早期儿童发展部教师，主要研究方向为婴幼儿托育、儿童早期发展。

意见》印发，提出到 2025 年，基本形成多元化、多样化、覆盖城乡的婴幼儿照护服务体系，婴幼儿照护服务水平明显提升，进一步满足人民群众的婴幼儿照护服务需求。2021 年，国家卫生健康委员会制定《健康儿童行动提升计划（2021—2025 年）》，提出儿童早期发展服务提升行动等七项重点行动。0~3 岁婴幼儿的养育照护支持对儿童发展、国民素质整体提升、国家经济与社会和谐发展具有重要战略意义。投资儿童早期发展是消除贫困的根本途径。国际研究证明，儿童早期发展投资越早，回报越高。在国家竞争力日益取决于人力资本积累的今天，儿童早期发展应该成为国家反贫困战略和可持续发展的重要组成部分。

随着生育率的下降以及城镇化和工业化的发展，我国家庭结构也发生着明显的变化，突出的表现是家庭结构的小型化。在照料结构上，我国长期以来存在以扩大家庭为主的居住模式，三代同堂与隔代教养非常普遍，在人口老龄化、婚育年龄推迟以及人口大规模流动的条件下，原有的照料模式发生了前所未有的调整。家庭小型化和结构变化伴随着家庭照料能力下降。受生育政策的影响，未来几年必然对社会化照料提出更多的需求和挑战。2021年 6 月，我国开始实施一对夫妻可以生育三个子女政策，并出台了配套支持措施，着力降低生育、养育和教育成本，但政策效果并未马上显现。2022年，出生人口进一步降至千万以下（956 万人），少于当年死亡人口，这是我国人口 60 多年来首次出现负增长[1]。越来越多的育龄夫妇"不愿生"，其中一个重要原因是 0~3 岁儿童照料负担较重，对于很多年轻父母来说，需要在"孩子"和"事业"之间做出艰难抉择。为更多父母消除后顾之忧，开展多种形式的婴幼儿照护服务工作，逐步满足人民群众对婴幼儿照护服务的需求，仍然面临诸多问题与挑战。

当前，我国婴幼儿家庭教育支持服务的供需矛盾突出，服务质量参差不齐。经合组织（OECD）Family Database 的数据显示，2020 年 OECD 成员国

---

① 国家统计局：《中华人民共和国 2022 年国民经济和社会发展统计公报》，http://www.stats.gov.cn/tjsj/zxfb/202302/t20230227_ 1918980. html。

中，0~3 岁儿童的平均入托率为 36%，其中最高的荷兰达到了 69.4%；东亚地区的韩国和日本分别为 62.6% 和 41.3%[1]。2023 年 7 月，我国提供托育服务的机构达 7.5 万多家，提供的托位数达 360 多万个，婴幼儿入托率仅6%[2]。在我国 0~3 岁儿童入托率处于较低水平的情况下，我国婴幼儿托育市场实际的需求情况却并非如此。前瞻产业研究院 2021 年调研显示，接受调研的家庭中仅有 5% 的家庭完全不需要 0~3 岁儿童托育服务，即剩下 95% 的家庭均对 0~3 岁儿童托育服务有需求，其中需求较为强烈的家庭约占84%[3]。除了托育服务之外，目前家庭养育实践中存在家长教育期望较高与其自身教育能力不足的矛盾，家长对家庭教育指导服务的需求也日益旺盛。有研究团队在北京、广西、湖北等地所做的调查显示，目前家庭教育指导服务的供需可及性不足，具体表现为服务供给频率、时间不合理，难以贴合家长实际需求；供需相关性较弱，家庭教育指导服务对家长需求把握不到位，难以解决实际育儿困难；供需质量性较低，服务供给渠道和队伍的专业性不足，难以满足家长科学养育之需；供需相适性不强，个性化、针对性家庭教育指导服务欠缺，难以回应家长的特殊需求。[4]

为应对生育率的急速下跌、加快建立积极生育支持政策体系、健全服务管理制度、促进人口长期均衡发展，构建婴幼儿家庭养育支持模式迫在眉睫。

二 文献综述

（一）儿童早期发展及养育理论研究

1. 脑科学影响儿童早期发展的相关理论

儿童生命早期是一生中大脑发育最为迅速的阶段，这一时期对儿童

---

[1] 注：此处为 2019 年的数据。

[2] 新华社，https：//www.gov.cn/lianbo/bumen/202307/content_ 6891182. htm。

[3] 前瞻产业研究院，https：//www.qianzhan.com/analyst/detail/220/210727-707fccc4.html。

[4] 中国妇女报，https：//www.cnwomen.com.cn/2023/11/14/99351494.html。

未来成长影响深远。在生命最初的几年里，尤其是从怀孕到 3 岁时，宝宝需要营养、保护和刺激以促进大脑发育。神经科学领域的最新研究为儿童在这一时期大脑发育提供了新证据。哈佛大学儿童发展中心的研究显示，在生命最初的几年里，儿童的大脑以惊人的速度发育，每秒能够建立超过 100 万个神经元连接，这是此后任一阶段都无法再现的速度。①0~3 岁早期发展为儿童个体的健康成长奠定基础。近年来脑科学研究发现，儿童早期是人一生中大脑形态、结构、机能发展最为迅速、可塑性最强的时期，是个体情感、行为、语言、认知等各方面发展的奠基阶段和敏感期，同时也容易受到干扰。不利于儿童早期发展的环境和经历会阻碍大脑的正常发育和能力的形成。有相当多的婴幼儿每天都面临着大量风险因素，生活在困境之中。典型的风险因素包括营养不良、父母有心理问题、家庭暴力、缺乏关爱等。研究表明，在生命的最初 3 年，儿童面临的风险因子越多，就越容易发展迟缓。

脑的执行功能涉及儿童学习与发展的脑发育核心能力。脑的执行功能指的是一个人能够集中注意力、保持注意力，对于脑中各种信息进行过滤干扰并控制转换的能力。儿童并非天生带来脑的执行功能，儿童生而具有的是发展这些能力的潜力，而潜力能否被挖掘并获得发展取决于在婴儿期、幼儿期和青春期获得的经验。②

2. 生态系统理论

1979 年，布朗芬布伦纳在《人类发展生态学》中首次提出生态系统理论（the ecological theory），该理论认为，发展的个体嵌套于相互影响的一系列环境系统中，系统与个体相互作用并影响个体发展，应重视人与环境间各系统的相互作用。该理论将人类成长依存的环境看作一种社会性的生态系统，将环境划分为微观、中观、外层及宏观四大系统，强调社会环境在人类

---

① 联合国儿童基金会：《儿童早期发展》，https：//www.unicef.org/zh/%E5%84%BF%E7%AB%A5%E6%97%A9%E6%9C%9F%E5%8F%91%E5%B1%95#。

② 周兢、陈思：《建立儿童学习的脑科学交管系统——脑执行功能理论对学前儿童发展与教育的启示》，《全球教育展望》2011 年第 6 期。

生存及发展过程中的重要作用。① 该理论明确个体的发展不是孤立的，而与环境的不同系统相互作用、相互制约，共同作用于人的发展方向。

第一层是微观系统，是个体直接面对和互动的在特定环境中经历的活动、角色及人际关系的最内层系统。微观系统与儿童关系密切，能对其产生直接影响。第二层是中观系统，是指个体积极参与两个或多个情境相互关系的总和，即各个微观系统的相互联系和作用。第三层是外层系统，是指个体不直接参与，但对其发展有间接影响的环境。第四层是宏观系统，是指影响个体认知、情感、意志和行为的大环境，是三个系统以外的文化、亚文化和社会环境。② 婴幼儿照护是一个多主体协同参与、关系错综复杂的系统工程，因此，从整体、系统的理论视野审视家庭养育支持体系符合儿童早期发展的诉求。

婴幼儿的早期发展与家庭和谐发展相辅相成。家庭作为幼儿成长的直接环境，对幼儿的成长和发展起着潜移默化的作用。家庭与社区则构成了幼儿发展的中介系统。家庭是儿童最早接触的环境，关乎儿童早期发展能否达到最优，也会造成儿童发展差异。基于社区开展的对家庭教育的干预和以家庭为中心的服务能够有效促进儿童的认知和社会情感的发展，并为入学做好准备。对父母及家庭其他看护人进行儿童营养和护理等方面的指导，有助于引导家长形成科学的教养方式，促进孩子身心健康发展，同时也提升家庭的幸福感。

实现早期儿童发展的良好的养育照护包含五项要素：良好的健康、充足的营养、回应性的照护、早期学习、儿童安全和保障。这五项要素正是《儿童早期发展全球培育性照护——帮助幼儿生存与成长、改进健康与人力资本的框架》（以下简称《框架》）中所提出的"培育性照护"理念的核心要求，满足这五项要素是实现科学养育、促进儿童早期发展的基础。《框架》对于这五项要素进行了详细说明与阐述。

---

① Bronfenbrenner U. *The Ecology of Human Development Experiments by Nature and Design* ［M］. Cambridge MA：Harvard University Press, 1999. 264-265.

② 孙梦瑶、邓猛：《生态系统理论视域下学前融合教育家园共育的路径探析》，《中国听力语言康复科学杂志》2023 年第 6 期。

一是保障儿童拥有良好的健康。父母要监控幼儿的身心状况，亲切而适当地回应幼儿的日常需求，保护幼儿免受家庭和环境危害，养成尽量避免感染的卫生习惯，主动接受促进性和预防性卫生服务，以使儿童疾病得到治疗和护理等，做到这些的重要前提是父母和照护者要身心健康。二是保证儿童的营养充足，包括胎儿期与婴幼儿期的营养。孕期女性的营养会影响其自身的健康和情绪感受，以及胎儿的营养和生长。从6个月起，幼儿需要足够频繁和多样化地添加辅食，除了母乳之外，还需要微量营养素，以促进其身体和大脑的快速发育。如果儿童的日常饮食无法支持其健康成长，则需要补充微量营养素以改善营养不良。三是回应性照护。回应性照护是指照护者观察儿童的动作、声音、姿态和口头要求并做出适当的回应。回应性照护是保护儿童免受伤害、辨识和应对其疾病、丰富幼儿的学习、建立信任和社交关系的基础。语言交流无疑是非常关键的，即使在幼儿学会说话之前，照护者也应尽可能通过拥抱、眼神接触、微笑、发声和手势来沟通交流表达。这些社交互动会刺激其大脑内部的联系，促进婴幼儿大脑的健康发展。四是提供早期学习的机会。学习是人类的内在机制，它能确保我们成功地适应不断变化的环境。在最初几年，早期儿童的技能和能力是通过人际交往获得的；他们通过微笑和眼神交流，谈话和唱歌，挥手再见等示范、模仿和简单的游戏等，与他人产生关系。把玩常见的家居用品可以帮助儿童了解物体的感觉、质量和用途。即便是照护者在喂养、洗浴和做家务时与儿童的互动，也有助于儿童了解他人。五是保障儿童的安全。婴幼儿是脆弱的，一方面，他们容易遭受被忽视和暴力导致的意外危险、身体痛苦和情绪压力；另一方面，也容易受到环境中的污染、毒素等因素的侵害。这些照护不足导致的危险与压力，以及毒素和污染物会损害儿童早期的大脑，影响其认知、在学校的表现和社交及情绪情感行为，并可能导致其智力残障。我们必须致力于创造健康、绿色的环境，才能确保幼儿以最佳的方式成长。①

---

① 陈学锋：《我国培育性照护发展的对策建议——〈儿童早期发展全球培育性照护——帮助幼儿生存与成长、改进健康与人力资本的框架〉对我国早期儿童发展的启示》，《早期儿童发展》2021年第1期。

（二）国内外早期家庭养育支持模式研究

2019年5月，《国务院办公厅关于促进3岁以下婴幼儿照护服务发展的指导意见》印发，明确婴幼儿照护服务发展以"家庭为主，托育补充"为基本原则，家庭对婴幼儿照护负主体责任[1]，发展婴幼儿照护服务的重点是为家庭提供科学养育指导。

在国际社会中，为了缓解家庭的生育养育压力，许多高福利国家制定了较为完善的婴幼儿照护服务家庭支持体系，政府发挥主导作用，通过政策倾斜、福利供给、机构养育、家庭指导等多种形式为家庭提供支持。瑞典对家庭和儿童提供了大量的政策支持和福利供给，通过父母保险、儿童津贴、家庭津贴、各种医疗保险和福利服务来支持家庭更好地开展婴幼儿照护。[2] 根据莱特纳（Leitner）的四种家庭主义类型[3]，瑞典实行选择性家庭主义，即国家既强调家庭照护的重要性，支持家庭开发其育儿潜能，同时也会提供一些公共服务的选择以减轻家庭育儿压力，例如提供公共托育服务，照护者可以在外出就业与居家照顾儿童之间选择[4]。瑞典的家庭养育支持模式具有家庭化和去家庭化的特征。[5] 一方面，政府积极为家庭提供质优价廉的婴幼儿托育服务。另一方面，政府支持家庭承担育儿责任，为其提供政策、经济、时间上的支持。

美国在推动托儿机构建设的同时，也注重加强对儿童父母的支持，通过为家长提供亲职教育和辅导来改善儿童的福利。开设"国家儿童保育信息中心"，使家长在社区内便可以获得儿童保育的信息。美国的家庭支持服务

---

[1] 国务院办公厅：《国务院办公厅关于促进3岁以下婴幼儿照护服务发展的指导意见》，https：//www. gov. cn/zhengce/content/2019-05/09/content_ 5389983. htm。

[2] 何玲：《瑞典儿童福利模式及发展趋势研议》，《中国青年研究》2009年第2期。

[3] Leitner S. "Varieties of Familialism: The Caring Function of the Family in Comparative Perspective". [J]. *European Societies*，2003，（4）：353-375.

[4] 杨琳琳、周进萍：《德国、瑞典、日本和英国普惠托育支持模式探析》，《成都师范学院学报》2023年第10期。

[5] 张春艳、蔡迎旗：《瑞典0~3岁婴幼儿家庭支持政策及其启示》，《幼儿教育》（教育科学版）2020年第11期。

采取了一种以早期预防为重点的模式，即在问题发生之前就为家庭提供支持，通过提高家长的育儿能力来确保儿童的健康成长。[①] 家庭支持服务通过家庭资源中心（Family Resources Center）进行，为家长和孩子提供游戏和活动的场地。家长可以在家庭资源中心学到育儿的知识和技能。[②]

日本推广休息日保育、临时保育、夜间保育等模式，以达到"将等待入托儿童降为零的战役"的目的。[③] 韩国设立岗位托儿制度、家庭寄养中心以及其他提供全天性和临时性儿童照料服务的机构。新加坡的家庭养育支持体系包括为育龄家庭提供启动津贴、社区关怀基金、学生照顾津贴、幼儿园学费援助计划和课后儿童俱乐部等。[④] 德国政府鼓励家长自己开设管理儿童保育中心，且给予公共财政资助。

近年来，在党和国家的关心和重视下，我国婴幼儿照护服务迎来快速发展期。全国各地也在积极探索构建婴幼儿照护服务支持模式，不断加大政策保障，尝试通过财政补贴、购买服务等措施，鼓励和引导社会力量着力构建主体多元、优质普惠的托育服务体系，为家庭提供全日托、半日托、计时托、临时托、夜间托、家庭托等形式的托育服务，探索机构办托、幼儿园办托、社区办托、用人单位办托等多元模式，多措并举推进托育服务健康发展，加快构建普惠安全的托育服务体系，破解家庭无人照护的困境，缓解家庭生育养育压力。此外，基于0~3岁婴幼儿生长发育的特点，医育结合模式也是新时代托育服务路径的有益探索之一。通过妇幼保健机构办托、打造社区儿童健康管理中心等途径，为0~3岁婴幼儿家长科学育儿提供孕前孕期保健、儿童生长发育监测、体格检查、常见病防治、预防保健等内容的公益性、普惠性服务。

上海市在全国较早地启动了建立"以社区为基础、面向家庭、体现公

① 何芳：《美国家庭支持服务育儿模式之审视》，《比较教育研究》2016年第7期。

② Robert Chamberlin. "Preventing Low Birth Weight, Child Abuse, and School Failure: the Need for Comprehensive, Community-wide Approaches." *Pediatrics in Review*, 1992, 13 (2): 64-1.

③ 刘霞：《国外托幼机构的发展概况及趋势》，《教育导刊（幼儿教育）》2000年第4期。

④ 汤兆云、邓红霞：《日本、韩国和新加坡家庭支持政策的经验及其启示》，《国外社会科学》2018年第2期。

益性、满足基本需求"的科学育儿指导服务体系，并启动免费培训（0~3岁婴幼儿家长及看护人）项目，在社区建立"妇女儿童家园"，为儿童提供早期教育和家庭亲子教育等服务①。中国计生协 2020 年启动"向日葵计划"，在全国建立 103 所"向日葵亲子小屋"，围绕基层实际和广大家庭需求，以小屋为依托，建立亲子服务辅导员队伍，通过家长课堂、亲子活动、入户走访等方式，传播科学养育知识，促进儿童早期发展。中国发展研究基金会实施的"慧育中国"项目，由经过培训的家访员为 6~36 月龄儿童家庭提供每周一次的入户养育指导。"养育未来"公益项目，针对农村欠发达地区 0~3 岁婴幼儿和家庭开展免费公益活动，通过在城乡社区建立养育中心和入户指导相结合，提供专业免费的养育指导服务，提高农村家长科学养育的认知和能力，促进儿童健康成长，为政府在农村贫困地区开展普惠性科学育儿指导服务提供参考和借鉴。

（三）研究述评

综上，可以看出各国政府日益重视儿童早期照护，通过政策倾斜、福利供给、机构养育、项目支持、家庭指导等多种形式为家庭提供养育支持，主要形式包括为家庭提供托育服务、亲子活动、妇幼保健服务和家庭育儿指导服务等，服务途径和服务内容丰富多样。但整体来看，不论是国内还是国外，为家庭提供育儿支持服务的资源相对零散，并未将各类资源进行有效整合。具体来说，托育机构很少会提供亲子活动、家长课堂或入户指导等家庭支持服务，而早教机构则很少会提供托育照护的服务。即使有，也只是初步探索融合的阶段，并未形成系统的家庭养育支持模式。

而受家庭结构和功能变化、育儿理念更新、生活工作压力增加等多种因素影响，家庭对婴幼儿早期发展重要性的认识在不断提高，传统的依靠家庭实现的婴幼儿照护正面临挑战，家庭对育儿支持和指导的需求日益迫切。从已有研究来看，家庭对于婴幼儿的养育需求主要集中在对机构养育和托育服

---

① 孙艳艳：《0—3 岁儿童早期发展家庭政策与公共服务探索》，《社会科学》2015 年第 10 期。

务的需求，对科学育儿知识普及和指导的需求[①]，以及对普惠政策和加大公共托育服务投入的需求[②③]。在当前家庭养育支持需求旺盛，但外部育儿支持不足的情况下，会在很大程度上增加家庭的育儿压力，或成为阻碍生育意愿的重要因素[④]。在新的时代背景下，为切实解决婴幼儿照护服务"刚需"难题，需要尽快从家庭的实际困境和需求出发，推动实现幼有所育。基于此，本研究提出构建"以儿童为中心、以家庭为基础"的一站式家庭养育支持实践模式，旨在有效整合各类婴幼儿照护资源，为家庭育儿提供系统化的支持，以满足家庭多样化的照护需求。

三　基于本土实践的家庭养育支持实践模式探索

2002年5月，为了更好地促进我国儿童的早期发展，中国儿童中心与联合国儿童基金会合作开展"小脚印"儿童早期发展项目，通过为儿童提供活动、游戏的场所，为家长提供交流、咨询的平台，支持家庭科学育儿。项目自落地之日起，就在全国多个省份试点并推广。通过实践探索、学术研究、交流讨论等多种形式的科研活动，中心整合国内外优质儿童早期发展资源，不断总结国内外的先进理念与经验做法，并指导各地因地制宜地为当地居民提供早期养育服务。

随着我国生育政策调整，"儿童生命最初1000天"受到更大程度的重视，2019年中国儿童中心创立了专注于服务3岁以下儿童及家庭的"家庭养护支持中心"（以下简称"中心"），并逐渐探索出"以儿童为中心，以家庭为基础"的一站式儿童早期家庭养育支持实践模式。

① 任丽晓、王海英、张更立：《0~3岁婴幼儿家长养育需求研究——基于6143份样本的实证调查》，《早期儿童发展》2023年第2期。
② 孙博文：《0-3岁婴幼儿家庭养育需求研究》，山西师范大学硕士学位论文，2020。
③ 张苹、茅倬彦：《上海市社区0~3岁婴幼儿家庭养育模式与需求的调查》，《中国妇幼保健》2017年第18期。
④ 洪秀敏、朱文婷：《全面两孩政策下婴幼儿照护家庭支持体系的构建——基于育儿压力、母职困境与社会支持的调查分析》，《教育学报》2020年第1期。

（一）以家庭为基础

家庭是婴幼儿成长的第一环境，家长是婴幼儿的第一任教师，提供家庭养育支持，其核心是促进婴幼儿的健康发展，其途径是改善与婴幼儿健康成长息息相关的家庭养育环境质量，其关键因素是帮助家长树立科学的养育理念，使其掌握科学的育儿方法。围绕0~3岁婴幼儿健康发展及家庭照护突出的"无养育方法""无人照护""无育儿指导"等"三无"问题，坚持科学育儿指导与服务并重，积极打造集亲子活动、托育服务、入户指导、社区公益活动、智慧家长工作坊于一体的一站式家庭养护支持服务，让家庭照护问题在"家门口"就能全部解决，减轻家庭照护的负担和压力，提高家长科学育儿的能力与水平。

1.针对"无养育方法"开展亲子活动

针对"无养育方法"开展1.5~3岁亲子活动，通过示范课、针对性指导等方式提升家庭育儿水平。服务结合婴幼儿生长发育的特点及需求，从婴幼儿的健康、营养、回应性照护、早期学习和安全保障五个领域出发，设计贴近生活、贴近自然的综合性亲子互动课程，通过亲子活动指导家长科学育儿，家庭通过观察和互动体验，将课堂上掌握的科学育儿方法运用到日常生活照护中，有效地促进家长育儿主体责任的高质量落实。目前，中心针对不同年龄段的发展特点开设有"亲子共育成长""亲子共创探索""亲子共享养成""入园过渡成长班"多类班级。

2.针对"无人照护"提供托育服务

针对"无人照护"提供全日制、半日制托育服务，在科学照护中，培养婴幼儿良好的习惯、积极的情绪、健康的体魄。自2019年起，中心开始探索2~3岁儿童全日托服务。近年来，中心创造条件增加托位，截至2023年可提供近100个托位，满足周边家庭的需求，有效落实了国家"幼有所育"的政策。中心的托育服务坚持"爱在开端，综合发展"的照护理念，一日生活中渗透养中有教、教中有养的理念，形成了科学、规范的幼儿一日生活作息，开展包括入园过渡、生活教育、音乐随想、美工操作、绘本阅

读、自然教育、劳动教育等常规课程和特色课程，提供了家庭式、科学化的养育支持服务。

3. 针对"无育儿指导"提供社区咨询

针对"无育儿指导"的问题，中心与社区合作，走进家庭、走进周边社区，通过入户一对一指导，开展小组游戏、小型家长工作坊，整合专家力量为家长答疑解惑，为家庭提供育儿支持。中心通过线上、线下的方式为周边家庭提供指导服务，每年举办 6~8 次家长工作坊，为上百人次提供家长咨询、指导服务。

经过近 5 年的探索，家庭养护支持中心已逐步成长为集小时制亲子服务、全日制托育服务、家庭育儿指导服务等多元形式于一体的"一站式"服务平台，解决家长急难愁盼问题，实现了"幼有所育"。

（二）以儿童为中心

结合儿童的发展特点，满足儿童的发展需求，促进儿童的健康成长，是家庭养育的核心，也是家庭养育支持的重点。对于儿童的早期而言，爱与依恋关系，是其早期成长发展的心理基础和基本需求；渴求自主发展，是其自我意识萌发的需求和能力表现；全面发展是其奠基阶段的重要任务。以儿童为中心，就是要以爱为基础，多元途径支持幼儿全面发展的同时，满足其个性化发展的需要。

1. 提供以爱为前提的回应性照护

家庭养护支持中心结合培育性照护框架，为儿童提供早期学习的机会。托育班根据幼儿发展特点安排一日生活，并将流程以幼儿能够看懂的图文（照片）形式张贴在班级内，让幼儿心中有数；为了应对入托过渡，专门设置了新生过渡期安排，从家长陪同到独立入托、从半日生活到一日生活，让幼儿逐步适应环境，此外，还有插班生日程安排，以及幼儿的个性化护理（如稍微延长午睡时间）。回应性照护体现在工作中的方方面面，保育人员通过语言、动作、表情观察和回应幼儿，重视与幼儿一对一的互动，帮助他们健康快乐成长。通过撰写幼儿学习故事，将幼儿成长的"哇"时刻、保育人员的思考以及支持策略记录下来，作为教研的内容，也作为观察支持幼儿成长的重要手段。

亲子班作为家庭科学育儿指导的重要阵地，力图增强家长"爱"的能力，提高家长的回应性照护水平。亲子班通过一对一的亲子互动观察了解家长回应性照护现状，通过家长课堂与家长工作坊帮助家长改变育儿观念、增加育儿知识，通过亲子游戏与行为示范引导家长掌握有爱、有趣、有用的亲子互动方法，通过集体与个别相结合的亲子活动指导完善家长的回应性策略。帮助家长学会持续观察幼儿、正确解读幼儿、适当回应幼儿，照护以爱为前提，理解让爱不错位。

2. 创设儿童友好的支持性环境

2~3岁的幼儿通过环境探索和感知来认识世界。与成人不同，他们的自控能力还处于萌发阶段，无法对环境进行有效选择，因此创设适宜的环境对于这一阶段的幼儿来说尤为重要。中心力图创设"熟悉而有惊喜"的环境，熟悉是给予幼儿安全感，提供成长和发展的基础，而惊喜则是满足幼儿兴趣，符合个体发展的需要。

中心为幼儿提供8万余平方米的花园式户外活动空间。除了良好的自然采光和通风，班级内设有空调、地暖和新风系统。家具多为软包设计，班级内设有40℃恒温饮水机，水质经过质量检测合格；还有适于低龄幼儿的洗手台，与幼儿身高匹配的桌椅等。环境中配有充足数量、类别丰富的玩教具，区角中也有低结构材料和生活材料的投放。除了安全的、丰富的物质环境，创设温馨的精神环境对幼儿身心健康发展也起到重要作用。比如通过良好的师幼互动，或者拥抱等行为帮助幼儿感受到爱与尊重，满足幼儿的情感需求。

3. 贯彻儿童早期综合发展的理念

综合发展指的是针对0~3岁婴幼儿身心成长发育快速的特点，因地制宜创造舒适的环境，开展科学的综合性干预活动，使幼儿的体格、心理、认知、情感和社会性达到健康状态，并且包括教师对课程目标的全面支持，既包括儿童发展目标也包括家庭指导目标。儿童发展目标包括认知、能力、情感等维度。对儿童发展目标的支持需要重点关注两个方面的问题：一是关注课程

实施的外部环境，即关注儿童个体、家庭和社区对儿童发展的作用；二是关注课程涵盖的多元领域，即包括认知与健康、语言与表达、认知觉与感知觉发展、情绪与社会性、艺术启蒙与感知觉几大领域。反映在课程内容方面，主要表现为课程内容综合关注儿童自身发展、家庭养育困惑和外部环境经验。从这些方面来提取适宜的发展经验并组织成游戏提供给幼儿和家庭。反映在课程的目标与实施方面，课程聚焦儿童，也支持家庭，每次活动都是双目标，在课程的实施过程中，会因材施教对每个幼儿进行个别指导，也会对每个家长的教育理念以及行为方式进行指导，并为家庭提供科学有趣的游戏活动。

（三）基于本土实践的儿童早期家庭养育支持模式构建

基于中国儿童中心家庭养护支持中心的本土实践探索，本研究提出"以儿童为中心，以家庭为基础，以社区为依托"，构建一站式儿童早期家庭养育支持服务模式（见图1）。以儿童为中心是指服务要以促进儿童健康发展为目的，以家庭为基础是将家庭视为儿童健康成长的重要环境，以社区为依托则是在同一个文化、地域体系内为家庭提供便捷的服务，社区是家庭的重要支持系统。因此，这种模式是实现促进儿童早期高质量发展、赋能家庭养育能力提升、增强社区凝聚力的重要且有效的途径。具体如下。

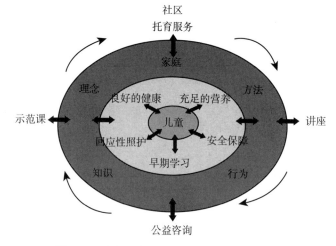

图1　一站式儿童早期家庭养育支持服务模式

在以上模式中，社区作为重要的社会支持供给体系，始终要满足儿童发展的需要，支持家庭的需求，提供多元的服务。常见的主要有讲座、示范课、托育服务及公益咨询。

讲座是一种传统的传播育儿理念的方式，主要是通过权威专家分享科学的育儿理念和知识，解决家庭育儿知识的盲点。在实践中，很多亲子活动中心开展的家庭课堂往往是这种形式。讲座的内容，首先，应该围绕婴幼儿发展的五个方面的知识，例如：如何科学喂养、如何促进婴幼儿早期认知的发展等；其次，应该围绕家庭育儿的常见问题开展有针对性的讲解，例如：围绕很多家庭有哄睡的困扰给予指导；再次，更应该宣传积极的养育理念，例如：鼓励父亲参与等。讲座的最大优点是权威性、普遍性、大众化，一次性能够面向很多的群体。当然，有时，为了增强讲座的针对性和互动性，也会有专门人群或主题的小型工作坊来弥补大型讲座的不足。

示范课主要是教师通过与婴幼儿的互动，手把手地将基于科学理念的育儿方法传递给家长的方式。在实践中，很多亲子活动中心是通过亲子活动的课程即教师带领6~12组幼儿和1名家长，根据幼儿的年龄特点，在设计好的课程框架下，借助一定的玩教具开展的教学活动，活动的过程中教师会示范给家长看，在幼儿对应的年龄段，家长应该为幼儿提供什么样的玩具，应该如何与幼儿互动。家长通过观察和互动体验，将课堂上掌握的科学育儿方法运用到日常生活照护中，有效提升了家庭育儿的水平。亲子活动的设计，需要教师始终将教学服务对象定位在幼儿和家长双主体身上。因此，课程的设计和引导，既要满足幼儿在某一年龄段成长发展的需要，通过游戏化、生活化、正向引导的方式来支持幼儿的发展；同时要达到帮助家长在"做中学"的效果，将育儿的理念、方法的讲解放进活动引导的话术中。亲子活动重在对家长的示范性，因此，其活动内容要包含幼儿发展的全领域，同时也要考虑家长育儿的难点。例如：有些亲子活动中心课程在结合婴幼儿生长发育的特点及需求的基础上，从婴幼儿的健康、营养、回应性照护、早期学习和安全保障五个领域出发，设计贴近生活、贴近自然的综合性亲子互动课程，同时也会将刷牙、挑食、"撒谎"、分离焦虑、与同伴相处等家庭常见

的"头疼"育儿问题转化为有趣的亲子活动，以更好地支持家长以游戏的方式轻松育儿。

托育服务是指在一定的时间内代替家长来开展婴幼的照护工作，以减轻家长因时间不足或家庭养育环境不理想的情况下的养育压力。在实践层面，托育机构主要开展临时托、半日托、全日托的托育服务。相较于全日制托育，临时托、半日托，提供给家庭代养时间较短，更多的是给家长提供喘息式的育儿服务。由于托管时间较短且相对不固定，这一类的服务应该更多针对家庭养育常见的短板，提供个性化、特色服务，例如：疫情防控期间，针对幼儿普遍户外运动不足、社交机会较少等问题，提供更专业的服务，以提升幼儿一日照护质量，补齐、补强专业要求较高的育儿部分，提升家长托管的效能感。全日制托育服务，更多的是为白天无人照养幼儿的家庭提供的代养服务。由于其提供服务周期长且固定，其对幼儿的健康成长发挥着家庭之外的最重要的作用。因此，托育服务应该完全按照幼儿的成长发展特点和需求，提供包含幼儿营养与喂养、睡眠、生活与卫生习惯、动作、语言、认知、情感与社会性在内的全部照护内容，同时始终贯穿回应性育儿和安全保障的服务。当然，通过与家长的密切沟通，形成一致的育儿理念，是机构支持家庭育儿的重要方式，也是家托合作形成最佳育儿方式的重要手段。

咨询一般是指一对一的家庭科学育儿服务，即一名专业工作人员服务一个家庭的服务模式。这种服务模式能够更加有针对性地解决家庭育儿的实际困难，其有效性更强。

随着我国家庭人口数量的减少，家庭对于育儿的质量更加关注和重视，也随之产生新的家庭育儿的误区与压力，需要相关机构给予更多专业的支持。在日常生活中，我们能够看到，家长的育儿需求常常是多元的、阶段性的，例如：对于新生儿家庭，家长更多需要喂养的一些知识，但随着幼儿成长到2岁左右，家长会因为不能很好地应对"幼儿的第一叛逆期"而苦恼；且家长的一个需求的满足，也可能需要多种途径的支持。例如：家长由于没有养育方法，觉得幼儿养育效果不理想，就把幼儿送到了专业托育机构，但实际上，要真正解决家长的育儿问题，应该是提升家长的育儿能力和水平，这就需要提供家长咨询、讲座和示范等多种方式，才能更好地解决。因此，本文提出的"以儿童为中心、以家庭为基础，以社区为依托"的家庭育儿支持模式，应该是结合家长的多元需求，提供集合了讲座、示范、代养、咨询等多种服务于一体的综合类服务。

这种综合类的服务育儿支持模式，对于家庭最大的优势是方便家长便捷地选择多元的服务内容和服务方式，一站式解决育儿难题；对于机构而言，能够更好地支持机构聚焦专业性发展，反哺家庭支持的效果，形成良性、可信赖的互动关系。

四　政策建议

家庭育儿支持，不仅仅需要一个个服务中心/机构为家庭提供综合、便捷、专业的一站式服务，更需要从社会层面编织一张完善的社会支持网络，保障所有的家庭在育儿的过程中能够得到及时、准确、有效的支持。结合我国家庭育儿支持的现状，本文提出以下政策建议。

（一）将家庭养育支持纳入我国基本公共服务，提供基础保障

将家庭养育支持纳入基本公共服务，一是加强政府顶层设计，立足家庭视角，建立健全家庭养育支持制度体系。建立以卫生健康委员会牵头，妇联、民政等部门共同参与的家庭养育支持工作机制，充分发挥各级妇幼保健、民政、妇联组织的组织优势和专业优势，深入开展各项家庭教育支持工作。二是推动构建多主体协同分担的家庭政策体系。进一步完善与家庭相关的社会保障和福利制度，将家庭的功能部分转移到政府和社会，如发展普惠性托育服务。三是提高财政支持力度。将婴幼儿家庭养育支持服务列入公共服务项目清单或专项财政经费支持，或在中央彩票公益金中专项列支，或以政府购买服务的方式进行支持，为其提供基本经费保障。同时，积极拓展经费来源渠道，形成政府主导、社会力量参与的家庭教育支持经费保障机制。

（二）以社区为基础，开展儿童友好环境建设，合理布局家庭养育支持服务点

受婴幼儿发展阶段养育特点的限制，家长带领幼儿出门多有不便，其接受服务的舒适范围在 15 分钟生活圈内，因此，建议开展社区嵌入式服务设施建设。具体而言，一是鼓励各地因地制宜推进小区活动场地、公园、道路等公共空间"适儿化"改造，将儿童优先理念融入城乡规划实际工作中。调动地方基层政府资源，综合利用现有的公共场所开设家庭养育支持点或者增设家庭养育支持服务；二是建议地方政府制定倾斜性政策，对于开展家庭养育支持服务的机构或者公益组织提供低价、免费的场地租赁；三是建议通过政府购买服务的方式，将已有的家庭养育支持点的服务纳入便民服务中。通过多元的途径，以社区为单位，合理布局家庭养育支持的服务点，让更多的家庭可以享受到在家门口的养育支持服务。

（三）多部门联动，加强专业资源共享，提供专业服务

家庭育儿支持的需求是多元化的，在现有的服务体系中，儿童的日常保健由妇幼保健院来提供，儿童的游戏发展多由社会机构或者一些公益组织提供，家庭的育儿咨询则散落在幼儿可能出现的多类场所里，因育儿产生的家庭纠纷由民政或者社区来解决。多场域的育儿支持，对于家庭问题的解决而言，常常是分散的，且会带来家庭的疲惫和不便感。因此，建议形成多部门联动资源对接、场地共享、信息共享，共同商议家庭支持策略和方式的机制，让专业性的服务流动起来、串联起来，加深各个专业就家庭育儿问题的深度交流与融合，以支持家庭得到更为专业、深入、及时、准确的育儿支持。

（四）开展全社会的宣传与动员，形成新时代科学育儿风尚

家庭养育的实践中，虽然家长普遍认识到儿童早期科学养育的重要性，但在具体的养育实践中仍然存在较大的理念和养育行为的差异，甚至冲突。

家庭养育的支持，应当营造一个全社会普遍认同的科学育儿的新风尚，为家庭开展科学育儿提供强有力的情感支持、理念支持、行为支持。一是从国家层面，充分利用家庭日的时间，开展社会的宣传和动员，传播科学育儿理念，传播良好家风，营造养育支持的氛围。二是各级政府和用人单位，应该将育儿支持纳入职工福利服务，通过发放福利补贴提供育儿假、哺乳假，开展家庭日等方式，支持良好家庭育儿氛围的创建。三是开展深入持久的家庭家教家风建设，弘扬先进的家庭文化，鼓励夫妻共担育儿责任，打破传统家庭分工的思维定式，构建和谐平等的现代家庭关系。

B.9
托育机构工作人员持续专业
发展现状的比较研究

李敏谊　崔雨芳*

摘　要：　做好托育机构工作人员持续专业发展或成为在老龄化和少子化的时代浪潮中行稳致远的解题之道。本研究通过国际国内两大视角透析，一是使用国际上首个以托育机构工作人员为主要调查对象的 TALIS 2018 强势开端调查项目的大型跨国数据库，聚焦德国、以色列和挪威三个国家，运用描述性分析对三国托育机构工作人员持续专业发展的现状进行剖析；二是择取具有代表性的两所托育机构，对不同角色的人员进行深度访谈。数据结果与研究结论表明，3 个经合组织国家托育机构工作人员持续专业发展采取线上与长期形式参与的较少，线下和短期形式仍是主流；在活动内容方面，参与促进儿童语言等传统领域发展活动较多，参与促进儿童科技等新兴领域发展活动较少；在活动需求方面，对于照护教育处境不利儿童活动的需求较强，对于儿童健康领域活动的需求较弱。我国托育机构工作人员持续专业发展以传统形式为主，呈现线上与线下相结合的模式，主题多样、内容丰富，需求集中体现在时间、形式和内容三大方面。此外，我国托育机构人员持续专业发展的问题主要体现在政府与机构两大层面。据此，本文提出我国托育机构工作人员持续专业发展改善的两方面建议：一是托育机构活动层面要合理安排时间、丰富活动形式、坚持需求导向，二是政府支持层面要加大资金补贴、政策指引与活动组织等方面的支持力度。

---

* 李敏谊，北京师范大学教育学部教授、博士研究生导师，主要研究方向为学前教育与国家发展、幼儿园教师持续专业发展及能力建设等；崔雨芳，中国儿童中心研究实习员，主要研究方向为儿童早期发展、家庭教育等。

关键词： 托育机构工作人员　持续专业发展　TALIS 2018 强势开端调查

全球范围内少子化和老龄化的情况愈演愈烈，面对生育率低迷的时代难题，高质量的托育服务（Child Care）体系建设成为其中一个破题之道，而高质量的托育服务急需高素质人才队伍建设。托育机构工作人员的持续专业发展（Continuing Professional Development，CPD）不仅能够通过影响人员留职率从而影响托育服务的结构性质量，还能够影响托育服务的过程性质量，其重要性引起了全球范围内的关注，这点可从目前国际上有关托育服务影响最大的经济合作与发展组织（Organisation for Economic Co-operation and Development，以下简称"经合组织"）系列跨国调研——强势开端项目的议题变迁中窥见一斑。强势开端项目自 1998 年创始至今，关注重点应时而变，由对幼小衔接的关注转移至聚焦早期教育的投资回报再到如今对于包括托育机构工作人员专业发展在内的托育服务关键指标的重视，表明托育机构工作人员持续专业发展已成为当今时代托育服务发展不可或缺的重要环节。而若要采取措施助推托育机构工作人员持续专业发展，则首先要明晰持续专业发展的现状及趋势，纵览以往文献，可以从形式、内容及需求三大维度对专业发展的现状进行深入剖析。

本研究聚焦托育机构工作人员持续专业发展的形式、内容与需求等现状，一方面，放眼寰宇，在数据上使用国际上第一个以托育机构工作人员为主要调查对象的大型跨国数据库——TALIS 2018 强势开端调查项目中针对 3 岁以下儿童开展托育服务的工作人员数据进行二次分析。本研究选取 TALIS 2018 强势开端调查项目中托育服务处于国际领先水平的德国、以色列和挪威三个国家进行深入分析，这三个国家不仅儿童入托率较高，而且在托育事业上的投资也位于经合组织国家前列，[①] 均为具有模范性与代表性的托育事业蓬勃发展的国家。除共有的先进性外，三国还各自呈现一定的特性，已有

---

① OECD, Education at A Glance 2019, https://www.oecd-ilibrary.org/education/education-at-a-glance-2020_69096873-en, 2023 年 5 月 9 日。

研究表明托育服务治理模式会对人员持续专业发展产生深刻影响，因此从托育服务治理模式角度来看，挪威为托育一体化的典型代表，以色列具有托育分离的显著特点，德国则是混合多元模式的典例。[①] 总的来看，本研究所选用的这三个国家既存在先进性层面上的共性，又表现出托育服务治理模式方面的丰富性，取样具有较强的代表性。

另一方面，聚焦国内，本研究择取国内较有代表性的托育机构的人员进行访谈，深入探析当前我国托育机构人员持续专业发展的现状及问题，并进行总结和反思，最后结合国际趋势进行综合讨论，试图为改善我国托育机构人员持续专业发展提供建议。

一 TALIS 2018强势开端调查项目主要数据结果

（一）三国托育机构工作人员基本信息

三国托育机构工作人员的背景信息详见表1：在性别上，女性的比例远高于男性，三国托育机构工作人员女性的占比均高于94%，男性的比例均低于6%。挪威的托育机构工作人员男性整体占比在三国中相对较高，为5.86%，以色列托育机构中男性工作人员仅有一人，占比为0.09%。最高学历方面，德国托育机构工作人员为本科或同等学力的占比（82.52%）高于本科以下学历（17.48%），托育分离的典型代表国家以色列的托育人员本科以下学历的占比（88.91%）则远高于本科或同等学力（11.09%），挪威本科以下学历与本科或同等学力的占比几乎持平。在工作角色维度上，德国和以色列托育机构工作人员中的教师占比高于助手，挪威托育机构中的助手占比略高于教师。

---

① 范昕、李敏谊、叶品：《托育服务治理模式国际比较及中国路径选择》，《比较教育研究》2021年第1期。

表1　三国托育机构工作人员性别、最高学历、工作角色的描述性分析

单位：人，%

国家	性别		最高学历		工作角色		
	男	女	本科以下学历	本科或同等学力	教师	助手	其他
德国	38(3.25)	1133(96.75)	151(17.48)	713(82.52)	439(46.80)	327(34.86)	172(18.34)
以色列	1(0.09)	1112(99.91)	882(88.91)	110(11.09)	782(77.27)	5(0.49)	225(22.23)
挪威	55(5.86)	883(94.14)	371(47.81)	405(52.19)	388(45.17)	442(51.46)	29(3.38)

（二）三国托育机构工作人员持续专业发展现状的描述性分析

1. 形式：线上与长期形式参与较少，线下和短期形式仍是主流

三国托育机构工作人员参与持续专业发展形式的具体数据详见表2。总的来看，三国托育机构工作人员参与最多的持续专业发展形式为"线下课程/讨论会"（47%~88%），其次为"外部人员来园进行现场指导"（35%~60%）以及"托育人员或专家介绍其研究发现或者讨论相关议题的学术会议"（33%~46%）。三国总体参与较少的形式分别为"线上课程/研讨会"（3%~11%）与"资质提升项目（例如学位课程）"（7%~15%）。

表2　三国托育机构工作人员参与持续专业发展形式的描述性分析

单位：%

形式	德国	以色列	挪威
线下课程/研讨会	47	57	88
线上课程/研讨会	3	11	11
托育人员或专家介绍其研究发现或者讨论相关议题的学术会议	33	34	46
资质提升项目（例如学位课程）	7	8	15
观察访问其他托育机构	26	21	14
作为正式安排的一部分的同伴和/或自我观察和指导	14	31	37
外部人员来园进行现场指导	38	60	35
参与从事托育服务的专业人员网络	20	30	30
入职培训或指导	13	55	9

2.内容：参与促进儿童语言等传统领域发展活动较多，参与促进儿童科技等新兴领域发展活动较少

三国托育机构工作人员参与持续专业发展内容的具体数据详见表3。德国托育机构工作人员参与较多的为与儿童发展有关的内容（66%）、与父母等监护人交流合作（49%），参与较少的为促进儿童数学/算术学习（13%）、促进儿童科学和技术学习（17%）、照顾教育特殊需要儿童。挪威托育机构工作人员参与较多的内容与德国大体一致，参与较少的为班级/游戏小组/团体的管理（27%）、促进儿童数学/算术学习（29%）与促进儿童艺术学习（29%）。以色列托育机构工作人员参与较多的为与儿童发展有关的内容（81%）、促进儿童游戏化学习（80%），托育机构工作人员参与促进儿童数学/算术学习（21%）与促进儿童科学和技术学习（13%）较少。

总体看来，三国托育机构工作人员在与儿童发展有关的内容（66%~81%）、监测/记录儿童发展、福祉和学习情况（48%~63%）、促进儿童读写和口语学习（35%~60%）与促进儿童游戏化学习（38%~80%）等维度的参与比例较高，参与较少的维度为促进儿童数学/算术学习（13%~29%）与促进儿童科学和技术学习（13%~34%）等。

表3　三国托育机构工作人员参与持续专业发展内容维度的描述性分析

单位：%

内容维度	德国	以色列	挪威
与儿童发展有关的内容（例如社会情感、运动、认知或自我调节）	66	81	76
与儿童健康或个人照护有关的内容（例如卫生）	36	72	39
促进儿童游戏化学习	38	80	55
促进儿童创造力和解决问题的能力发展	44	77	55
与父母等监护人交流合作	49	48	44
学习托育服务的有关理论	21	59	33
促进儿童读写和口语学习	35	40	60
促进儿童数学/算术学习	13	21	29
促进儿童科学和技术学习	17	13	34
促进儿童艺术学习	25	35	29

续表

内容维度	德国	以色列	挪威
照护教育特殊需要儿童	17	22	30
班级/游戏小组/团队的管理	18	52	27
监测/记录儿童发展、福祉和学习情况	48	63	50
照护教育来自不同背景的儿童(例如多元文化、经济上处于不利地位、宗教)	23	35	34
照护教育母语非本地语的儿童	24	22	35

3. 需求: 对于照护教育处境不利儿童活动的需求较强, 对于儿童健康领域活动的需求较弱

三国托育机构工作人员在持续专业发展需求维度的具体数据详见表4。总的来看, 三国托育机构工作人员对于与儿童发展有关的内容(57%~61%)、促进儿童创造力和解决问题的能力发展(56%~60%)、照护教育特殊需要儿童(51%~71%)和照护教育母语非本地语的儿童(43%~64%)的需求较多, 对于与儿童健康或个人照护有关的内容的需求较少(23%~40%)。

表4 三国托育机构工作人员参与持续专业发展需求维度的描述性分析

单位: %

需求维度	德国	以色列	挪威
与儿童发展有关的内容(例如社会情感、运动、认知或自我调节)	57	61	61
与儿童健康或个人照护有关的内容(例如卫生)	23	40	25
促进儿童游戏化学习	41	51	42
促进儿童创造力和解决问题的能力发展	56	57	60
与父母等监护人交流合作	56	47	37
学习托育服务的有关理论	44	51	49
促进儿童读写和口语学习	46	50	63
促进儿童数学/算术学习	34	34	45
促进儿童科学和技术学习	38	36	47
促进儿童艺术学习	35	45	48
照护教育特殊需要儿童	55	51	71
班级/游戏小组/团队的管理	40	47	44
监测/记录儿童发展、福祉和学习情况	51	51	55
照护教育来自不同背景的儿童(例如多元文化、经济上处于不利地位、宗教)	43	40	61
照护教育母语非本地语的儿童	49	43	64

二 国内访谈结果

本研究选取我国中部地区人口大省 H 省省会 Z 市的两所办托时间长（办托时间均早于 2019 年）、规模较庞大、制度较健全、专业发展支持多的较有代表性的集团式连锁托育机构的 6 位管理人员、主配班教师进行深度访谈，以期从中窥见我国托育机构工作人员持续专业发展的现状（见表5、表6）。

表5 受访对象基本信息

机构性质	人员	工作角色	最高学历	专业	资格证书	教龄
Z 托育机构	D	Z 市总园长	本科	学前教育	学前教师资格证	26 年
	E	中班主班教师	大专	学前教育	学前教师资格证、保育员证、育婴师证	6 年
	F	大班配班教师	大专	早期教育	保育员证、育婴师证、早教资格证	3 年
M 托育机构	G	业务园长	非全日制本科在读	学前教育	学前教师资格证	6 年
	H	大班主班教师	大专	学前教育	早教资格证、学前教师资格证	6 年
	I	小班配班教师	大专	早期教育	早教资格证、保育员证	1 年

表6 两所托育机构工作人员持续专业发展活动的概况梳理

机构	频率	单次持续时间	参与人员	活动形式	活动内容
Z 托育机构	每周四开展线上活动	一个小时	集团所有人员	线上课程	十大主题
	每周一开展教研活动	四十分钟到一个小时	本机构所有人员	线下课程、讨论会	
	每月一次开展大型线下活动	半天左右	Z 市本集团所有机构的人员	线下课程、讨论会	
M 托育机构	每月两次开展线上活动	半个小时左右	Z 市本集团所有机构的人员	线上课程	一日流程、五大领域等
	每周一次开展教研活动	四十分钟到一个小时	本机构所有人员	线下课程、讨论会	

（一）形式：线上与线下相结合，以传统形式为主

两所机构几乎都采用了线上与线下相结合的持续专业发展活动模式。在设有常态化的线上和线下活动的同时，两所机构的受访人员强调机构内部还会有不定期的线下培训或者指导活动，若管理人员在日常观察中发现托育人员存在错漏之处或者托育人员自己在教育教学工作中遇见了一些难题，会主动找到管理者沟通，要求开展相应的持续专业发展活动。两所机构所采用的持续专业发展活动的形式依然是传统的以上课为主的课程培训以及研讨会。一些受访者也提到机构会不定期地邀请一些专家来园进行现场指导，但更多的还是本园的园长或者其他管理人员直接对教师的行为进行现场指导。此外，Z托育机构的人员提到园所鼓励员工考取更多的资格证书、提升自己的学历水平，甚至曾统一组织员工参加育婴师证、保育师证、早教资格证等相关证书的培训课程。

（二）内容：主题多样，内容丰富

两所托育机构的持续专业发展活动内容比较丰富多样，涵盖了托育服务的不同领域，也呈现一定的共性。六个受访对象都谈到的持续专业发展活动主题包括儿童早期发展、儿童卫生健康、根植于儿童五大领域成长的课程设置和开展、与家长进行交流与合作、一日流程的开展等，这些领域与儿童发展密切相关。而如何改善招生情况、开展环境创设、保障儿童安全和学习相关政策规范也是受访人员提及比较多的持续专业发展内容，其中多数受访对象（尤其是两位园长）都强调了招生培训的重要性。此外，也有受访者表示，教师的师德师风建设、职业规划和岗位职责、教师行为准则与礼仪、观察评价儿童等也是持续专业发展活动曾出现的主题内容。

"我们机构有十大培训主题，分别是政策规范、职业规划和岗位职责、招生营销、园务管理、环境创设、人员专业素养（包括生活照料、儿童语言认知、动作、情感与社会性发展等知识）、一日流程工作细

则、观察评价、与家长沟通交流、教研。"（访谈人员 D，Z 机构园长）

课程往往围绕着五大领域发展开设，且会根据儿童月龄进行调整。两所机构对于儿童年龄段的划分并不完全一致，总体而言，针对年龄较小的孩子（通常是一岁或者一岁半以下），机构课程较为强调基础生活习惯的养成以及一些基本的认知及社会性发展，针对年龄较大的孩子，机构对课程则设置了更高的目标，导致不同班级类型的教师接受有关课程开展方面的培训时也会有所差别。举例来说，M 托育机构一岁半以下的托育课程强调的是儿童基本的生活照护以及基础生活习惯的养成，因此该机构小班教师在课程方面的持续专业发展活动是和中班以及大班教师分开的，机构会请专家对小班教师开展一岁半以下儿童养育照护的专题培训。

"我们的课程是按照年龄阶段来划分的，就比如说一岁到一岁半的课程的话，他们上的就是他们那个年龄段的课，我们班孩子主要是三岁到三岁半的，我们上的就是我们这个年龄段的课……所以我们不同班级的老师在课程培训这块也不一样。"（访谈人员 F，Z 机构大班配班教师）

（三）需求：集中体现在时间、形式和内容三大方面

受访者对于持续专业发展的需求主要集中在时间、形式和内容三大方面。

时间方面，有 4 位受访者强调希望持续专业发展活动能够安排在工作日中午或者是工作日的空闲时间，不希望持续专业发展活动在周末或者工作日下班后开展，因为这样会挤占自身的休息时间。在活动开展频率方面，只有 1 位受访者表示需要提高活动开展的频率，余下的受访者都表示现有的频率已经足够满足需求，太多的持续专业发展活动会给员工带来更多的工作压力与负担。

形式方面，多数受访者都提到了希望能够采用线下的方式开展持续专业发展活动，5 位受访者重点强调了理论学习与线下实操相结合的重要性，也有几位受访者谈到希望能够通过观看其他教师如何开展教学、吸引儿童的方式进行观摩学习，通过线下研讨会等形式开展互动交流，尤其是 Z 托育机构的园长表示希望政府出面组织人员前往省内外优秀机构参观学习、交流沟通。

内容方面，6 位受访者提到希望根据教师面临的现实问题以及教师自身需求制定持续专业发展活动内容，强调了希望培训内容能够更具实操性，帮助教师切实改善实际行为。提及较多的具体领域有与家长沟通交流、组织吸引儿童积极参与的活动、妥善完成一日流程的方式方法、五大领域的教学法、儿童健康与儿童发展的知识等。需注意，教师所面临的教育教学难题以及教师的持续专业发展需求并不是一成不变的，而是因时因事而变。本研究访谈时间集中在 2023 年 3~4 月，正处于春季传染病的高发期，因此有 4 位受访者都不约而同地谈到了近期需要开展一些有关春季传染病预防以及应对的持续专业发展活动。

"形式的话，我可能还是会希望开展更多的线下活动，尤其是理论学习之后最好有个实操的环节，这样能够帮助我们真正学会这些知识……内容方面嘛，感觉能够真正帮助我们解决面临的问题更好……"（访谈人员 F，Z 机构大班配班教师）

（四）托育机构工作人员持续专业发展存在的问题

尽管从前文中可以看出两所托育机构能够每月，甚至每周定期开办持续专业发展活动，且持续专业发展活动的内容涵盖了许多领域，较为多样，能够帮助托育机构工作人员提升多方面的专业能力与水平。但是，访谈中发现当前托育机构工作人员在持续专业发展活动方面还存在一些问题。

1. 机构层面：活动时间安排不合理、形式较单一、内容与人员需求错位

本研究发现当前托育机构工作人员持续专业发展活动在时间、形式和内容维度上依然存在时间安排不合理、形式较单一、内容与人员需求错位等问题。

时间方面，访谈中发现 Z 托育机构存在有时把持续专业发展活动设置在周末的情况，M 机构则会把持续专业发展活动放置在工作日下班后，这种行为都会或多或少地挤压托育机构工作人员的正常休息时间，增加人员的工作压力。

"（持续专业发展活动）正常时间有，周末也有……"（访谈人员 E，Z 机构中班主班教师）

形式方面，上文中现状描述部分已经指出当前的托育机构工作人员持续专业发展活动形式依然是以传统的课程以及研讨会为主，形式较为单一。受访者均表示缺少前往其他机构参观学习等其他持续专业发展机会。6 名受访者表示除去课程和研讨会等传统形式之外的持续专业发展活动会优先向管理人员倾斜，主配班教师能够参加的基本只有传统课程和研讨会。

"政府偶尔会组织我们这些园长去 H 省其他做得好的机构参观学习、讨论交流……一般只有我们领导层能报名……这个人数通常都是有限制的……"（访谈人员 D，Z 机构园长）

内容方面，一些托育机构工作人员认为当前机构提供的持续专业发展活动内容与自身的实际需求产生了偏差。1 位受访者认为应当减少师德师风活动的开展，增添更多与托育服务直接相关的持续专业发展活动。但这并不意味着与师德师风相关的内容不重要，而是强调在设置持续专业发展活动内容时应当结合教师的实际需求，适当调整各个主题内容在持续专业发展活动中的比例。

需求方面，有个别受访者表示机构在开展持续专业发展活动之前并没有充分征求教师们的意见，仅是凭借园长等管理人员或者培训师自己的经验和观察制定持续专业发展活动主题。

> "开展（持续专业发展活动）之前没有问过我们的意见，一般就是园长或者教学主任他们自己就决定了……"（访谈人员 H，M 机构大班主班教师）

2. 政府层面：政府在资金补贴、政策指引和活动组织等方面支持力度不足

两位托育机构的园长表示目前开展的持续专业发展活动已经是机构凭借自身力量可以提供的最高标准的活动，他们认为当前最大的问题是缺乏政府的支持和引导，一是受三年新冠疫情以及新生儿数量减少等因素影响，托育机构面临"招生难"与"经营难"的双重压力，目前开展的持续专业发展活动都是由机构自己出资组织，缺乏政府相应的资金补贴；二是缺乏政府相关的政策指引，我国目前虽然出台了《托育机构保育人员培训大纲（试行）》（以下简称《大纲》）等一些事关托育机构人员持续专业发展的政策文件，但是政策文件与实地实践情况并不完全相同。托育机构园长表示，虽然目前他们的持续专业发展活动是按照相关政策文件要求开展的，但是机构自身无法"既当裁判又当运动员"，他们无法评判自己的活动是否真正符合国家要求，是否存在哪些需要改善之处，需要政府加强在此方面的指引；三是缺乏政府官方组织的持续专业发展活动，政府掌握着庞大的行政资源，既能够邀请到知名的专家学者开展持续专业发展活动，又能够协调各方资源，开展一些跨机构、跨地区的持续专业发展活动，且由政府主办持续专业发展活动不仅可以使流程更加规范，而且还能够减轻机构在此方面的开支压力。但是根据访谈情况，目前政府组织的托育机构工作人员的持续专业发展活动较少，只有两位园长表示曾参加过两三次政府组织的活动，其他人员均表示自己从未参与过任何政府组织的持续专业发展活动。

"现在我们这些（持续专业发展）活动都是机构自己出钱组织的……几年疫情的影响，加上现在新生儿数量下降比较多，所以我们现在招生和经营方面都有点困难，经济压力比较大，希望政府可以加大补贴力度……"（访谈人员 G，M 机构园长）

三　主要结论、讨论与建议

（一）经合组织国家与我国托育机构工作人员持续专业发展的共同趋势

实践中，发达国家与我国都以传统的课程或者研讨会等形式为主。德国平均为期 1～3 天的研讨会占托育机构工作人员持续专业发展活动总数的 85%，① 美国也将课程或研讨会视为持续专业发展的主要形式之一，② 这可能是因为课程或研讨会等集中教学方式效率较高，能够使更多的人员同时参与到持续专业发展活动当中。此外，线上与线下相结合的形式也是国内外持续专业发展活动的共性趋势之一，美国新罕布什尔州的专业发展指导方针也要求定期邀请专家对 K-12 阶段的教师开展线上与线下相结合的持续专业发展活动。③ 该类活动的益处在于可以兼顾线上的灵活性与线下的交流互动，各有所长、相互补充，协同推进托育机构工作人员参与持续专业发展。内容维度上，活动组织、儿童健康成长与语言发展是国内外共同关注的领域。活

---

① Baumeister, Katharina, Anna Grieser, Berufsbegleitende Fort-und Weiterbildung frühpädagogischer Fachkräfte-Analyse der Programmangebote, Deutsches Jugendinstitut eV Weiterbildungsinitiative Frühpädagogischer Fachkräfte（WiFF）, München, URL http：//www. weiterbildungsinitiative. de/uploads/media/Baumeister_ Grieser_ pdf. pdf（Zugriff 29. 02. 2012）（2011）.

② Zaslow, Martha, et al., Toward the Identification of Features of Effective Professional Development for Early Childhood Educators. Literature Review, Office of Planning, Evaluation and Policy Development, US Department of Education（2010）.

③ 陈法宝、曾杭丽：《让每一位教师都卓越——美国卓越教师计划的政策引领》，《现代教育管理》2019 年第 9 期。

动组织，尤其是游戏化活动组织是托育服务的重点内容，加强托育机构工作人员有关活动组织方面的专业发展，不仅能够帮助托育人员形成正确的教育观和游戏观，还能够培养托育人员良好的互动组织技能，组织高效有趣的儿童活动。[1] 促进儿童早期健康发展毋庸置疑是许多国家制定教育政策的重点所在，美国 2011 年颁布的"力争上游——早期学习挑战"（Race to the Top-Early Learning Challenge）项目强调重视托育机构工作人员在促进儿童学习与发展的知识与技能方面的持续专业发展，[2] 联合国儿童基金会更是将其列为目前自身几大重点任务之一。[3] 儿童语言发展不仅是我国学前"五大领域"的主要内容，也是《关于促进 3 岁以下婴幼儿照护服务的指导意见》所强调的重要发展领域，还是联合国儿童基金会设置的儿童早期发展指数的重要内容。需求维度上，经合组织与我国托育机构工作人员都强调了对于儿童发展主题的学习需求。

（二）我国托育机构工作人员持续专业发展的特有情况

在找出我国与经合组织等发达国家共性特征的同时，也要扎根中国大地，讲好中国故事，关注我国托育机构工作人员持续专业发展的特有情况。我国托育机构工作人员持续专业发展活动在内容上除了与发达国家相同的部分外，更强调招生营销的重要性。因为目前托育机构大多都面临着"招生难"的窘境与较大的生存压力。造成招生难的原因主要有以下几个：第一，新生儿数量减少的人口变化趋势；第二，当前我国家长对于托育机构的认识不足，认可度欠缺，送托意愿不强；第三，政府支持少，机构自身宣传渠道有限，宣传力量薄弱。[4] TALIS 2018 强势开端调查项目的需求维度只包含了

---

① 梅崇铁：《课程游戏化背景下幼儿园体育活动的开展》，《学前教育研究》2016 年第 8 期。
② 郭利婷、李晖、陈晓凤：《建构"以促进儿童发展为起点"的学前教师教育实践教学体系——基于中美学前教师教育的对比分析及启示》，《陕西学前师范学院学报》2022 年第 4 期。
③ 联合国儿童基金会：《儿童早期发展》，https：//www.unicef.cn/reports/early-childhood-development-ecd，最后检索时间：2023 年 4 月 30 日。
④ 王漾慧、柳江华：《当前我国民办托育机构面临的困境及其应对策略》，《学前教育研究》2022 年第 11 期。

内容需求，而多数文献认为需求包含了时间、内容、形式等多个方面。[①] 就需求层面而言，我国托育机构工作人员在时间上希望持续专业发展活动安排在工作日正常上班时间，这一发现符合以往研究结果，[②] 因为在正常工作时间开展活动可以减轻人员的压力，提高人员的参与率。[③] 形式层面的需求主要为开展更多可以面对面交流的、线下的持续专业发展活动，因为托育机构工作人员在线下活动中更容易获得反馈、支持和指导，有助于人员改进实践，从而提高儿童的发展水平。[④] 我国托育机构工作人员在内容层面的需求主要为能够解决自身实际问题，也即坚持需求导向，这点与经合组织一致。但在具体领域上我国托育人员还强调了对于与家长进行交流合作的活动的需要。一方面，家长是机构招生与经营的关键，和谐的家园关系是机构长期生存的基础；另一方面，托育机构工作人员和家长的沟通会影响家长的参与程度，而家长的参与程度又与儿童发展息息相关，[⑤] 这些都要求托育机构工作人员重视此方面的持续专业发展。

（三）改善我国托育机构工作人员持续专业发展状况的建议

1.托育机构活动层面：合理安排时间、丰富活动形式、坚持需求导向

第一，合理安排时间。尽量将持续专业发展活动安排在工作日的正常工作时段，不占用托育机构工作人员合理合法的休息时间，减轻人员工作压力。考虑到民办机构往往师资力量有限，在人员参与持续专业发展活动时无法找到足够的工作替代者，所以可以根据实际情况和人员意愿将活动适当安

① 董益帆：《学前教师培训现状与培训需求研究——以山东省青岛市为例》，《科教文汇》（上旬刊）2020 年第 10 期。

② 李冬妍：《Z 县农村幼儿教师培训需求研究》，云南财经大学硕士学位论文，2022。

③ Opfer, V. Darleen, and David Pedder, Conceptualizing Teacher Professional learning, *Review of Educational Research* 81. 3 (2011).

④ Pianta, Robert C. Teaching Children Well: New Evidence-Based Approaches to Teacher Professional Development and Training, *Center for American Progress* (2011).

⑤ Powell, Douglas R., et al., Changes in Parent Involvement Across the Transition from Public School Prekindergarten to First Grade and Children's Academic Outcomes, *The Elementary School Journal* 113. 2 (2012).

排在儿童午休时间，既不影响人员正常下班，又能够使人员专心参与持续专业发展活动。第二，线上与线下结合，丰富活动形式。线上与线下相结合的一个典型例子就是线上课程+线下研讨与指导，此种混合模式不仅能够优势互补、相辅相成，还能够用最小的成本带来最大的收益。[①] 此外还需丰富活动形式，活动形式单一、多以课程为主既是本研究的发现也是过往许多研究强调的共性问题，[②] 需要在实践中加以丰富和完善。具体而言，发达国家和我国托育机构工作人员都认可合作发展形式，尤其是合作发展中的观摩学习更是我国托育人员在访谈中强调的重要需求形式，这也与之前研究的结论契合。[③] 所以根据《大纲》的指示，为托育机构工作人员提供包括案例分析、返岗实践在内的线上与线下相结合、理论与实践共发展的多样化持续专业发展活动。第三，坚持需求导向设置活动内容，将教学法相关内容列为重点。坚持需求导向不仅是《大纲》等政策的要求，也是访谈中工作人员的呼声；不仅是本研究的发现，更是以往研究中反复强调的原则。[④] 持续专业发展活动的根本目的在于提高托育机构工作人员的专业素养和能力，因此需要聚焦人员在托育工作中面对的重点、难点问题，按需施教，切实提升托育机构工作人员专业水平。

2. 政府支持层面：加大资金补贴、政策指引与活动组织等方面的支持力度

第一，政府要加大对于托育机构工作人员持续专业发展的资金支持力度。2009～2011年瑞典实施托育机构工作人员培训计划，参加高校资质提升课程的托育机构工作人员可以继续领取正常工资的80%。美国威斯康星州的托育机构工作人员教育和补偿帮助计划（The Teacher Education and

---

① 平凡、刘丽娜、李珍珍：《天津市农村学前教师网络培训需求及对策研究》，《中国远程教育》2013年第1期。

② 洪秋芸、曾晓滢、虞永平：《我国幼儿园伦理氛围发展现状与差异分析》，《学前教育研究》2022年第10期。

③ 董益帆：《学前教师培训现状与培训需求研究——以山东省青岛市为例》，《科教文汇》（上旬刊）2020年第10期。

④ 肖林、郑智勇、宋乃庆：《嵌入性理论视域下乡村教师培训动力机制探赜》，《东北师大学报》（哲学社会科学版）2022年第4期。

Compensation Helps）通过奖学金等物质激励方式鼓励托育机构工作人员积极参与持续专业发展活动，从而推动了3/4的托育机构工作人员完成了托育课程的学习。[1] 我国托育机构工作人员在访谈中也着重指出受三年新冠疫情以及新生儿数量减少等人口趋势的影响，托育机构面临"招生难"与"经营难"的双重压力，目前参加的持续专业发展活动都由机构自己出资组织，急需政府的资金支持；第二，政府要加强对于托育机构工作人员持续专业发展的详细政策指引。英国政府设立了托育人员专业发展项目（Early Years Professional Status），不仅对于托育机构工作人员持续专业发展的培养目标、具体活动、资金资助、考核评价等进行了具体规定与引导，而且专门成立了儿童工作者发展委员会，该机构通过调研等方式，为托育机构工作人员制定专项的持续专业发展活动。[2] 虽然我国也针对托育机构工作人员持续专业发展制定了系列政策，但是缺乏对于托育机构自己组织的活动的具体指导，使得受访者存在"机构根据政策文件自己组织活动，但是不清楚活动到底组织得对不对、需要怎样改善"等疑虑，需要政府加强对托育机构自行组织的持续专业发展活动的具体指导；第三，政府多组织持续专业发展活动。德国1/5的持续专业发展活动都是由政府出面组织的，[3] 但是访谈中发现我国托育机构工作人员参与的持续专业发展活动几乎都由托育机构自己组织，缺少政府组织的持续专业发展活动。政府掌握着庞大的行政资源，既能够邀请到知名的专家学者开展持续专业发展活动，又能够协调各方资源，开展一些跨机构、跨地区的持续专业发展活动，且由政府主办持续专业发展活动不仅可使流程更加规范，而且还能够减轻机构在此部分的开支压力，所以政府应充分发挥自有资源，提供更多持续专业发展活动。

---

[1] Clarke, Chris, and M. Antonela, *Good Practice for Good Jobs in Early Childhood Education and Care*, OECD, Paris, France, 2019。

[2] 胡恒波、陈时见：《英国学前教师专业化改革的策略与基本经验》，《外国中小学教育》2013年第7期。

[3] Oberhuemer, Pamela and Inge Schreyer, *ECEC Workforce Profile*, *Early Childhood Workforce Profiles*（2017）：418.

B.10
儿童早期发展与暴力预防

李海澜*

摘　要：　本文从儿童早期发展的特点出发，将0~3岁儿童细分为婴儿期、学步儿童及学龄前儿童。详细阐述了儿童早期遭受暴力的类型（身体暴力、情绪暴力、疏忽照顾、性暴力、目睹暴力）、受暴原因以及儿童受暴对儿童心理健康的短期、中期、长期影响。发现目前中国儿童早期发展与暴力预防中存在认识欠缺、养育压力大、托育服务质量不高、儿童受暴具有隐蔽性、特殊儿童监护缺失、儿童暴力防治体系不健全等问题。在此基础上，本文针对0~3岁儿童发展与暴力预防提出建议，一是以家庭保护为第一位，采取积极养育方式；二是社会保护是重中之重，需要创造良好的社会环境；三是政府保护是关键，要加大对暴力预防的干预程度；四是网络保护刻不容缓，需要多方合力监管；五是司法保护仍需完善，做儿童保护工作的坚强后盾。

关键词：　儿童早期发展　暴力预防　儿童保护

前　言

近年来，我国在法律、政策及法规上不断强调儿童的生存权、发展权等，体现了儿童保护、儿童利益最大化的原则。儿童工作同时也取得了相对显著的成效。《"健康中国2030"规划纲要》对儿童的健康水平提出了要

---

* 李海澜，北京中科心理援助中心副秘书长，长期从事"儿童保护及反家庭暴力"工作。主要研究方向为儿童青少年创伤后应激障碍、儿童青少年校园受欺凌、儿童心理韧性培养及儿童受家暴、儿童网络保护。

求，让 2020 年婴儿死亡率由 7.5% 的比例下降到 2030 年 5.0% 的比例。此外，《关于促进 3 岁以下婴幼儿照护服务发展的指导意见》中要求全面发展儿童身体发育、动作发展、语言发展、认知发展、情感发展等，目标是使"照护服务的政策法规体系和标准规范体系基本健全，多元化、多样化、覆盖城乡的婴幼儿照护服务体系基本形成。"

2021 年《中国儿童发展纲要（2021—2030 年）》的发布，为接下来10 年的儿童工作确定了方向。《中国儿童发展纲要（2021—2030 年）》的数据监测显示，我国在儿童与健康、儿童与安全、儿童与教育、儿童与福利、儿童与家庭、儿童与环境以及儿童与法律保护这七大发展领域上获得显著成效。在儿童与健康方面，加强开展各阶段（婚前、孕前、孕中）的出生缺陷综合防治工作，可以从源头上对儿童的生理健康进行管理，提高了儿童的整体健康水平。3 岁以下儿童系统管理率在 2021 年就已经高达92.8%。此外，《中国儿童发展纲要（2021—2030 年）》对儿童的一些生长发育重点指标进行了全面加强监测、服务和管理。在儿童与安全方面，大力提倡儿童伤害防控的宣传教育工作，提升预防及救治能力，有效降低了儿童伤害死亡的发生率。强调了对孤儿、留守儿童、事实无人抚养儿童、残障儿童的关注及救助。在儿童与家庭方面，将逐步完善家庭教育指导服务体系的建设。

同时，"十四五"规划也明确提出，我国每千人口托位数将提高到 4.5个。在家庭育儿压力的重担之下，越来越多的家庭对 0~3 岁的儿童托育托管服务提出了迫切需求。我国 0~3 岁儿童在 2022 年已达 3200 万名。制定的《2030 年可持续发展议程》对于消除暴力侵害儿童行为有重要意义，提出"制止对儿童进行虐待、剥削、贩卖以及一切形式的暴力和酷刑"。

儿童早期发展是国家长期发展的基石，促进儿童身心健康已成为国际社会普遍共识。全面关注 0~3 岁儿童发展与暴力预防，完善儿童发展和儿童事业建设，探索"幼有所育"的新路径势在必行。本文从儿童早期发展与儿童暴力预防出发，通过分析儿童早期发展的特点来揭示儿童暴力预防的重要性及意义，以及如何做好儿童早期发展与暴力预防工作。

一　儿童早期发展

根据人类生长顺序，可以将 0～3 岁儿童细分为婴儿期、学步儿童及学龄前儿童。婴儿期是儿童从出生到可以学会自己安全行走的这个阶段。有的儿童不到 12 个月就学会了走路，有的儿童直到 1 岁半才会独立行走。0～18个月这个阶段，可以称之为婴儿期。学步儿童是指 15～18 个月到 24 个月或者 30 个月的儿童。学龄前儿童指 2～3 周岁到 6 周岁儿童。学步儿童和学龄前儿童可以被统称为童年早期。

以上是儿童早期的大致年龄划分。儿童早期发展具有个体差异，0～3岁儿童的大脑飞速发展，是成长发展的重要关键时期，跨度大、差异大、变化快，这些特点使儿童每个阶段的成长都没有明确的起止时间，前一个阶段的后期发展与下一个阶段的前期发展会有一些重叠。

（一）儿童早期发展特点

儿童的大脑具有很强的可塑性。儿童在刚出生时树突和突触都比较少。在 0 至 3 岁期间，大脑每天都会形成数百万个新联结。儿童早期发展在大肌肉运动、精细动作、认知、语言、情绪情感及人际交往上均显示出不同的阶段特点。

1. 动作发展特点

刚出生的儿童就可以用眼睛观察周围环境，出生 2～4 天后，就会将头转向声音发出的地方，出现用脚蹬踢动作。在手部运动上，2 个月的时候就会用手拿着东西放进嘴里。4 个月开始，儿童可以击打物体表面，发出响声，在下肢运动中，开始高抬两腿快乐蹬腿。在儿童 6 个月左右，大肌肉运动有了快速发展，陆续开始出现翻身、坐稳、爬行、站立行为。随着辅食添加、乳牙萌出、营养增加，儿童的动作能力大大增强，动作范围也不断扩大。手眼协调能力也有了很大的进步，7～8 个月已经可以抓握并拿起东西了。

大多数儿童在 12 个月左右，能平衡协调地学会独立行走，肢体更加协

调。在 9~18 个月学会行走都符合儿童发展特点。儿童在 16~18 个月肢体动作有了更大的发展，可以蹲下来捡东西，学会双脚交替上下楼。大多数 18~24 个月的儿童已经走稳并开始学跑。2~3 岁的儿童除了跑跳外，还会参与骑平衡车、三轮车及走平衡木、爬高等更有力量和挑战性的运动。在此期间，儿童的腰部、背部和颈部肌肉不断得到锻炼，各种感知觉得到刺激，对大脑前庭器官发育也有良好的促进作用。在手部精细动作上，儿童在 2 岁时，开始倾向于玩较为复杂的手工游戏活动，如拿剪刀、拧瓶盖、夹筷子。串珠、拼图、搭积木能力也有了很大的进步。2~3 岁的儿童开始更加独立，渐渐开始能够自己吃饭、上厕所以及穿衣服。活动范围更广，活动方式更加多样。

2. 认知发展特点

1~3 个月时，儿童对人脸、图画及图书会展现出极大的兴趣。3 个月以后，儿童具备了初步分辨简单形状的认知能力。1 岁以后的儿童可以认识颜色了，最开始记住的是红色。在形状分辨中，最初学会的是认圆形。在儿童 1 岁半的时候就可以认识三角形、正方形了，并且可以区分大、中、小的物品了。对于交通工具、常用物品、身体结构、动物植物、蔬菜水果等都能逐渐认识。可以感知 5 以内的数量变化及简单的因果关系。2~3 岁的儿童可以手口并用数到 5，甚至可以数到 30。对于其他事物也开始感兴趣，能区分出高矮、胖瘦、正反等两极反差。还会经常问"这是什么？"此外，这个阶段的儿童喜欢按照自己的理解方式做决定，去哪玩？穿什么衣服？开始有了思维和概念化的能力。

3. 语言发展特点

成熟和社会性发展共同奠定了儿童语言学习的基础。儿童在 5~11 个月的时候会出现语言的萌芽，会有意识地重复发出让自己感到快乐的声音，如常见的"bababa""mamama"。12 个月的儿童已经可以用词或者短语去指物品、人或者动物了。此阶段的儿童可以听懂简单的指令、要求并且会说出简单的语言。

通常在 20 个月左右，儿童会突然开口说话。可以用两个词组成的电报式语言来表达。在童谣、儿歌或者诗词中会接出最后的一个字，并且默默地学习大人的发音。对成人的模仿是儿童语言学习中的重要内容。儿童在此期间能说出自己的名字以及家长的名字。可以与成人进行简单的对话。2岁左右，儿童会进入一个"语言爆发期"，会完整背诵一些儿歌、诗词，说出一些复合句。能够用"我"来表达自己的思想，也逐渐学会了"你""我""他"的区分，能理解一些抽象概念了。通过提问来积极地参与到语言学习中。非照料人也可以听懂儿童2~3岁时期语言表达的意思了。

4. 情绪情感特点

儿童在很早的时候就会出现一些情绪，并且儿童的情绪是非常丰富的，除了兴奋以外，兴趣、高兴、生气和伤心这些情绪也是很常见的。10周左右的儿童就能表达出几种基本的情绪。如在儿童出生3个月内，就已经学会生气了。每个年龄阶段的儿童生气的表达方式不一样，如3个月内的儿童生气的时候会大哭，或者通过吸吮奶嘴和小手来进行自我安抚，获得快乐。儿童6个月以后，在听到别人叫自己名字时会注视或转头寻找声源，对于一些陌生的人，也会有害羞、拒绝的表现。而照料人通常认为儿童特别是婴幼儿是"不懂事的"，不会有情绪表现，通常会忽视儿童的情绪情感。如果仔细观察，任何一位照料人都可以发现，儿童的情绪是发展很快的。人类所有的基本情绪在两岁以前都已经出现。

5. 人际交往特点

在儿童3个月左右的时候，已经可以用微笑去回应照料人。在照料人唱歌时会表现愉悦。在6个月的时候，儿童可以对除了照料人以外的其他成年人或者同伴发出声音、微笑甚至是哈哈大笑。随着月龄增大，儿童在看到照料人生气时，也会表现出惊讶或者害怕，会停下手上的动作。12个月以后，在人际交往中，儿童会与同伴进行平行游戏，看着对方玩，或者各玩各的，互不打扰。18~24个月，儿童开始逐渐与同伴交往，可以联合起来一起做游戏，如奔跑、挖沙、随着音乐一起跳舞摇摆。2~3岁的儿童出现了合作游戏，会一起玩"厨房游戏""过家家"。在游戏活动中，也会扮演不同的角色，如医生、病人，并且会用一些物品代替实物，与同伴进

行交流并学会了分工合作。当然，这个阶段的儿童人际交往中，已经出现了争执与冲突。

（二）儿童早期发展的影响因素

1. 出生前的影响

儿童在胎儿早期的发育过程中便受到母亲的健康或营养状况的影响。母亲若在孕期感染了 HPV、梅毒等疾病或者长期接触了大量的致畸物，将会直接影响胎儿的发育，很可能会导致儿童出现先天性问题，或称"出生缺陷"。此外，遗传的基因作用也是不可改变的因素，对个体的外貌、生理、智力、情绪等有一定的影响。

2. 依恋与情感需要

儿童对父母的情感需要、心理需要就像儿童对食物、水和照料需要一样重要。儿童发展中的关键就是和他人形成信任和感情的联结。最初良好的依恋关系会在儿童成年之后通过与朋友、恋人的关系来体现。0~3岁儿童世界的中心以父母为主，父母教养的方式和质量都是非常重要的。通常来说，母亲对儿童所产生的影响最大，同时也是儿童最主要及最重要的照料者。事实上，父亲在儿童成长的过程中同样发挥着独特且不可替代的作用。这些经验决定了儿童能否在人际交往中信任他人，也决定了儿童未来适应周围环境的方法。如果在0~3岁，儿童感受自己被遗弃了，那么将难以与他人建立亲密关系，除非学习新的经验能够替代早期经历。儿童社会性发展的真正核心是建立在儿童与照料人之间的社会性依恋或亲密情感联结的基础上。

3. 生长环境的差异性

儿童对周围的环境并不是毫无察觉的。丰富的刺激及关爱的环境可以提高儿童能力或促进儿童发展。儿童在足够好的抱持性环境中，可以感到被关注、被重视，感到温暖、安全、自由。在这样的生长环境中，儿童有机会享受愉悦，就会得到促进和发展。相反，当环境严重贫乏，缺乏必要的刺激、健康的营养时，儿童可能会出现情感缺失、心理发展迟滞等问题。一些儿童长期处于受虐待及受暴的环境中，则会直接导致儿童的早期发展受限，出现情感淡漠、语言发展迟缓、运动能力低下甚至智力严重落后的情况。

二 儿童暴力预防

儿童早期的健康发展离不开对儿童暴力的预防。儿童受暴对其身心健康有着十分重要的影响。受暴带来的严重后果涉及儿童身体健康、心理健康、行为规范、社会和环境等多方面多领域。应加强对儿童早期发展的重视，预防儿童暴力的发生。在儿童受到暴力时应让儿童得到特殊保护。

（一）0~3岁儿童暴力预防政策回顾

我国目前没有专门针对0~3岁儿童暴力预防方面的法律法规。任何一个阶段的儿童都有可能遭受到不同类别的暴力。细细数来，儿童暴力预防在众多法律法规、国家政策中均有涉及体现。0~3岁的儿童主要会遭受家庭暴力，其次可能是其他照料人、年长儿童的暴力。此外，来自托育中心或者早教机构工作人员的暴力以及来自社会人员的暴力，也是儿童受暴的部分来源。

我国在20世纪末便开展了预防及控制家庭暴力的工作。《家庭暴力白皮书》于1991年发布，第一次提出家庭暴力是一种社会问题。2001年修正的《中华人民共和国婚姻法》第一次在国家立法层面明确禁止家庭暴力；2008年《关于预防和制止家庭暴力的若干意见》对家庭暴力的定义及各部门职责作出了明确规定。同时，《关于预防和制止家庭暴力的若干意见》也是我国第一个专门反对家庭暴力的规范性文件。

2016年3月1日，《中华人民共和国反家庭暴力法》正式实施，是我国反家暴工作开天辟地的大动作，对我国的反家暴工作具有里程碑式的意义。这部专门法建立了较为完善的儿童暴力预防及干预体系，对预防儿童家庭暴力有着很强的指导意义，为儿童暴力预防做出了重要贡献。此外，一些省、

市、区也相应出台了一系列地方性法律性的配套制度及政策文件，加强了《中华人民共和国反家庭暴力法》实施的可操作性和实效性。

2021年通过的《中华人民共和国家庭教育促进法》规定儿童的父母或者其他照料人需要负责实施家庭教育。任何人都不得因各种原因歧视儿童，不得对儿童实施家庭暴力。《中华人民共和国家庭教育促进法》是指导我国家庭教育工作开展的一部突破性律法，第一次对我国家庭教育进行了专门立法。该法的正式实施，让中国父母、监护人、照料人承担了更多的家庭教育责任，开启了"依法带娃"时代。这对0~3岁儿童的早期发展与暴力预防起到了重要作用。

（二）0~3岁儿童遭受暴力的类型

儿童遭受暴力既包括父母对儿童的家庭暴力，也包括父母以外其他人对儿童的暴力。暴力的表现形式是一致的。

1.身体暴力

指任何非偶然的对儿童的伤害或允许非偶然的伤害发生。包括对儿童进行踢、踩、烫、烧、推搡、抽打等行为。身体暴力会导致儿童皮肤出现手印、身体瘀青、伤痕、肿块、骨折、烫伤疤痕等症状。

2.情绪暴力

指长期对儿童采取无视、冷落、拒绝、恐吓、孤立的言语或行为，进而让儿童感到害怕、不安、恐惧。对于0~3岁儿童来说，任何妨碍儿童心理健康或社会性发展的态度或行为都是一种情绪暴力。如对儿童大喊大叫、使儿童羞愧、不给予情感和支持、不加以关注、缺乏赞扬等对儿童来说都是一种情绪暴力。

3.疏忽照顾

指让儿童出现穿衣不适、皮肤肮脏、发展滞后、体重低下、乞讨或偷窃食物等现象，也包含对儿童身体、医疗以及教育方面的疏忽照顾。疏忽照顾对于0~3岁儿童来说是极具危害性的暴力行为。儿童若经常处于饥渴难耐、无人照看的状态，很可能会出现致残性甚至是致命性伤害。

4. 性暴力

指一个成人（包含儿童家人）或一个有力量的儿童与儿童之间的任何性行为，或者允许他人利用儿童进行性行为。包括抚摸、侵入、性交、使儿童观看色情作品、暴露癖、口交以及被迫观看性行为等。

5. 目睹暴力

指儿童直接目击或者偶然听到发生在家人间或者是发生在家庭外的躯体暴力、精神暴力或看见暴力后的场景。这种暴力行为未直接指向儿童，但同样也会给儿童造成身体、精神伤害。儿童目睹暴力可以分为直接目睹和间接目睹。直接目睹包含儿童介入暴力（指儿童试图用言语或肢体阻止暴力的发生）、参与暴力（指儿童被迫或者是主动加入施暴过程中）、目睹暴力（指儿童直接看到暴力行为）。值得关注的是，间接目睹最早开始于孕期，妇女遭受家暴影响到胎儿，让儿童间接暴露在家庭暴力中。女性在怀孕期间经历亲密伴侣暴力（IPV）的比例仍然很高，这表明许多儿童在产前就暴露在暴力中[1]。此外经常出现的还有听到暴力发生（指儿童没有亲眼看到，但是有听到施暴过程中的哭喊声、吼叫声、摔东西等声音）、看到暴力后的现场（指儿童目睹了伤痕、警察、救护车、毁坏的房间等）、承受暴力后果（如紧张氛围、受暴者的痛苦与悲伤、父母亲离婚等）、听说（指听到母亲或其他人诉说受暴经验或者暴力事件）、表面不知情（指暴力发生在儿童的身边，但发生时儿童不在家或已睡熟）[2]。

（三）儿童受暴现状及对心理健康的影响

暴力侵害儿童行为（Violence Against Children，VAC）会给儿童带来不同程度的身心伤害。每年约有10亿人，即几乎有超过五成的儿童遭受暴力（2~17岁）。在2~14岁的儿童中，每10人中便有7人遭受情绪暴力，6人

① Bogat G. A., Levendosky A. A., Cochran K. Developmental Consequences of Intimate Partner Violence on Children. *Annual Review of Clinical Psychology*. 2023 May 9.

② Holden GW. Children Exposed to Domestic Violence and Child Abuse：Terminology and Taxonomy. *Clinical Child and Family Psychology Review*. 2003 Sep；6.

经常遭受体罚等躯体暴力。早期经验往往会对一个人产生特别持久的影响。受过暴力的儿童可能一生都会存在困扰。

1. 短期影响

儿童受暴会直接带来身体伤害。即使儿童没有受到殴打，但目睹家庭暴力的儿童和受到精神虐待的儿童所受伤害也是同样严重的。长期在家暴环境中生活的儿童，无论有没有直接遭受暴力，其认知发展能力、情绪情感能力都可能受到损害。[①] 尤其是0~3岁儿童受性侵害带来的直接影响更为骇闻。在生理方面可能致使儿童的生理器官受损、功能丧失、直肠受伤，撕裂性的泌尿系统感染，严重的甚至危及生命。

此外，儿童受暴与儿童注意力水平有关。儿童在5~9个月目睹暴力和冲突事件可以预测儿童13~19个月的注意力水平，若此月龄段的儿童注意力水平偏低或者直接遭受照料人的暴力越多，在3岁时被诊断为ADHD的风险越高。[②]

2. 中期影响

暴力对儿童的影响具有延迟性。经常处于暴力中的儿童，在进入中小学阶段将会有更多明显的不良影响出现，可能还会导致受暴力的种类及比例增加，比如校园暴力。持续的暴力会对儿童的身心造成更加持久及深入的伤害，而且不容易被察觉。

（1）儿童生长发育迟缓

长期遭受暴力会影响儿童在生长发育、免疫系统、智力发展、社会化适应等方面的健康。0~3岁儿童若在发展的关键期遭受暴力，很可能会造成儿童感觉统合失调、智力发展落后，直接影响儿童的生理健康发展。遭受暴力或目睹暴力还会影响儿童的记忆水平及自我控制水平。已有研究证实，儿

---

① 柳娜、陈琛、曹玉萍等：《家庭暴力严重躯体施暴行为的代际传递——目睹家庭暴力》，《中国临床心理学杂志》2015年第1期。

② Towe-Goodman NR, Stifter CA, Coccia MA, Cox MJ, Family Life Project Key Investigators. Interparental Aggression, Attention Skills, and Early Childhood Behavior Problems, *Development and Psychopathology*. 2011 May; 23（2）.

童在 2 岁半时目睹亲密伴侣暴力（IPV）能显著预测儿童 5 岁时的短时记忆、工作记忆和有意记忆水平。[①] 儿童在听到或看到暴力发生的场景时，可能会影响听觉皮质及视觉皮质发展。[②] 此外，受暴力儿童可能会出现前额皮层与胼胝体、海马与杏仁核等脑区的变化，这些区域与儿童的智力发展、记忆水平、注意力都有着密切的关系。若受到损伤，则可能会导致认知方面的相对滞后。[③]

（2）外化行为问题增多

儿童在早期发展中受到暴力的一个非常明显的影响是多动性行为的发生。多动性行为不仅与生物学的先天因素有关，与后天的家庭环境也密不可分。在有冲突矛盾的家庭环境中，父母常常严厉地对待儿童，与儿童的情感沟通匮乏，给儿童带来恐惧和不安，使儿童发展存在滞后，影响儿童对情绪的处理方式，引发多动行为。[④]

特别是 4~5 岁的儿童，其行为问题需要强调家庭生活环境的影响因素。有研究表明，母亲遭受家庭冷暴力能直接对儿童早期的多动性行为做出预测。[⑤] 此外，儿童的攻击行为、品行障碍也与儿童目睹家暴情况有关。[⑥] 长期在暴力环境中，会更容易在学校等地方展现出攻击性，如校园欺凌。[⑦] 和谐的家庭关系可以减少亲子冲突，减少儿童多动性行为及攻击性行为的产

[①] Gustafsson H. C., Coffman J. L., Harris L. S., Langley H. A., Ornstein P. A., Cox M. J.. Intimate Partner Violence and Children's Memory, *Journal of Family Psychology*. 2013 Dec；27（6）.

[②] Teicher M. H., Samson J. A.. Annual Research Review：Enduring Neurobiological Effects of Childhood Abuse and Neglect, *Journal of Child Psychology and Psychiatry*. 2016 Mar；57（3）.

[③] 罗美琪、岳玉川、吴冬梅：《2012—2022 年童年不良经历在脑功能领域的研究现状及趋势分析》，《中国儿童保健杂志》2022 年第 12 期。

[④] 廖峻、权迎、朱志娟等：《0~3 岁婴幼儿母亲负性情绪的相关因素》，《中国心理卫生杂志》2023 年第 12 期。

[⑤] 高健、高敏、谭欣歌等：《母亲遭受家庭冷暴力对儿童早期多动行为的影响：亲子冲突与睡眠问题的链式中介作用》，《中国特殊教育》2021 年第 1 期。

[⑥] Holmes M. R., Voith L. A., Gromoske A. N.. Lasting Effect of intimate partner Ciolence Exposure During Preschool on Aggressive Behavior and Prosocial Skills, *Journal of Interpersonal Violence*, 2015 Jun；30（10）.

[⑦] Lodge J. Children who bully at School, Australian Institute of Family Studies, 2014.

生，同时可以减少对儿童暴力的发生。

（3）内化心理问题明显

无论是哪种类型的暴力，结果都可能会使儿童抑郁、焦虑水平上升。儿童遭受暴力会增加儿童的孤独感，影响良好亲子依恋关系的形成。研究显示，儿童在 0~3 岁这个阶段长期遭受或目睹家庭暴力，其心理行为问题可能会直到 8 岁才有明显表现。[1] 对 11 岁儿童的研究发现，目睹母亲或者父亲遭受亲密伴侣暴力能解释其抑郁水平总变异的 17%~18%。[2]

3. 长期影响

（1）创伤后应激障碍（PTSD）

儿童遭受暴力会让儿童出现抑郁、焦虑等情绪以及不良的行为，同时从长期影响来看，儿童受暴也是创伤后应激障碍（Post-traumatic Stress Disorder，PTSD）最常见的原因之一。[3]

有近 50% 的 7 岁以下儿童在受暴后会出现一些 PTSD 症状，其中 7 岁儿童的 PTSD 诊断率达到 21%。创伤后应激障碍的症状与儿童受暴的频率、年龄、是否再次遭遇了创伤事件有关。总的来说，儿童遭受暴力时的年龄越小、种类越多、频率越高、时间越久，则罹患 PTSD 的风险越高。[4] 童年时期经历或目睹暴力是一种创伤体验，如果没有得到有效的帮助或者心理干预，可能会阻碍儿童的身心健康成长，进入成年期后发展成创伤后应激障碍。积极的家庭功能可以为儿童提供支持，减少创伤带来的伤害。相反，暴力行为会让人长期处于创伤体验中。身体暴力或者性暴力带来的创伤可能是

① Holmes M. R. The Sleeper Effect of Intimate Partner Violence Exposure：Long-Term Consequences on Young Children's Aggressive Behavior, *Journal of Child Psychology and Psychiatry*, 2013 Sep；54（9）.

② Harding H. G, Morelen D, Thomassin K, Bradbury L, Shaffer A. Exposure to Maternal-and Paternal-Perpetrated Intimate Partner Violence, Emotion Regulation, and Child Outcomes, *Journal of Family Violence*. 2013 Jan；28.

③ Horn S. R., Miller-Graff. E., Galano M. M., Graham-Bermann S. A. Posttraumatic Stress Disorder in Children Exposed to Intimate Partner Violence：the Clinical Picture of Physiological Arousal Symptoms, *Child Care in Practice*. 2017 Jan 2；23（1）.

④ Levendosky AA, Bogat GA, Martinez-Torteya C. PTSD Symptoms in Young Children Exposed to Intimate Partner Violence, *Violence Against Women*. 2013 Feb；19（2）.

显性的。而隐性创伤更多是由情绪暴力、疏忽照顾带来的。有研究表明，儿童会在行为和游戏中透露出创伤记忆，尽管 1 岁半或 2 岁前发生的创伤性事件儿童无法做言语上的描述，但他们有与创伤事件相关的特定恐惧，而且能够在游戏中准确无误地重演创伤事件。

（2）家庭暴力的代际传递

根据暴力的相关理论和模型，已有研究证实，家庭暴力具有代际传递性。儿童在遭受或目睹父母的暴力过程中，会模仿父母或者照料人用暴力去解决问题，在无意识中习得父母的攻击行为模式。儿童若长期暴露在家庭暴力中，则无法获得和学习良好的情绪处理方法，在成年后成为施暴人的概率也会高于未遭受过家庭暴力的成年人，容易出现对自己的另一半或者子女实施家庭暴力的情况。

（3）不良的人际关系

暴力对儿童的一个长期影响也体现在人际关系上。通常受暴儿童在成人以后依旧会拥有不良的人际关系、消极的亲密关系、较差的婚姻质量。尤其是遭受家庭暴力的儿童，不论是否直接遭受了家暴还是目睹了暴力，都会影响依恋质量。即使在成年后，受暴儿童在亲密关系中也更容易形成不安全依恋关系，如焦虑型、回避型的依恋。[1] 儿童只有在早期与父母建立了亲密关系及信任关系，才会对他人发展出信任感和紧密感。

（4）高风险行为增加

追踪研究发现，14 岁时遭到的暴力能显著预测儿童 21 岁时的物质滥用情况。[2] 儿童长期生活在暴力的高压下，可能会罹患精神疾病，出现自伤自杀行为。高风险行为增加，除了会导致抽烟、酗酒、吸毒以及不安全性行为等增多以外，还可能会出现一些极端的暴力行为和犯罪问题。

---

[1] Gustafsson HC, Brown GL, Mills-Koonce WR, Cox MJ, Family Life Project Key Investigators, Intimate Partner Violence and Children's Attachment Representations During Middle Childhood, *Journal of Marriage and Family*, 2017 Jun; 79 (3).

[2] Schiff M, Plotnikova M, Dingle K, Williams GM, Najman J, Clavarino A. Does Adolescent's Exposure to Parental Intimate Partner Conflict and Violence Predict Psychological Distress and Substance Use in Young Adulthood? A Longitudinal Study, *Child Abuse & Neglect*, 2014 Dec 1; 38 (12).

三 儿童早期发展与暴力预防中存在的主要问题

（一）对儿童早期发展不够重视，暴力预防认识欠缺

在儿童早期发展方面，一些父母及照料人对于儿童早期发展不够重视，对儿童的生长监测、喂养指导、牙齿健康、视力情况等生长发育的重点指标无法做到定期体检，忽视了对儿童健康的管理。

在儿童暴力预防方面，很多人认为儿童在0~3岁只要"听话""乖"就是好孩子。通常会用一些方法有意无意地压制儿童天性，甚至更为严重的会采用各种暴力的方式来阻止儿童"犯错""调皮"。认为"打了孩子，孩子就能长记性"，不认为施暴是一个问题。此外，对配偶或者其他照料人不满时也可能会通过"发火""辱骂""推搡"等暴力行为来攻击儿童，将愤怒情绪迁移到儿童身上。

（二）养育压力大，儿童难以被照顾周全

无人照料儿童成为生育的第一大障碍。在养育需求上，大多数家庭都遇到过一些养育困境。生育无人照料、工作与家庭的冲突、儿童的情感依恋极度需求是0~3岁儿童家庭面临最多的问题。儿童的主要照料人可能会在近3年的时间内都无法进入工作岗位，无法适应全职工作的要求。随之会带来经济收入减少和养育压力变大。需要强调的是，照看儿童绝对不是一个人的工作。众所周知，0~3岁的儿童养育主要依靠家庭抚养。如果主要照顾者（大多数时候是母亲）想要把儿童照顾好，且不过度耗竭，就需要大量的帮助，来自配偶或者是长辈、育儿嫂的帮助。在高压之下，父母或者主要照料人由于自身原因采用了不当的养育方式，很可能会对儿童采取一些暴力行为，从而引起儿童的一些情绪行为问题。反之，儿童"难带"又会导致父母再次使用"暴力管教"，陷入恶性循环。

（三）托育需求高，送托行为少，呈矛盾状态

总体来看，3 岁以下的托育需求非常迫切。《中国教育与人口报告2022》显示，有 1/3 的 0~3 岁的儿童家长有较强烈的托育服务需求，但真正入托的比例仅有 5.5% 左右，表现出非常明显的矛盾现象。越来越多的家长不再抱着让儿童"有地方去、有人带就行了"的念头了。

0~3 岁儿童托育服务受到多方面的因素影响，呈现多元化、差异化的需求。从家庭因素来看，托育需求受父母职业、家庭结构、文化水平、家庭经济条件所影响。托育服务机构课程设计不合理、实施方案不完善、服务标准缺失、托育中心环境不佳、儿童膳食较差、安全看护有隐患等都是制约儿童"送托"的因素。

（四）儿童受暴极具隐秘性，保护工作出现"四难"

对于家庭暴力而言，0~3 岁儿童的日常生活、游戏等饮食起居都是由养育者照顾。父母或者其他照料人对儿童实施家庭暴力很难被外界发现，而受认知、判断等能力所限，儿童本人也不具备自我报告的可信度。这也是0~3 岁儿童受暴案例难以公开报道和统计的原因，0~3 岁儿童发展与暴力预防研究受限。已知儿童受暴的数量只是冰山一角，儿童暴力预防工作出现"四难"现象——发现难、介入难、救助难、维权难。

（五）特殊儿童监护缺失

留守儿童、残障儿童、事实无抚养儿童、孤儿等特殊群体会遭受更高比例、更大程度的儿童暴力。一些留守儿童，特别是农村留守儿童遭受疏忽照顾的可能性最高。此外，一些儿童是遭受身体暴力、性暴力或是由于照料人的疏忽而导致永久性生理残疾。身体暴力、情绪暴力、疏忽照顾、性暴力等任何一种类型的暴力对 0~3 岁的儿童来说，伤害都是极大的，甚至是永久性的、致命的。有必要加强对特殊儿童的家庭监护，督促照料人的养育职责，缩小城市与农村的养育鸿沟，杜绝特殊儿童无人监护的问题。

（六）儿童暴力防治体系不健全

我国关于儿童暴力预防领域的许多制度有了"从无到有"的突破。但目前我国还没有专门的法律规定儿童暴力的防治体系。在儿童保护工作中出现缺乏具体措施、监督惩罚体系不完善、强制报告主体不够广泛、司法保护力度弱、不履行家庭职责的后果未明确、救助渠道不畅通、实际操作难度大、后续监护问题无着落等现象。儿童暴力防治体系不健全，难以有力高效地保障儿童的权益。

四　对儿童早期发展与暴力预防工作提出的建议

（一）以家庭保护为第一位，采取积极养育方式

0~3岁儿童的父母、照料人对儿童的保护和照顾负有不可推卸的责任。儿童主要的生活场所是家庭，家庭保护是第一位，对于儿童的早期发展与暴力预防有着至关重要的意义。重视儿童早期发展，预防和减少伤害是家庭的首要责任。《中华人民共和国未成年人保护法》第十七条明确规定"父母或者其他监护人不得实施下列行为：虐待、遗弃、非法送养未成年人或者对未成年人实施家庭暴力"。

家庭是儿童保护的先锋盾牌。家庭的职责包括防止儿童意外的发生，保证儿童游戏的权利，尊重儿童身心发展的特点和需要，促进儿童情感、社会交往、学习、运动技能的发展，杜绝任何形式的家庭暴力发生，主动学习家庭教育知识、接受家庭教育指导，采用积极的养育方式与儿童建立良性互动与沟通。

对于不依法履行家庭职责或故意暴力侵害儿童的父母、监护人、照料人依法严惩。

（二）社会保护是重中之重，需要创造良好的社会环境

0~3岁儿童虽未正式进入学校，但可能会进入一些托育、早教或者是幼儿园托班进行托管或学习，这些都可以归类于社会保护中。社会保护人人有责。儿童早期发展受损以及遭受暴力都具有很强的隐蔽性，很难被识别和发现。居委会、社区工作者、教师、邻居、医生很可能在接触儿童的过程中发现受侵害的迹象。这些都要进行强制报告。

应建立儿童暴力预防早期发现机制，及时对儿童受暴现象进行干预。在儿童暴力预防及干预中还需要整合社会资源、警察、社会工作者、心理咨询师、律师、庇护场所、医疗救助、企业捐赠等专业人士、专业机构、志愿者共同参与。为儿童的早期发展与暴力预防创造一个良好的社会环境，这对维护儿童身心健康至关重要。儿童的未来是国家的未来，是社会的未来，也是我们每一个家庭的未来，每一个人的未来。

（三）政府保护是关键，要加大对暴力预防的干预力度

近些年频发的暴力性事件所造成的社会影响对儿童的伤害不容小觑，0~3岁儿童除了会遭受常见的家庭暴力外，还会受到或者目睹打架、砍伤等社会性暴力事件，甚至有些儿童会直接因暴力事件而受伤、致残、死亡。根据《国家突发公共事件总体应急预案》，政府需要重视对突发事件后的儿童保护。0~3岁的儿童还不具备用清晰语言来表达情绪的能力，在受到暴力伤害后，无法用语言表达，造成的后果不可估量，应对其特别关注。

政府需要完善儿童照护服务体系，推广普惠型托育服务政策。做好顶层设计和整体规划工作，加强政府主导功能，对托育机构进行政策指引及帮扶工作，鼓励多种形式的托育服务并存，规范托育市场、健全收费标准，监管托育机构的安全性、规范性以及专业性。

政府要倡导发挥社会工作介入儿童早期发展及暴力预防的优势。健全政府主导、多部门参与、共同建设儿童之家的工作格局，整合正式和非正式资

源，为遭受暴力的儿童提供多元化服务。

政府需要重点预防对儿童的拐卖等违法犯罪行为，关注特殊儿童群体。父母文化程度低、经济条件欠发达地区更需要家庭教育指导。农民群体的养育需求相对于其他职业呈现较高状态。特别是需要关注农村地区性侵、忽视等暴力类型，提倡村居委会、社区或街道定期为家庭提供指导，也可以通过线上方式打破时间空间的限制，让更多的农村留守儿童、困境儿童、残障儿童等特殊儿童群体得到关爱和保护。

（四）网络保护刻不容缓，需要多方合力监管

互联网的快速发展让儿童接触网络的机会增多。儿童接触网络的年龄也越来越小。0~3岁儿童同样会通过手机、平板、电视接触到多种多样的网络信息。特别是2~3岁的儿童，已经会独立使用手机观看短视频、动画片，使用过程中也会出现照料者不在身边的情况。若儿童独自浏览短视频，被迫接受推送的一些黄色、暴力、血腥等不良画面及视频信息时，监护人一般不易发现，这会对儿童产生巨大的心理冲击，甚至在一些年龄较大的儿童中出现网络性侵、网络性剥夺等现象。因此，对于儿童的网络保护是刻不容缓的，绝不是危言耸听。

儿童暴力预防的网络保护需要从源头做起，大力查处网络不良信息，向全社会普及对儿童的网络保护。网络监管部门以及互联网服务提供商应加强合作。作为儿童的照料人更是要主动做到不浏览不良信息，需要对儿童使用网络进行一定的监管。

（五）司法保护仍需完善，做儿童保护工作的坚强后盾

随着我国法制的不断进步，在儿童保护方面的法律法规及相关制度条例已经越来越多，也越来越细致了，这为儿童早期发展与暴力预防工作开展提供了坚强有力的后盾支持。但是相关法律法规之间衔接较为松散，难以对我国儿童早期发展及暴力预防发挥实效。我国儿童早期发展与暴力预防体系建设应从儿童的特殊性出发，明确儿童暴力预防的基本原则，制定儿童暴力预

防的详细细则，建立多部门合作的救助体系，对儿童受暴概念予以分类，清晰父母、照料人、监护人、政府以及社会等各方职责，做好干预后的追踪服务。

继续健全司法保护体系是儿童保护工作的一把利剑。只有将司法保护体系进一步完善，才能让负有强制报告责任的相关单位和人员依法履行义务，让儿童照料者做到自我约束和管理，通过调动更多的社会力量帮助司法机关在第一时间发现相关的案件，从而最大化地保护被侵害儿童的权益。

五 总结

0~3岁儿童受暴力极具隐蔽性、后续工作难度大。正因为如此，个人、家庭、社会、政府等才更应该采取行动，将家庭保护、社会保护、政府保护、网络保护、司法保护紧密衔接，推动儿童保护制度体系更加健全，让各部门儿童权益保护工作形成合力。为0~3岁早期儿童发展与暴力预防建立以家庭保护为主责、社会力量有所为、政府保护起主导、网络保护起作用、司法保护有保障的工作体系。

保护儿童，大力开展对0~3岁儿童的研究，建立儿童暴力预防监测体系，开发儿童暴力干预技术指南和标准，坚决维护儿童的生存权、发展权，给予儿童特殊的优先保护，提出切实可行的改善措施，促进儿童早期发展，尊重儿童身心健康的发展规律，做好儿童暴力预防工作，为儿童撑起一片天。

案例篇 ⧸⧹

B.11

全国妇联、联合国儿童基金会 "爱在开端：科学育儿社区家庭 支持推广"项目

王 瑛 赵 顼 陈学锋*

摘 要： 国际经验表明，在社区层面为 0~3 岁儿童及其家庭提供支持性育儿服务，是一种有效提升儿童早期生命质量的服务方式。2013~2024 年，全国妇联与联合国儿童基金会合作，在中国 13 个省份的 251 个欠发达、留守流动儿童集中的城市贫困地区和农村地区，开展了一项针对 0~6 岁弱势儿童的家庭育儿支持服务项目——"爱在开端：科学育儿社区家庭支持推广"项目（以下简称"爱在开端"项目），推广科学育儿理念和技能，增强社区家庭教育指导服务。为超过 15 万名 0~6 岁儿童提供服务，并为超过14.6 万名看护人提供科学育儿知识和育儿技能支持。评估显示，项目服务

* 王瑛，中国儿童中心早期儿童发展部副部长、副研究员，主要研究方向为婴幼儿托育、儿童早期发展、教育政策研究；赵顼，联合国儿童基金会驻华办事处教育项目官员，主要研究方向为儿童早期发展和家庭教育工作创新发展；陈学锋，博士，联合国儿童基金会驻华办事处儿童早期发展与教育专家，主要研究方向为儿童早期发展、儿童保护、儿童权利。

儿童的营养健康、心理发展、早期阅读及降低忽视的方面都获得显著提高，家长在早期教育理念、方法以及家庭教养方式等方面都有明显改善。形成了长期的低成本、高效率的运营模式，普遍适合本土贫困地区的儿童早期发展。

关键词： 家庭育儿 家庭教育 科学教养

一 实施背景

（一）项目背景

脑科学研究发现，儿童早期是人一生中大脑形态、结构、机能发展最为迅速、可塑性最强的时期，是个体情感、行为、语言、认知等各方面发展的奠基阶段和敏感期。生态系统理论提出，家庭作为幼儿成长的直接环境，对幼儿的成长和发展起着潜移默化的作用。家庭与社区之间的关系，则构成了幼儿发展的中介系统[①]。已有的研究和国际经验都表明：家庭是儿童最早接触的环境，是儿童早期发展能否达到最优的关键，是造成儿童发展差异的重要来源。基于社区开展的对家庭养育和教育的干预、以家庭为中心的服务能够有效促进儿童的身体、认知和社会性、情感的发展，并为入学做好准备。

（二）项目旨在解决的社会问题

研究发现广大的婴幼儿父母和承担育儿责任的看护人，普遍亟须科学育儿的知识和技能，缺乏育儿的信息交流渠道；家庭和工作场所周边也缺乏幼

---

① 胡恺：《幼儿卫生习惯问题及培养策略研究——基于布朗芬布伦纳的社会生态系统理论视角》，《教育进展》2023 年第 9 期。

儿活动的安全空间和游戏与学习资源，需要社区和工作单位对其育儿给予时间和资源上的支持。在快速的城市化、工业化和大规模国内人口流动的背景下，广大低龄儿童，尤其是城市贫困儿童、农村留守儿童以及边远农村地区儿童等所在的家庭，都存在育儿方面的挑战。婴幼儿的生存、发展和保护等问题应该得到更多的关注。在广大农村和偏远地区，除了初级的卫生保健服务之外，缺乏对新生儿至3岁儿童及看护人的早期学习和家庭育儿知识技能等公共服务体系的支持，在家的看护人承受着巨大的育儿压力。在城市地区也同样存在看护人缺乏育儿支持的类似的困难，贫困或者进城务工人群由于经济和住房状况困难更大。因此，迫切呼吁政府为0~6岁，特别是0~3岁儿童看护人及家庭提供公共服务支持。

二　实施方式

（一）项目目标

在全国范围内实践社区家庭支持的做法，探索有助于可持续发展的科学育儿家庭支持服务系统和模式，为各级政府的推广和政策制定提供依据。

（二）项目覆盖地区

2013年至今，全国妇联与联合国儿童基金会合作，先后在湖南、湖北、河北、广西、山西、贵州、甘肃、云南、内蒙古、江西、山东、河南、四川13个省份的251个村庄、社区开展"爱在开端"项目，旨在推广科学育儿理念和技能，增强社区家庭教育指导服务，加强科学育儿宣传倡导，促进家庭建设和儿童健康发展。

（三）项目干预方式

1.将儿童早期发展服务中心建在家门口

"爱在开端"项目在贫困、留守、流动儿童集中的贫困农村地区和城乡接合部，本着就近、就便的原则，在每个试点社区选择了至少 20 平方米的场地，通过温馨、安全、适宜的环境打造，建立了一个集儿童游戏、家长交流、资源整合于一体的儿童早期发展家庭支持服务中心（以下简称中心）。

2. 提供免费、专业的家庭科学育儿支持服务

中心提供免费安全的适合幼儿年龄的玩教具及图书，以及方便家长自主学习、查阅育儿知识的科学育儿触摸屏。中心每周免费开放 5 天，供社区周边家长带幼儿来游戏。家长在幼儿游戏的时候，也可以在中心借助科学育儿触摸屏（内置科学育儿网）查阅相关科学育儿知识，或者与其他看护人交流育儿经验。

3. 开展专业的、有组织的亲子活动

亲子游戏、亲子阅读活动是促进幼儿综合发展、加强亲子有效互动的重要的早期教育方式，也深受家长的喜欢和认可。项目要求中心由受过专业培训的志愿者为家庭提供，每周开放 5 天，便于父母和看护人随时来活动。至少有 3 个半天组织亲子游戏、亲子阅读等免费的综合性服务活动。每次活动大概 40 分钟，8~10 对幼儿和家长提前预约参加。家长们被鼓励在家庭里继续与幼儿开展这类活动。中心也提供绘本玩具免费借阅的服务，以支持家庭开展亲子游戏和阅读活动。此外，志愿者也会定期走出去，到周边儿童早期发展服务不足的社区开展科学育儿知识的普及和亲子活动。

4. 提供上门的咨询、指导服务

中心的工作人员会定期或者对一个月三次没有来中心参加活动的家庭进行入户服务，了解家庭不参加活动的原因，了解社区 0~3 岁儿童和家长的需求及生活情况，并提供针对性的咨询、指导和帮助。也会根据家庭的情况，有针对性地传播科学育儿理念，教会家长充分利用家庭的资源，在家开展亲子活动等。同时，工作人员也会宣传中心的功能与服务，期待更多的家庭来中心接受服务。

5. 开展各类社区宣传活动

中心会定期借助科学育儿触摸屏或者整合相关专家资源，为家庭开展科学育儿的专题讲座，并对来到中心的家长开展科学育儿理念的咨询与指导。

中心也会充分利用节假日，通过游戏、家长课堂、专家咨询等多种途径广泛开展社区动员，宣传科学育儿理念与知识，促进家长对儿童早期教育的重视，营造良好的、有利于儿童早期发展的社区环境，搭建社区建设和交流的平台。

三　项目成效

2013年至今，"爱在开端"项目在全国13个省份建立了251个"家门口"的早期发展家庭支持中心，为超过15万名0~6岁儿童提供早期学习服务，并为超过14.6万名看护人提供支持。2020年项目评估的结果显示，项目服务的儿童及家庭获得了积极的改变，主要体现在以下几方面。

（一）儿童在营养健康、心理发展、早期阅读及降低忽视的方面获得显著提高

在儿童心理发展方面，参与中心活动时间越长，儿童在CREDI量表①上的得分越高；在儿童忽视方面，项目提高了家庭对儿童的关注度，参与中心活动时间越长、频率越高，儿童受到身体忽视、情感忽视和教育忽视维度的得分就越低；在儿童听故事、读绘本的兴趣方面，社区活动中心教授家长亲子互动知识或技能，家长参与活动以及借阅图书都能够提升儿童阅读的兴趣。

（二）家长在早期教育理念、方法以及家庭教养方式等方面有明显改善

参与项目提升了家长对早期教育重要性的认识。在儿童早期发展意识方面，项目点家长认为早期教育很有意义的比例高于非项目点，这一差异在农

---

① CREDI量表：《抚养人报告早期儿童发育量表》（Caregiver Reported Early Development Instruments, CREDI）是一套针对0~3岁儿童的发育量表，通过约60个发展要求（分为三大发展领域，约20个发展要求）评估儿童运动、认知和社会情感技能的发展水平，并为儿童早期发展政策制定及资源分配提供参考。

村地区更加明显；在母乳喂养方面，项目点家长的母乳喂养率更高、时间更长；在养育环境方面，项目点家长采取卫生的养育行为的比例更高，比如培养儿童洗手、刷牙的习惯等；在亲子互动的知识和技能方面，家长尤其是农村家长在育儿技能、家庭关系和自我管理方面均有较大的收获；在家庭学习环境方面，参与中心活动时间长、频率高的家长在亲子互动、家庭学习环境创设方面做得更好，抚养压力更低，且项目点家长更少采取专制型教养方式。

（三）建立一支集行政管理和专业服务于一体的早期发展服务队伍，为未来的早期发展服务事业积累人才

一是国家级专家团队，形成了以全国妇联、联合国儿童基金会和中国儿童中心为核心，集行政管理、项目运营、早期发展三方专业力量于一体的顶层设计团队，在我国 13 个省份建立了一支自上而下的专业服务队伍，累计培训专家超过 600 余人次。

二是地方专家团队，省（区、市）妇联领导积极协调与儿童早期发展相关的卫生、教育、心理相关领域的专家，各地组成了一支 4~6 人稳定的专家团队。专家在省/市妇联的指导下，按照项目的规定，每年接受国家级培训，并积极依据项目年度工作重点指导省级项目工作的开展。与此同时，省/市级专家作为当地项目的主要技术支持力量，必须完成对所有项目点每年至少一次的实地督导，以及通过电话、QQ 群、微信群等方式给予实时的指导，并根据培训、督导等内容撰写年度督导报告，反馈当地项目一年来的进展情况、成效、困难以及未来的建议，作为下一年度工作的重要依据。

（四）研发了一系列科学育儿家庭支持服务工具包，为早期发展服务行业的高质量、可持续发展提供了基本技术支持参考材料

一是研发培训工具包。包括入职、进阶和培训者培训，根据不同阶段项目推进的需求，满足各地专家、妇联管理人员、社区志愿者、看护人工作和

服务发展技能和知识需求。

二是研发了支持志愿者、看护人理解游戏中学习的一整套工具——"游戏盒子"。开发出100个能够让0~6岁儿童和看护人玩得起来、能够促进"社区家庭育儿支持中心"工作人员学前教育能力建设、有利于专家团队的建设及家庭教育指导的"游戏盒子"。"游戏盒子"不是纯粹的游戏推荐，也不是单纯的培训资料，是两者的结合，其使用对象主要为儿童工作者、家长（含儿童照料者）、儿童。这里的儿童工作者，首先是指"社区家庭育儿支持中心"的儿童工作者，但也包括一些薄弱地区的幼儿园老师等。并同时开发了使用手册、培训手册和100个游戏总汇。

三是开发信息传播卡。为了进一步将科学育儿的关键信息和照护技巧传递给家庭和看护人，项目开发科学育儿关键信息卡。通过新颖活泼的宣传方式，以培育性照护为框架，从良好的健康、充足的营养、回应性照护、安全保障、早期学习机会5个方面梳理家庭中需要关注的重点，为家庭科学育儿提供具体建议。

四是开发项目宣传推广与管理工具。为了便于服务模式的推广，项目开发了"爱在开端"项目路线图，《社区家庭育儿支持中心管理手册》《社区科学育儿志愿者工作手册》，以及供看护人自学的科学育儿视频材料等，为项目的看护人和服务提供者提供了及时、高质量的"拐棍式"工具，保证了项目的高质量开展。

（五）为政策制定提供依据和建议，初步形成一些地方政策和国家倡导性文件

随着我国人民生活水平的不断提高以及对教育促进代际公平、社会公平的期待，民众对婴幼儿早期发展服务的需求日益强烈。我国政府也越来越重视婴幼儿早期教育的价值、关注婴幼儿照护服务对家庭支持的重要意义，将"幼有所育"视为关系国计民生的大事，试点项目的经验和做法为政策制定提供依据和建议，一些地方政策和国家倡导性文件都借鉴了项目的经验和做法。如，2019年的《关于促进3岁以下婴幼儿照护服务发展的指导意见》

提出"家庭为主，托育补充"的儿童照护指导方法，发展婴幼儿照护服务的重点是为家庭提供科学养育指导，并对照护困难的家庭或婴幼儿提供必要的服务。山西省汾西县在2019年拿出40万元的财政预算，支持在全县范围内开展儿童早期发展服务，作为教育扶贫的重要内容。服务全县约2000名儿童及家庭。

《国务院办公厅关于促进3岁以下婴幼儿照护服务发展的指导意见》明确提出深入开展家庭科学育儿指导服务的具体意见，包括指导婴幼儿主要照护者学习了解婴幼儿身心发展特点，掌握科学育儿的理念和方法；普及家庭科学育儿理念及知识；开展一对一咨询和入户指导；总结推广"以儿童为中心、以家庭为基础、以社区为依托"的儿童早期综合发展服务项目经验，推进和支持有条件的村（社区），探索利用现有场地建立和完善儿童早期发展服务中心，组织开展亲子游戏、亲子阅读、家长课堂、入户家访、宣传咨询等活动，为辖区内婴幼儿及家庭提供服务等。全国妇联2020年两会提案为《关于将3岁以下婴幼儿家庭教育支持服务纳入政府公共服务》，湖南省将儿童早期发展服务纳入《2021—2030年湖南省家庭教育规划》，湖北省将儿童早期发展服务纳入《2016—2020年湖北省家庭教育规划》。黄晓薇同志在中国妇女第13次全国代表大会上的报告中评价"爱在开端"项目探索儿童早期教育指导服务模式，推动巾帼家政服务提质扩容，为千家万户送去暖心服务，并批示将继续推广该服务模式。

四　项目的管理模式、服务模式及逻辑框架

（一）项目的管理模式

"爱在开端"项目形成了以全国妇联、联合国儿童基金会和中国儿童中心为核心，集行政管理、项目运营、早期发展三方专业力量于一体的顶层设计团队，并积极建立了一支自上而下的专业服务队伍，包含了我国6个省市近400余人。在全国层面，全国妇联和联合国儿童基金会做好项目的顶层

设计与规划，并授权中国儿童中心作为国家级项目管理办公室统筹全国项目的管理工作。在省/市一级，妇联组织积极协调与儿童早期发展相关的卫生、教育、心理相关领域的专家，组成了一支4~6人稳定的专家团队。专家在省/市妇联的指导下，按照项目的规定，每年接受国家级培训，并依据项目年度工作重点，指导省级项目工作的开展。与此同时，省/市级专家作为当地项目的主要技术支持力量，必须完成对所有项目点每年至少一次的实地督导，以及通过电话、QQ群、微信群等方式给予实时的指导，并根据培训、督导的内容撰写年度督导报告，反馈当地项目开展的进展情况、成效、困难以及未来的建议，作为下一年度工作的重要依据。

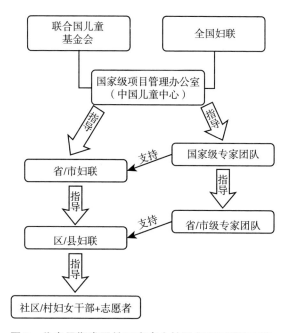

图1 儿童早期发展社区家庭支持服务项目管理架构

（二）项目服务模式

"爱在开端"以儿童社区中心为枢纽载体，通过国家级、省级、社区级层层递进式的技术指导和管理等支持，培训社区志愿者和妇联干部，通过为其赋能专业的儿童养育知识与项目管理技能，以帮助社区的儿童及家庭开展有效的家庭支持服务。服务内容包括开展亲子玩乐、玩具图书等资源供给、社区外展宣传活动、家访和家长育儿课堂以及转介服务等。

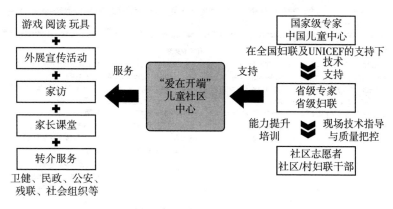

图2 "爱在开端"项目服务模式

（三）项目逻辑框架

项目逻辑框架旨在通过严谨的衡量指标和衡量方法，概括项目活动、产出和结果，验证项目目标设定的有效性。项目的逻辑框架是项目内容的重要组成部分，是项目过程监测、督导、报告、评估的依据，并以此保障服务质量达标。

项目的监测与督导包括指导志愿者和村/区妇干培训、"爱在开端"儿童社区中心建设环境和提供的服务与活动达标以及志愿者能力建设。联合国儿童基金会和全国妇联还与当地专家组举行年度/定期审查会议，进一步通报相关情况。全国妇联向联合国儿童基金会提交年度报告，报告所涉项目实施情况信息和数据，将在项目执行期间进行收集，例如活动数量、家长课堂数量、外展宣传活动数量、受益儿童数量、受益看护人数量等。

项目的评估与调研是指项目通过公开招标选择第三方团队开展基线调研和终期项目成效评估。收集和分析定性与定量信息，主要评估看护人与0~

6 岁儿童获得服务的机会与质量情况、国家和省级专家团队的知识与能力变化情况、当地志愿者和村/社区妇干的知识与技能变化情况，以及看护人的知识、态度与行为改变情况。

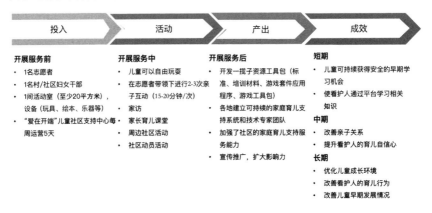

图 3　"爱在开端"项目逻辑框架

五　项目的运营成本

该模式以社区为基础，形成了长期的低成本、高效率的运营模式，普遍适合本土贫困地区的儿童早期发展。一个社区服务中心的运营费用为 19600元/年，投入总成本约为 5 万元/年（包含培训费、玩教具等设备、运营费用）。在项目结束后，92%的服务中心仍然能够正常运行，其中 8%的活动中心运行内容有所扩展，这是对该模式可持续、可复制、可推广的最好例证。

六　经验启示

生命早期的质量，关系到儿童一生的健康、幸福。让儿童及其家庭在早期能够方便地享受到专业、综合性的早期发展服务，对于促进儿童科学喂养、健康促进、安全保障、回应性照护和早期学习有着重要的意义。项目管理人员开展相关工作，寻找处境最不利的社区，所有项目点都经过精心挑选，从而最大限度地帮助那些负担不起昂贵价格的儿童早期发展服务的贫困家庭。儿童早期发展项目以此为使命，有效促进了儿童的早期综合发展。也期待更多的地区共同推进儿童早期发展服务模式，为更多的儿童提供有质量的早期服务。

B.12
中国发展研究基金会"慧育中国：
山村入户早教计划"项目

"慧育中国"项目组*

摘　要：　2015 年，中国发展研究基金会发起了儿童早期养育干预项目——"慧育中国：山村入户早教计划"（以下简称"慧育中国"项目），为农村欠发达地区婴幼儿家庭提供每周一次的入户养育指导。项目通过改善农村幼儿与其看护人的互动质量，促进养育人的养育理念和技巧提升，从而促进婴幼儿认知、语言、社会性以及健康等方面发展。项目组首先在甘肃省庆阳市华池县开展试点工作，为试点地区婴幼儿提供家庭养育方式的干预。并持续通过对比实验的方法对试点地区的服务对象进行基线监测评估、中期监测评估以及末期监测评估。评估结果发现，入户一对一养育指导（家访）对干预组幼儿发展促进效果明显：项目对婴幼儿综合发展和生长发育产生了良好的促进效果，并且能够改善养育人的养育理念技巧和家庭的教育环境。入户养育指导提升幼儿发育正常率达 50% 以上，有效促进语言、大动作发展，改善看护人教养行为和家庭养育环境。自 2015 年试点以来，"慧育中国"项目已先后在全国 10 个省（自治区、直辖市）24 个县（区）推广，受益儿童总数已超过 4 万人。全国各试点县家访服务平均覆盖率近 90%。

关键词：　育婴辅导员　入户养育　家庭教育　养育指导

＊　"慧育中国"项目组组长：杜智鑫，中国发展研究基金会儿童发展研究院副院长，研究员，主要研究方向为中国农村儿童早期发展、儿童发展与中国现代化。项目组成员刘蓓，中国发展研究基金会项目主任，主要研究方向为儿童早期发展；刘鹏，中国发展研究基金会项目主任，主要研究方向为儿童早期发展。此外，项目组成员还有郄艺、摩瑟伊萝、李雨童、张晓姗、刘一凡等，推动了项目的执行、研究和倡导工作。

一 实施背景

生命前 1000 天是个体发展的关键期。为婴幼儿开展家庭照护服务，提供充足的营养保障、养育关爱和学习训练，将促进大脑的结构和功能发育，为以后的学习、社会交往、心理发育和社会适应奠定良好基础。农村地区儿童，尤其是困境儿童，往往得不到充分的营养、早期教育和关爱，在认知、语言、情绪、行为等方面发展落后，更容易陷入贫困代际传递的恶性循环。儿童早期发展是最高效的人力资本投资，也是阻断贫困代际传递的根本途径。

针对欠发达地区的农村儿童早期发展，政府在政策层面的重视程度也越来越高。国务院印发的《中国儿童发展纲要（2021—2030 年）》，明确提出要加强对家庭和托育机构的婴幼儿早期发展指导服务。促进儿童早期发展服务进农村、进社区、进家庭，探索推广入户家访指导等适合农村边远地区儿童、困境儿童的早期发展服务模式。在总目标方面，提出"城乡、区域、群体之间的儿童发展差距明显缩小"。目前，我国社会发展中存在的突出问题就在于城乡、区域、群体之间的差距较大，这种差距又显著地体现在儿童发展的水平差异上。

当前，中国经济发展和脱贫工作取得显著进步，但城乡及不同地区之间发展差距依然存在。缩小城乡和地区间发展差距，使不同主体获得公平的发展机会，对偏远欠发达地区的儿童和女性来说尤为迫切。欠发达地区婴幼儿家庭看护人关于儿童早期发展和养育的知识和技巧缺乏，导致这些儿童的认知和社会情感发展低于全国平均水平，影响他们的长期健康发展。此外，与城市地区相比，欠发达地区目前也缺乏相应的婴幼儿早期照顾公共服务。

为探索欠发达地区婴幼儿照护服务的有效模式，促进婴幼儿身体健康、语言、认知及社会情感等综合发展，中国发展研究基金会发起"慧育中国：山村入户早教计划"项目，为偏远农村地区 0~3 岁儿童提供早期养育服务。

二 实施方式

（一）项目目标

"慧育中国"项目是中国发展研究基金会在我国欠发达地区农村开展的一项结合养育指导及营养干预的6~36个月儿童早期发展项目。项目旨在通过改善农村幼儿与其看护人的互动质量，促进儿童认知、语言、社会性以及健康等方面发展，探索适合中国农村的儿童早期发展干预模式；采用科学的评估方法，为儿童早期发展研究和政策制定提供依据。2015年7月，"慧育中国"正式启动，首先在甘肃省庆阳市华池县进行试点，为试点地区婴幼儿提供家庭养育方式的干预。自2015年试点以来，"慧育中国"项目已先后在全国10个省（自治区、直辖市）24个县（区）推广，受益儿童总数已超过4万人。

（二）设计干预方式

1. 形成"县（区）—乡（镇）—村（社区）"三级管理服务网络

"慧育中国"项目以卫健妇幼保健系统为依托，采用三级管理服务网络，并从项目县当地招募项目执行人员。

在县级层面，由分管副县长牵头，县卫健局提供行政支持，县妇幼保健院提供技术支持，设置县级项目办公室，并聘用"县级总督导"，负责整体协调项目执行，对执行团队进行日常管理。在乡镇层面，依托各乡镇卫生院，设"乡镇督导员"1~2名，负责管理和培训村级育婴辅导员，确保入户养育指导质量。在村级层面，根据服务儿童数，按比例聘用育婴辅导员，负责每周为每名儿童提供入户养育指导、玩具制作、信息上报、与参与项目家庭的关系维护等。

由此，项目也在一定程度上为当地女性创造就业机会，赋能当地女性，培养她们的养育观念、养育技能和团队协作管理能力。逐级落实、严格把关的三级项目服务传递网络，保证了项目的效果，能够对项目进行有力的管理和监督。

2. 以促进家长与幼儿亲子互动为核心提供早期养育干预

"慧育中国"项目家访的核心目的在于教会养育人与婴幼儿共同活动，育婴辅导员通过家访协助幼儿的养育人，为幼儿提供回应性照护，创造具有启蒙性的养育环境，促进家长与幼儿互动，进而推动幼儿健康成长。

婴幼儿养育指导课程采用经过国内外儿童发展专家反复论证、充分反映中国农村家庭养育实际的教材，针对婴幼儿每个月龄段的发展特点，按周次具体设计游戏活动。新疆、西藏等少数民族试点地区的教材还进行了民族语言文字翻译、换图等本地化改编，使其更适合少数民族看护人及婴幼儿的语言文化习惯。项目启动之后，遵循儿童滚动进出原则，即试点地儿童满 6 个月龄时成为项目服务对象，满 36 个月龄时"毕业"，停止接受服务。

入户养育指导由经过培训、本地招募的村级婴幼儿育婴辅导员提供服务。育婴辅导员主要由在村妇女组成，工资及项目执行经费由基金会拨付。多数育婴辅导员具有高中以上学历。育婴辅导员每周入户 1 次，提供 60 分钟左右的指导。入户指导过程中，育婴辅导员按照教材按周龄制定的活动流程，与幼儿及看护人共同进行若干项养育指导活动，包括亲子游戏、绘画、阅读、唱歌等。除育婴辅导员手工制作的玩具外，由项目统一购置的玩具以及统一印刷的绘本、拼图、分类配对卡片等作为辅助材料发放给家庭。在当次入户结束到下次入户之间的一周时间里，育婴辅导员指导看护人要尽可能每天与幼儿反复练习本周入户养育指导的活动。

3. 日常监督指导与定期能力提升培训相结合，保证项目质量

为保证项目效果，"慧育中国"采用督导与提升相结合的质量控制方案。一方面，项目通过每周例会、集体备课、巡查随访、数据上报等方式，监督入户养育指导的过程，及时发现并解决问题。另一方面，通过工作坊培训、复训、观摩、巡回演练等方式，为育婴辅导员和督导员提供了能力提升的途径。

4. 因地制宜探索多种服务提供模式

为丰富养育指导内容、探索不同干预方式的效果，项目还在不同的地区因地制宜，在入户养育指导的基础上进行多样化的尝试和探索。除了入户一对一养育指导外，"慧育中国"项目充分利用山村幼儿园、社区幼儿园、学校等场地，在村或乡镇设立"慧育中心"，采用集中的方式，为纳入项目的婴幼儿家庭每周组织亲子活动，提供 0~3 岁儿童养育指导服务。在新疆吉木乃县、青海乐都区、贵州七星关区、河北大名县均采用了"入户养育指导+中心式"的混合模式。每次亲子活动包含亲子阅读、亲子游戏、音乐律动等内容，配备统一的中心式游戏和阅读活动玩教具，由 1 名主教老师和 1 名辅教老师组织实施活动。每次参与中心活动的家庭不超过 15 个。

截至 2023 年 12 月，全国共开设"慧育中心"83 家，目前中心数量还在不断增加中。

三 项目成效

2015 年 7 月至 2017 年 7 月，基金会组织北京大学、中国人民大学、中国疾控中心、上海妇幼保健中心、陇东学院等科研调查机构，对甘肃省华池县首个"慧育中国"项目试点县进行基线评估、中期评估以及末期评估。同时，基金会还和芝加哥大学诺贝尔经济学奖获得者詹姆斯·赫克曼（James Heckman）教授团队合作，对华池县试点进行评估。评估结果发现入户一对一养育指导（家访）对干预组幼儿发展促进作用明显。

（一）家访提升婴幼儿发育正常率达50%以上，有效促进儿童早期语言、大动作发展

调查表明，家访干预对促进幼儿发育有非常积极的作用。在控制儿童月龄、性别、出生顺序、母亲受教育年限等变量条件下，家访干预使儿童智力筛查"正常"的概率提高了 51.4%。芝加哥大学经济学教授、诺贝尔经济学奖得主詹姆斯·赫克曼研究团队对华池县三期评估数据进

行了严格的计量经济学分析，发现末期评估时儿童语言和认知能力提高1.1个标准差，证明家访干预产生了明显效果。家访对儿童语言和认知能力产生的这种提升效果，90%是由于儿童的"潜在技能"得到提升，10%是由于儿童获得了多种技能的学习能力，这也是生产力提高的表现。

（二）家访改善看护人教养行为和家庭养育环境

对基线儿童的跟踪分析表明，经过22个月的家访，家庭环境观察量表（HOME IT）总得分提高4.41分。事实上，中期评估结果显示，家访10个月后，儿童家庭环境就已发生明显改变，干预组在量表五个维度上的得分均比对照组高，其中"学习材料"的变化最明显。HOME量表在一定程度上与幼儿心理发展相关，较高的HOME得分表明幼儿未来心理发展水平更高。换言之，家访干预对看护人教养行为、家庭环境的改变能够有效促进幼儿发展。

（三）家访有利于幼儿身高增长，降低消瘦率

干预组儿童的"年龄别身高"（HAZ）比对照组高0.14个标准差。对基线儿童的跟踪分析表明，经过18个月的家访，儿童消瘦率降低15.3%。这说明，家访能够有效促进幼儿身体发育，促进幼儿身高增长，降低消瘦率。

（四）家访提高营养包依从率，减少贫血发生

评估显示，干预组比对照组儿童营养包的依从率高11个百分点，干预组儿童血红蛋白含量比对照组高0.09g/dl，差异均具有统计学意义的显著性。

"慧育中国"项目是针对我国欠发达地区农村家庭开展的一项儿童早期综合发展的社会试验。项目实施的意义体现在这项社会试验的中长期效果中，即项目儿童在入园、入学、升学及就业以后的成长变化。

四 经验启示

大量的实证研究和国际经验均表明,对儿童成长早期的营养、健康、教育等方面进行积极干预,可以显著促进儿童健康成长,提升人力资本,取得巨大的社会投资回报,比儿童成长后期的补救性干预效果更好、收益更高。脱贫攻坚没有落下任何一个儿童及其家庭,乡村振兴和共同富裕也要帮助欠发达地区儿童更好地健康成长、全面发展,为每一个家庭提供支持保障,尤其要关注农村婴幼儿养育,要实施更加积极的政策,为婴幼儿养育照护和家庭支持等方面提供支持和服务保障。

第一,尽快出台针对农村地区婴幼儿养育照护的指导意见,将早期养育照护列为准公共服务。农村公共设施条件较差、专业技术人员稀缺、资金需求量大,需要在服务配置上优先覆盖欠发达地区农村,实施普惠性的早期养育照护指导。

第二,在欠发达地区农村以入户养育照护指导为主、入户养育照护指导结合中心的模式尽快扩大试点范围,早期儿童养育照护服务要入户。广大偏远农村地区人口居住相对分散,县城以外绝大多数农村地区都没有婴幼儿养育照护服务资源,并且对服务的支付能力差,农村家庭更需要提供的上门指导服务。应充分利用我国完善的县、乡、村三级公共卫生体系,主要采取育婴辅导员入户方式,结合中心型和小组型的辅助方式。由县级卫生部门统筹督导,在乡镇卫生院设立督导员,在村一级聘用育婴辅导员入户进行婴幼儿养育照护指导。

第三,国家财政加大对婴幼儿养育照护投入,重点向欠发达地区农村倾斜。设立基本公共服务领域中央与地方共同财政事权项目,保障欠发达地区农村的孩子每人每年3000元的早期发展经费。积极扩大养育试点范围,对于效果明显,推广、代表意义强的模式,由政府主动接纳,或购买社会公共服务。

第四,建立农村婴幼儿养育照护服务队伍,加强专业技能培训。充分利用具有良好群众基础和工作意愿的在村妇女群体，就地招聘和培训初中学历以上的人员加入服务队伍，加强专业培训，努力争取纳入国家职业资格目录。稳定队伍，服务乡村振兴，促进农村妇女就业。

第五，加强项目执行和效果监测评估。围绕婴幼儿照护的政策和项目的进展、质量和成效，建立动态监测评估机制。加强早期养育照护服务的信息化平台建设，着重引入信息化过程数据收集和分析手段，建立大数据平台，并纳入绩效考评体系中。

B.13
湖畔魔豆公益基金会"养育未来"项目

"养育未来"项目组 *

摘 要: 自 2017 年起,为促进中国农村地区 0~3 岁婴幼儿的认知、语言、运动和社会情感等关键能力的早期发展,回应农村家庭的养育需求,浙江省湖畔魔豆公益基金会在国家卫健委的指导下,联合学术机构、社会力量和各省市卫健委及各县人民政府,共同探索并推广"养育未来"公益项目县域模式。"养育未来"项目是针对农村和欠发达地区开展的 0~3 岁婴幼儿早期发展普惠公益项目,是全球儿童早期发展领域实证有效的中国方案。此项目旨在通过影响照养人的养育观念和行为,促进儿童认知、语言、运动、社会情感等能力均衡发展,最大程度地降低农村和欠发达地区 0~3 岁婴幼儿发展滞后的风险,并探索出一套适合农村、可落地、宜推广的婴幼儿照护服务解决方案,以期在政府和社会多方力量的共同推动下,让更多农村的家庭和儿童受益。该项目已成为农村普惠托育服务体系的有机组成部分。经过长期追踪调研发现,早期干预显著降低了家庭主要照养人发生抑郁、焦虑和压力的风险,对儿童认识、语言、运动和社会情感能力的发展也产生积极影响,从而降低了农村和欠发达地区儿童早期发展滞后的风险。

关键词: 婴幼儿照护 普惠托育 对照干预实验

---

* 刘安南,浙江省湖畔魔豆公益基金会"养育未来"项目组成员,主要研究方向为儿童早期发展项目的设计、管理和创新实施,项目服务人员的培训和队伍建设,以及儿童早期发展相关的政策倡导。孙永磊,浙江省湖畔魔豆公益基金会"养育未来"项目组成员,主要研究方向为农村场景下儿童早期发展项目的运营管理,包括人员管理和激励、在地管理人员和服务人员管理和赋能。

一 实施背景

（一）项目背景

大量研究表明，0~3岁是人类大脑生长发育最重要的阶段，大脑经历了快速发育、突触修剪和髓鞘形成等过程，对儿童未来发展潜能的实现至关重要。

党和政府始终高度重视儿童早期发展工作，特别是党的十九大以来始终把"幼有所育"作为保障和改善民生的重要内容，2019年4月《国务院办公厅关于促进3岁以下婴幼儿照护服务发展的指导意见》明确提出到2025年，婴幼儿照护服务的政策法规体系和标准规范体系基本健全，多元化、多样化、覆盖城乡的婴幼儿照护服务体系基本形成，婴幼儿照护服务水平明显提升，人民群众的婴幼儿照护服务需求得到进一步满足，其中主要任务是加强对家庭婴幼儿照护的支持和指导。党的二十届三中全会更是提出，健全人口发展支持和服务体系。以应对老龄化、少子化为重点完善人口发展战略，健全覆盖全人群、全生命周期的人口服务体系，促进人口高质量发展。完善生育支持政策体系和激励机制，推动建设生育友好型社会。"鉴于我国城乡和地区发展不平衡、农村发展不充分的现状，提高未来劳动者人力资本、促进人口高质量发展"最艰巨最繁重的任务仍然在农村"。

（二）项目旨在解决的社会问题

在国家政策越来越关注婴幼儿照护服务，尤其是农村地区的背景下，近年来出现了一些针对性的举措和项目，但是仍然面对严峻的挑战：一是政策层面已初步完成顶层设计的情况下，实施细则与落地方案仍处于探索阶段；二是缺乏专门适用于农村地区婴幼儿与家庭的高质量解决方案；三是部分公益项目存在服务相对分散、与政府合作存在困难、本地化程度不足等问题，导致难以保障项目可持续运营。因此，"养育未来"项目致力于探索一套适

合农村的、可落地、宜推广的0~3岁婴幼儿照护服务模式，以期在政府和社会多方力量的共同推动下，改善农村地区婴幼儿发展的现状。

二　实施方式

（一）项目目标

"养育未来"项目，目标是在有限的资源下，通过影响照养人的养育观念和行为，最大程度地降低当地0~3岁儿童发展滞后的风险。在实施过程中，为了更能指引实际工作，项目的目标被分解成"组织建设""服务"和"影响力"三个维度，三个目标相辅相成，共同促成项目目标的实现（见图1）。

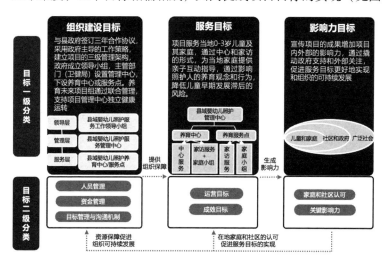

图1　县域"养育未来"项目目标

（二）项目干预方式

通过6年的时间，"养育未来"已经形成自身的一套项目模型，与省市卫健部门达成战略合作，以"县域"为单位进行项目的落地和推广。项目落地过程中，以"三年"为一个周期与县政府签订合作协议，采用"政府主导"的工作策略在县域落地，项目模型包含以下几个方面。

1. 项目管理架构

县政府成立领导小组，主管部门（卫健局）设置一个管理中心，下设养育中心或服务点。领导层提供政策保障，协调各部门资源支持项目实施，监督项目日常的运转；湖畔魔豆公益基金会提供资金技术，并通过三年的联合管理支持，逐步培育管理层和服务层，使在地项目团队具备独立持续运作的服务与管理能力（见图2）。

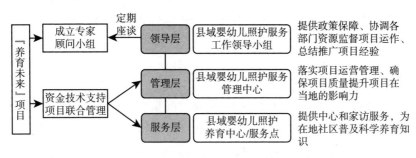

图2 "养育未来"项目管理架构

2. 项目配备

在人员配备方面，管理中心（管理层）配备1名主任和3名管理干事，养育中心/服务点（服务层）配备25~30名养育师，管理干事和养育师进行在地招募和培养；在场地配备方面，项目选择人口聚集的乡镇建设3~7个养育中心，面积总和达800~1000平方米；对于居住地域较分散的家庭，项目提供家访服务；在物资配备方面，日常运营所需物资包含玩教具、绘本、游戏设施和日常物资等。

3. 服务和资金规模

项目设定每年每个县域平均服务800~1000个家庭（见图3），通过亲子课程和集体活动为家庭提供服务。以三年为一个合作周期，第一个周期内政府提供场地硬装改造和承担日常空间运营费用，由浙江省湖畔魔豆公益基金会筹措资金提供项目所需的物资和日常运营费用（包括人工成本和差旅）等；第二个合作周期，政府财政将承担50%或以上的项目运营费用，随着项目的持续开展，在地政府财政后期投入不断加大。

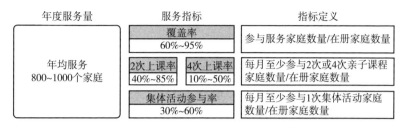

图3 "养育未来"县域项目服务容量

注：项目要求对中心所在乡镇辖区符合服务条件的家庭应纳尽纳，在册家庭数量为乡镇辖区内所有0~3岁婴幼儿家庭，服务指标的数值随着项目发展周期推进，由低到高逐步达成。

4.项目发展周期和联合管理机制

为了高效开展和管理项目，项目组基于过往的经验，总结形成养育未来的项目周期，将第一年的三年合作期的项目开展划分五个阶段（见图4），建点期、试运营期、成长期、成熟期和创新期，每个阶段有不同的工作重点，促成阶段性的"关键结果"，以逐步实现项目目标。

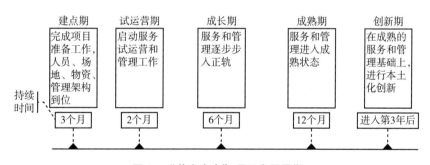

图4 "养育未来"项目发展周期

为了促成项目在当地长期的发展，既保障项目的主体权利责任落在当地，又保障项目发展符合项目整体的发展目标，在合作期内，"养育未来"的项目管理模式定位为"联合管理"（见图5）。"养育未来"项目团队作为技术支持方，在地的管理中心作为执行管理方，双方共同合作管理，随着合作期的推进，"养育未来"项目团队的联合管理力度从紧到松，从主导到辅助。

质量保障
通过联合管理的方式，保障项目运行的质量
管理赋能
通过联合管理，赋能管理中心，建立和培养管理中心
项目管理的原则、流程和规划
组织培育
通过联合管理，为项目长期的发展培育出能力匹配的在地组织
在地主导
通过联合管理的方式，逐步让渡管理权，树立管理中心项目
管理的主导权

图5　项目"联合管理"作用机制

5. 服务模式

为了提高服务的可及性和便利性，结合当地地形以及儿童居住分散状况，项目主要采取"养育中心"和"养育服务点"两种服务模式（见图6），以中心服务为主，家访服务为补充。

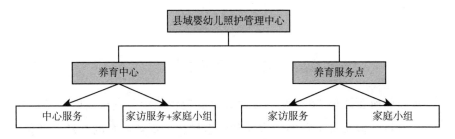

图6　"养育未来"项目服务模式

项目服务内容基于一套有中国知识产权的、经过多年实证验证有效的"养育未来"课程①（见图7），从儿童需要角度出发，设计集体课程、一对一亲子互动课程，对6~36个月的婴幼儿按照月龄和周龄进行科学干预，干预过程中强调亲子互动、强调家庭干预、强调覆盖。服务递送也结合现实需求适配线下和线上两种模式。

---

① "养育未来"项目亲子活动课程是在中国发展进入新时代的背景下开发出的一套适合中国国情、具有中国特色，适用于6~36个月孩子的认知、语言、运动、社交情绪能力发展的方案。该方案已于2017年出版。

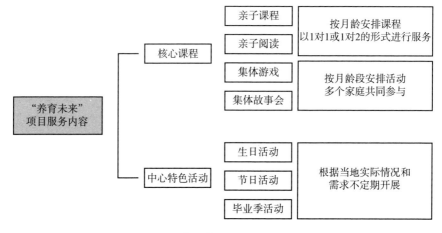

图7 "养育未来"项目服务内容

三 项目成效

（一）符合国家政策倡导方向，贴合农村地区实际

项目为所在县6~36个月的婴幼儿家庭提供两种便利可及的服务模式。这一探索符合国家对于发展"多元化、多样化、覆盖城乡的婴幼儿照护服务体系"的政策要求方向。

自2017年底湖畔魔豆公益基金会推动"养育未来"项目以来，在国家卫健委人口家庭司的指导与支持下，已在7个县域落地（陕西宁陕、清涧、镇巴和城固、江西寻乌、贵州紫云、广西环江）。截至2024年10月，累计建设58个养育中心和服务点，累计发展和培养348余名养育师和管理人员，累计服务0~3岁婴幼儿及其照养人36726名，开展一对一亲子课程461732节、亲子集体活动46708场（见表1）。

（二）照护方法科学有效，婴幼儿早期综合发展水平显著提高

"养育未来"通过持续研究跟踪分析和改进项目，并利用技术工具提高

表 1 项目服务数据（截至 2024 年 10 月）

县域	运营起始	累计中心/服务点	累计管理人员	累计养育师	累计服务婴幼儿	累计服务照养人	累计亲子课程节数	累计集体活动场次
宁陕	2018.07	26	17	67	2937	4892	137410	17157
清涧	2020.01	6	4	28	3291	5434	106965	7688
寻乌	2020.11	7	6	55	3361	4618	85657	6640
紫云	2021.12	6	10	56	2221	2404	61833	7809
环江	2022.04	6	6	46	2167	3148	61760	6500
镇巴	2023.09	3	5	22	961	1292	8107	914
城固	2024.12	4	4	22				
合计		58	52	296	14938	21788	461732	46708

注：城固项目于 2024 年 12 月正式运营。

运营效率和效果，以确保项目有效达到"降低农村地区 0~3 岁婴幼儿发展滞后风险"的目标。

"养育未来"研究团队开展了系列影响评估。2012 年底开始进行的评估研究显示，"养育未来"开发使用的课程方案，在家庭和社区的服务方面具有成本效益[①]。2018 年，项目在陕西宁陕县探索"政府主导"的县域模式，"养育未来"同步开始对 2703 名婴幼儿及照养人进行长达 20 年、共计六轮的追踪调研，目前已完成两轮 6 年的追踪调查。经过首轮为期三年的随机干预试验评估，结果表明项目对婴幼儿沟通能力、精细运动、早期综合发展水平干预效果显著，对实质受到项目干预的儿童的影响翻倍（见图 8）。

目前第二轮的调研数据显示，项目对儿童认知发展在 4~6 岁阶段仍有着积极影响。通过"养育未来"的项目干预，例如鼓励照养人与孩子一起看绘本、讲故事、唱儿歌、户外玩游戏等行为，不仅对孩子的发展产生了显著的正向影响（见图 9），也使得照养人的抑郁、焦虑、压力的倾向明显降低（见图 10）。

[①] 2012 年底至 2017 年，"养育未来"项目先后开展多次调研，并通过多项随机对照试验对 2000 余名儿童和家庭进行横跨 5 年的面板数据，评估早期养育干预的中期影响。

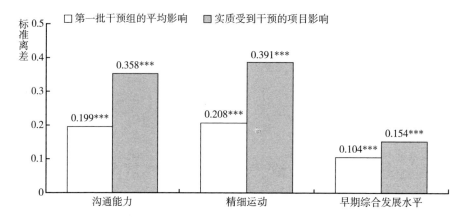

图8 宁陕项目半年评估净干预效果

资料来源："养育未来"宁陕整县覆盖模式项目调研。

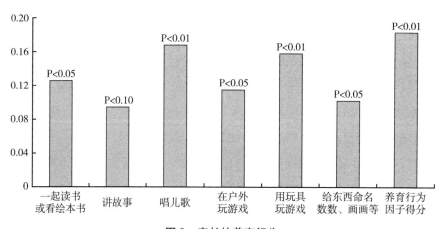

图9 家长的养育行为

说明：干预对看绘本、讲故事、唱儿歌、户外玩游戏、给东西命名、数数、画画等产生了显著的正向影响。

（三）模式可实现、可持续，投入成本可控

2017年底"养育未来"项目开始推动县域模式落地，具体由县域政府主导，设立政府领导小组、项目管理中心、村镇养育中心三层落地机制。从多个国家级脱贫县域具体实践来看，每个婴幼儿单位成本较低，该模式长期

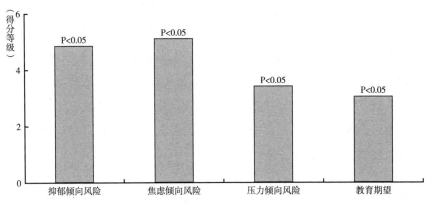

图10 监护人抑郁、焦虑、压力、教育期望

说明：干预三年后的幼儿园阶段儿童监护人的抑郁倾向，焦虑倾向、压力倾向和教育期望均产生了显著的正向影响。

运营可实现可持续。在专业化方面，项目派出专业团队提供联合管理支持，对当地招募的服务、管理人员提供线上线下相结合的持续培养和指导，当地人解决当地问题，避免公益项目空心化。在项目管理方面，基于项目发起方的管理经验、技术优势，为项目提供数字化的运营管理平台，以及业务运营激励、组织管理赋能、在线学习等方法、工具和平台，持续陪伴和支持项目成长和发展。

四 经验启示

在多年的实践过程中，"养育未来"项目逐渐厘清了家庭、政府、社会力量（公益基金会）、村镇/社区等各方在婴幼儿照护服务体系构建过程中的角色与分工，同时经过严格的财务测算，每一名婴幼儿照护所需成本投入可控。应当说从项目运营与综合成本这两个方面来看，"养育未来"项目可复制可持续。

"养育未来"项目的运营实现了四位一体，"家庭照护尽主责、政府主导起作用、社会力量有所为、村镇/社区可依托"，具体如下。

（一）家庭照护尽主责

以陕西宁陕为例，在运营的最初阶段，大多数家长尤其是农村家长还没有认识到0~3岁阶段的教育对孩子成长的重要性，思维还是停留在"吃饱穿暖不生病就好"的层面，在社区里能获得的婴幼儿照护服务也十分有限。伴随着项目的推进，照养人在中心找到了更多交流的对象，在学习和分享中解决育儿困惑，获得育儿支持。

（二）政府主导起作用

"养育未来"项目的落地与持续有效运营，离不开政府的主导。一方面按照国家政策方向，支持项目落地；另一方面在具体运营过程中提供组织保障。

（三）社会力量有所为

湖畔魔豆公益基金会作为"养育未来"公益项目的发起方和实施方，在实践过程中已经打磨出一套系统性的解决方案：一是一套经过评估，公开出版的儿童早期发展课程教材；二是一套完整的项目落地执行指导手册；三是一套（本地）养育师和督导团队的培养赋能体系；四是一套基于数字化技术的项目运营管理系统/平台。

同时基金会的"养育未来"项目团队为项目落地和运营提供联合管理支持。一方面在地养育师与实操督导团队培养效率也大幅度提高；另一方面自行研发和有效运营系统平台，能够全方位对项目进行过程管理，保证最终的服务效果。"养育未来"已将上述经验和能力总结沉淀为一套完整的项目实施复制指导手册。

（四）村镇/社区可依托

"养育未来"项目基于村镇/社区闲置设施建设以家庭为主的服务支持空间。"养育未来"项目根据项目点的聚居情况和地理交通条件，将中心模式与家访模式相结合，力求最大程度地覆盖家庭。

B.14
北京陈江和公益基金会
"慧育希望"项目

许冰寒*

摘　要：　针对乡村欠发达地区0~3岁儿童科学养育服务资源缺乏、家庭养育照护观念落后等问题，2019年，北京陈江和公益基金会秉承教育优先的宗旨，以"慧育希望"项目为引领，通过培育本土养育师队伍，建立儿童早期发展活动中心，开展儿童早期发展服务，提升家长科学育儿观念，帮助乡村欠发达地区的0~3岁儿童实现发展潜能，从而促进儿童健康成长。截至2024年10月，项目已在山东、江西、贵州、江苏、福建、上海和北京等省市建设运营了125个儿童早期发展活动中心，累计培养300余位专业养育师，服务13600余名农村地区的0~3岁儿童及其家庭，免费提供超过34万节课程。"慧育希望"项目通过"儿童早期发展活动中心建设+本土养育师队伍培育+建立本地项目管理团队+科学评估项目干预效果"的方式，构建"基金会-政府部门-学术界机构"多部门联动机制，实现儿童早期发展和赋能地方女性的双赢，为农村欠发达地区0~3岁儿童发展服务建立了可借鉴模式。

关键词：　养育指导　家庭访问　中心式养育

---

* 许冰寒，北京陈江和公益基金会评估研究部主管，主要研究方向为儿童早期发展及照顾人养育知识和技能提升，组织开展"慧育希望项目实施科学评估研究""中国东西部农村地区儿童早期发展的干预效果比较及影响机制"等研究工作。

一 实施背景

（一）项目背景

1. 0~3岁儿童发展，是中国与全球发展的优先议程

儿童是国家的希望、民族的未来。0~3岁是儿童早期成长发展的关键时期，这一时期也是儿童一生中大脑发育最为迅速的阶段，确保儿童在这一关键时期的发展至关重要。

2016年发布的《柳叶刀》新系列《促进儿童早期发展：从科学理论到推广普及》提供了一系列有力证据，使国际社会愈加清晰地认识到0~3岁这一发展时期的重要性。我们必须在这一阶段为儿童提供关爱与照料，提高儿童的生存概率，使他们更加健康地成长，并在认知、语言、情感和社会能力等方面获得更好的发展。《柳叶刀》系列同时指出，一旦错过这一关键时期，受到发育迟缓影响的儿童成年后的年收入可能比平均水平少26%[①]。

进入21世纪，越来越多的国家开始重视儿童早期发展。2000~2014年，实施儿童早期发展多部门合作政策的国家数量从7个增加到68个，其中45%是中低收入国家。同一时期内，全球范围内还出现了大量针对儿童早期发展的投资。例如，2000年以来，美洲开发银行批准了150多个项目，资金额超过17亿美元。2000~2013年，世界银行主要通过卫生、营养和人口规划项目对273个项目投资33亿美元。然而，上述投资仍不能满足现有干预措施的需求和影响。

2. 为了每一个孩子，中国政府不断推进儿童早期发展均等化

《"健康中国2030"规划纲要》将儿童早期发展作为一项重要内容正式纳入妇幼健康工作，上升为国家战略。在全面建成小康社会的新形势下，我国将全面加大儿童早期发展的工作力度，结合落实规划纲要、健康

[①] 《0~3岁儿童发展：中国与全球发展的有限议程》，联合国儿童基金会，2017。

公平及基本公共卫生服务，以示范基地创建为抓手，不断规范儿童早期发展工作，促进儿童早期发展工作加快推进。努力提高基层儿童早期发展服务指导能力，为儿童提供全面系统连续的医疗保健服务，让更多的儿童和家庭受益①。

与此同时，乡村儿童早期发展也关系着我国乡村振兴的战略部署。当前，我们正处在从脱贫攻坚向乡村振兴有效衔接的关键时刻，也同时面临着从人力资源大国向人力资源强国的关键性转变。做好今天的乡村儿童事业，促进儿童早期发展，提高人口素质，将直接关系到未来乡村人才队伍的成长、产业振兴、乡村富裕和农民幸福。

（二）项目旨在解决的社会问题

当前，中国在儿童营养方面已取得显著进步。研究显示，中国儿童贫血率在义务教育学生营养改善计划实行十周年后已经降至 5%，低于美国。但研究显示，在我国 10 个省份 19000 多名的乡村婴幼儿测评中，仍有超过40% 的乡村婴幼儿在语言、认知、社交情感等方面发展存在滞后风险。

研究认为，造成这一现象的主要原因是家庭的交互性养育行为缺失，而非单纯的营养或基因问题。这背后反映了乡村家庭缺乏对儿童早期发展重要性的认识，缺少科学合理的育儿方法和手段，缺乏为婴幼儿创造刺激发育的家庭养育环境。

目前，我国儿童早期成长发展服务存在明显的城乡差异，相较于城市儿童，超过 80% 的乡村儿童没有接受过早期养育指导服务。从总体上看，中国儿童早期发展目前依然面临着资源投入有限、覆盖面不够广、乡村特别是欠发达地区儿童机会不足等问题②。缺乏有效刺激儿童综合能力发展的环境，乡村父母缺乏科学养育的意识和技能，这些都制约着乡村欠发达地区儿童发展潜能的实现，并将进一步造成儿童成年后受教育程度低

---

① 《0～3 岁儿童发展：中国与全球发展的优先议程》，联合国儿童基金会，2017。
② 《0～3 岁儿童发展：中国与全球发展的优先议程》，联合国儿童基金会，2017。

和收入低的恶性循环。若不采取有效干预措施，贫困的代际传递将很难被打破。

为在源头提高乡村地区人力资本质量，促进社会平等以及消除贫困的代际传递，为中国未来社会经济可持续发展提供良好的人力资本储备，"慧育希望"项目从全生命周期角度考虑儿童早期发展，致力于建设和提升以家庭养育为核心、社会养育服务为支撑的乡村儿童养育环境。

二 实施方式

（一）项目目标

"慧育希望"儿童早期发展项目由北京陈江和公益基金会于2019年联合科研机构、地方政府等共同发起，2022年北京陈江和公益基金会携手中国乡村发展基金会联合开展，进一步推进项目规模化，助力乡村振兴，帮助更多欠发达地区婴幼儿提升发展潜能，促进婴幼儿在认知、语言、运动和社会情感方面的综合发展，不断探索儿童早期发展干预的可行模式，并在全国范围内逐步推广。截至2024年10月，"慧育希望"项目已在山东、江西、贵州、江苏、福建、上海和北京等省市建设运营了125个儿童早期发展活动中心，为当地0~3岁儿童及其家长开展儿童早期发展相关服务。项目以3年为一期，不断探索可持续性发展。

（二）项目干预方式

1.组建在地"项目管理中心"

基金会与当地政府部门合作，在当地设立"项目管理中心"，项目管理中心负责人由政府官员担任，牵头协调为中心提供免费场地，全方位支持项目运营管理工作，包括儿童早期发展活动中心选点、中心建设、养育师招聘管理、项目宣传与儿童招募、中心日常监督管理等。

2. 构建中心制为主,家访为辅的家庭支持体系

家庭获得高质量的儿童早期发展服务及养育指导服务,提升科学养育照护能力以及完善的社会支持,可以促进儿童早期发展。"慧育希望"项目通过建立和运营儿童早期发展活动中心,培养农村女性成为专业的养育师,为当地0~3岁婴幼儿及其家长提供免费的养育指导和亲子活动。项目以在中心开展一对一亲子互动课程为主,同时开展集体课程、节日活动、家长工作坊等,辅以入户家访,上门送课,引导照养人学会科学育儿。

3. 培育本土养育师力量,提升服务专业性

招募当地农村女性成为养育师,与陕西师范大学教育实验经济研究所专家团队合作,为养育师提供标准化的入职及提升培训。通过定期督导支持与地区间交流学习,打造一批集熟练实操技能和丰富专业知识于一体的本土养育师队伍。同时,资助专家团队开发0~3岁婴幼儿养育专业领域系列教材,并向社会提供,形成儿童早期发展从业人员标准化培训方案,总结人才培养体系并进行推广,构建和完善长效专业发展机制,促进儿童早期发展领域人力资本发展。

4. 持续性项目监测与评估

"慧育希望"项目全年持续监测项目运营情况、家长满意度和反馈,项目团队通过实时数据监测获得项目运营信息和服务反馈,及时采取相应措施以提升项目运营效果和服务质量。同时,与知名高校研究团队(北京师范大学、陕西师范大学等)、志愿服务团队合作,对项目进行科学权威的评估,深入了解项目的干预和指导效果。

三 项目成效

(一)累计为13600余个农村地区0~3岁儿童及其家庭提供儿童早期发展与养育指导服务

截至2024年10月,项目已在山东、江西、贵州、江苏、福建、上海和北京等省市建设运营了125个儿童早期发展活动中心,累计培养300余位专

业养育师，服务 13600 余个农村地区的 0~3 岁儿童及其家庭，免费提供超过 34 万节课程。

1. 项目促进了当地0~3岁儿童的早期发展

项目干预不仅促进了儿童在认知、语言、动作、社会情感等各方面发展水平的显著提升，而且在帮助家长尽早发现"特殊"孩子，降低发展滞后对孩子的长远影响方面发挥了有效作用。当地幼儿园园长表示，从"慧育希望"儿童早期发展活动中心毕业的孩子上幼儿园后适应情况更好。

2. 项目改善了当地0~3岁儿童的养育现状

通过项目干预，儿童照养人的养育知识和技能水平得到显著提升，儿童照养人开始关注儿童营养状况，儿童家庭养育环境得到改善。

3. 项目实施促进了养育师专业能力提升

养育师教授亲子课程、组织亲子活动以及日常管理中心所需要的各项能力都在项目实施中得到了锻炼，养育师的工作适应良好，情绪和压力状况都处于正常水平。

4. 项目对当地婴幼儿教育起到了很好的参考借鉴作用

"慧育希望"儿童早期发展活动中心管理规范，活动内容科学，对当地早教机构起到了很好的示范引领作用。"慧育希望"项目的干预和评估模式，也将对当地教育行政部门提升婴幼儿教育质量、评估幼儿园课程具有较高的参考价值和借鉴意义。

5. 项目效益将对当地发展产生长远辐射作用

项目干预带给当地 0~3 岁儿童及其照养人的积极变化会影响孩子的一生，也将对当地教育及社会发展起到不可估量的促进作用。[①]

（二）形成"建设儿童早期发展活动中心+培育本土养育师队伍+建立本地项目管理团队+科学评估项目干预效果"的项目模式

在建设儿童早期发展活动中心方面，通过前期科学调研，在项目地建设

---

① 《"慧育希望"儿童早期发展创新试点测评项目（江西省广昌县）》，北京师范大学中国基础教育质量监测协同创新中心，2021。

儿童早期发展活动中心，注重软硬装修质量高标准，足额配备按月龄定制的玩教具和绘本，为农村及欠发达地区儿童提供早期发展的场所。

在培养本地养育师方面，招聘本地年轻知识女性为养育师，邀请专家队伍定期开展培训，提升养育师的理论和实践操作水平，积极开展优秀课程巡演、优秀养育师评选等，实行"传帮带""外引内培"，提升养育师服务专业水平。

在建设本地项目管理团队方面，资助陕西师范大学教育经济实验研究所专家团队研发0~3岁婴幼儿养育专业领域教材，推进养育师队伍的专业化建设，形成婴幼儿早期发展人员专业标准化培训方案，构建和完善长效专业发展机制，促进儿童早期发展，最终促进人力资本发展。

在科学监测评估项目效果方面，通过和研究机构合作及自行研发，开展项目实时监测及科学效果评估，不断总结项目优秀成果和经验，为项目优化提供方向指引，逐步形成可复制可推广的项目模式，实现项目的可持续发展。

（三）人才培养体系和知识产品开发共享探索

与知名大学专家团队合作，开发并向社会提供10本儿童早期发展领域专业学历教材，形成人才标准化培训方案，总结人才培养体系并进行推广，研发推行项目管理系统，提高服务智慧化和数字化水平，为扩大优质教育资源覆盖和教育现代化提供了有效支撑。

（四）儿童早期发展研究推进和行业共建探索

与中国发展研究基金会、中国乡村发展基金会、盖茨基金会、北京师范大学、陕西师范大学、中国公益研究院等机构合作，建立健全多机构协作的工作机制，举办乡村儿童发展论坛，编纂0~3岁儿童发展蓝皮书，交流研究成果和实操经验，整合共享行业资源，组织拓展合作空间，共同推进行业建设。

四　经验启示

（一）儿童早期干预规模化要重点关注地区经济发展特点和照养人特征

儿童早期发展干预规模化过程中，因区域不同而造成儿童早期发展水平出现差异，可能的影响因素包括：家庭收入水平、家长受教育程度及母亲年龄。因此，在儿童早期发展干预规模化过程中，尤其要关注主要照养人受教育水平低、家庭收入水平低及母亲年龄相对较小的家庭。

（二）提高项目成本效益，注重提升干预效果

为了提高项目成本效益，儿童活动中心的选址既要考虑干预项目成本，也要考虑当地人口密度和交通便捷程度，而且后者是提高干预效果的关键因素。另外，和当地政府良好合作是儿童早期发展干预项目落地推广的重要保障。

（三）开展实践探索，促进公共政策的优化和改善

研究团队与基金会及其他公益组织开展实践探索，持续推动政策实验与政策改善，可以在三个维度促进公共政策的优化和改善：为政策执行者提供可操作的办法，为政策决策者提供基于实证的数据支撑，为国家制度设计者提供经过科学影响评估方法验证的可推广的有效策略，提高全社会资源配置效率。具体到儿童早期发展干预项目，可以从以下三个方面促进和优化项目：①基层政府工作人员、基层卫健、教育部门完全参与到项目实施中，让一线基层从业者掌握促进儿童早期发展的具体亲子活动方法；②省、市政府部门的决策者参与到项目的具体设计、执行和实施中，让政策决策者了解如何通过随机干预实验的方法验证一项政策或者干预的真正影响，为其提供决策依据；③将整套工作方案和经

验，在其他省市以及国家层面进行经验推广，为政策制度设计者提供经过科学验证的可推广的有效策略，助力于中国人口素质的全面提升，消除贫困的代际传递，提升中国未来竞争力，让更多的家庭和孩子通过儿童早期发展项目获益。

B.15
活力未来"活力亲子园"项目

侯蔚霞*

摘　要： 在国家越来越重视提高人口素质、关注儿童早期发展、倡导家庭提供早期育儿支持的背景下，"活力亲子园"项目尝试突破这一庞大儿童群体居住分散、偏僻的挑战，最大可能地调动更多当地资源，尽快实现早期亲子教育服务的广覆盖。该项目从2011年秋季开始进行探索，在流动人口社区完成单个项目点服务模式的探索和完善后，自2018年开始联合愿意为0~3岁流动、留守儿童及其家庭提供儿童早期发展服务的当地社会组织、幼儿园及社会团体等本地合作伙伴，为其提供专业的服务内容培训和指导，并配套相应的项目物资和资金，支持其开展相应服务。截至2023年底，项目已与147家机构合作，在全国24个省市地区的117个区县，支持196个项目点，培养1067名亲子活动老师，累计为101923名儿童和家长（照护者）提供服务。其中95家机构一直保持日常服务的提供，超过11家机构在本地开拓了两个以上的项目点，两家机构已经成为区域合作伙伴，设立17个项目点，年服务人数占到项目总受益人数的25%。该项目通过与不同类型社会组织合作推动0~3岁儿童亲子教育服务的模式，为我国类似项目推广提供了借鉴，具有一定的示范性。

关键词： 幼儿发展　流动与留守儿童　亲子教育服务

---

* 侯蔚霞，活力未来执行总监，主要研究方向为0~3岁流动、留守儿童家庭、亲子教育。

一 实施背景

（一）项目背景

科学研究表明，0~3 岁是儿童大脑发育的黄金时期，但生活在流动人口聚居区和广大乡镇地区的流动和留守儿童，却面临着缺少早期启蒙机会的问题。这主要是由于儿童在早期发展阶段需要其照护者采用回应式、有效陪伴和互动，而流动、留守儿童的家长（父母或祖父母），因其早教意识弱、支付能力较低、可支配时间少、地域限制等原因，无法为其孩子提供科学的早期教育机会。

我国越来越重视提高人口素质，关注儿童早期发展，倡导为家庭提供早期育儿方面的支持。在多个政策文件中指出要"为 3 岁以下儿童及其家庭提供早期教育指导服务""增强亲子互动，建立平等和谐的亲子关系""引导教育父母树立科学育儿理念，掌握运用科学育儿方法"。针对流动、留守儿童，也特别将"留守儿童关爱服务体系不断完善，流动儿童服务体制更加健全"的工作目标列入《中国儿童发展纲要（2021~2030 年）》，以促进公平教育，切断贫困代际传递。

我国流动、留守儿童规模庞大，且低龄留守儿童比例较高。根据国家统计局、联合国儿童基金会、联合国人口基金会发布的《2020 年中国儿童人口状况：事实与数据》，我国 0~3 岁流动、留守儿童数量分别为 808 万人和 1167 万人，分别占全部 0~3 岁儿童的 19.4% 和 28.0%[①]。受生活区域、家庭支付意愿和支付能力的限制，流动、留守儿童无法接受商业的亲子早教服务，同时当地的基层政府组织或公益组织，也因缺少专业技术（课程工具包、持续的技术支持、专业人员资源）和持续运营能力（人员、资金），而难以为其提供免费或低收费的公益性的早期教育服务。流动、留守儿童由于

---

① 《2020 年中国儿童人口状况：事实与数据》，联合国儿童基金会，2020。

缺乏早期教育机会可能导致发展潜力的损失，以及成年后生产力水平的降低，将使家庭和社会背负巨大的负担，反噬我国脱贫攻坚的成果及社会经济发展所带来的红利。因此，需要及早关注并进行干预。

（二）项目旨在解决的社会问题

庞大的流动、留守儿童群体分散地生活在全国各地，而要让这些家庭真正持续获得有质量的早期亲子教育服务，影响照护者的养育方式，使孩子在运动、语言、认知、社会、艺术等方面获得真正的发展，需要提供以下条件：①方便家庭接受服务的本地场所；②能被当地家庭接受和信赖的亲子教师，持续开展服务；③持续运营的资源支持。

由于这一群体生活区域分散、偏僻，对任何一家公益组织而言，要实现服务全面覆盖都是不现实的。如何调动更多资源，尽快实现更大规模的服务覆盖，是流动、留守儿童早期发展面临的一大挑战。

（三）项目目标

针对上述挑战，活力未来自2011年以来启动实施"活力亲子园"项目。该项目旨在赋能愿意为0~3岁流动、留守儿童及其家庭提供儿童早期发展服务的当地社会组织、幼儿园及社会团体等合作伙伴，为其提供专业的服务内容培训和指导，并配套相应的项目物资和资金，支持其开展同类服务。

二　实施方式

（一）项目设计

1. 目标群体：生活在全国流动务工家庭聚居区、欠发达地区、因教育意识或家庭状况和环境导致缺失早期亲子教育机会的0~3岁流动和留守儿童及其家庭。

2. 时间周期：自2011年秋季开始在流动人口社区进行项目探索，自

2018 年开始正式进行项目复制至今。

3. 开展地区：截至 2023 年底，已在山东、山西、陕西、河北、河南、湖北、湖南、广西、广东、江苏、浙江、内蒙古、宁夏、甘肃、安徽、江西、四川、云南、贵州、西藏、北京、上海、天津、重庆等 24 个省份 117 个区县开展服务。

4. 项目产出：截至 2023 年底，已与 147 家机构，在 196 个项目点，为 101923 名儿童和家长（照护者）提供服务，不完全统计培养 1067 名亲子活动带领人。

（二）项目干预方式

该项目采用家长活动与亲子活动相结合的方式，培养家长成为亲子老师，并持续开展教师培训和督导，帮助教师掌握并不断提升开展早期亲子教育服务的能力。同时，项目还持续开展伙伴社群交流学习活动，不断提升合作伙伴执行项目的效率和质量，最终达到促进更多社会力量加入 0~3 岁公益性早期亲子教育服务领域的目标。项目具体实施包括以下 4 个步骤。

1. 寻找合作伙伴：通过与好公益平台的枢纽机构合作开展路演、已有合作伙伴推介、自媒体宣传招募等方式，向各类组织介绍"活力亲子园"项目，收集合作申请并对申请伙伴进行评估，选定合适的合作项目点（见图 1）。

2. 与合作伙伴签订合作协议，支持项目落地。项目支持的内容包括以下 8 项。

（1）配备地垫、玩教具等亲子园需要的物资；

（2）配备小额启动资金（根据伙伴实际情况，配备 1 万~3 万元/项目点）；

（3）为合作伙伴提供包括全流程管理的《运营指南》，与环境创设、宣传招募等相关的支持材料工具包；

（4）为合作伙伴提供《亲子课教案》《亲子活动手册》《家长活动手册》及配套示范视频、需要使用的课件图片、音乐等教学资源工具包；

是扎根城市低收入社区、农村社区的公益机构，或乡镇民办幼儿园

主要服务群体为流动/留守儿童及其家庭，与亲子园的目标群体契合

落地社区有开展早期亲子教育服务的需求，且有足量的目标群体

能提供可铺地垫面积 ≥30 平米 的场地作为固定的亲子活动室

合作第一年能服务 ≥100 对 0-3.5岁亲子，且能逐年增长

有能负责项目对接工作及亲子活动带领的全职/兼职人员

常规工作　自由活动空间开放　亲子活动　亲子课　家长活动　项目执行沟通反馈　人才培养　监测评估

图 1　活力未来项目合作伙伴申请条件及落地责任

（5）为所有项目运营人员和一线教师提供基础培训，帮助其理解 0～3 岁早期亲子教育服务的意义、形式、内容、注意事项、各类支持工具包的使用方法等；

（6）为每一个项目点配备督导和共同备课等服务，解决其在项目运营、一线教学、与家长沟通交流方面的问题；

（7）组建和管理项目伙伴社群，鼓励各地伙伴分享项目成果与经验，并设立交流互访基金等促进伙伴间线下互学成长的激励机制；

（8）各项目点在当地设立服务中心，提供开放空间、亲子活动、家长活动等服务（见图2）。

图 2　活力未来各项目点服务模式

3. 为一线亲子教师提供方便、实用的教学材料、工具包，并配备相应的阶段性培训及一对一教师督导，帮助培养本地师资，目前已有的教学资源包括 5 类。

（1）适合 2~3.5 岁年龄段亲子课教案及配套课件、图片、音乐、示范视频工具包两套（"我"系列、"世界风"系列），每套教案以 0.5 岁为一个年龄跨度，含 3 册；

（2）适合 1~3.5 岁年龄段亲子活动手册及配套课件、图片、音乐、示范视频工具包一套；

（3）《家长工作手册》一套，以培养受益家长成为活动带领人为目标而设计。

（4）《活动执行指南》及可直接使用的模板工具包一套，包括环创、分工、招生、活动开展、监测评估等全流程工作内容。

（5）针对零基础一线教师的需求，邀请外部专家及教学督导，以线上直播+回放的方式，为所有老师提供与"观察儿童""支持家长""儿童发展"相关的专业培训，提高老师的专业能力。

表 1　教学配套工具包的内容

分类	内容呈现形式	数量(个)
早期亲子教育教学材料	图片	177
	课程活动配套视频	228
	教学示范视频	174
	文本(教学配套说明)	117
教师培训	培训视频	75
	专业知识考题	90

4. 通过"伙伴云""信息管理平台"等工具，监测项目执行的产出、成效数据，以确定各项目点的持续合作及支持计划，确保公益资源得到有效利用。随着合作伙伴、项目点数量的增加，目前信息管理平台已包括（但不限于）以下 4 项功能。

（1）机构账号功能：一家机构有多个项目点的情况，可实现同步管理（已有11家伙伴在信息管理平台拥有机构账号）。

（2）项目点分析功能：项目计划、指标、实际的可视化管理。

（3）结项报告功能：报告数据自动生成，在线提交，省时省力。

（4）成本分析功能：通过系统，对各项目点的资助金额、伙伴自筹金额与项目点的服务人数、人次数等进行核算，快速估算出各项目点的单位受益成本。

三 项目成效

（一）覆盖全国24个地区的117个区县，服务101923名儿童和照护者

截至2023年底，累计覆盖山东、山西、陕西、河北、河南、湖北、湖南、广西、广东、江苏、浙江、内蒙古、宁夏、甘肃、安徽、江西、四川、云南、贵州、西藏、北京、上海、天津、重庆等全国24个地区的117个区县，其中，很多区县都是首次尝试公益性0~3岁早期亲子教育服务。服务101923名儿童和照护者，提供了共计2532911个小时的早期亲子教育服务。

（二）为家庭提供有力支持，照护者育儿能力获得显著提高

通过家长访谈、问卷调查了解照护者的育儿效能、育儿行为及其家庭支持儿童早期学习的实践，2018~2019年的家长测评质性数据分析结果发现，40%的家长认为参加亲子课或亲子活动提升了自我情绪管理、压力管理等技能；38%的家长认为项目使亲子关系得到改善，接近1/3的家长认为参与项目使自己学到了更多的育儿知识。2022年开展的家长前后调查结果表明，84%的家长认为管教中的妥协问题得到改善，70%的家长表示他们在获得育儿支持方面有了显著提高，提示项目为0~3岁流动、留守儿童创造了更好的成长环境。

（三）儿童阅读和社交方面的能力显著提升

通过对一线教师、受益人的观察、访谈及家长问卷调查，发现项目有助于儿童的各方面发展，其中阅读和社交方面的能力提升尤为明显，包括"融入集体""同伴之间的交流、交往""与他人的互动"等。参与项目活动也使孩子更合群，有了集体意识，为其带来了"更开朗、活泼""胆子大了"等性格方面的变化，也使得孩子学习或认知了更多的知识、事物、常识。

受益人访谈：

"阅读习惯一直保留，人际关系的处理和交流也游刃有余。幼儿期得到了尊重与爱，成长的过程中也能尊重和爱别人。"

——已返回湖北老家的家庭

"幼儿园的他活泼外向，跟同学也相处社交也好，老师告诉我他情商很高，不怎么喜欢运动，倒是只管自然昆虫动物啥的。马上步入一年级，妈妈希望他懂得感恩，开心快乐就好。"

——已返回河北保定老家的家庭

"孩子做什么事都会比较有耐心，有坚持下去的动力。"

——还留在北京打工的家庭

（四）联合、赋能各类社会组织，合力调动资源，扩大对0~3岁流动、留守儿童及其家庭的早期亲子教育服务供给

1. 通过路演、宣介会等方式，"活力亲子园"项目已主动向1493家机构介绍了0~3岁早期亲子教育服务项目，其中574家机构提出合作申请，使更多组织了解到为流动、留守儿童提供早期亲子教育服务的重要性和执行可能性；

2. 为包括社工组织、图书馆、幼儿园等在内的147家机构赋能，使其

落地开展 0~3 岁早期亲子教育服务，目前有 95 家机构（其中 10 家"活力亲子园"已撤出，而服务仍在本地开展）仍在保持日常服务；

3. 为 196 个项目点培养了 1067 名一线工作人员，成为各地可持续开展 0~3 岁早期亲子教育服务的人力资源储备；

4. 为合作伙伴调动当地政府场地资源（70% 的项目点场地为政府场地）、政府购买服务以及筹集社会资源方面提供支持。2023 年报告数据显示，"活力亲子园"为各类合作伙伴提供了 1948124 元的资金支持，而伙伴自筹的资金总额已经超过 2668294 元（部分伙伴未提供自筹资金数据），接近"活力亲子园"项目支持的 1.5 倍；

5. 各地合作伙伴在开展服务同时，还积极向当地政府、同类机构介绍 0~3 岁早期亲子教育服务项目，接受参观，提供现场观摩机会，积极参加各省市的项目大赛、创投资助机会，扩大 0~3 岁儿童发展议题的影响力；

6. 已有伙伴中已出现主动拓展服务点的"伞状伙伴"，以及可以扶植地区其他社会组织的"区域合作伙伴"，提升了项目在区域的影响力。

7. 已有 11 家机构拥有 2 个以上的项目点；

8. 已有两家区域合作伙伴，设立 17 个项目点，服务人数占"活力亲子园"项目年度总受益人数的 25%。

四　经验启示

"活力亲子园"项目经过试点、复制和推广，初步总结出一套相对成熟、可行有效、与不同类型社会组织合作推动 0~3 岁儿童早期亲子教育服务的模式，对类似项目的推广具有一定的示范性和启发性。

回顾该项目的发展历程，项目成功的要素可概括为以下三个方面。一是符合社区居民的需求。服务中心的选址、活动时间的安排、课程的选择等需要充分考虑当地留守、流动儿童及其家庭的需求，为目标人群提供方便、可及、价格可接受且参与度高的早期亲子教育服务。二是基层政府的支持。项目实施过程中，要充分了解国家政策对基层政府实施儿童早期亲子教育服务的支持力度，与基层政府及时沟通场地遴选、人才招募、筹资方式等具体环节，为项目实施提供人、财、物等保障措施。三是项目设计应具备很强的吸引力。一方面，项目提供了完善的配套物资、资金和技术，可帮助当地社会组织持续提高自身综合能力，促进当地社会组织的可持续发展。同时，项目还应具有一定的创新性，不仅可以支持社区培养居民成为志愿者、兼职工作人员，促进就业，还可帮助社会组织争取相关资源，促进其在当地的发展。上述要素的准备及完善，可在一定程度上保障项目的顺利实施、促进项目目标的实现，是项目顺利执行的关键。

B.16
千天计划"0~3岁儿童发展服务推广实践与长期追踪"项目

千天计划项目课题组[*]

摘　要： 2020 年以来，在社会各界爱心机构、人士的支持下，千天计划项目团队依托国内外高校的专家团队，积极探索 0~3 岁儿童发展领域。在建立示范养育中心、长期追踪受益家庭、与地方政府部门合作等一系列活动开展的过程中，形成了行动与研究相互递进的千天计划模式。面向 0~3 岁儿童及其照护者，既为儿童提供科学的养育服务，又关注儿童照护者的观念更化与思维健康，促进服务区域的养育方式变革；既注重体系建设，又注重人才培养，为项目持续发展积蓄人才；既用科学理论指导项目实践，又依据项目实践推进理论创新；既注重经验积累，又注重经验分享，是国内少见的开源式的公益服务模式。截至 2023 年底，千天计划累计注册婴幼儿 4000 余人，受益人数 12000 余人，开展一对一亲子活动近 60000 次，开展线下养育师培训 15 期，开展关爱照护者活动 7000 多次。评估结果表明，参与项目的婴幼儿能力发展和婴幼儿家长的养育行为在短期内均有积极影响。

关键词： 行动研究　幼儿发展　父母培训

---

* 千天计划项目课题组成员：陈洋，千天计划项目培训负责人，主要研究方向儿童早期发展和家庭养育指导。钱一苇，博士，西南财经大学副教授、硕士生导师，主要研究方向为发展经济学和劳动经济学；王蕾，博士，陕西师范大学国际商学院金融系教授，博士生导师，主要研究方向为金融发展、人力资本与经济发展；蒋琪，博士，主要研究方向为欠发达地区妇女和儿童健康；李珊珊，博士，中南财经政法大学助理教授、硕士生导师，主要研究方向为农村人力资本、儿童早期发展和女性心理健康。

一 实施背景

（一）项目背景

0~3岁（即生命最初的1000天）是婴幼儿发展的关键时期（或称之为"窗口期"），促进儿童早期发展是推进我国从人口大国向人力资源强国转变的重要举措。近年来，如何提高0~3岁儿童早期能力发展成为国家关注的焦点之一，国务院先后颁布了《中国儿童发展纲要（2021—2030年）》《中共中央 国务院关于优化生育政策促进人口长期均衡发展的决定》《国务院办公厅关于促进3岁以下婴幼儿照护服务发展的指导意见》等文件，要求各地区尽快建立起覆盖城乡的0~3岁儿童发展服务体系，提高儿童早期能力发展水平。

建立全面覆盖的儿童早期发展服务体系难点在农村。农村地区0~3岁儿童在认知、语言、社会情感和运动等主要发展领域均远远落后于城市同龄儿童，而且这一差距伴随着其后的每一个教育阶段。因此，在农村地区探索具有可操作性且可持续的普惠儿童发展服务的具体方案，是我国建立全面覆盖的儿童早期发展服务体系的关键。千天计划项目为促进农村地区0~3岁儿童早期发展，探索可执行、可持续的模式，并进行科学评估、长期追踪受益农村婴幼儿家庭，为制定政策提供科学依据。

（二）项目旨在解决的社会问题

科学养育婴幼儿已经成为社会共识，但是在这个领域如何建立可复制的服务模式，尤其是在欠发达农村地区推广婴幼儿科学养育，还需要进一步探索。此外，如何调动社会公益力量，作为全面覆盖的儿童早期发展服务体系的补充，也是重要议题。

千天计划旨在尽可能地调动社会公益力量，联合国内外一流的学术资源及社会资源，聚焦婴幼儿家庭养育指导，以家庭为中心，实施分阶段的不同

指导模式，以期革新欠发达农村地区养育观念和养育方式。同时，千天计划还试图解决长期困扰女性照护者的心理健康问题，通过改善照护者的心理健康状况促进改善养育行为和亲子关系。千天计划还努力坚持长期追踪受益农村婴幼儿家庭，了解并探索儿童早期发展服务对于农村婴幼儿发展产生中、长期影响的因素，不断完善服务方式。

（三）项目目标

1. 提升0~3岁儿童发展水平，指导照护者掌握科学养育方法

千天计划尊重儿童早期发展规律，以《养育未来 婴幼儿早期发展活动指南1（6~12月龄）》《养育未来 婴幼儿早期发展活动指南2（13~24月龄）》《养育未来 婴幼儿早期发展活动指南3（25~36月龄）》为教材，根据6~36个月不同周龄孩子能力发展的要求，通过一对一课程、亲子阅读、集体活动等，有效提升儿童在认知、语言、运动、社会情感四大能区的能力，促进儿童均衡健康发育，从源头上促进儿童发挥发展潜能，提升发展水平。同时，向照护者讲解和示范与儿童发展相适应、能有效促进儿童早期发展的亲子活动课程，鼓励照护者投入更多的时间和精力与儿童互动，组织照护者与儿童开展各种亲子活动。依托市、县中心和村站点，为照护者提供相互交流的空间，分享科学养育儿童的经验，引导家庭科学养育。

2. 为女性照护者提供心理健康支持

千天计划借鉴世界卫生组织推广的健康思维项目和相关课程的基本原理、内容及开展形式，并由专家充分本土化，形成具有中国特色的课程体系。组织女性照护者参与两周一次的小组活动，引导照护者分享照顾婴幼儿的压力和挑战，共鸣、共勉、互诉、互学，获得支持和启发。培养照护者积极思维方式，提升自身健康水平，加强照护者与婴幼儿的互动，提升亲子关系质量。

3. 借力数字科技降低培训、运行成本，提高效率

充分利用 Apple 先进的移动应用科技和 App 开发者社区强大的软件开发能力，开发针对儿童早期发展的专用 App，提供养育师和亲子课程培训、日

常运营管理等多种线上服务，降低养育师培训成本，为管理人员提供电子化管理和教学质量控制，更为今后项目开源、更广泛地分享项目经验和项目模式奠定基础。

4. 长期追踪回访受益农村婴幼儿家庭

千天计划团队家访项目的长期追踪回访研究结果，从数据上为在我国农村地区实施儿童早期发展服务项目的意义提供了客观有力的科学支撑。实际上，从全球发展中国家开展的儿童早期发展服务项目来看，儿童早期发展服务项目在短期内都能有效促进儿童能力发展，从而实现项目目标。但从中长期来看，儿童早期发展服务项目的效果不一。首先，全球范围内发展中国家对儿童早期发展服务项目的追踪研究较少，少量的追踪研究表明，有些项目在中期有效，但大部分项目效果在中期已经消失；其次，发展中国家对儿童早期发展服务项目的长期追踪研究更是寥寥无几，仅有两项长期追踪研究（牙买加项目和南非项目）：在南非开展的儿童早期发展服务项目效果在长期内已经消失；而在牙买加开展的项目效果在长期内依然存在，但牙买加随机干预实验的对象是发育不良的儿童，且干预组和控制组样本量仅分别为64人和65人，因此，其长期追踪结果无法推广到正常儿童群体。因此，千天计划项目团队的长期追踪结果，无论是对中国农村地区，还是对全球发展中国家而言，都具有非常重要的政策含义，主要包括三个方面。

第一，对于欠发达国家和地区，儿童早期发展服务项目对整个社会未来人力资本水平的提高至关重要，应该在全社会范围内开展儿童早期发展服务项目。

第二，要想实现儿童早期发展服务的项目目标（即提高儿童早期发展能力水平），需要设计一套符合儿童早期发展规律的服务内容，需要动员家庭、社会和政府等各层面的力量共同投入，也需要合理的运营管理体系（包括养育师的选拔培训、指导方式和频率的确定、家长参与率的提高、高效的项目运营管理等）。

第三，要想实现儿童早期发展服务项目效果在长期内可持续，需要关注项目效果的内在机制，主要体现在三个层面：一是家庭层面，主要包括家长

养育行为的改善、家长养育知识和信念的提高、家长良好的心理健康状态等；二是政府层面，主要包括持续全面推广的政策引导、良好社会环境的创建、基础教育质量的持续提升、基础教育阶段学生营养健康体系的不断完善等；三是社会层面，主要包括不同社会团体（包括基金会、慈善机构、企业和个人）的通力合作、儿童早期发展服务模式的尝试及创新、对受益群体的不断深入（如政策无法覆盖的地区或家庭）等。

5. 总结可复制、可借鉴的我国基层儿童早期发展服务经验并推广

千天计划以成都中心为模板，在雅安建立我国首个市域全覆盖的市、县、乡（村）三级儿童早期发展公益服务体系，为全市婴幼儿家庭提供公平、可及、有质量的儿童早期发展公益服务。雅安体系建设和运营为这一模式在其他地区的推广提供了可复制模板。

在成都、雅安的基础上，千天计划还在郑州建立了世界上第一个在工厂里开办的儿童早期发展服务中心。同时千天计划还积极向同伴分享研究成果和项目经验，并提供培训和技术指导，积极推动儿童早期发展事业在我国的拓展，提升儿童早期发展项目的影响力。

二　实施方式

（一）项目开展地区、目标群体、时间周期、受益方等

在建立示范服务模式上，2020~2021年，千天计划在成都建立了2家标准化儿童早期发展服务中心，为婴幼儿及其照护者提供公益服务，并以这2家中心为基地，培养了养育师，"千天模式"打造成功。

在长期追踪受益家庭上，2015~2023年，千天计划持续追踪过往干预对象，积累的大量数据充分说明该模式对儿童早期发展有积极效果。

与地方政府部门合作实践推广方面，2021年9月，雅安市妇联及卫健委等市政府相关部门把千天模式引进雅安，按照"党委领导、政府主导、妇联牵头、社会协同、家庭尽责"的原则，共同推进"儿童早期发展公益

服务体系建设"。千天计划为雅安市提供技术支持和运营指导，牵头引入公益资源并赋能、孵化当地民办非企业单位，搭建市、县、乡（村）三级儿童早期发展公益服务体系，为农村家庭提供科学养育指导和女性照护者心理健康支持服务，目前在雅安已建立6个中心、84个村站点，覆盖了雅安市2区6县。

（二）项目设计

1. 在婴幼儿数量较多的社区和乡村开设养育中心或站点，分类分区互动，推动区域养育观念更新

在人口密集的地区建立养育中心，将养育理念和知识辐射到周边地区。标准化的养育中心分为"一对一"亲子活动教室及公共活动区两部分。亲子活动教室配备了按婴幼儿周龄设计的玩教具，用于"一对一"养育课程，手把手教家长科学养育孩子的方法。公共活动区分为大型开放活动区、精细益智游戏区、儿童阅读区等，除了日常组织的阅读活动和集体活动外，婴幼儿及照护者还可以随时来公共活动区自由探索、自主活动。

对于0~3岁婴幼儿较多，但是中心无法辐射的村（社区），依托儿童之家、村党群服务中心等现有的公共场地建立养育站点。养育站点服务范围涵盖站点所在村（社区）3公里范围内所有婴幼儿及其家庭。站点设有1间一对一亲子活动教室，教材和课程、活动安排完全与养育中心一致。对于因居住偏远、观念落后、行动受限等原因参与率较低的婴幼儿家庭，采取养育师入户一对一授课的模式，进行家庭养育指导。

2. 分龄式、科学化的课程体系和活动设计，有效激发0~3岁婴幼儿早期发展潜能

"一对一"养育课程是千天计划的核心课程，是经国家高级教育专家本土化改良的国际先进的分龄式、科学化教程。课程严格按照不同年龄段孩子的能力发展规律和需要进行设计，每周2个、一共248个既有趣又能促进婴幼儿全面发展的亲子活动。

配套安排阅读课程及集体活动。阅读课程使用的是专家设计的适合不同

月龄孩子的绘本图书，由养育师向家长示范如何与孩子一起阅读绘本书，家长按照养育师示范的步骤跟孩子一起开展亲子阅读，培养家长的亲子阅读能力。集体活动是由养育师组织家长和婴幼儿一起开展形式多样、内容丰富的集体亲子游戏活动，每次活动时间不少于 30 分钟。集体亲子游戏活动培养孩子的组织表达、团结协作等能力，并让家长知道该如何与孩子一起玩，以此促进孩子的发展，引导家长改变养育观念和养育行为。

3. 开展健康思维课程，提供女性照护者心理健康支持

健康思维课程专为我国 0~3 岁婴幼儿照护者量身定制，每两周开展一次小组活动。专家团队设计的活动既科学合理又轻松活泼，让照护者在愉悦的氛围中获得更多情感支持和知识，鼓励引导照护者学习如何保持自身健康，建立良好的亲子关系，有效地处理家庭和社交关系。

课程有三个特点：①活动主题的全面性。课程主题涵盖了中国当下照护婴幼儿可能会面临的挑战和困难；②活动对象的综合性。针对较为普遍的隔代养育现象，活动对象除婴幼儿母亲外，还包括了婴幼儿的祖母（外祖母），为所有照护者提供社会心理支持，预防心理健康问题的出现；③活动流程的可推广性。两周一次的小组活动对场地及主持人没有特殊的要求，有清晰的标准化、可执行的活动流程，方便在中国各（农村）地区普遍推广。

4. 公益服务电子化，为后期的低成本运行和大范围复制奠定基础

"千天养育"（移动端 App）投入使用后，不断更新迭代，日益人性化、智能化，为降低运行成本和大范围推广复制千天计划模式奠定了基础。线上课程和各中心、站点以及养育师一起，组成了完善的服务体系，为 0~3 岁儿童及家庭提供公平、可及、有质量、可持续的科学养育指导服务。2024年 7 月，千天养育 App 完成四期开发，照护者及其宝宝在参与 8 次线下一对一亲子课程后，可以使用 App 学习余下的一对一课程并完成整个养育课程的活动。这样，在移动端 App 的帮助下，预期养育师工时时长不变，单个儿童对养育师课时需求量降低 62.5%，服务儿童数量提升 63%，单个儿童服务固定成本降低 66%。

5. 依托专业团队，项目运作规范化，探索总结易操作、易复制、易推广的模式

千天计划与国内外一流的学术机构（如上海交通大学、复旦大学、四川大学、西南财经大学、中南财经政法大学、西安交通大学、斯坦福大学、伯克利大学、北卡罗来纳大学教堂山分校等）密切合作，在培训、教学等方面提供技术支撑，运用实证研究来检验项目运行的有效性。

千天计划在运行中不断总结运行经验，依据实践结果编写标准化流程手册，在中心建设、图书玩教具配套、养育师培训、项目运行检查督导等各个环节都形成了标准化操作流程，为项目复制推广打好基础。

这种政府主导的家庭养育照护项目提供的实践经验表明，构建市、县、村三级服务体系，进一步推动在欠发达农村地区建立科学的儿童早期发展服务落地，在现阶段这种模式是可行的，也是可持续的。大规模推广这种模式，可以帮助提升我国的人力资本水平，为实现共同富裕及中国式现代化储备更多人才。

6. 科学评估儿童早期发展服务推广实践

在开展政府主导的儿童早期发展服务推广实践的同时，千天计划依托国内外一流学术机构，运用国际前沿的随机干预实验的研究方法，开展实地田野调研，对项目推广实践的有效性进行科学评估。通过科学评估，项目旨在回答：①通过为农村婴幼儿家庭提供科学养育指导，政府主导的儿童早期发展服务是否能够有效地提高儿童发展水平以及改变其照护者的思维和观念；②针对女性照护者的心理健康支持项目是否能改善女性照护者的身心健康水平，进而提高儿童发展水平；③针对女性照护者的心理健康支持项目和科学养育指导是否有协同效应，从而更加有效地提高儿童发展水平。

在对项目的评估过程中，分别在样本踩点和选取、基线调研、干预措施随机分配、项目实施督导、终线调研（计划）等方面严格按照研究方案执行，以确保评估结果的科学准确性，从而为制定政策提供可靠依据。

（三）项目创新探索

一是学术研究和项目实践相互促进，长期追踪农村受益家庭，总结儿童

发展规律，完善儿童早期发展服务。为了探索项目对儿童早期发展的长期影响，以此不断改进项目方案设计、活动内容安排，以及项目运营管理，项目对第一阶段采用家访指导方式的受益农村婴幼儿家庭开展了长达近 10 年的追踪回访活动。

首先，遵循规范的科学评估方法，项目团队对实施的家访项目进行科学影响评估，通过分析基线调研和评估调研数据发现，2015 年，在家访项目实施 6 个月的养育指导之后（2015 年），干预组婴幼儿的认知能力比控制组婴幼儿高了 0.295 个标准差；干预组家长的养育行为也比控制组家长高了 0.825 个标准差。这些研究结果表明，家访项目在短期内对于家长养育行为和婴幼儿能力发展具有积极影响。

其次，在家访项目养育指导活动结束 2.5 年之后，2017 年，项目团队对受益婴幼儿及其家庭进行了追踪回访（2017 年），通过分析基线数据和追踪回访数据发现，家访项目对儿童能力发展以及家长养育行为的积极影响依然存在：当项目儿童平均年龄为 4 岁左右时，受益儿童的工作记忆水平比控制组儿童高出 0.264 个标准差；受益儿童幼儿园入学率比控制组儿童高出 0.074 个标准差；受益儿童所就读的幼儿园质量比控制组儿童就读的幼儿园质量高出 0.275 个标准差；受益儿童家长对儿童的时间投入比控制组家长高出 0.291 个标准差。这些研究结果表明，家访项目在中期内对家长养育行为和婴幼儿能力发展的积极影响依然存在。

最后，在家访项目养育指导活动结束 8.5 年之后，2023 年，项目团队对受益婴幼儿及其家庭进行了追踪回访，通过分析基线数据和追踪回访数据发现，家访项目对儿童能力发展以及家长养育行为的积极影响依然存在：当项目儿童就读小学 4~5 年级时，受益儿童的认知能力总分比控制组儿童高出 0.167 个标准差，其中，言语理解和加工速度两个认知能力分维度分别高出 0.225 个和 0.223 个标准差；受益儿童数学成绩比控制组儿童高出 0.634 个标准差；受益儿童就读县城及市区的小学比控制组儿童高出 0.085 个标准差；受益儿童家长对受益儿童的物质投入和时间投入分别比控制组家长高出 0.246 个和 0.172 个标准差。这些研究结果表明，家访项目对家长养育行为和婴幼儿能力发展的积极影响在长期内依然存在。

二是关注婴幼儿及照护者的心理健康。既重视婴幼儿养育，又关注照护者心理，持续干预影响养育行为，从根本上改善项目覆盖区域内的养育观念与养育行为。

三是充分应用前沿数字技术，开发线上 App"千天养育"。提升效率，降低成本，便利推广。

四是通过三级服务体系项目实践证明"党委领导、政府主导、社会协同、家庭尽责"的模式可复制、可持续。

综上所述，千天计划基于科学严谨的评估，在被实践证明有效后，反复梳理总结为系统的方法论并落地实践，坚持"理论—实践—理论"的循环滚动发展。此外，千天计划不仅长期坚持紧跟国际学术前沿，还不断探索这一领域的新边界，拓宽加深服务外延内涵，以儿童早期发展养育为焦点却又不断向四周延展，增加如母亲孕期和哺乳期营养、婴幼儿营养、女性照护者心理健康等服务内容，不断提升项目运行质量。

正因如此，千天计划才得到国内外研究学者及政府相关部门的高度认可。

三 项目成效

（一）项目覆盖范围扩大，受益人数持续增加

截至 2023 年底，千天计划项目累计注册婴幼儿 4000 余人，受益人数 12000 余人，开展一对一亲子活动近 60000 次，开展线下养育师培训 15 期，开展关爱女性照护者活动 7000 多人次。

（二）形成成熟的、可复制的模式

千天计划与在地政府或公益组织达成合作，通过提供技术标准和运行支持，帮助在地政府或企业建立团队和落地运行项目，促进项目达到设定的阶

段性运营目标，支持"以家庭为主"的农村婴幼儿照护和家庭养育，实现合作方共同目标。通过项目启动、项目实施、项目评估与优化、项目拓展与深化四个阶段，为0~3岁儿童及家庭带来实质性帮助，促进儿童早期发展，从而形成一整套易操作、可推广的服务模式，以期为全国0~3岁儿童发展服务体系的建设和实施提供优良模板。

（三）建立了多方协同交流的平台和机制

项目搭建党委政府、群团组织、专家学者、社会组织、志愿者的沟通协调平台，建立协同交流机制，实现资源共享，为儿童早期发展公益服务工作提供充分保障。项目体系建成后，保持对建设、运营中积累的经验和问题的动态评估，依据实际调整服务策略和服务方式，保证项目运行效果最佳。2023年底，整个项目已经搭建起了服务中心和站点建设、养育师志愿者管理、项目运营及培训沟通等多个平台，受到省、市各级领导和社会各界的广泛关注和高度重视。千天项目的各中心和站点先后接待参访60余批次，《人民日报》、西南传媒网、影响四川、川观新闻等多家中央和地方知名媒体报道了项目的情况。

四　经验启示

千天计划响应国家号召，在经济欠发达的农村地区规模化推广儿童早期发展项目，促进科学养育理念的传播，助力打造儿童友好城市。项目提升了农村地区家庭的0~3岁儿童的养育水平，改进了照护者的思维和观念，培养了众多的人才，形成了低成本、可持续、易推广、能复制的模式，不仅得到了当地老百姓的广泛支持，还得到各级政府的认可和支持，成为打破贫困的代际传递，实现共同富裕、乡村振兴的"最好投资"。

同时，国内外一流高校和顶尖学者参与千天计划项目的大规模实地调研和数据分析研究，不断改进儿童早期发展项目运行的科学性和有效性，在0~3岁儿童发展领域的影响力不断提升。

Abstract

The period from 0 to 3 years is a critical phase in early childhood development. Children represent the future of society and the hope of a nation. Systematic research on the development of children aged 0 to 3 as a significant social issue is not only essential for promoting high-quality early childhood development in China but also crucial for achieving long-term balanced population and socio-economic development and the great rejuvenation of the Chinese nation.

Rooted in the family as the basic unit, the Chinese civilization, with its strong sense of familial and national pride, places great emphasis on early childhood development. Since the 1990s, China has successively implemented four cycles of the "China National Program for Child Development," addressing areas such as health, nutrition, education, and welfare, yielding positive results. In the 21st century, China has set goals for advancing early childhood education for children aged 0 to 3, promoting comprehensive early development, and incorporating infant and toddler care services for children under 3 into national economic and social development plans. These initiatives have been gradually implemented at both national and local levels, significantly improving early childhood development in China and contributing to the achievement of global sustainable development goals.

As China enters a stage of high-quality development, with its per capita GDP surpassing $10, 000, new demands have emerged for the development of children aged 0 to 3. Therefore, understanding the importance of early childhood development and its influencing factors, analyzing and summarizing the policy trajectory and local innovations related to the development of children aged 0 to 3, and researching key issues and challenges during this period are of critical practical

and theoretical significance. This report offers recommendations for the current and future development of children aged 0 to 3 in China.

This report is structured into three parts: general report, special reports, and case studies.

The first part, general report, reviews key concepts, categories, importance, and influencing factors of early childhood development. It systematically analyzes the developmental progress and outcomes in the fields of early childhood education, childcare, nutrition, health, safety, and protection since the founding of the People's Republic of China in 1949. The report also highlights government and societal innovations and explorations in the area of 0 - 3 - year - old child development. Findings reveal a spiral upward trend in the development of children aged 0 to 3, characterized by distinct phases. In the early years of the People's Republic, the primary threat to child development was high mortality rates. Efforts focused on "survival," including initiatives such as modern childbirth practices and vaccination programs, which significantly reduced infant mortality rates. Alongside survival efforts, the rapid expansion of childcare facilities occurred with the establishment of collective rural economies. By the 1990s, addressing malnutrition, controlling common childhood illnesses, and enhancing child protection became the focal points of child development efforts, marked by the introduction of top-level design and planning. China released its first "National Program for Child Development" and enacted laws such as the "Maternal and Child Health Law," "Minors Protection Law," "Women's Rights Protection Law," providing legal support for national actions to promote child development.

Entering the 21st century, early childhood education and comprehensive development for children aged 0 to 3 were formally included in the national development agenda. Care services for children under 3 were incorporated into China's national strategy to address aging population issues and promote long-term balanced population development. For the first time, the number of childcare spots per 1, 000 people was included as a goal in the "14th Five-Year Plan," signaling that early childhood development had entered a new stage of inclusive development.

The report concludes that China's work in early childhood development for children aged 0 to 3 has achieved remarkable results. A preliminary policy and legal framework for early childhood development has been established, and a service system led by the government, with collaboration across departments and participation from society, is steadily improving. Problems of malnutrition have largely been resolved, and significant improvements have been made in children's growth and development. However, compared to China's current socio-economic development, challenges remain, including outdated welfare concepts, a mismatch between service supply and demand, and a shortage of skilled professionals. Based on this, the report recommends fully integrating early childhood development into China's modernization strategy and prioritizing it as a key social policy for high-quality development. It advocates for the establishment and improvement of policy frameworks, multi-departmental collaboration, diverse cooperation mechanisms, professional talent training systems, and specialized knowledge frameworks. The report also calls for the creation of dedicated central funds to increase investment in early childhood development for children aged 0 to 3. Furthermore, it highlights the need to summarize and promote successful experiences and models of child development in China and enhance social advocacy efforts.

The second part of the report consists of nine special reports. These reports analyze various topics, including the relationship between early childhood development and socio-economic development, the status of nutrition and health development for children aged 0 to 3, early brain development and interventions, the state of rural childcare services, the construction of childcare service systems, early family support models for child-rearing, the professional development and training of childcare personnel, the ongoing professional development in childcare institutions, and the relationship between early childhood development and violence prevention. Each report discusses progress, challenges, and potential paths for future development.

The third part presents six case studies. These studies showcase public welfare projects initiated in China as part of the country's exploration and innovation in the field of early childhood development for children aged 0 to 3. The projects are introduced by their objectives, models, outcomes, and experiences. Results show that parenting centers, home visits, and group activities are currently the main

intervention methods in China's early childhood development projects. These approaches have had a positive impact on children and families to varying degrees and exhibit sustainability and scalability.

Keywords：Comprehensive Development of Children Aged 0 - 3 Years；Child Welfare；Social Participation；Public Welfare Projects

Contents

I   General Report

Abstract: The development of children aged 0−3 (referred to as " early childhood development ") is the cornerstone of sustained and balanced development of population and social-economic. It also has great strategic

significance for the national prosperity and social progress. Early childhood development is a comprehensive project influenced by genetics, nutrition and health, caregiving, family environment, social policies, and many other factors. Since the founding of the People's Republic of China, China's early childhood development has experienced wave-like progress, advancing amidst challenges and achieving positive outcomes. Early childhood development has been incorporated into national strategies, with an initial framework of relevant policies and regulations established. A service system for children led by the government, with cooperation among departments and participation of social forces has been gradually improved. The problem of insufficient nutrition has been basically solved, and children's growth and development levels have significantly improved. However, in the face of new eras, new stages, and new requirements, the early development of children in China is still facing many difficulties and challenges, such as the concept and system of children's social welfare are relatively backward, fiscal investments are insufficient, the management system needs improvement, the supply and demand for services are not well-matched, the shortage of professional talents, and the regional development is not balanced. . It is recommended to summarize innovative practices from various regions in recent years and learn from successful international experiences. Further enhance strategic awareness, production awareness and investment awareness in early childhood development. Effectively integrate early childhood development into the strategic planning of Chinese-style modernization and the priority social policy of high-quality development. Additionally, strengthen the construction of laws and regulations, increase financial investments, improve the systems and mechanisms, build a community-based, multi-participatory service system. Strengthen professional talent training, enhance public awareness and scientific research efforts, deepen industry exchanges and cooperation, and actively promote early childhood development into a new stage of high-quality, inclusive development. This will lay a solid foundation for achieving the second centenary goal.

Keywords: Child Early Development; Inclusive Service; Fertility Support

II Special Reports

B.2 Promoting Early Development of Rural Children: A "Shortcut" to Achieving High-Quality Economic and Social Development

Bai Yu, Ma Ruotong / 095

Abstract: The early development of rural children is crucial for promoting high-quality economic development in China. This report analyzes the core role of human capital in economic growth and development. As a large developing country, it is essential for China to continuously cultivate high-quality labor to achieve long-term development goals. Currently, the development of human capital in rural areas lags behind, with significant educational disparities between urban and rural areas. This is not only a bottleneck restricting the improvement of labor quality but also a major challenge for China in its transition to a high-income country. Early childhood development is the foundation of personal potential development and a critical period for improving labor quality. Compared to compensatory education or intervention measures taken later, investing in early childhood development brings the highest return rates and more significant economic and social benefits. This paper cites multiple domestic and international research cases to illustrate the current situation of early childhood development and upbringing in rural areas, emphasizing the impact of early intervention on children's future growth and economic and social development. The author suggests elevating the high-quality early development of children, especially rural children, to a national strategic level, increasing resource allocation to rural areas, and aiming to fundamentally improve the quality of human capital in China, narrow the urban-rural income gap, and promote comprehensive, coordinated, and sustainable economic and social development.

Keywords: China's Economy; Early Childhood Development; Human Capital; Educational Gap

B.3　Study on Nutrition and Health Development of 0−3−Year−Old
　　　Children in China　　*Huang Jian, Wang Lijuan and Du Jie* / 131

Abstract: Childhood is the most critical and sensitive stage in the whole life
cycle, especially children aged 0−3 years old. A good growth environment and
nutritional conditions can promote the children's brain development, physical
growth, behavioral development, and contribute to the cognitive, psychological,
social-emotional and motor skills of infants and young children. To
comprehensively demonstrate the improvement results of maternal and children in
China, we analyzed the changes in the nutrition and health status of Chinese
children aged 0 to 3 years over the past decade using the data from Nutrition and
Health Surveillance Report for Chinese Residents and Health Statistical Yearbook.
The results showed that over the past decade, with the rapid development of
economic and society, the growth and health status of children aged 0 to 3 years in
China have been significantly improved, and the cognition of children's scientific
feeding has been greatly enhanced, but there are still different degrees of lagging
behind in early scientific care of infants and young children in less developed areas.
In order to improve the malnutrition status of children in poor areas, the State has
issued the targeted nutritional improvement policies, and has systematically
implemented nutritional improvement programs for children in poor areas.
Yingyangbao were distributed to supplement infant and young children's nutrition,
and the monitoring results of the program showed that Yingyangbao can effectively
improve the physical development and anemia status of infants and young children.
In recent years, it has made great progress in the nutrition and health of children
aged 0 to 3 years in China, but there are still problems and challenges such as
micronutrient deficiencies and rising rate of overweight and obesity among
children. Therefore, it is recommended to continue to improve the policy and
standard system, strengthen the monitoring, evaluation and intervention of
nutrition and food safety, and strengthen the building of institutions and teams,
improve the capacity of public health services, promote the nutrition improvement

projects, and expand service areas.

Keywords: Infant Nutrition; Malnutrition; Nutrition Pack; Nutritional Improvement

B.4 Progress in Early Brain and Cognitive Development and Intervention Research

Tao Sha, Zhang Han, Zhang Haibo and Yang Qing / 157

Abstract: The period from 0 to 3 years old is a time of rapid development in brain growth, cognition, language, emotions, and social skills. It presents both a tremendous opportunity for development and significant vulnerabilities. Abnormalities in early brain structure and functional network development form an important biological basis for cognitive and socio-emotional issues. Brain structure development is highly heritable, and adverse childhood experiences such as poverty and prolonged stress significantly impair brain structure and functional network development. Infant and toddler language development is not only influenced by brain development but also continues to impact brain development. This report, based on recent scientific research, explains the progress in understanding the characteristics and patterns of early brain and cognitive development and reveals new trends in early developmental interventions.

Research has found that developed countries place a strong emphasis on improving family caregiving quality in early interventions. Cash subsidies for low-income families, training parents to improve caregiving sensitivity, and providing alternative family caregiving experiences for children in institutional care all help mitigate the adverse effects of childhood adversity on brain and cognitive development. Low-and middle-income countries urgently need to establish early interventions based on their unique needs and locally driven strategies. In response to the prominent issue of delayed physical and mental development in rural infants and toddlers, China has actively drawn on international experiences and achieved

significant success in one-on-one home visits and group interventions focused on improving parenting behaviors. Looking ahead, early brain and cognitive development interventions are expected to follow four trends: First, expanding the diversity of the target population and promoting a better understanding of individual differences. Second, prioritizing the elimination of experiential deprivation and toxic stress. Third, advancing universal early developmental risk screening. Fourth, improving the sustainability and long-term effectiveness of early brain and cognitive development interventions based on evidence.

Keywords: Cerebral Development; Early Development Intervention; Infant and Toddlers

B.5 Study on the Construction of the Childcare Service System for 0-3-Year-Old Children in China　　*Ma Chunhua* / 183

Abstract: This report, grounded in public service theory, examines the current state of China's childcare service system for children aged 0 to 3, focusing on both the central government's overarching framework and the localized adjustments made by regional governments. The study reveals that, in contrast to the well-established preschool education system for children aged 3 to 6, the childcare service system for those aged 0 to 3 is still in its nascent stage. The division of caregiving responsibilities among the state, market, society, and family differs between these two age groups, with childcare services for children under 3 being primarily provided by the market and societal entities. To advance the development of the childcare service system for children aged 0 to 3, the report explores strategies to enhance the utilization of existing childcare facilities, expand the diversity of service providers, and promote integrated childcare practices. The following recommendations are made: First, the state should assume a more prominent role in the provision of childcare services. Second, Increased attention should be given to the utilization rates of childcare institutions. Third, the regulatory framework for childcare institutions should be further refined. Fourth, a detailed and comprehensive study on the fee structures for inclusive childcare institutions should be conducted.

Keywords: Childcare Service System for 0－3－Year－old Children; Public Service; Local Practices

B．6　From Local Pilot to Inclusive Policy: Current Situation, Practice and Suggestions of Care Services for 0－3－Year－Old Children in Rural China　　*Du Zhixin* / 223

Abstract: The high-quality development of the population, including infants and toddlers, is an important support for Chinese path to modernization. In 2019, the General Office of the State Council issued "Guidelines for Promoting the Development of Care Services for Infants and Toddlers under the Age of 3". China's rural areas have long been in an disadvantaged position in terms of economic and social development; Meanwhile, insufficient attention has long been paid to the early development of rural children. As a result, at this stage, the vast majority of rural areas do not have the resources for family care services for infants and toddlers, making rural infants and toddlers a survival and development environment that is not optimistic. In recent years, a wide range of social organizations, including the China Development Research Foundation, have actively explored and, through pilots such as "China REACH" and scientific evaluations, have accumulated experience in terms of interventions, costs-benefits, and scientific management in order to promote the development of family care for rural infants and toddlers. Currently, there is an urgent need to establish a government-led system of accessible, quality-assured, and reasonably-costed rural inclusive care services for infants and toddlers on the basis of these previous effective pilots.

Keywords: Rural Areas; Infant and Toddler Care; China REACH; Inclusive Policy

儿童蓝皮书

B.7　Study on the Professional Development and Training System for
Talent in the Field of 0-3-Year-Old Child Development

Shi Yaojiang, Yue Ai, Qiao Na and Guan Hongyu / 249

Abstract: Promoting the development of preschool children can fundamentally break the intergenerational transmission of poverty and promote educational equity. Although China has made remarkable achievements in early childhood development, the workforce supply system still faces challenges. There is a lack of standardized curricula and training systems, and a long-term talent reserve mechanism has not yet been established. Additionally, there is no systematic training program based on early childhood development that integrates curriculum design, textbook development, and practical elements. To address these challenges, Shaanxi Normal University, in collaboration with various levels of government and social organizations, has developed a professional and scientifically validated curriculum system. This system, based on 10 years of practical exploration, has been locally adapted, scientifically evaluated, and proven effective. It balances theory and practice and has resulted in a standardized training program, benefiting from the experience of training over 5,000 individuals. This program provides strong support for cultivating professional talent in infant and toddler care-related fields in China. It is recommended that China accelerate the formulation of standards for early childhood development practitioners, establish a fully functional national vocational education institute, and provide high-level, specialized training bases for the integration of industry and education. This will ensure an adequate supply of professionals in the field of early childhood development, ultimately contributing to human capital development.

Keywords: Early Childhood Development for Children Aged 0 - 3; Workforce Development; Curriculum System; Training System

B. 8   Studyon Early Family Parenting Support Models for

0−3−Year−Old Children Based on Local Practices

Wang Ying, Li Qingying and Li Shiwen / 265

Abstract: In recent years, both domestically and internationally, there has been a growing recognition of the critical importance of parenting support for children aged 0−3 in promoting child development, enhancing the overall quality of the population, and fostering national economic and social harmony. To address the challenges posed by declining birth rates and the mismatch between the supply and demand of family parenting support in China, it is urgent to establish an active fertility support policy system and develop a model for family parenting support for infants and toddlers. This report, grounded in China's local practices and based on theories such as " Ecological Systems Theory " and the " Nurturing Care Framework," proposes a family parenting support model centered on children, based on families, and reliant on communities. The following policy recommendations are made: First, incorporate family parenting support into the country's basic public services to provide foundational support. Second, build child-friendly environments based in communities, and establish a rational layout for family parenting support service centers. Third, foster cross-departmental collaboration to strengthen the sharing of professional resources and provide expert services. Fourth, promote public awareness and mobilization to create a new trend of scientific parenting in the modern era.

Keywords: Infants and Toddlers; Family Parenting Support; Early Childhood Development

B . 9   A Comparative Study on the Current Status of Continuous

Professional Development for Childcare Institution Staff

Li Minyi, Cui Yufang / 284

Abstract: Ensuring the continuous professional development of childcare

institution staff is a crucial solution for sustaining steady progress in the face of the challenges posed by aging populations and declining birth rates. This study examines the issue from both international and domestic perspectives. First, it uses the large multinational database from the 2018 TALIS survey, which is the first international survey focusing primarily on childcare institution staff, analyzing data from Germany, Israel, and Norway. Descriptive analysis is applied to examine the current state of continuous professional development for childcare staff in these three countries. Second, the study selects three representative childcare institutions in China and conducts in-depth interviews with staff in different roles. The data results and conclusions indicate that in OECD countries, childcare institution staff are less likely to engage in online and long-term forms of professional development, with offline and short-term activities remaining the mainstream. In terms of activity content, staff are more likely to participate in traditional development activities, such as promoting children's language skills, and less likely to participate in activities focused on emerging fields like children's technology. Regarding activity needs, there is a strong demand for activities that support children in disadvantaged caregiving and educational circumstances, while the demand for activities related to children's health is weaker.

In China, the continuous professional development of childcare staff combines both online and offline methods, with traditional formats prevailing. The activities are diverse and content-rich, with the needs primarily focusing on time, format, and content. Additionally, the challenges in the continuous professional development of childcare staff in China are mainly concentrated at the levels of government and institutions. The paper offers two key recommendations to improve the continuous professional development of childcare staff in China: First, at the institutional level, there should be reasonable time management, a variety of activity formats, and a focus on demand-driven approaches. Second, at the government support level, there should be increased financial subsidies, policy guidance, and organizational support for these activities.

Keywords: Childcare Institution Staff; Continuous Professional Development; TALIS Starting Strong Survey 2018

B . 10 Early Childhood Development and Violence Prevention

Li Hailan / 301

Abstract: Children are the hope of the nation and the future driving force. The Party and the state have always attached great importance to the development of children's welfare. During the 20th National Congress, the work concerning women and children received further significant directives, emphasizing the protection of the legitimate rights and interests of women and children, as well as the need to ensure that children receive proper care and education. This paper, starting from the characteristics of early childhood development, divides children aged 0−3 into infants, toddlers, and preschoolers. It elaborates on the different types of violence that young children may experience, including physical violence, emotional abuse, neglect, sexual violence, and exposure to violence. It also explores the causes of violence against children and the short-, medium-, and long-term impacts on children's mental health. The analysis identifies several current issues in China's approach to early childhood development and violence prevention: a lack of awareness, high parenting pressure, inadequate quality of childcare services, the hidden nature of child abuse, lack of supervision for special-needs children, and an incomplete system for preventing violence against children. Based on these findings, this paper proposes the following recommendations for 0 − 3 − year − old children's development and violence prevention: First, family protection should be prioritized by promoting positive parenting methods. Second, social protection is crucial and requires the creation of a healthy social environment. Third, government protection is key, with a need to strengthen interventions for violence prevention. Foutrh, internet protection is urgent, requiring multi-stakeholder efforts in regulation. Fifth, judicial protection needs further improvement to provide a strong legal backing for child protection efforts.

Keywords: Early Childhood Development; Violence Prevention; Child Protection

Ⅲ　Case Studies

B . 11　All-China Women's Federation and UNICEF

"Love at the Beginning: Promoting Scientific

Parenting and Community Family Support"

Program　　　　*Wang Ying, Zhao Xin and Chen Xuefeng* / 320

Abstract: Many international experiences have shown that providing supportive parenting services for infants and children under 3 years of age and their families at the community level is an effective way to improve the quality of early life of children. From 2013 to 2024, ACWF (All-China Women's Federation), in cooperation with UNICEF, launched a family parenting support service project for vulnerable children under the age of 0 to 6 in 251 villages or communities in 13 provinces in China "Love at the Beginning: Promoting Scientific Parenting and Community Family Support" Program. It serves more than 150, 000 children aged 0－6 years and supports more than 146, 000 caregivers with scientific parenting knowledge and parenting skills.

Keywords: Family Parenting; Family Education; Scientific Education

B . 12　China Development Research Foundation "CHINA REACH"

Program　　　　　　*"CHINA REACH" Research Group* / 332

Abstract: In 2015, the China Development Research Foundation launched an early childhood caregiving intervention program — "*CHINA REACH: Rural Home-based Early Education Program*" (hereinafter referred to as the " *CHINA REACH*" program), aimed at providing weekly in-home caregiving guidance for families with infants and toddlers in underdeveloped rural areas. The program works to improve the interaction quality between rural children and their caregivers, enhance caregivers' caregiving concepts and skills, and thus promote the cognitive, language, social, and health development of infants and toddlers. The program team initially piloted the program in Huachi County, Qingyang City, Gansu Province, offering intervention on family caregiving practices for children in the pilot areas. Continuous evaluations were conducted using a comparative experimental method, including baseline monitoring, mid-term evaluations, and end-term evaluations. The results indicated that the one-on-one in-home caregiving guidance (home visits) significantly promoted child development in the intervention group. The program had positive effects on the comprehensive development and growth of infants and toddlers, as well as on improving caregivers' concepts and skills, and the family's educational environment.

In-home caregiving guidance improved the rate of normal child development by more than 50%, effectively promoting language and motor skills development, and improving caregivers' parenting behaviors and family caregiving environments. Since its pilot in 2015, the "*CHINA REACH*" program has been expanded to 24 counties (districts) across 10 provinces (autonomous regions, municipalities) in China, benefiting over 40, 000 children. The home visit service coverage rate in pilot counties across the country averages nearly 90%.

Keywords: Parenting Counsellor; Home Parenting; Family Education; Parenting Guidance

B.13　Hupan Modou Foundation "Parenting the Future" Program

"Parenting the Future" Program Team / 340

Abstract: Since 2017, to promote the early development of key abilities such as cognition, language, motor skills, and social-emotional development for infants and toddlers aged 0－3 in rural China, and to respond to the caregiving needs of rural families, the Hupan Modou Foundation, under the guidance of the National Health Commission, has partnered with academic institutions, social

forces, provincial and municipal health commissions, and local governments to explore and promote the "*Parenting the Future*" program county-based model. The "*Parenting the Future*" program is a universal public welfare initiative focused on early development for infants and toddlers aged 0−3 in rural and underdeveloped areas. It is an empirically effective Chinese solution for global early childhood development. The goal of the program is to influence caregivers' concepts and behaviors, promoting the balanced development of children's cognitive, language, motor, and social-emotional skills. The aim is to minimize the risk of developmental delays in rural and underdeveloped areas for children aged 0−3, and to explore a set of practical, implementable, and scalable childcare solutions suitable for rural areas. The program seeks to benefit more rural families and children with the joint efforts of the government and society. The program has become an integral part of the rural universal childcare services system. Long-term follow-up research has shown that early intervention significantly reduces the risks of depression, anxiety, and stress in primary caregivers and has a positive impact on the development of children's cognitive, language, motor, and social-emotional skills. This, in turn, reduces the risk of early developmental delays in children from rural and underdeveloped areas.

Keywords: Infant and Toddler Care; Inclusive Childcare; Controlled Intervention Experiment

B. 14   Tanoto Foundation "HOPE Early Childhood Development" Program   *Xu Binghan* / 351

Abstract: In response to the lack of scientific childcare resources and outdated caregiving concepts for children aged 0−3 in rural underdeveloped areas, in 2019, the Tanoto Foundation, following its education-first principle, launched the "*HOPE*" program. The program aims to foster a local caregiver workforce, establish early childhood development activity centers, and provide early childhood development services. It also seeks to improve parents' scientific parenting concepts and help children aged $0-3$ in rural and underdeveloped areas realize their developmental potential, promoting their healthy growth. As of October 2024, the program has established and operated 125 early childhood development activity centers in provinces and cities such as Shandong, Jiangxi, Guizhou, Jiangsu, Fujian, Shanghai, and Beijing. It has trained over 300 professional caregivers, serving more than 13, 600 rural children aged $0-3$ and their families, and has provided over 340, 000 free courses. The "HOPE" program adopts an integrated approach of "building early childhood development activity centers + training local caregivers + establishing local program management teams + scientifically evaluating program intervention effects." It constructs a multi-departmental collaboration mechanism involving "foundations, government departments, and academic institutions," achieving a win-win situation for both early childhood development and empowering local women. This model has established a replicable framework for early childhood development services for children aged $0-3$ in rural and underdeveloped areas.

Keywords: Parenting Guidance; Home Visit; Centered Parenting

B.15 Vibrant Future "Vibrant Space" Program　　*Hou Weixia /* 360

Abstract: Under the background that the country pays more and more attention to improving the quality of the population, pays attention to the early development of children, and advocates families to provide early parenting support, the "Vibrant Space" program attempts to break through the challenges of dispersed and remote living of this huge group of children, mobilize more local resources as much as possible, and realize the wide coverage of early parent-child education services as soon as possible. The program began to explore in the autumn of 2011. After completing the exploration and improvement of the service model of a single program site in the floating population community, the program began to cooperate with local social organizations, kindergartens and social groups that are willing to provide early childhood development services for $0-3$ years old floating

and left-behind children and their families since 2018. To provide professional service content training and guidance, and with the corresponding program materials and funds, to support its development of corresponding services. By the end of 2023, the program has cooperated with 147 institutions, supported 196 program points in 117 districts and counties in 24 provinces and regions across the country, trained 1,067 parent-child activity teachers, and provided services to 101,923 children and parents (caregivers) in total. Of these, 95 organizations have maintained daily service delivery, more than 11 organizations have opened more than two local program sites, and two organizations have become regional partners, setting up 17 program sites, serving 25% of the total number of program beneficiaries annually. Through cooperation with different types of social organizations, the program promotes the mode of parent-child education service for 0-3 years old children, which provides a reference for the promotion of similar programs in China, and has a certain demonstration.

Keywords: Early Childhood Development; Migrant and Left-behind Children; Parent-Child Education Service

B.16   1000-Day Initiative "Promotion Practices and Long-Term

　　　　Tracking of 0-3-Year-Old Children's Development Services"

　　　　Program　　　　　*"1000-Day Initiative" Research Group* / 370

Abstract: Since 2020, with the support of various organizations and individuals, the 1000-Day Initiative team, collobrating with expert groups home and aboard, has actively explored the field of early childhood development for children aged 0-3. Through initiatives such as establishing demonstration parenting centers, conducting long-term tracking of beneficiary families, and collaborating with local governments, the program has developed the "1000-Day Program Model," which integrates program operation and action research in a mutually beneficial manner. The program focuses on children aged 0-3 and their caregivers, providing scientific parenting training for families while also addressing caregivers' parenting beliefs and mental well-being, thus promoting a shift in caregiving practices at its program sites. It emphasizes not only establishing well-run systems for operations but also capacity building, ensuring a pipeline of expertise for sustainable development. Guided by scientific theories while advancing theoretical innovation through practical application, the program values both the accumulation and the sharing of its experiences. This makes it a rare open-source public welfare service model in China. As of the end of 2023, 1000-Day Program has registered over 4, 000 children, benefiting more than 12, 000 people. It has conducted nearly 60, 000 one-on-one parenting activities, organized 15 rounds of in-person parenting trainers' training, and held over 7, 000 meetings focusing on caregiver mental health. Evaluation results indicate that the program has had a positive short-term impact on the developmental abilities of participating children and on the parenting behaviors of their caregivers.

Keywords: Action Research; Early Childhood Development; Parent Training

社会科学文献出版社

皮 书

智库成果出版与传播平台

❖ 皮书定义 ❖

皮书是对中国与世界发展状况和热点问题进行年度监测，以专业的角度、专家的视野和实证研究方法，针对某一领域或区域现状与发展态势展开分析和预测，具备前沿性、原创性、实证性、连续性、时效性等特点的公开出版物，由一系列权威研究报告组成。

❖ 皮书作者 ❖

皮书系列报告作者以国内外一流研究机构、知名高校等重点智库的研究人员为主，多为相关领域一流专家学者，他们的观点代表了当下学界对中国与世界的现实和未来最高水平的解读与分析。

❖ 皮书荣誉 ❖

皮书作为中国社会科学院基础理论研究与应用对策研究融合发展的代表性成果，不仅是哲学社会科学工作者服务中国特色社会主义现代化建设的重要成果，更是助力中国特色新型智库建设、构建中国特色哲学社会科学"三大体系"的重要平台。皮书系列先后被列入"十二五""十三五""十四五"时期国家重点出版物出版专项规划项目；自2013年起，重点皮书被列入中国社会科学院国家哲学社会科学创新工程项目。

权威报告·连续出版·独家资源

皮书数据库
ANNUAL REPORT(YEARBOOK)
DATABASE

分析解读当下中国发展变迁的高端智库平台

所获荣誉

- 2022年，入选技术赋能"新闻+"推荐案例
- 2020年，入选全国新闻出版深度融合发展创新案例
- 2019年，入选国家新闻出版署数字出版精品遴选推荐计划
- 2016年，入选"十三五"国家重点电子出版物出版规划骨干工程
- 2013年，荣获"中国出版政府奖·网络出版物奖"提名奖

皮书数据库

"社科数托邦"
微信公众号

成为用户

登录网址www.pishu.com.cn访问皮书数据库网站或下载皮书数据库APP，通过手机号码验证或邮箱验证即可成为皮书数据库用户。

用户福利

- 已注册用户购书后可免费获赠100元皮书数据库充值卡。刮开充值卡涂层获取充值密码，登录并进入"会员中心"—"在线充值"—"充值卡充值"，充值成功即可购买和查看数据库内容。
- 用户福利最终解释权归社会科学文献出版社所有。

数据库服务热线：010-59367265
数据库服务QQ：2475522410
数据库服务邮箱：database@ssap.cn
图书销售热线：010-59367070/7028
图书服务QQ：1265056568
图书服务邮箱：duzhe@ssap.cn

社会科学文献出版社 皮书系列
SOCIAL SCIENCES ACADEMIC PRESS (CHINA)
卡号：818985722488
密码：

S 基本子库
SUB DATABASE

中国社会发展数据库（下设 12 个专题子库）

紧扣人口、政治、外交、法律、教育、医疗卫生、资源环境等 12 个社会发展领域的前沿和热点，全面整合专业著作、智库报告、学术资讯、调研数据等类型资源，帮助用户追踪中国社会发展动态、研究社会发展战略与政策、了解社会热点问题、分析社会发展趋势。

中国经济发展数据库（下设 12 专题子库）

内容涵盖宏观经济、产业经济、工业经济、农业经济、财政金融、房地产经济、城市经济、商业贸易等 12 个重点经济领域，为把握经济运行态势、洞察经济发展规律、研判经济发展趋势、进行经济调控决策提供参考和依据。

中国行业发展数据库（下设 17 个专题子库）

以中国国民经济行业分类为依据，覆盖金融业、旅游业、交通运输业、能源矿产业、制造业等 100 多个行业，跟踪分析国民经济相关行业市场运行状况和政策导向，汇集行业发展前沿资讯，为投资、从业及各种经济决策提供理论支撑和实践指导。

中国区域发展数据库（下设 4 个专题子库）

对中国特定区域内的经济、社会、文化等领域现状与发展情况进行深度分析和预测，涉及省级行政区、城市群、城市、农村等不同维度，研究层级至县及县以下行政区，为学者研究地方经济社会宏观态势、经验模式、发展案例提供支撑，为地方政府决策提供参考。

中国文化传媒数据库（下设 18 个专题子库）

内容覆盖文化产业、新闻传播、电影娱乐、文学艺术、群众文化、图书情报等 18 个重点研究领域，聚焦文化传媒领域发展前沿、热点话题、行业实践，服务用户的教学科研、文化投资、企业规划等需要。

世界经济与国际关系数据库（下设 6 个专题子库）

整合世界经济、国际政治、世界文化与科技、全球性问题、国际组织与国际法、区域研究 6 大领域研究成果，对世界经济形势、国际形势进行连续性深度分析，对年度热点问题进行专题解读，为研判全球发展趋势提供事实和数据支持。

法律声明

"皮书系列"（含蓝皮书、绿皮书、黄皮书）之品牌由社会科学文献出版社最早使用并持续至今，现已被中国图书行业所熟知。"皮书系列"的相关商标已在国家商标管理部门商标局注册，包括但不限于LOGO（ ）、皮书、Pishu、经济蓝皮书、社会蓝皮书等。"皮书系列"图书的注册商标专用权及封面设计、版式设计的著作权均为社会科学文献出版社所有。未经社会科学文献出版社书面授权许可，任何使用与"皮书系列"图书注册商标、封面设计、版式设计相同或者近似的文字、图形或其组合的行为均系侵权行为。

经作者授权，本书的专有出版权及信息网络传播权等为社会科学文献出版社享有。未经社会科学文献出版社书面授权许可，任何就本书内容的复制、发行或以数字形式进行网络传播的行为均系侵权行为。

社会科学文献出版社将通过法律途径追究上述侵权行为的法律责任，维护自身合法权益。

欢迎社会各界人士对侵犯社会科学文献出版社上述权利的侵权行为进行举报。电话：010-59367121，电子邮箱：fawubu@ssap.cn。

社会科学文献出版社